언 론 자 유의 경 전

아레오파기티카

[전면개정판]

AREOPAGITICA

[전면개정판]

언 론 자 유 의 경 전
아레오파기티카

존 밀턴 지음   박상익 옮김·주석·연구

인간사랑

머리말

　이 책은 언론 자유의 경전(經典) 또는 표현 자유의 "마그나 카르타"로 널리 알려져 있는 『아레오파기티카』(*Areopagitica*, 1644)에 대한 본격적인 번역·주석·연구서이다. 제1부에는 『아레오파기티카』원문에 대한 "번역과 주석"을, 제2부에는 『아레오파기티카』 "연구"를 수록했다. 제2부는 독립적인 한 권의 연구서로 봐도 무방하다.

　『아레오파기티카』는 영국 혁명 초기의 정치적·종교적 현안 문제에 대한 존 밀턴(1608-74)의 급진적 대응 방식을 가장 잘 보여주는 귀중한 역사적 자료로 평가된다. 뿐만 아니라 이 문헌은 밀턴의 산문을 대표하는 글로 꼽히고 있는 바, 『실낙원』(*Paradise Lost*, 1667)이 밀턴의 시(詩)의 금자탑(金子塔)이라면, 『아레오파기티카』는 그의 산문(散文) 중의 백미(白眉)로 여겨지고 있다. 그러나 가장 중요한 점은, 『아레오파기티카』가 언론 자유의 경전으로 평가되고 있으며, 언론 사상사에서 가장 가치 있는 문헌 중 하나로 인정받고 있다는 사실이다.

『아레오파기티카』는 역사학·영문학·언론학 분야에서 공히 중대한 비중을 갖는 문헌으로서, 전 인류가 보편적으로 향유해야 할 위대한 고전이라 할 수 있다.

그러나 많은 독자들이 읽기에는 얼마간 제약이 있다. 19세기에 일곱 권에 달하는 방대한 규모의 『밀턴 생애』(*Life of John Milton*, 1881)를 저술한 데이빗 매슨(David Masson)은 『아레오파기티카』가 "밀턴의 산문 중 가장 숙련된, 가장 차분하고 한결같은, 그리고 한 번에 좍 읽어 내려갈 수 있는 가장 평이한 글"이라고 평가했다. 그러나 『아레오파기티카』의 문체에 대한 이런 식의 언급은 이례적인 것에 속하는 것으로, 오히려 우리 시대의 밀턴 연구자인 로우즈(A. L. Rowse)의 말이 『아레오파기티카』에 대한 독자 반응을 정확하게 보여주는 것 같다. 로우즈는 『청교도 밀턴』(*Milton the Puritan : Portrait of a Mind*, 1977)에서 "『아레오파기티카』가 밀턴의 산문 중 가장 유명하고 경의로써 빈번히 언급되기는 하지만 별로 읽혀지지는 않는다"고 말하면서, 『아레오파기티카』의 문체는 어찌나 난해한지 "그것을 찬양하는 사람이 과연 그 책을 제대로 읽어 보았는지 믿기 힘들다"고 토로하고 있다. 간단히 말해서 『아레오파기티카』는 오늘날 영어권에서 대학을 졸업한 독자들에게도 읽기 어려운 글이다.

이 책의 번역은 만만치 않은 도전이었다. 『아레오파기티카』는 곳곳에 지뢰가 묻혀 있는 난해한 문헌이었다. 영어권 전문 연구자들조차도 몇몇 대목에 대해서는 정확한 의미 파악이 어렵다고 손을 들 정도이다. 하지만 그런 한계에도 불구하고 시간과 정성을 들여 제대로 번역을 하고, 여기에 친절하고 자세한 역주와 해설을 붙인다면, 우리 독자들이 적어도 영어권 독자들이 영어로 읽는 것보다는 쉽게 모국어로 『아레오파기티카』를 접할 수도 있지 않을까?

옮긴이는 인류의 고전적인 텍스트를 우리말로 바꾸어 "우리의 고전"으로 편입시키는 작업이야말로 우리 시대의 인문학 연구자가 할 수 있는 가장 가치 있는 일 가운데 하나라고 생각한다. 공동체를 유지하고 지탱해 줄 텍스트를 찾아보기 힘든 우리의 현실을 미루어 볼 때, 고전적 문헌에 대한 "번역·주석·연구(해설)"는 나란히 진행되어야 한다. 한국 사회 일각에서 인문학 위기론이 유행처럼 번지고 있지만, 위기에 대한 가장 근본적인 처방은 양질의 모국어 콘텐츠를 확충하는 일이라고 믿는다.

번역·주석·연구의 세 요소를 갖춘 이 책의 체재는, 옮긴이가 『아레오파기티카』를 공부하기 시작한 1980년대 중반부터 구상하고 있었다. 옮긴이는 서양 역사를 공부하면서 항상 우리 현실과의 관련성(relevance)을 놓치지 않으려고 힘썼다. 대지에서 발을 떼면 힘을 잃고 마는 그리스 신화의 거인 안타이오스(Antaeus)에서 알 수 있듯이, 우리의 현존(現存)에 발을 딛지 못한 서양학 연구는 자칫 남의 나라 학자들의 연구 활동에 대한 관전평에 머물고 말 우려가 크다고 보기 때문이다.

개인적인 경험을 말하자면, 번역·주석(제1부)은 그 자체만으로도 의미가 있는 일이라 판단되었지만, 그것은 또한 연구(제2부)를 위한 사전 정지 작업으로서도 소중하고 유용한 것이었다. 많은 시간과 노력이 소요되기는 하지만 번역이야말로 텍스트를 꼼꼼히 읽는 가장 확실한 방법임에 틀림이 없고, 텍스트 자체에 대한 철저한 분석과 이해가 전제되지 않는다면 이를 연구한 논저의 학술적 의의도 기대할 수 없다는 것이 나의 생각이다.

해방 이후 반세기 동안 권력의 눈치를 보며 알량한 재주를 팔아온 일부 지식인들, 그리고 "하이에나 언론," "기레기"란 비아냥거림을 받으면서도 반성하지 않는 일부 언론에 밀턴의 『아레오파기티카』는 지식인이 걸어야할 바른 길을 보여준다. 그의 인식론적 개인주의(epistemological individualism)는 자신이 속한 조직체의 집단 이념에 좌우됨이 없이 이성과 양심의 판단에 따르는 독립적 지식인·사상가의 면모를 보여 준다. 또한 지식의 자유 시장 및 이성적 설득의 능력에 무한한 신뢰를 보였던 밀턴에게서는, 자유의 가치와 진리의 진보에 대한 확고한 신념을 지닌 탁월한 학자의 모습을 볼 수 있다. 그리고 실정법 위반으로 인한 일신상의 불이익을 예상하면서도 당당하게 자기 이름을 밝히며 『아레오파기티카』의 출간을 감행한 밀턴의 행동에서는 신념을 관철시키는 지사적 패기와 기개를 확인한다.

패거리 정서에 물든 우리 사회 주류 엘리트들이 아무쪼록 밀턴을 통해 개성의 자각과 정신의 독립을 배울 수 있었으면 한다. 아울러 자칫 촌스러운 쇼비니즘에 물들기 쉬운 작금의 세태에서 밀턴의

『아레오파기티카』가 시공을 초월하는 인류의 보편적인 정신적 유산에 대한 안목을 조금이나마 키워줄 수 있기를 바란다.

밀턴은 『아레오파기티카』에서 자유야말로 인간 실존의 근본 조건이라고 주장한다. 그는 「창세기」에 나오는 아담의 타락에 대해 설명하면서, 많은 사람들이 아담으로 하여금 율법을 범하게 한 신의 섭리를 불평하지만 그러한 불평은 대단히 어리석은 것이라고 지적한다. 신이 아담에게 이성을 부여했을 때, 신은 그에게 선택의 자유를 주었다는 것이다. 밀턴에 의하면 이성은 곧 선택을 의미한다. 그러한 선택의 자유를 갖지 못한다면 아담은 사람이 아닌 인형에 불과하다. 자유가 허용되지 않은 복종, 강제에 의한 일치는 무가치한 것이다. 자유야말로 모든 위대한 지혜를 길러주는 소중한 가치이며, 한 개인과 한 민족의 위대성 또한 자유가 전제될 때 비로소 발현될 수 있다는 것이 밀턴 사상의 근본 전제이다. 이렇듯 자유의 절대적 가치를 주장한 밀턴의 『아레오파기티카』는 경제를 위해 자유를 희생시킬 수도 있다는 입장에 선, 이른바 "아시아적 가치"를 반박하는 유력한 전거이기도 하다.

밀턴의 『아레오파기티카』는 로크(John Locke)의 『관용론』(*A Letter Concerning Toleration*, 1689)보다 거의 반세기 앞서 자유주의의 철학적 기반인 개인주의의 본질을 분명히 했다는 점에 역사적 의의가 있다. 해방 이후의 한국 지성사에서 자유주의는 사실상 존재한 적이 없다. "사상의 자유"를 부정하는 파시스트들이 자유주의의 수호자 노릇을 자임하는 희극적 상황의 연속이었다. 자유주의의 적들이 자유주의의 수호자 노릇을 하는 뒤집어진 현실 속에서 밀턴의 『아레오파기티카』가 제대로 조명되지 않은 것은 어찌 보면 당연한 일인지도 모른다. 400년 전에 밀턴이 말한 "나의 양심에 따라, 자유롭게 알고 말하고 주장할 자유를, 다른 어떤 자유보다도 그러한 자유를 나에게 달라"는 절규가 우리에게 철학적 동시대성으로 와 닿는다는 것은 실로 비극적이다.

옮긴이는 이 책을 펴내면서, 학술 논저에서 믿고 인용할 수 있을 정도의 정확한 번역, 문맥의 올바른 이해를 도와줄 수 있는 상세한 주석, 그리고 영어권 밀턴 연구자들이 이룩한 연구 성과에 대한 비판적 종합, 이 세 가지 목표를 동시에 추구했다. 그러나 번역·주석·연구라는 세 가지 목표의 동시 달성은 결코 호락호락한 과제가 아니었다. 필자는 이 책을 집필하면서 수많은 난관에 부딪혀야만 했다. 특히 번역 작업은 난공사 중의 난공사였다. 이제껏 읽어본 영어 중 밀턴의 문장만큼 난해한 것이 없었음을 이 자리에서 고백하지 않을 수 없다.

밀턴이 『아레오파기티카』에서도 말했듯이, 책이란 저자의 "성실하고 원숙한 기량"을 최고도로 쏟아 부은 결과물이어야 한다. 물론 옮긴이는 이 책을 쓰면서 최고도의 "성실성"을 견지하고자 했다. 그러나 그 결과물로 나온 이 책이 과연 "원숙한" 것인지에 대해서는 유감스럽게도 장담할 수 없다. 이 책에는 옮긴이의 무지로 인해 미처 알아차리지 못한 많은 오류가 있을 것이다. 그러나 밀턴이 말한 "진리의 진보"를 위해서라도 이 책의 잘못된 점은 독자들의 예리한 비판에 의해 시정될 수 있기를 바란다.

이 책은 1999년 도서출판 소나무에서 출간되었던 것을 완전히 새롭게 고쳐 쓴 것이다. 17년 만에 대대적인 재번역 작업을 하면서 원문을 한 문장 한 문장 다시 읽으며 오류를 수정했다. 여기에 더하여 90년대 말 비슷한 시기에 『아레오파기티카』 번역서를 출간한 언론학자 임상원 교수의 책을 꼼꼼하게 대조했다. 임 교수가 맞게 번역한 것을 옮긴이가 틀리게 번역한 부분도 보이고, 옮긴이가 맞게 번역한 부분을 임 교수가 틀리게 번역한 경우도 보였다. 임 교수의 번역본과 옮긴이의 번역본을 한 문장 한 문장 대조하면서 옮긴이가 잘못 번역했다고 판단한 부분은 세심하게 바로잡았다. 뿐만 아니라 상당량의 각주를 수정하거나 추가했고, 2부 역시 새로운 연구 성과를 반영하여 일부 수정·보완했다. 그 결과 전작에 비해 분량이 크게 늘어나게 되었다.

그 때나 지금이나 옮긴이는 임 교수와는 일면식도 없다. 대조 작업을 하면서, 비록 부족해 보이는 번역서일지라도 없는 것보다는 있는 편이 훨씬 낫다는 것을 절실하게 느꼈다. 특히 난해한 고전 문헌의 경우에 더욱 그렇다. 임 교수의 노작(勞作) 덕분에 번역의 완성도를 끌어올리는데 많은 도움을 받았기에 하는 말이다. 이 자리를 빌

려 고마움을 전한다. 기꺼이 출판을 맡아준 인간사랑에도 각별히 고
마움을 전한다.

옮긴이 박상익

차례 🖋

제1부
『아레오파기티카』 번역과 주석

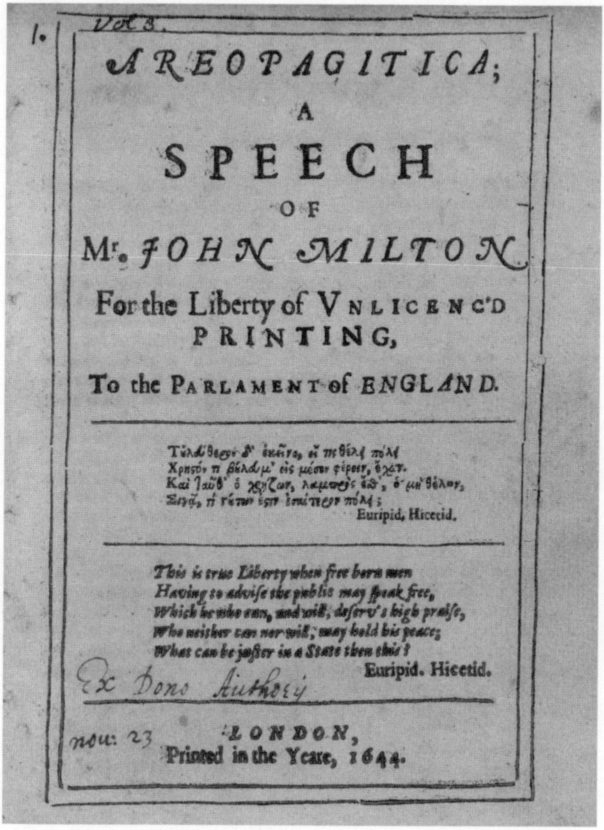
1. Vol 3.

AREOPAGITICA;
A
SPEECH
OF
Mr. JOHN MILTON
For the Liberty of UNLICENC'D
PRINTING,
To the PARLAMENT of ENGLAND.

Τοὐλεύθερον δ' ἐκεῖνο, εἴ τις θέλει πόλει
Χρηστόν τι βούλευμ' εἰς μέσον φέρειν, ἔχων.
Καὶ ταῦθ' ὁ χρῄζων, λαμπρὸς ἔσθ', ὁ μὴ θέλων,
Σιγᾷ, τί τούτων ἐστὶν ἰσαίτερον πόλει;
Euripid. Hicetid.

This is true Liberty when free born men
Having to advise the public may speak free,
Which he who can, and will, deserv's high praise,
Who neither can nor will, may hold his peace;
What can be juster in a State then this?
Euripid. Hicetid.

Ex Dono Authoris

nov: 23 LONDON,
Printed in the Yeare, 1644.

제1부
아레오파기티카

검열 없는 출판의 자유를 위해
존 밀턴이 잉글랜드 의회를 상대로 작성한 연설문

"국가에 대해서 건전한 조언을 할 수 있는 사람이
자유롭게 말할 수 있고, 그렇게 할 수 있고
할 의지가 있는 사람이 칭송을 받을 때,
그리고 그렇게 할 수도 없고 할 의지도 없는 사람이
침묵을 지킬 수 있을 때, 이것이 진정한 자유이다.
한 나라에 이보다 더 큰 정의가 있을 수 있겠는가?"
- 에우리피데스, 『탄원자』

일러두기

1. *Areopagitiac*는 흔히 우리말로 『아레오파지티카』라고 표기되곤 하지만, 미국식 영어 발음을 우리말에 반영한 것으로 보이는 이 표기법보다는 『아레오파기티카』가 바람직해 보인다. 이 말은 애당초 영어가 아니라 라틴어 "Areopagus"(그리스어의 "Areios pagos"에서 유래)를 밀턴이 어미 변화시켜 만든 말이기 때문이다. 굳이 영어 발음으로 표기하려면 "애리아퍼지티커"라고 부르는 편이 더 정확하다. 다음 사전에 나오는 발음기호를 참조할 것. *The Random House Dictionary of the English Language*, 2nd ed. (1987), s. v. "Areopagitica."

2. 『아레오파기티카』의 번역과 주석을 위해 사용한 주요 텍스트는 다음과 같다.

   • *Complete Prose Works of John Milton*, ed. Ernest Sirluck (Yale Univ. Press, 1953–1982), Vol. II, pp. 480–570. 이하 *CPW*로 줄임.

   • *John Milton, Complete Poems and Major Prose*, ed. Merritt Y. Hughes (Indianapolis, 1957, 1980), pp. 716–49.

   • *John Milton, Oxford Authors*, eds. Stephen Orgel and Jonathan Goldberg (Oxford Univ. Press, 1992), pp. 236–73.

   • Hales, John W., ed., *Milton : Areopagitica* (1875 ; Oxford at the Clarendon Press, 1939).

3. 장 구분(1–8장)은 원문에는 없었으나 옮긴이가 독자의 편의를 위해 매긴 것이다. 장 구분을 위해서는 주로 *Complete Prose Works of John Milton*, vol. II의 "Introduction"(by Ernest Sirluck)을 참조했다. 단, 제6장의 "잉글랜드인의 위대성"은 Michael Fixler, *Milton and the Kingdom of God* (London, 1964)의 연구 성과를 받아들여 옮긴이가 덧붙인 것이다.

4. 번역(제1부)의 〔 〕 안에 표기된 숫자는 *Complete Prose Works of John Milton*, vol. II의 쪽 번호를 가리킨다(오늘날의 영·미 밀턴 연구자들은 대부분 이 텍스트를 전거로 사용하고 있다). 단 원문의 문장이 대단히 길고 우리말과 어순 또한 크게 달라서, 번역본의 쪽 구분이 원문의 쪽 구분과 정확히 일치하지는 않는다.

5. 원문은 단락(paragraph)이 지나치게 길어 읽기에 불편하므로 옮긴이가 짧게 나누었다.

6. 성경 인용은 『성경전서 표준새번역 개정판』(대한성서공회, 2001)와 『한글 킹 제임스 성경: 한영대역』(말씀보존학회, 1995) 등을 참고했다.

7. 인명·지명 표기는 되도록 원어 발음에 따르는 것을 원칙으로 했다.

1. 서론: 진정한 자유를 위하여

[486] 한 나라의 정부와 통치자에 대해 할 말이 있는 사람들은 의회에서 연설을 하며, 개인적인 여건으로 인해 의회 출입이 여의치 않은 사람들은, 국가 이익의 증진에 도움이 될 수 있다고 여기는 바를 글로 씁니다.[1] 나는 적지 않은 노력이 소요되는 그와 같은 일에 처

---

1 『아레오파기티카』는 형식상으로는 아테네의 변론가인 이소크라테스(Isocrates, 436–338 B.C.)의 일곱 번째 연설 『아레오파고스 연설』(*Areopagiticus* 또는 *Areopagitic Discourse*)로부터 비롯된 것으로 볼 수 있다. 『아레오파기티카』에서 밀턴은 "잉글랜드의 아레오파고스"인 의회를 상대로 연설하는 형식을 취했기 때문이다(Sir Richard C. Jebb, "Introduction" to *Areopagitica*, Cambridge at the Univ. Press, 1918, xxiii.).

아레오파기티카라는 말의 어원은 고대 그리스 도시국가 아테네의 법정인 "아레오파고스"에 "논(論)"이라는 뜻의 "α"가 합쳐진 것이다. 아레오파고스는 그리스어로 전쟁의 신 "아레이오스(Ἄρειος)"와 언덕이란 뜻의 "파고스(Πάγος)"를 합친 말이다. 아레오파고스는 아크로폴리스와 아고라 사이에 위치한 작은 바위 언덕으로, 아테네에서 가장 오래되고 유서 깊은 법정이다. 현대 그리스의 대법원도 아레오파고스란 이름으로 불리고 있다.

이소크라테스는 아테네의 변론가로서 독자적인 수사학파를 창시한 인물이었다. 그는 신체적 허약과 신경 쇠약으로 인해 대중 앞에서 연설을 할 수 없었으므로 읽혀질 것을 전제로 한 연설문을 사저에서 작성한 것으로 알려져 있

음 착수할 경우 그들의 마음속에 커다란 내적 동요나 흔들림이 있으리라고 생각합니다. 결과가 어찌될 것인지를 의구심을 갖는 사람도 있을 것이며, 어떤 평가가 나올지 두려워하는 사람도 있을 것입니다. 자신들이 해야 할 말에 희망을 거는 사람도 있을 것이고, 확신을 품은 사람들도 있을 것입니다. 다른 때 같았으면[2] 내가 다룬 주제에 따라 이러한 갖가지 상념들이 내게 이런저런 영향을 미쳤을 것입니다.

다. 이소크라테스의 연설문은 밀턴의 『아레오파기티카』와 두 가지 점에서 유사하다. 첫째로, 형식적인 면을 들 수 있다. 두 사람 모두 구두로 행해지는 것이 아닌, 읽혀질 것을 전제로 작성했다. 둘째로, 상황의 유사성인데, 두 사람은 모두 일개 시민의 자격으로 공적인 기구에 대해 정책의 시정을 촉구했다. 그러나 목적에서는 두 사람이 판이하게 달랐다. 적어도 이 점에서 본다면 밀턴이 『아레오파기티카』라는 제목을 택한 것이 기이하게 여겨질 정도다.

기원전 4세기의 아레오파고스 법정은 종래 보유했던 권한 가운데 형사 재판이라는 지극히 제한된 권한만을 보유하고 있었을 뿐이다. 이소크라테스는 과거 이 기구를 지배적인 정치 세력이 될 수 있게 만들었던 기능들, 특히 교육의 통제라든가 풍속의 전반적인 감독 등의 기능을 부활시킬 것을 촉구했다. 이에 반하여 밀턴은 의회로 하여금 그와 같은 통제와 감독을 철회할 것을 주장한 것이다. 그러므로 설럭(Ernest Sirluck)은 『아레오파기티카』의 제목의 유래로서 두 번째 가능성을 제시한다. 즉, 밀턴은 독자들이 『아레오파기티카』를 통해 『신약성서』의 「사도행전」(17:16-34)에 나오는 바울의 "아레오파고스 연설(Areopagitic Discourse)"을 연상해 주기를 원했으리라는 것이다(Areopagitica, CPW II, p. 486. n. 1). 제2부 제2장 주 80)을 참조할 것.

2 밀턴은 *Areopagitica* 출간 이전에 일곱 편의 산문을 발표했다. 그 중에서 *Doctrine and Discipline of Divorce*(1644) 개정판과 *The Judgement of Martin Bucer*(1644)만을 공식으로 의회에서 연설했다. 물론 일곱 편 모두 의회를 염두에 두고 작성한 것이다. 밀턴은 여기서 이들 팸플릿을 쓸 때 의구심, 두려움, 희망, 확신 등의 이런저런 상념을 갖게 되었음을 말한다.

〔487〕 그리고 지금 서론을 언급하고 있는 중에도 어떤 상념이 나를 가장 동요시켰는지 드러날 것입니다. 그러나 내가 이 연설을 시도한 것, 그리고 이런 연설을 하려고 작정한 것은, 나의 내면에 솟구치는 열정을 어찌할 수 없었기 때문입니다. 내가 품은 열정은 여느 서론보다도 더욱 간절합니다.

누가 묻기 전에 서둘러 고백합니다만, 나는 이 연설이 조국의 자유를 희구하고 촉진시킨 모든 이에게 기쁨과 만족을 가져다줄 수만 있다면 나의 책임을 다한 것으로 생각하겠습니다. 지금 내가 하는 모든 연설은 승리의 트로피는 못 될지라도 적어도 그에 대한 하나의 확실한 증언은 될 것입니다. 우리가 희구하는 자유는 국가 안에서 아무런 불평도 제기되지 않는 그런 자유가 아닙니다. 이 세상 그 누구도 그런 자유를 기대해서는 안 됩니다. 불평이 자유롭게 청취되고 숙고되어 신속히 개혁될 때, 비로소 현인들이 추구한 최고 수준의 시민적 자유가 달성되는 것입니다.

내가 지금 분명히 밝혀두거니와, 지금부터 하려는 연설 그 자체만으로도 우리는 이미 상당한 시민적 자유에 도달했습니다. 우리는 우리의 원리 속으로 파고든 전제(專制)와 미신(迷信)의 엄청난 해악으로부터 빠져나와 여기에 도달했습니다. 그 해악은 고대 로마인의 미덕으로도 감당할 수 없었던 것입니다.[3] 우리가 이렇게 해악으로부터

---

3 '로마인의 미덕'이란 소박한 로마인의 미덕(정직, 용기, 검소)을 뜻한다. 또한 로

빠져나올 수 있었던 것은, 첫째로 우리의 구원자이신 하나님의 강력한 도움, 그리고 둘째로 잉글랜드 상원 및 하원 의원 여러분의 신실한 인도와 담대한 지혜 덕분입니다. 선량한 인사들과 고귀한 행정관들을 찬양한다고 해서 그것이 하나님의 영광을 깎아 내리는 것은 아닙니다. 여러분의 훌륭한 행동이 그토록 미덥게 진행된 후에야, 그리고 여러분의 불굴의 미덕에 그토록 장기간의 의무[4]가 지워진 뒤에야 비로소 여러분에게 처음으로 찬사를 보내는 나는, 여러분을 칭송하는 사람들 중 가장 느리고 인색한 자 가운데 포함되어 마땅할 것입니다.

그럼에도 불구하고 세 가지 중요한 조건이 있습니다. 그 세 가지가 없다면 모든 찬양은 아부와 아첨에 불과합니다. 먼저, 분명히 찬양 받을 가치가 있는 사람만이 찬양 받아야 합니다. 다음으로, 찬양 받는 사람들에게 진정으로 찬양 받을 만한 자질이 있어야만 합니다. 그리고 끝으로, 찬양하는 사람이 그가 찬양하는 대상에 대한 그의 글이 아부가 아니라는 것을 입증할 수 있어야만 합니다. 이상의 세 가지 조건 중 앞의 두 가지는 내가 지금까지 힘써 오던 것으로서, 나는 여러분의 명예를 추잡한 악의적[5] 찬사로써 손상시키려는 자[6]로

마를 '전제와 미신'에 결부시킨 것은, 고전적 이상이 교황권으로 말미암아 부패한 결과 로마 교회가 주교제로 귀결되었음을 의미한다.

4   장기의회(The Long Parliament)는 1640년 11월 3일, 즉 *Areopagitica*가 발표되기 4년 전에 개회되었다.

부터 여러분의 위상을 지켜낸 바 있습니다. [488] 마지막 세 번째 조건은 내게는 해당사항이 없는 것으로서, 내가 아부하기 위한 찬사를 늘어놓지 않는다는 것을 이 기회에 밝혀 두고자 합니다. 무엇이 고상한 행동이었는지를 거침없이 칭찬하고, 무엇을 행하는 것이 더 나았으리라고 아무런 두려움 없이 단언하는 사람은, 자신의 성실성에 대해 여러분에게 최선의 약속을 하는 것입니다. 그[7]의 충직한 애정과 희망은 여러분의 처분만을 기다리고 있습니다. 그가 바친 최고의 찬사는 아부가 아니며, 그의 가장 솔직한 충고야말로 하나의 찬사입니다.

논의에 의해 확증하겠지만, 만일 여러분이 공포한 법령 중 내가 언급할 한 가지 법령[8]이 철회된다면, 그것은 진리와 학문, 그리고 국가와 조화를 이루게 될 것입니다. 동시에 그것은 여러분의 관대하고 평등한 정부의 영예에도 이바지할 것입니다. 사람들은 이로 인해, 이제껏 공공연히 아첨을 즐겨 온 다른 정치인들과는 달리, 여러분은 공

---

5 원문은 "malignant"다. "malignant"는 영국 혁명 당시 의회파가 왕당파를 가리킬 때 썼던 상투적 표현이다.

6 노위치(Norwich)의 주교인 조셉 홀(Joseph Hall, 1574-1656)을 말한다. 그는 왕당파임에도 불구하고 *Humble Remonstrance*(1641)에서 의회를 찬양했는데, 밀턴은 *Apology against a Pamphlet*(1642)에서 조셉 홀이 왕당파이면서도 의회를 찬양하는 척했다고 공격했다.

7 "그"는 밀턴 자신을 말한다. 밀턴 자신이 의회에 충성심을 갖고 찬사와 충고를 베풀고 있다는 뜻이다.

8 1643년의 출판 허가법(The Licensing Order)을 말한다.

적인 충고를 기꺼이 받아들인다고 생각할 것입니다. 그러면 사람들은 3년 회기 의회[9]의 관대함과, 얼마 전까지 권력을 장악했던 고위 성직자들 및 내각 자문관들[10]의 시기심 어린 오만함이 어떻게 다른지를 알게 될 것입니다. [489] 그 때 사람들은 승리와 성공을 거둔 여러분이, 표결로 결정된 법령에 대한 서면 이의 제기를 고위성직자들 및 내각자문관들에 비해 한층 관대하게 수용하는 것을 보게 될 것입니다. 고위 성직자들 및 내각 자문관들은 허망한 부의 과시 이외에는 기억할 만한 가치 있는 것을 산출하지 못했으며, 긴급 포고에 대한 지극히 사소한 반발도 참아내지 못합니다.

상원 및 하원 의원 여러분, 여러분의 정중하고도 품위 있는 온당한 행동에 비추어 볼 때, 나는 여러분이 공포한 법령[11]을 반대하려는 나의 입장을 어렵지 않게 정당화할 수 있습니다. 만일 누군가 선례가 없는 새로운 주장을 한다거나 오만하다는 이유로 나를 책망한다면,

---

9 3년 회기법(The Triennial Act, 1641. 2. 16)은 의회의 회기가 끝난 후 3년 이내에 국왕이 다시 의회를 소집하지 않을 경우 자동적으로 새로운 의회를 소집할 수 있게 해주었다. 밀턴은 의회가 장기간 공백 상태에 빠지지 않도록 보장받음으로써 국왕 임의로만 소집될 때보다 더욱 관대해졌다고 생각한 것 같다. 그는 장기 의회에 훨씬 더 큰 권한을 가져다 준 1641년 5월 10일의 법령—의회의 동의 없이는 해산할 수 없도록 했다—에 대해서는 언급하지 않고 있다.
10 찰스 1세가 전적으로 자문관들에게만 의지하여 권력을 행사한 사실을 말한다. 1629년부터 1640년까지 의회는 한 번도 소집되지 않았다.
11 1643년의 출판 허가법(The Licensing Order)을 말한다.

그런 사람들은 여러분이 훈족이나 노르웨이인[12]의 야만적인 거드름보다는 그리스[13]의 노련하고 청아한 휴머니티를 삼가 따르려 한다는 것을 내가 잘 알고 있음을 인지하지 못하고 있는 것입니다.

그리고 지금 우리가 고트족이나 주트족[14]에 머물지 않고 있는 것은, 우리의 지혜와 교양의 근원인 그 시대에, 자신의 사저에서 아테네 의회[15]에 보내는 연설문을 써서 당시의 민주주의 형태를 바꾸도록 설득하려 했던 한 인물[16] 덕분인데, 그에 대해 이야기를 해볼까 합

---

12 훈족은 4, 5세기 유럽을 침공했던 중앙아시아 유목민이다. 노르웨이인은 9, 10세기 유럽을 침공한 바이킹이다. 밀턴은 그들의 문명파괴적인 야만성을 강조하고 있다.

13 밀턴은 그리스 문학에 정통한 당대 최고 수준의 고전학자였다. 이 문장에서 그리스는 문명과 교양의 상징이다.

14 고트족(Goths)은 게르만 민족의 한 갈래다. 주트족(Jutlanders)은 유틀란트 반도(덴마크) 출신 게르만 민족이다. 서기 5세기에 영국에 침입해 켄트(Kent)에 정착했다. 둘 다 야만성을 상징한다.

15 여기서 "아테네 의회"는 아레오파고스 법정을 말하는 것이 아니다. 이소크라테스(Isocrates)는 아레오파고스의 권능이라는 주제를 가지고 아테네 민회(ecclesia, popular assembly)를 상대로 연설문을 썼다. 밀턴은 민회를 "아테네 의회"로 표현했다.

16 이소크라테스를 말한다. 이소크라테스는 아테네 동쪽 에르키아(Erchia) 지역에서 피리를 만들어 큰 부자가 된 테오도로스(Theodoros, 436-338 B.C.)의 아들로 태어났다. 유복한 가정에서 자란 덕분에 당시 최고의 소피스트들로부터 일찌감치 수준 높은 화법을 배웠다. 대중 앞에 서는 것을 두려워하는 성격, 그리고 웅변에 적합하지 않은 작은 목소리 때문에 '말'이 아니라 '글'로 입지를 넓히려는 생각을 가졌다.

니다. 그 당시에는 지혜와 수사학 연구를 직업으로 삼던 사람[17]이라면 자국인뿐만 아니라 외국인에게도 그러한 명예가 주어졌습니다. 그들이 공적인 문제로 국가에 권고를 하면 도시와 귀족들은 그들의 말에 귀를 기울였습니다. 이방인이자 관직을 갖지 않은 평범한 웅변가에 불과했던 디온 프루사에우스(Dion Prusaeus)[18]가 로도스 섬 사람들에게 앞서 내린 포고령을 철회하라고 조언할 수 있었던 것도 이런 연유에서였습니다.

나는 그러한 다른 예들을 많이 알고 있지만, 그것을 여기 다 열거할 필요는 없을 것입니다. [490] 그러나 한평생을 성실하게 학문에 정진한 입장에서라면, 그리고 북위 52도의 잉글랜드에서 태어난 사람치고는 타고난 재능이 최악에 속하지 않는다면[19], 물론 고대 의회

---

17 고대 그리스의 소피스트들을 지칭한다. 이소크라테스도 그들 중 한 사람이었다.

18 디온 프루사에우스(40경~112경 A.D.)의 그리스 이름은 디온 크리소스토모스(Dion Chrysostomos)이다. 소아시아 비시니아(Bithynia)의 프루사(Prusa) 출신으로, "황금의 입"이란 별명을 갖고 있다. 그리스인 수사학자·철학자로서 저작과 연설로 로마제국 전역에 걸쳐 명성을 얻었다. 도미티아누스 황제(82~96)에 의해 정치적 이유로 비시니아와 이탈리아로부터 추방당해 14년간 흑해 연안을 방랑했다. 그 후 친구인 네르바가 황제로 즉위하면서 로마로 복귀했으며, 네르바 및 트라야누스로부터 총애를 받았다. 그의 연설은 대체로 철학적―스토아철학을 옹호했다―이고 정치적이었다. 그의 "로도스 연설(Rhodian Discourse)"은, 동시대 공직자들의 이름을 새겨 넣기 위해 공공 기념물에 있는 인물들의 이름을 지우도록 한 법령을 철회할 것을 충고했다.

19 "우리가 필요로 하는 태양은, 과일뿐만 아니라 인간의 기지까지도 성숙케 한

에 충고할 특권을 가졌던 사람들과 같은 반열에 오르기에는 손색이 있다고는 해도, 웅변가들의 충고를 받아들인 사람들보다 여러분이 우월한 것과 같은 정도로 내가 웅변가들보다 열등하다고는 생각하지 않습니다. 상원 및 하원 의원 여러분, 여러분이 그들보다 얼마나 더 탁월한지를 보여주는 것으로, 이성의 목소리가 어디서 들려오든, 여러분의 신중한 정신이 그 목소리를 인정하고 이에 복종하여, 여러분이 선임자의 법을 철회한 것처럼 여러분 자신이 만든 법을 철회하는 것, 그 이상의 확실한 증거는 없을 것입니다.

여러분이 그렇게 의결하신다면(여러분이 그렇게 하시지 않는다고 생각하는 것만으로도 여러분의 평판은 해를 입습니다), 나는 여러분의 진리에 대한 애정과 판단의 공정성(여러분은 불공정에 익숙하지 않습니다)을 입증할 적합한 사례 하나를 감추지 않고 보여드리겠습니다. 그것은 여러분이 출판물을 통제하기 위해 만든 법령,[20] 즉 "향후 어떤 서적이나 팸플릿이나 논고일지라도 임명된 검열관들 또는 검열관들 중 적어도 한 명에 의해 사전 승인 및 허가를 받지 않은 경우 출판을 허용할 수 없다"고 천명한 여러분의 법령을 재검토하는 것입니다.

[491] 모든 사람이 정당하게 자기 책에 대한 저작권을 보유한다

다"(*History of Britain*, Book III). 『실락원』(*Paradise Lost*), IX, 44–45에도 비슷한 내용이 나온다. 밀턴은 햇빛이 부족한 북방 영국의 차가운 기후에서는 지적 능력이 제대로 성장할 수 없다고 생각했다.

20 1643년 6월 14일 의회가 공포한 출판 허가법을 말한다.

는 부분, 또는 그것을 가난한 사람들에게 제공한다는 부분[21]에 대해
서는 다루지 않겠습니다. 단지 그것들이 이들 개별 조항들 중 어느
것도 범하지 않은 정직하고 근면한 사람들을 학대하고 박해할 구실
을 만들지 않기만을 바랍니다. 그러나 서적 검열의 명분(우리는 고위 성
직자들이 축출되었을 때[22] 서적 검열의 명분이 그 형제인 사순절 금식 면제[23] 및
결혼 허가[24]와 더불어 죽었다고 생각했습니다)에 대해서는, 이제 여러분에게

---

21 1643년의 출판 허가법 내용 중 다음 부분을 말하는 것이다. "여태껏 출판업
   자 조합 측의 가난한 살림에 보탬을 주기 위해 인쇄가 승인되었던 서적도, 출
   판업자 조합의 장인·간부·조수의 허가나 동의 없이는 인쇄 또는 재판 인쇄할
   수 없다. 적법하게 검열을 받고 출판업자 조합 등기부에 등재된 조합원의 책이
   라 할지라도 그 서적 저작권자의 허가와 동의가 없으면 인쇄하거나 제본하거
   나 철하거나 판매할 수 없다. 또한 종전에 국내에서 인쇄된 서적 또는 그 일부
   도 해외에서 수입할 수 없다. 이를 위반할 경우 해당 서적의 소유권자는 서적
   을 몰수당하고 적절하다고 여겨지는 징계를 받게 된다." 이 책의 부록을 참조
   할 것.
22 장로교(Presbyterianism)는 1645년 1월 28일까지 법적으로 확립되지 않았다.
   그리고 주교제(Episcopacy)는 1646년 10월 9일까지는 공식적으로 폐지되지
   않았지만, 1642년 2월 13일에 찰스 1세가 주교 배척법(Bishops Exclusion Bill)
   에 동의함으로써 주교들은 이미 상원에서 축출되어 있었다.
23 사순절 금식 면제(quadragesimal). 사순절 기간에 금식의 면제를 허가하는 주
   교의 권리를 말한다. 사순절 중 특별한 날은 물고기를 먹는 날로 지정되어 있
   는데, 이 때 육류를 먹기 위해서는 허가를 받아야 했다. 엘리자베스 여왕은
   대주교의 허락을 얻지 않고는 사순절 기간 동안에 고기를 결코 먹지 않을 것
   이라고 말하곤 했다.
24 결혼 허가(matrimonial). 교구 교회에서 결혼식을 올리기에 앞서 연속 3회에
   걸쳐 일요일마다 "결혼 예고(banns)"를 하는데, 그것은 그 결혼에 이의가 있는
   가 여부를 묻는 것이다. 결혼 허가란 이러한 결혼 예고를 면제해 줄 수 있는

설교조로 호소하려 합니다.

첫째, 검열제를 맨 처음 고안한 자들은 실상은 여러분이 가장 혐오할 자들이라는 것입니다. 둘째, 무슨 종류의 책이건 책을 읽는다는 것은 무엇을 의미하는가 하는 것입니다. 셋째, 이 법령은 모략적이고 선동적이고 비방하는 서적들을 억제하고자 하는 소기의 목적을 달성하는 데 아무 소용이 없다는 것입니다. 끝으로, 그것은 무엇보다도 우리가 기왕에 알고 있는 분야에서 우리의 능력을 무력화하고 둔화시킴으로써, 그리고 종교적 지혜 및 시민적 지혜 모두를 더욱 발전시킬 수 있는 더 이상의 발견을 저해함으로써, 모든 학문을 위축시키고 진리의 발전을 막으리라는 것입니다.[25]

〔492〕 나는, 교회와 국가의 최대 업무가, 서적들이 인간과 서적 그 자체의 품위를 손상시키는지 주의 깊게 지켜보는 일이라는 것을, 그리고 그런 일이 있을 경우 저자들을 투옥하여 범죄 사실을 날카롭게 판단하는 일이라는 것을 부인하지 않습니다. 책이란 결단코 죽은 물건이 아니며, 그 속에 생명력을 지니고 있어, 그 책의 저자의 영혼

주교의 권리를 말한다.

25 이 구절은 오늘날 언론의 자유와 관련하여 가장 널리 인용되는 문구 중 하나이다. 그러나 설럭은 이 주장이 밀턴 고유의 것이 아니라 다른 문인들의 주장에서도 발견되고 있다고 지적한다. 예를 들면 헨리 로빈슨(Henry Robinson)의 "양심의 자유(Liberty of Concience)"(1644)를 들 수 있다. 설럭은 밀턴이 아레오파기티카 발표 전 그의 주장을 알고 있었다고 주장한다. Sirluck, p. 492 n. 21 참조.

만큼이나 활동적이기 때문입니다. 아니, 그 책 속에는 그 책을 길러 낸 생생한 지성의 정수와 가장 순수한 효능이 뽑혀져 약병 속에 담기듯 간직되어 있습니다. 나는 그들이 전설에 나오는 용의 이빨들[26]처럼 발랄하고 힘차게 생동적이라는 것을 압니다. 저들은 한번 뿌려지기만 하면 용맹무쌍한 무사들을 일으키기도 합니다. 그러나 다른 한편, 그것들을 조심스럽게 취급하지 않으면 사람뿐만 아니라 좋은 책마저도 죽임을 당하게 됩니다.

사람을 죽이는 자는 하나님의 형상인 이성적 창조물을 죽이는 것입니다. 그러나 좋은 책을 파괴하는 자는 이성 그 자체를 죽이는 것이며, 말하자면 눈앞에 있는 하나님의 형상을 죽이는 것입니다. [493] 많은 사람들이 땅에 짐이 되어 삽니다. 그러나 좋은 책은 위대한 영혼의 고귀한 생혈입니다. 책은 한 생명이 죽은 뒤에도 그 영혼을 불멸의 보물로 고이 간직합니다. 한번 생명이 죽으면 어떤 세대도 그 생명을 되살릴 수 없고, 이보다 더 큰 손실은 없을 것입니다. 그리고 몇 세대가 흐른다고 해도 일단 거부되었던 진리는 그 손실을 회복하기가 힘듭니다. 왜냐하면 진리가 없음으로 해서 온 국민이 더욱 타

---

26 테베의 신화적 건설자인 카드무스(Cadmus)가 뿌렸다. 그 이빨에서 무사들이 튀어나왔다고 한다. Ovid, *Metamorphoses*, Ⅲ, 101-30 참조. 무사들은 마지막에 5명이 남을 때까지 서로 싸웠다. 이 말은 책이 분쟁의 씨앗을 뿌린다는 뜻이다. 그러나 밀턴이 이런 비유를 든 것은 부정적인 의미에서가 아니다. 책은 논쟁을 낳아 지식의 발전에 이르게 한다는 긍정적 의미를 담은 것이다.

아레오파기티카

락하기 때문입니다.

그러므로 우리는 공적인 인간의 살아있는 노작(勞作)에 대해 우리가 어떠한 박해를 가하고 있는지, 책 속에 보존·축적되어 있는 성숙한 생명을 우리가 얼마나 파괴하고 있는지 유의하면서 항상 조심스럽게 접근해야만 합니다. 왜냐하면 우리는 그 결과 일종의 살인이 자행되거나 때로 순교자가 생겨난다는 것을 알기 때문입니다. 만일 그것이 출간된 한 책의 판(版) 전부에 확대된다면 일종의 대량 학살이 벌어지는데, 이 경우 그것은 기본적인 4대 원소를 죽이는 데 그치지 않고 영적인 제5원소[27]인 이성의 호흡 그 자체를 말살하는 것입니다. 그것은 한 생명이 아닌 영원성을 죽이는 것입니다.

그러나 검열 거부를 빙자하여 오히려 방종을 조장한다는 비난을 받지 않기 위해, 나는 역사적 사실들을 제시하는 수고를 마다하지 않으려 합니다. 이를 통해 그러한 무질서에 맞서 고대의 유명한 국가들이 무슨 조치를 취했는지 밝히고자 합니다. 나아가 이 검열제라는

---

27 4대 원소―흙·물·불·공기―는 "기본적인(elemental)"것이다. 즉, 그것들은 물질 세계의 원소들인 것이다. 제5원소(fifth essence)는 "영적인(ethereal)" 것으로, 여기에서 별들이 형성된다. *Paradise Lost*, Ⅲ, 714–9에는 다음과 같은 내용이 나온다. "다음으로 복잡한 원소―흙·물·불·공기가 / 재빨리 각기 제 구역으로 달려갔다. / 그리고 이 영기인 하늘의 다섯 번째 원소는 / 갖가지 형태로 생명을 얻어 하늘로 올라가 / 구체로 회전하여 그대가 보는 바와 같이 / 무수한 별이 되어 움직이고 있는 것이다."

것이 종교재판소[28]로부터 슬그머니 기어 나온 것이며, 우리의 고위

---

28 종교재판소는 주교 종교재판소(Episcopal Inquisition), 교황 종교재판소(Papal
Inquisition), 에스파냐 종교재판소(Spanish Inquisition)의 셋으로 나뉜다. 중세
의 주교 종교재판소는 교회를 대표해서 주교가 이단자들을 지목하면 세속 정
부가 그들을 처벌하는 제도로서, 다양한 형태를 취했지만 결코 성공적이지 못
했다. 교황 종교재판소는 인노켄티우스 3세가 남프랑스와 북이탈리아의 이단
확산에 놀라, 주교들의 무관심을 견책하는 교서를 공포하고, 시토 수도원장에
게 이단자들에 대한 재판권 및 처벌권을 부여함으로써 출발했다. 이것이 하
나의 독립된 제도로서의 종교재판소가 설립된 최초의 사례이다. 에스파냐 종
교재판소는 15세기말에 무슬림이 추방된 후 아라곤과 카스티야의 가톨릭 군
주들이 교황에게 배교자들을 처단하기 위한 특별한 기구를 요청함으로써 설
립되었다. 교황 식스투스 4세(Sixtus IV)는 1478년에 에스파냐 종교재판소를
승인했다. 초대 종교재판 총장(Inquisitor-General)으로는 이사벨 여왕의 고해
사제였던 토르케마다(Thomas de Torquemada)가 1483년에 임명되었다. 에스
파냐 종교재판소는 교황 종교재판소와는 달리 국왕의 통제 아래 있었고, 종
교재판 총장 임명권이 국왕에게 있었으며, 벌금과 압류 재산이 국왕에게 귀속
되었다. 에스파냐 종교재판소는 그 잔인함으로 악명이 높아서, 토르케마다가
총장으로 재직한 14년 동안에 114,000명이 고발되어 그중 10,220명이 산채
로 화형 당했다. 한편, 종교개혁 이후 1542년에 로마 교황 파울루스 3세는 이
단 박멸을 위해 에스파냐 종교재판소를 모델로 삼아 교황 종교재판소를 재조
직했다(Thomas M. Lindsay, *A History of the Reformation*, 2 vols., 2nd ed., Edin-
burgh, 1964, vol. II, pp. 597-602). 교황 종교재판소는 서적에 대한 감독권을
맡아 시행했고, 모든 서적은 이 종교재판소의 사전 검열이 없을 경우 출판이
금지되었다. 이러한 전후 맥락에 비추어 볼 때, 밀턴이 말하는 에스파냐 종교
재판소란 실제로는 파울루스 3세가 1542년에 재조직한 로마의 교황 종교재
판소를 가리키는 것으로 판단된다. 에스파냐 종교재판소는 너무나도 악명이
높아서 흔히 "종교재판소" 그 자체를 의미하는 것으로 받아들여지곤 했기 때
문이다.

성직자 나으리들(prelates)[29]과 우리의 일부 장로들(presbyters)[30]은 바로 이 검열 제도에 현혹되고 있다는 것을 입증하도록 하겠습니다.

---

29 영국 국교회 및 가톨릭의 주교 및 대주교 등을 말한다. "고위 성직자 나으리"
   란 말은 청교도 측에서 이들을 비꼬는 말이다.
30 당시 의회에서 권력을 장악하고 있던 장로파 장로들을 말한다. 그리스어로 프
   레스비테로스(presbyteros), 영어로는 elder 또는 presbyter라고 한다. presbyter
   와 priest는 원래 같은 그리스 단어에서 파생된 말이다. 그러나 후자(presbyter)
   가 일찍이 프랑스어와 라틴어를 통해 영어에 들어온 반면, 전자(priest)는 16
   세기에 그리스어에서 직접 유입되었다.

2. 검열제의 기원

[494] 책과 지혜가 그리스의 다른 어느 곳보다도 활기찼던 아테네에서, 행정관이 주목하여 관심을 가진 저작은 신성 모독적이고 무신론적인 책, 또는 중상적(中傷的)인 책뿐이었습니다. 그 결과 프로타고라스(Protagoras)[1]의 저작은 아레오파고스의 판사들에 의해 불태워버리라는 명령을 받았고, 그는 "신이 있는지 없는지" 알지 못한다는 말을 한 죄로 아테네에서 추방되었습니다. 그리고 "고대 희극(vetus comoedia)"[2]에서도 볼 수 있듯이, 아테네에서는 중상을 금지하기 위해

---

1 프로타고라스(480경-410경 B.C.)는 최초의 위대한 소피스트였다. 411년에 그는 신의 존재 유무에 대한 자신의 모든 지식을 부인하는 것으로 시작된 논고 때문에 고발을 당했다. 책은 불태워졌으며, 프로타고라스는 아테네에서 추방되었다고 한다. Cicero, *On the Nature of the Gods*, I, 23, tr. C. D. Yonge (New York, 1888), p. 231 참조.

2 "고대 희극(Old Comedy)"의 현저한 특징인 악의적 풍자와 인신공격은 중기 및 신 희극(Middle and New Comedy)에서는 찾아볼 수 없다. 그렇게 된 이유는 전통적으로(밀턴도 마찬가지였지만) 법적 제약 때문이라고 추정되었다. 이러한 추정은 로마 시인 호라티우스(Horatius, 65-8 B.C.)의 권위(*Ars Poetica*, 282 ff., 특히 306-10)에 의거한 것이다. 그러나 길버트 노우드(Gilbert Norwood)는

누구도 이름을 거론하며 남을 모략할 수 없도록 규정한 바 있는데, 이로써 우리는 그들이 어떻게 중상하는 글을 검열했는지 추측할 수 있습니다. 그리고 키케로가 말했듯이, 이러한 처분은 무신론자들의 극단적인 생각과 노골적인 명예 훼손을 억누르기에 충분히 단호한 것이었으니, 결과가 이를 잘 보여주고 있습니다.[3] 다른 종파와 견해에 대해서는, 그것이 설혹 방탕한 경향을 보이고 또 신의 섭리를 부정한다 할지라도 그들은 개의치 않았습니다.

[495] 그러므로 우리는 에피쿠로스(Epicurus)[4]나 키레네(Cyrene)의

관련 자료를 재검토하여, 아테네에는 풍자를 금지한 법령이 단 하나밖에 없었고, 그 법령은 440/39년부터 438/7년까지(고대 희극의 말기가 아닌 중기였다) 3년이 채 못 되는 동안 시행되었을 뿐이라는 사실을 밝혀냈다(*History of Greek Comedy*, Boston, 1932, pp. 26-9). 그 법령의 시행은 성공하지 못했으며, 404년 이후 희극의 변화된 양상은 아테네의 (펠로폰네소스 전쟁에서의) 패배에 뒤이은 분위기 변화 때문이었다.

3   Cicero, *op. cit.* 참조. 그러나 키케로는 실제로는 "중상"에 관련해서는 아무런 언급도 하지 않았다. 그러므로 밀턴의 이 문장은 다음과 같이 해석되어야 한다. "이 방법은 (키케로가 말했듯이) 무신론적인 저작들, 그리고 (결과가 보여주듯이) 중상적인 저작들을 성공적으로 규제했다."

4   에피쿠로스(341-270 B.C.)는 에피쿠로스 철학의 창시자이다. 에피쿠로스의 가르침은 부분적으로 그의 경쟁자들의 비방에 의해, 그리고 부분적으로는 그가 쾌락을 최고의 선으로 간주한 신조를 가졌다고 잘못 해석됨으로써 악평을 받게 되었다. 밀턴 역시 에피쿠로스에 대한 널리 유포된 편견을 공유하고 있었으며, 에피쿠로스에 대한 밀턴의 언급은 한결같이 적대적이었다.

방탕한 학파[5], 또는 키닉학파(Cynic school)[6]의 경망스런 언동이 법률에 의해 문제가 되었다는 기록을 본 적이 없습니다. 고대 희극 작가들의 글이 억압받았다는 기록도 찾을 수 없습니다. 물론 연극 상연은 금지되었지만 말입니다. 그리고 플라톤이 왕이었던 그의 제자 디오니시오스(Dionysius, the Younger)[7]에게, 가장 절제 없는 작가에 속하는 아리스토파네스를 읽을 것을 권유한 것은 잘 알려진 사실입니다. 그리고 전해지는 바처럼, 성 크리소스토무스(John Chrysostom)[8]가 아리스토파네

---

5 키레네학파는 키레네 출신의 아리스티푸스(Aristippus, 435경-356 B.C.)가 창시했다. 그는 아테네에서 소크라테스의 가르침을 받은 후 키레네로 돌아가 학파를 창시했다. 그의 철학은 쾌락주의로서 쾌락의 정도와 지속 기간에만 차이를 두었을 뿐 쾌락의 종류에는 구별을 두지 않았다. 미덕이란 그것이 쾌락을 산출하는 한에 있어서만 좋은 것이었다. 이런 점에서 키레네학파는 에피쿠로스보다 비난받을 소지가 더 많다고 할 수 있다.

6 키닉학파는 안티스테네스(Antisthenes, 440경-370경 B.C.)에 의해 창시되었다. 이 학파에 붙여진 "경망"스럽다는 평판은 안티스테네스의 가장 유명한 제자인 디오게네스(Diogenes, 412경-323 B.C.)로부터 온 것이다. 디오게네스는 자신이 대낮에 등불을 들고 다닌 이유에 대해, 아직 진정한 남자를 보지 못했기 때문이라고 주장했다. 스파르타인은 어린아이요, 아테네인은 여자라는 것이다.

7 디오니시오스는 시라쿠사의 참주(367-356, 346-343 B.C.)로서 플라톤을 자신의 가정 교사로 초빙했다. 플라톤이 디오니시오스에게 아리스토파네스의 희극을 추천했다는 내용은 고대의 작자 미상 문헌인 아리스토파네스의 『생애』(Life)에 나온다. "그들은 말하기를, 참주 디오니시오스가 아테네의 헌정에 대해 알고자 했을 때 플라톤은 그에게 아리스토파네스의 시를 보냈다"(Teubner edition of Aristophanes, ed. Thedorus Bergk, Leipzig, 1852, p. 37).

8 요한네스 크리소스토무스(347경-407 A.D.)는 콘스탄티노플 주교 및 안티옥 대주교였으며, 가장 영향력 있는 그리스 교부들 중 하나였다. 그가 아리스토

아레오파기티카

스를 밤마다 열심히 연구함으로써, 야비한 격정을 순화시켜 감동적인 설교로 전환시키는 기술을 익히게 되었다면, 플라톤의 언동은 용서받을 수 있을 것입니다.

[496] 그리스의 또 다른 대표적 도시 국가 스파르타의 입법자인 리쿠르고스(Lycurgus)[9]는 고아한 학문에 깊이 매료된 선각자로서, 흩어진 호메로스 작품들을 이오니아에서 들여오는가 하면,[10] 크레타로

파네스에게 관심을 가졌다는 사실은 청교도들에게는 특기할 만한 일이었다. 왜냐하면 그는 왕궁의 도덕적 "부패"와 특히 왕실의 우상 숭배(황녀 유독시아 [Eudoxia]에 대한 우상 숭배적인 존숭)에 반대했다는 이유로 자신의 교구에서 추방당했기 때문이다(404). 그는 347년 로마 제국의 안티오키아에서 부유한 귀족 가문의 후예로 태어났다. 리바니우스라는 위대한 웅변가 밑에서 수사학을 공부했지만, 368년 세례를 받은 다음 성경 공부에 몰두했다. 그리스도의 가르침에 따라 재산을 모두 포기하고 동굴에서 은수자 생활을 하다가 안티오키아로 돌아와 사제로 임명받았다. 그때부터 10여 년간 설교하는 일에 자신을 바쳤다. 389년, 콘스탄티노플의 교구장이 되어 가난한 자들을 구제하고, 설교를 통해 탐욕으로 하느님을 모독하는 부자들을 책망하였다. 그러나 그의 설교에 위협을 느낀 황후와 콘스탄티노플의 지배층, 성직자들에 의해 유배 길에 올라 먼 길을 가던 중 60세에 숨을 거두었다. 그가 죽은 뒤, 사람들은 그에게 "크리소스토무스(Chrysostomus)"라는 별명을 지어주었다. 그 뜻은 "황금 입을 가진 사람"이라는 뜻이다.

9 리쿠르고스는 스파르타의 특이한 제도의 대부분을 제정하였다고 전해지지만 생몰연대를 알 수 없는 전설적인 인물이다. 고고학적 발굴의 결과에 의하면, 스파르타의 특이성이 나타나기 시작한 것은 기원전 600년 이후이므로, 만일 그가 실재의 인물이었다면 기원전 8-7세기의 사람이었을 것이다.

10 플루타르코스의 『영웅전』에 따르면, 리쿠르고스는 스파르타를 떠나 여행길에 오른다. 그는 크레타에서 시인 탈레스와 교유한 후 이오니아로 향했고, 그곳에서 크레오필루스의 후손들이 보존해온 호메로스의 시를 접하게 되었다. 그

부터 시인 탈레스(Thales)[11]를 스파르타로 보내 스파르타인의 무뚝뚝함을 부드러운 노래와 송시로 완화하고자 했으며, 시민들 사이에 법률과 교양을 심어주고자 했습니다. 전쟁 치르는 것 말고는 아무 관심도 없이, 예술도 학문도 몰랐던 그들의 모습이 기이합니다.

그들에게는 서적의 검열 같은 것은 필요가 없었습니다. 그들은 자신들의 짧은 경구 이외 말고는 책이란 도무지 혐오했기 때문입니다. 그들은 사소한 이유로 아르킬로코스(Archilochus)[12]를 스파르타에

는 그 작품 속에서 국가에 대한 진지한 교훈과 윤리의 법칙 등을 발견하고 큰 감명을 받았다. 그리고 조국 스파르타에서 필요할 것이라는 생각으로 직접 시의 원본을 필사하고 순서대로 정리했다. 호메로스의 작품은 이미 그리스 사람들 사이에서 명성이 높아 그의 시를 가지고 있는 사람도 간혹 있었다. 그러나 호메로스의 시를 세상에 알려 유명하게 만든 것은 바로 리쿠르고스였다.

11 여기 나오는 탈레스는 기원전 7세기의 시인이자 음악가로서, 철학자인 밀레토스의 탈레스와는 구별된다. 플루타르코스의 『영웅전』에 따르면, 리쿠르고스는 8개월 동안 왕좌에 있다가 여행길에 오르는데, 먼저 크레타에 이르렀다. 그는 크레타에서 여러 정치 제도를 배우고 덕망 있는 사람들과 사귀며 견문도 넓혔다. 특히 탈레스라는 사람과 가깝게 사귀었는데, 탈레스는 서정 시인으로 이름이 높았지만, 유능한 정치가이기도 했다. 그가 지은 노래는 아름다운 가락과 함께 협동과 순종을 권하는 가사로 이루어져 있어서 그의 노래를 듣는 사람들은 모두 온화한 성격과 아름다움을 되찾았다고 한다. 리쿠르고스는 탈레스에게 스파르타로 갈 것을 권유했으며 리쿠르고스가 수립한 규범을 행하게 한 것도 탈레스라고 할 수 있다.

12 아르킬로코스(Archilochus of Paros, 714-676)는 기원전 7세기의 서정 시인이자 풍자 시인이었다. 그가 스파르타에서 추방당한 것은, 그의 방종한 시 때문이거나, 또는 자신의 생명을 잃느니 차라리 무기를 버리는 것이 낫다고 말했기 때문이었다.

서 추방해 버렸습니다. 아마 그가 스파르타인들이 부르는 군가나 무곡(舞曲)에 어울리지 않는 시를 썼다는 이유, 또는 그가 지은 노골적인 시가(詩歌) 때문이었을 것입니다. 그는 이 시가에서 스파르타 인이 조심성이 없으며 그들의 난잡한 운동 경기[13]만큼이나 방탕하다고 묘사했습니다. 에우리피데스(Euripides)[14]는 이에 근거하여 『안드로마케』(Andromache)[15]에서 스파르타 여성들이 모두 부정(不貞)하다고 확언한 바 있습니다.

그리스인들이 어떤 책을 금지했는지에 대해 우리는 많은 것을 알게 되었습니다. 〔497〕 로마인들 역시 오랜 동안 거친 군사 훈련을 받아왔기에 스파르타인과 비슷했습니다. 그들은 12표법[16]과 사

---

13 스파르타의 남녀는 공개적인 운동 경기를 모두 나체로 했다.

14 에우리피데스(Euripides, 480-406 B.C.)는 그리스의 비극작가이다.

15 *Andromache*, Ⅱ. 595-601을 인용하기로 한다. "스파르타의 소녀들은 / 원한다 해도 정숙하게 살 수가 없다. / 그녀들은 늘 옷을 거의 걸치지 않고 거리로 활보하며, / 벗은 사지를 보란 듯이 드러내 보인다. / 소년들과 경주를 하고 씨름을 할 때에도 마찬가지 …… / 그 말이 끔찍하도다. 스파르타의 여성이 / 정숙하지 못하기로 유명한 것은 조금도 놀랄 일이 아니다." 스파르타의 이런 관습과 그것이 미치는 도덕적 영향에 대해서는 다양한 의견이 있었다. 플라톤과 아리스토텔레스는 에우리피데스와 견해를 같이했고, 반면 플루타르코스는 이 관습을 옹호했다.

16 12표법(12 Tables, 451-450 B.C.)은 로마 최고(最古)의 성문법이다. 12동판법(銅板法)이라고도 한다. 법에 관한 지식과 공유지 사용을 독점하였던 귀족이 평민의 반항에 타협한 결과 제정되었으며 시장(市場)에 공시되었다. 그때까지 비밀로 되어왔던 관습법과 판례법이 일부나마 성문화되어 공시되었다는 점에 의의가 있다. 로마법의 기본이 되었다.

제단―복점관과 제주(祭主)들로 구성된―이 가르쳐준 법률과 종교를 제외하면 지식이 거의 없었습니다. 그 밖의 분야에 대해서는 어찌나 무지했든지, 카르네아데스(Carneades)[17]와 크리톨라오스(Critolaus)[18]가 스토아 철학자인 디오게네스(Diogenes)[19]와 함께 로마에 사절로 와서 시민들 상대로 철학 강연을 하고자 했을 때, 다른 사람도 아닌 감찰관 카토(Cato the Censor)[20]가 그들을 선동가로 간주했습니다. 카토는 그들을 긴급 추방할 것과, 아테네 요설꾼들을 이탈리아에서 모조리 내쫓을 것을 원로원에 요청했습니다.[21] 그러나 스키피오(Scipio)[22]를 비

---

17 카르네아데스(Carneades, 214-129 B.C.). 아테네에 세 번째 아카데미아를 세운 철학자이다.
18 크리톨라오스(Critolaus, 200경-118경 B.C.). 그리스의 소요학파 철학자.
19 디오게네스는 아테네 스토아학파의 우두머리인 제논의 후계자이다. 키닉학파의 디오게네스와는 다른 인물이다. 로마에 스토아철학을 도입했다(156-155 B.C.).
20 카토는 탁월한 군사적 업적을 이룬 뒤 기원전 184년에 로마의 감찰관이 되었다. 그는 자신의 직무를 수행함에 있어 모든 혁신에 대해, 특히 그리스의 영향에 대해 지극히 엄격한 반대 입장을 취했다.
21 이 사건은 기원전 155년에 일어났다. 아테네는 오로푸스 신전을 파괴한 혐의로 로마 원로원으로부터 500탈렌트나 되는 무거운 벌금형을 선고받고, 그 벌금의 면제를 요청하기 위해 사절단을 보냈다. 카토는 여기서 밀턴의 비웃음을 사고는 있지만, 그의 행동에는 변명의 여지가 있다. 카르네아데스는 적어도 자신의 철학을 개진함에 있어 분별력이 없었다. 그는 로마에서 두 차례 공식 연설을 행했는데, 첫 연설에서는 정의의 원리를 옹호했다가 다음날 두 번째 연설에서 이를 뒤엎음으로써, 듣는 사람들에게 충격을 주었던 것이다(Cicero, De Re Publica, III, 6).
22 스키피오(Scipio, 185-129 B.C.)는 카르타고를 쳐서 제3차 포에니 전쟁을 종결

롯한 고귀한 원로원 의원들은 카토의 사비누스(Sabinus) 출신다운 고루한 엄격함[23]을 잘 막아내고, 그들에게 존경과 찬양을 표했습니다. [498] 감찰관 카토 자신도 결국 만년에 접어들어서는 한때 그토록 엄격하게 대했던 그리스 철학에 매료되었습니다.

그 무렵 로마 시(市)는 최초의 라틴어 희극 작가인 나이비우스(Naevius)[24]와 플라우투스(Plautus)[25]의 연극이 주를 이루고 있었는데, 그들의 작품은 모두 메난드로스(Menandros)[26]와 필레몬(Philemon)[27]을

시킨 로마 장군이다. 제2차 포에니 전쟁에서 한니발을 격파하여 전쟁을 종결시킨 스키피오 아프리카누스(Scipio Africanus, 236-184)의 양자이다. 그는 카토의 지지자였지만 로마의 대표적인 그리스 문화 애호가였다.

23 카토(Cato, 234-140 B.C.). 투스쿨룸(Tusculum)에서 태어났으나 사비누스 지역에 있던 부친의 농장에서 자랐으며, 종종 그곳으로 은둔하곤 했다. (사비누스 족은 고대 이탈리아의 한 종족으로서 로마의 북동 아펜니노 산맥의 구릉 지대에서 촌락 생활을 했으며, 기원전 290년경 로마인에게 정복당했다.) 카토는 기원전 180년 로마의 검열관이었다. 그는 로마인들에게 단순성과 검소한 생활을 강조하면서 그리스 문화에 대한 적대감을 갖고 있었다. 그러나 노년에는 그리스 문화를 찬양했고, 그리스어를 배우기도 했다.

24 그나이우스 나이비우스(Gnaeus Naevius, 270경-201경 B.C.)는 로마의 서사 시인이자 극시 작가로서 자신의 희극에서 스키피오(Scipio) 및 메텔루스(Metellus) 가(家)를 수차에 걸쳐 풍자했다는 이유로 투옥되었다. 자신의 입장을 철회한 후 호민관에 의해 석방되었지만 그는 곧 같은 행동을 반복했고, 그 결과 추방되었다.

25 플라우투스(Plautus, 254경-184 B.C.)는 로마의 유명한 희극 작가이다.

26 메난드로스(Menandros, 342-291 B.C.)는 아테네 신 희극(New Comedy)의 가장 위대한 극작가이다. 그는 100개 이상의 희극을 썼는데, 그의 작품은 진지하고 품위가 있었다. 그러나 그의 작품은 오늘날 오직 2~3줄만 남아있다.

27 필레몬(Philemon, 361경-263 B.C.)은 신 희극(New Comedy)의 창시자이다. 그

모방한 것이었습니다. 그 후 중상적인 책과 저자에 대해 무슨 조치를 취할 것인지가 거론되었습니다. 나이비우스는 곧 방자한 펜 놀림 때문에 투옥되었다가, 자신의 입장을 철회하는 조건으로 호민관에 의해 석방되었습니다. 우리는 또한 아우구스투스가 중상적인 글들을 불태웠고, 그 필자들을 처벌했다는 기록을 읽을 수 있습니다.[28]

의심할 나위 없이, 그와 같은 엄격한 조치는 그들이 존중하는 신들에 대한 불경스런 글이 쓰였을 때도 취해졌습니다. 이들 두 가지, 즉 중상과 독신을 제외하고는, 세상에 어떤 책이 나오든 행정관은 전혀 개의치 않았습니다. 그러므로 루크레티우스(Lucretius)[29]는 에피쿠로스 철학을 시로 써서 멤미우스(Memmius)에게 전했으나 아무런 고소도 당하지 않았습니다. 그 후 그의 글은 로마 공화국의 위대한 국부 키케로―그는 자신의 저작에서 에피쿠로스 철학을 반박한 바 있

의 작품은 메난드로스보다 약 8년 앞서 공연되었다. 본문에서 "그 무렵(at the same time)"는 과거분사 "주를 이루고 있었습니다(had filled)"와 대응해야 하지만, 실제로 카르네아데스 등의 사절단이 방문한 시기는 나이비우스의 첫 희극이 상연된 지 약 80년이, 플라우투스의 첫 희극이 상연된 지 약 70년이 지난 뒤였다.

28 실제로 기원전 450년 이래 중상에 관한 법률이 있었으며, 302년의 법령에 의해 강화되었다(Tacitus, *Annals*, I, 72).

29 루크레티우스(98경―55 B.C.)의 *De Rerum Natura*는 신과 인간 영혼에 대한 에피쿠로스의 견해를 솔직하게 옹호했다. 이 책은 기원전 58년 당시 법무관(Praetor)으로 재직했던 멤미우스에서 헌정 되었다.

습니다—에 의해 다시 편찬되는 영예를 누렸습니다.[30] 루킬리우스
(Lucilius)[31]나 카툴루스(Catulus)[32], 또는 플라쿠스(Flaccus)[33]의 신랄하
고 노골적인 풍자 역시 명령에 의해 금지된 바 없습니다.

〔499〕 그리고 국가 관련 문제에서도, 티투스 리비우스(Titus
Livius)[34]의 『로마사』는 비록 폼페이우스(Pompeius)의 입장을 찬양했지
만 그 이유 때문에 폼페이우스의 정적인 옥타비우스 카이사르(Octa-
vius Caesar)에 의해 박해를 받은 적이 결코 없습니다.[35] 나소(Naso) 같
은 사람이 젊어서 쓴 음란한 시로 말미암아 노년에 옥타비우스 카이
사르에 의해 추방된 경우가 있었지만, 그 진짜 이유는 어떤 알려지지
않은 은밀한 까닭이 있었기 때문입니다.[36] 하지만 그의 책이 철거되

---

30 키케로는 루크레티우스의 사상을 공격했음에도 불구하고 그의 시를 편찬했다
   고 전한다.
31 루킬리우스(Lucilius, 148경-103 B.C.)는 로마 풍자 문학의 창시자로 인정되고
   있다.
32 카툴루스(Catulus, 87-54경 B.C.)는 특히 율리우스 카이사르를 풍자문으로 비
   방했다.
33 플라쿠스(Flaccus)는 호라티우스(Quintinus Horatius Flaccus, 65-8 B.C.)를 가
   리킨다.
34 티투스 리비우스(Titus Livius, 59 B.C.-A.D. 19)는 로마의 유명한 역사가이다.
35 타키투스(Tacitus)에 의하면(*Annals* Ⅳ, 34), 리비우스는 『로마사』(*History of
   Rome*)에서 아우구스투스의 정적인 폼페이우스를 높이 찬양했는데, 이런 언
   동에도 불구하고 아우구스투스는 그를 용납했다고 한다. 그러나 리비우스의
   『로마사』에서, 아우구스투스와 폼페이우스 사이의 전쟁을 다룬 부분(books
   109-16)은 현재 간략한 요약 이외에는 남아있지 않다.
36 나소는 오비디우스(Publius Ovidius Naso, 43 B.C.-A.D. 18)를 말한다. 오비디

거나 압수된 적은 없었습니다. [500] 그 후 로마 제국에는 폭정만이 난무하게 되었으므로, 악서보다도 양서가 더욱 빈번히 침묵을 강요당했다고 해도 놀라운 일은 아닙니다. 지금까지 나는 고대인들 사이에 무엇이 처벌될 수 있는 저술이었는지 충분히 살펴보았다고 생각합니다. 그리고 고대에는 이런 것들을 제외한 다른 모든 주장들을 자유롭게 개진할 수 있었다는 생각을 하지 않을 수 없습니다.

이 시기 로마 황제들은 기독교도가 되었습니다.[37] 그러나 나는 그들이 시행한 규율에서 종전의 관행보다 가혹한 점을 발견할 수 없습니다. [501] 그들은 중대한 이단이라고 간주한 책들을 공의회(general council)[38]에서 검토하고 반박하고 정죄했습니다만, 그 때까지만

우스가 추방된 진짜 이유에 대해서는 오늘날이라고 해서 밀턴의 시대보다 더 알려진 것이 없다. 대부분의 학자들은 밀턴과 마찬가지로, 오비디우스의 『사랑의 기술』(Ars Amatoria)을 비도덕적이라는 이유로 비난한 것이 궁정의 스캔들을 감추기 위한 핑계에 지나지 않는다고 보고, 아우구스투스의 손녀인 율리아(Julia)가 같은 시기에 추방되었음을 지적한다. 이 시가 오비디우스의 젊은 시절에 쓰였고, 오비디우스가 늙은 나이에 추방되었다고 한 밀턴의 말은 과장이다. 오비디우스는 추방될 때 43세였고, 『사랑의 기술』이 쓰인 것은 그보다 10년쯤 전이었다. 밀턴은 오비디우스의 저작들이 박해를 받은 바 없다고 했으나 『사랑의 기술』은 공공 도서관에서 철거될 것이 명령되었다.

37 기독교를 최초로 공인한 콘스탄티누스 황제 치세(A.D. 306-337)를 말한다. 콘스탄티누스는 313년 기독교에 대한 관용을 허락하는 칙령을 선포했다.

38 지방 종교회의(local or regional synods)와 대비되는 개념이다. 최초의 공의회 (general council 또는 oecumenical council)는 아리우스주의를 다루기 위해 니케아에서 콘스탄티누스에 의해 325년에 소집되었다.

아레오파기티카

해도 황제의 권위로 그것들을 금지하거나 불에 태우거나 하지는 않았습니다. 이교 저술가의 저작에 관해서는, 포르피리우스(Porphyrius)[39]와 프로클루스(Proclus)[40]의 저작처럼 기독교를 노골적으로 비난하지 않는 한, 400년경 카르타고 공의회[41]에 이르기까지, 이렇다 할 금지 명령을 받지 않았습니다. 이 공의회는 주교들마저도 이교도의 서적을 읽을 수 없도록 금지했지만, 이단 서적을 읽는 것은 허용했습니다. 반면, 그보다 전 시대의 주교들은 이교도 서적보다는 이단 서적을 더욱 금기시 했습니다.

그리고 초기의 공의회[42]와 주교들은 800년에 이르기까지 어떤

---

39 포르피리우스(Porphyrius, 233-305)는 원래 오리게네스(Origenes)의 제자였으나 플로티노스의 영향을 받으면서 배교(背敎)하여, 『반(反)기독교도론』(*Against the Christians*)이라는 논고를 집필했다. 그의 저작은 콘스탄티누스에 의해 불태워졌다.

40 프로클루스(Proclus, 412-85)는 신플라톤주의자로서 아테네에서 활동했으며 그리스도에 공공연히 적대적이었다. 그는 "세상에서 관용할 수 없는 오직 하나의 종교, 그리고 이해할 수 없는 유일한 종교, 그것은 기독교이다"라고 말했다. 그의 저술이 억압당했다는 직접적인 기록은 없다. 그러나 그가 죽고 나서 44년 되던 해 유스티니아누스 황제가 칙령을 선포해 아테네 학교들에게 영원히 침묵할 것을 강요했으니, 프로클루스도 같은 운명에 처한 것으로 보인다. 에드워드 기번 『로마제국쇠망사』 40장 참조.

41 카르타고 공의회는 397년에서 412년 사이에 네 차례에 걸쳐 개최되었지만, 밀턴은 "400년경"이라고만 언급할 뿐 어떤 해의 종교회의인지 분명히 밝히고 있지 않다. 밀턴은 이 연대를 사르피(Sarpi)의 『트리엔트 종교회의의 역사』(*Historie of the Council of Trent*)에서 인용했다.

42 공의회는 325년 니케아에서 처음 개최된 이래 1563년까지 모두 19차례 개최

책이 권장할만하지 않은가를 선언했을 뿐, 그 이상의 조치를 취하지 않은 채 그런 책들을 읽든 읽지 않든 개개인의 양심에 맡겼는데, 이 것은 트리엔트 공의회(Trentine council)의 실체를 폭로한 파드레 파올로 (Padre Paolo)[43]에 의해 이미 밝혀진 바 있습니다. 그 때 이래로 로마의 교황들은 욕심껏 정치적 지배권 장악에 골몰하여, 과거에 사람들이 어떤 판단을 내리는지를 좌지우지했던 것처럼, 사람들이 무엇을 읽는 지에 대해서도 간섭을 확대하는가 하면, 마음에 안 드는 책들을 불 태우고 읽는 것을 금지하기까지 했습니다. 〔502〕 그래도 그들은 검열 을 함부로 하지 않았고, 취급한 책도 그다지 많지 않았습니다.

되었다.

43 파올로의 본명은 피에트로 사르피(Pietro Sarpi, 1552-1623)이다. 파올로라는 이름은 그가 수도사가 되면서 받은 이름이다. 그는 수도원에서 지내며 교회의 권력 남용을 비판했다. 그의 가장 중요한 저작으로는 『트리엔트 공의회의 역 사』(*Historie of the Council of Trent*, 1620년 영역)와 『종교재판소의 역사』(*History of Inquisition*)가 있다. 특히 전자는 밀턴에게 중요한 자료였다. 밀턴이 사르피 를 일컬어 "트리엔트 공의회의 정체를 폭로한" 인물이라고 간주한 것은 잘못 된 일이 아니다. 사르피는 가톨릭의 입장에서 이 책을 썼지만, 동시에 그는 교 황과 맞서 싸운 베네치아 공화국 지지자의 입장에 서 있었던 것이다. 그는 교 황의 세속적 우위권에 맞서 싸운 베네치아의 지도자 중 한사람이었다. 트리엔 트 공의회는 1545년 12월 13일부터 1563년 12월 4일 사이에 여러 차례 열렸 으며, 로마 가톨릭의 주요 교리를 재확인했고, 신앙과 도덕에서 교회의 전승 이 성경과 동등한 권위를 갖는다고 천명했다. 밀턴의 『아레오파기티카』 중 로 마 가톨릭 교회의 출판 검열 관련 부분은 대부분 사르피의 저서에서 인용되 었다.

아레오파기티카

마르티누스 5세(Martinus V)의 교서[44]에 이르러 비로소 이단 서적을 금지했고, 이 책들을 읽는 사람들을 파문하기 시작했습니다. 무서운 세력을 형성하고 있던 위클리프(Wyclif)[45]와 후스(Huss)[46]는 교황청으로 하여금 엄격한 금지 조치를 취하도록 만든 최초의 인물들이었습니다. [503] 이러한 방침은 레오 10세(Leo X)[47]와 그의 후계자들[48]

---

44 마르티누스 5세(1417-1431)의 교서(bull)는 1418년에 공포되었다.
45 위클리프(John Wycliff, 1324-1384). 잉글랜드의 프로테스탄트 종교개혁 선구자. 그는 가톨릭교회의 화체설을 비판하면서 이를 단순히 나사렛 사람 예수를 기념하기 위해 떡을 먹고 포도주를 마시는 것이라고 주장했는데, 이런 주장은 나중에 후스 등을 통해 유럽에 큰 영향을 미쳤다. 밀턴은 위클리프를 잉글랜드 종교개혁의 선구자로 찬양하고 있다. 자세한 내용은 제2부 제2장을 참조할 것.
46 후스(Jan Huss, 1372-1415). 종교개혁가. 콘스탄츠 공의회에서 유죄 판결을 받고 화형 당했다. 보헤미아(Bohemia)에서 빈농의 자식으로 태어났다. 프라하 대학에서 신학을 공부하고, 1398년 이 대학 교수에 취임했다. 이 무렵 영국 위클리프의 개혁사상에 강하게 공명을 받아, 성직자·교회의 토지소유, 세속화를 엄격하게 비난했다. 1402년 프라하의 베들레헴 성당의 주임 사제 겸 설교사에 임명되었고, 체코어로 행한 그의 설교는 민중의 마음을 사로잡았다. 그는 성서를 체코어로 번역했고, 체코의 민족교육에도 힘을 쏟았다. 보헤미아에 전파된 위클리프 사상의 영향을 받아 교회의 세속화를 비난했다. 1412년에 교황 요하네스 23세가 나폴리 왕 토벌을 위하여 면죄부를 판매하자 이를 비난했다. 이에 교황은 그를 파문했다. 1414년에는 콘스탄츠 공의회에 소환되어 1415년에 이단 선고를 받고 화형에 처해졌다. 공의회의 조치에 격노한 후스파 교도들은 황제와 교회를 대적해 반란을 일으켰다(후스파 전쟁). 후스는 후에 체코인의 민족적 영웅, 수호신적인 존재가 되고, 특히 19세기 오스트리아에 대한 민족 운동 시기에 체코인의 정신적 지주가 되었다.
47 레오 10세(Leo X, 1513-1521 재위).
48 레오 10세의 뒤를 이은 바오로 4세(Paul IV, 1555-1559 재위) 또한 금서 목록

에게 계승되어 트리엔트 공의회와 에스파냐 종교재판소에 이르렀습니다. 공의회와 종교재판소는 금서 목록과 삭제 목록을 고안하거나 완성시켜 수많은 훌륭한 옛 저술가들의 글을 샅샅이 뒤졌는데, 이는 그들의 무덤에 가해진 어떤 모독보다도 가혹했습니다.

그들은 이단 문제에만 그치지 않고, 그들의 기호에 맞지 않는 모든 주제에 대해 금서 조치를 내려 정죄하거나 삭제 목록이라는 새로운 연옥으로 곧장 집어넣었습니다. 이러한 침탈 행위를 완성하기 위해 그들이 마지막으로 고안한 것은, (마치 성 베드로가 천국의 열쇠[49]뿐만 아니라 출판의 열쇠까지도 그들에게 넘겨주기라도 한 것처럼) 어떤 책이나 팸플릿이나 논고도 두 세 명의 끈질긴 전담 검열관 수도사들의 승인과 허가를 받지 못하면 출간할 수 없다고 명령을 내린 것입니다. 예를 들면 이런 식입니다.

을 강화하는 명령을 내렸다. 교황으로 선출될 당시 그의 나이는 이미 80세였다. 당시 유럽에서 개신교의 교세가 점점 더 확장되어가자 로마 가톨릭 자체 내의 정화 운동을 더욱 강도 높게 수행해 나갔다. 그는 사람이든 사물이든 교회를 저해하는 어떠한 것도 용납할 수 없다는 칙령을 발표하고, 종교재판을 강화시켜 전임 교황들보다 더 엄하게 다루었다. 지나친 엄격주의와 친인척 중용주의로 주위의 반발에 직면하였으며, 심지어 서거 무렵에는 백성들이 그를 반대하여 봉기를 일으키기도 했다. 도서 검열에도 지나치게 엄격하여, 1559년에 첫 번째 금서 목록을 발표했다.

49 "내가 너에게 하늘나라의 열쇠를 주겠다. 네가 무엇이든지 땅에서 매면 하늘에서도 매일 것이요, 땅에서 풀면 하늘에서도 풀릴 것이다"(「마태복음」 16 : 19).

치니 대법관(chancellor Cini)께옵서는 이 책에 출판에 합당치 못한 내용이 포함되어 있는지 기꺼이 살피시기를 바라나이다.
 — 피렌체 주교 대리, 빈센트 라바타(Vincent Rabata),

나는 이 책을 검토했으며, 가톨릭 신앙과 양속을 침해하는 내용을 발견치 못했노라. 친히 증거 하는 바이다.
 — 피렌체 대법관, 니콜로 치니(Nicolo Cini).

[504]앞의 언명에 따라 다반짜티(Davanzati)[50]의 이 책의 출판을 허가한다.
 — 빈센트 라바타.

출판을 허가함, 7월 15일.
 — 피렌체 교리 성성(Holy Office) 대법관,
수도사 시몬 몸페이 다멜리아(Friar Simon Mompei d'Amelia).

---

50 다반짜티(Bernardo Davanzati Bostichi, 1529-1606)는 피렌체의 역사학자이다. 여기 인용된 구절은 그의 사후 1638년 출간된 *Scisma d'Inghilterra*의 면지(面紙)에 있는 허가문을 밀턴이 영어로 옮긴 것이다. 이 책이 출간될 무렵 밀턴은 유럽 여행 중 피렌체에 머물고 있었을 것이다.

그들은 설령 마귀가 지옥문을 부수고 나온다 할지라도 이 네 겹의 마귀 추방 장치만 있으면 막아낼 수 있으리라고 자신만만하게 생각하고 있음에 틀림없습니다. 나는 그들의 다음 계획이, 클라우디우스(Claudius)가 의도는 했으되 관철시키지 못한 검열제를 시행하려는 것이 아닌가 생각합니다. 로마 가톨릭 출판 허가증의 다른 형식을 보도록 하겠습니다.

주교 관저 서기의 인가가 있을 경우 출판을 허가함.
– 행정 대리인, 벨카스트로(Belcastro).

출판을 허가함.
– 주교 관저 서기, 수도사 니콜로 로돌피(Friar Nicolo Rodolphi).

때로는 다섯 개나 되는 출판 허가증이 표지 한 면을 온통 차지하면서 함께 보입니다. 머리 깎은[51] 수도사들은 서로 추켜세우고 굽실거리며, 자신의 서간문 아래서 당혹해 하며 기다리고 있는 저자에게 출판을 허가할 것인지 삭제할 것인지를 두고 서로 의견을 교환

---

51 수도사의 체발(剃髮, tonsure)을 빗대어 말하고 있다. 종교재판소에 의해 임명된 검열관들은 대개 도미니쿠스 수도사였다.

아레오파기티카

합니다. 이 아름다운 응창 성가(responsories)[52]와 사랑스런 교송 성가 (antiphonies)[53]의 마법에 홀린 나머지, 작금의 우리나라 고위 성직자 와 신부들은, 이에 화답이라도 하려는 듯이, 우리를 아둔하게 만들 어 그 우쭐대는 출판 허가증―그 하나는 램베스 대주교관(Rambeth House)[54]에서, 또 다른 하나는 성 바울 성당(Paul's)[55] 인근 웨스트엔드 (west end)[56]에서 나왔습니다―을 우리로 하여금 멋모르고 모방하게 만들었습니다.

어찌나 원숭이처럼 로마를 닮았는지, 그 명령서는 아직도 라 틴어로 작성되고 있습니다. [505] 명령서를 작성한 학식 있는 문사 (文士)들이 라틴어 아닌 다른 언어로 쓰는 것을 떳떳치 않게 여긴 것 일까요. 또는 그들이 생각하기에 속어(俗語)로는 출판 허가라는 숭고 한 개념을 표현하기에 부족하다고 여겼기 때문일까요. 그러나 내가 보기에는, 늘 자유의 성취에 있어서 유명하고 으뜸이었던 사람들의 언어인 우리의 영어에서는, 그처럼 독재적인 생각을 표현할 만한 비

---

52 가톨릭교회에서 미사를 볼 때 미사경을 읽으면 이에 따라 신자들이 노래로 응답하는 것.
53 가톨릭교회에서 미사를 볼 때 성가대가 둘로 나뉘어 양쪽에서 서로 성가의 한 절씩을 번갈아가며 부르는 것.
54 램베스 궁(오늘날은 Lambeth Palace로 불린다)은 지금도 캔터베리 대주교의 런 던 공관이며, 테임즈 강 남안(南岸)에 있다.
55 성 바울 성당(St. Paul's)은 런던 주교의 주교좌 교회(cathedral church)이다.
56 성 바울 성당 부근에 있는 런던 주교의 관사.

천한 단어를 쉽사리 찾아내지 못했기 때문일 것입니다.

이제 여러분은 서적 검열의 고안자와 창안자들이 누구인지를, 마치 족보를 캐듯이 소급해 들어가 속속들이 알게 되었습니다. 우리 잉글랜드인은 고대의 어떤 국가·정체·교회에서도, 역사상 우리의 선조가 남긴 성문법[57] 어디에서도, 그러한 전통을 갖고 있지 않으며 들어본 적조차 없습니다. 외국의 개혁 도시나 교회의 근대적 관습 어디에서도 이런 것이 있다는 말을 들어본 적이 없습니다. 그것은 지극히 반(反)기독교적인 공의회, 그리고 부단히 탐색해 마지않는 저 지극히 전제적인 종교재판소에서 비롯된 것입니다. 그런 억압이 있기 전까지, 책은 다른 어떤 출생과 마찬가지로 언제나 자유롭게 이 세상에 받아들여졌습니다. 두뇌를 억압하는 것은 자궁을 억압하는 것과 다를 바 없습니다. 시기심 많은 여신 유노(Juno)라 할지라도 한 사람의 지적 자녀가 출생하는데 다리를 포개고 앉아 있지는 않습니다.[58] 그

---

57 밀턴은 "성문법(statute)"과 "포고령(decree)"을 구분해서 말하고 있다. 셀던 (Selden) 역시 같은 취지의 말을 남겼다. 즉 그는 1628년의 의회 회기 중 "잉글랜드에는 서적의 출판을 막는 법률(Law)은 없었다. 오직 성실청 포고령(decree in Star-Chamber)만이 있었을 뿐이다"라고 말했다(Rushworth, *Collections*, 1721, I, p. 655).

58 오비디우스(Ovid)에 의하면, 유노는 알크메네(Alcmene)가 헤라클레스(Hercules)를 낳으려 하자, 이를 방해하기 위해 분만의 여신인 에일레이투이아(Eileithuia)를 보냈다. 출산의 여신은 오른쪽 무릎을 왼쪽 무릎 위에 포개고 앉음으로써 마술에 의해 알크메네의 출산을 막았다. 7일 동안이나 산고를 치른 끝에, 알크메네의 하녀는 기지를 발휘하여, 다리를 포개고 앉은 분만의 여신

러나 그것이 괴물로 판명되었을 경우, 불태워 바다에 집어던져야 한다는 것을 누가 부인하겠습니까?

[506] 그러나 책이 세상에 태어나기도 전에 죄 많은 영혼보다 더 나쁜 조건 아래 심판관 앞에 서야 하고, 나루터를 건너 광명으로 되돌아가기도 전에 어둠 속에서 라다만튀스(Rhadamanthus)[59]와 그의 동료들의 심판을 받는다는 이야기는 나로서는 금시초문입니다. 그 것은 종교개혁의 발흥에 분노와 당혹을 느낀 비밀의 죄악(mysterious iniquity)[60]이 새로운 림보들(limbos)[61]과 새로운 지옥들을 찾아내 우리의 책들마저 그들의 저주받은 책들 속에 집어던지려 한 뒤에야 생긴 일입니다.

을 자리에서 일어서게 함으로써 주인의 자궁을 닫았던 마술을 풀었다(*Metamorphoses* IX, 281-323).

59 플라톤에 의하면 크레타 왕 라다만튀스는, 제우스에 의해 미노스(Minos), 아에아쿠스(Aeacus)와 더불어 하데스(Hades)에서 죽은 자의 심판관으로 임명되었다(*Gorgias*, 524a). 고전 문학에는 죽은 자의 영혼이 뱃사공 카론(Charon)의 배로 아케론(Acheron) 강을 건너 하데스로 간다는 내용이 많이 나와 있다. "광명으로 되돌아가기도 전에"는 태어나기도 전에 심판을 받는 것이 부당하다고 강조한다.

60 「요한 계시록」 17 : 15 참조. "'큰 바다 물 위에 앉은 큰 창녀가 받을 심판을 보여주겠다.' 세상의 왕들이 그 여자로 더불어 음행을 했고 …… 그리고 이마에는 '땅의 음녀들과 가증한 물건들의 어머니, 큰 바빌론'이라는 비밀(Mystery)의 이름이 적혀 있었습니다." 종교개혁자들은 바빌론을 로마 가톨릭의 "표징"으로 취급했다. 여기에서 "비밀의 죄악"이란 교황권(Papacy)을 말하는 것이다.

61 림보(limbo)는 세례를 받지 않은 어린아이나 예수 강탄(降誕) 이전에 죽은 착한 사람의 영혼이 머무는, 지옥과 천국 사이에 있는 장소를 말한다.

[507] 그리고 검열에 혈안이 된(inquisiturient)[62] 우리의 주교들과 그들을 섬기는 신부들―그들은 프란체스코 수도사들과 같은 자들입니다―은 그것을 끌어들여 추악하게 모방했습니다. 여러분은 이러한 출판 허가법의 고안자들을 결코 좋아하지 않습니다. 그리고 여러분이 그 법안의 통과를 간청 받았을 때 여러분의 마음에는 그 모든 사악한 의도가 없었습니다. 여러분의 행동의 순수성과 진리에 대한 존중을 아는 사람들이라면 모두 여러분에게 죄가 없음을 인정할 것입니다.

그러나 어떤 사람은 이렇게 말할지 모릅니다. 그런 검열제를 고안한 자들은 나쁘다 할지라도 검열제 자체는 모두를 위해 좋은 것일 수도 있다고 말입니다. 그럴지도 모릅니다. 그러나 그것이 그다지 심오한 고안물이 아니라 아무라도 쉽게 만들어낼 수 있는 것이라면, 역사상 가장 훌륭하고 현명한 국가들이 그것을 사용하기를 삼갔다면, 가장 기만적인 유혹자와 압제자가 그것을 채택한 최초의 사람들이었다면, 그리고 그들에게 종교개혁의 첫걸음을 방해하는 것 말고는 다른 목적이 없었다면, 그렇다면 나는 그러한 고안물을 적절히 사용하

---

62 밀턴이 합성해 만든 이 말은 빈정거리는 말인 동시에 신랄하기 짝이 없는 말로서, 주교들이 받아들인 종교재판소(Inquisition)의 사악한 유산과 그들의 호색(prurient)을 동시에 암시하고 있다. David Lowenstein, *Milton and the Drama of History: Historical Vision, Iconoclasm, and the Literary Imagination* (Cambridge Univ. Press, 1990), p. 38 참조.

여 승화(sublimate)⁶³시키는 것이 룰리우스(Lullius)⁶⁴의 연금술보다 한 층 더 어려운 일이라고 믿습니다.

이러한 전제에서 내가 이끌어내고자 하는 결론은, 나쁜 나무에서 열린 열매를 위험시하고 의심하는 것은 지극히 당연하다는 것입니다. 나는 지금부터 그 열매가 갖고 있는 특성을 하나하나 분석하도록 하겠습니다. 그러나 나는 앞서 언급한 것처럼, 어떤 종류의 책이 되었든 간에, 책읽기라는 것이 대체 무엇인지, 그리고 책읽기로부터 더 큰 이익이 비롯되는지 또는 더 큰 해악이 비롯되는지에 대한 논의를 먼저 마무리 짓고자 합니다.⁶⁵

---

63 승화란 비금속이 귀금속으로 변하는 것을 말한다. 연금술의 기술적 용어이다.

64 룰리우스(1234경-1315)는 연금술 이론가로 널리 알려져 있다. 그는 대단한 선교 열정을 지닌 인물로서, 북아프리카에 세 차례 선교 여행을 떠났으며, 끝내 모리타니아(Mauritania)에서 순교했다.

65 여기에서 검열제가 로마 가톨릭이 만들어낸 제도라는 밀턴의 첫 번째 주장이 끝나고 이어 두 번째 주장이 전개된다.

3. 선과 악의 지식

모세, 다니엘, 바울[1]의 예를 강조할 것도 없습니다. 그들은 이집트인, 칼데아인, 그리스인의 모든 학문에 정통했는데, 그것은 온갖 종류의 책을 읽지 않고서는 불가능한 것입니다. [508] 특히 바울은 거룩한 성경에 세 명의 그리스 시인들—그들 중 하나는 비극 작가였습니다—의 문장을 넣으면서도 이를 전혀 모독이라고 생각하지 않았습니다.[2] 이로 인해 모든 종류의 책을 읽는 것이 유익한가 아니면

---

1 모세는 이집트 사람의 모든 지혜를 배워서 그 하는 말과 하는 일에 능력이 있었다고 한다(「사도행전」 7:22). 다니엘은 칼데아 학문을 교육받은 히브리 귀족들 중 가장 학식이 풍부한 것으로 묘사되어 있다(「다니엘서」 1:17). 그리고 바울의 학문은 부분적으로 히브리의 위대한 학자인 가말리엘(Gamaliel)의 지도 하에서 얻어진 것이지만, 그리스 문학에 대한 지식도 포함하고 있었다(「사도행전」 22:3).

2 「사도행전」 17:28의 "여러분의 시인 가운데 몇몇도 '우리도 신의 자녀다'하고 말한 바와 같이, '우리는 신 안에서 살고 움직이고 존재하고 있습니다.'"에서 바울은 아라토스(Aratus)를 인용하고 있다. 「고린도 전서」 15:33의 "속지 마십시오, 나쁜 동무가 좋은 습성을 망칩니다"는 에우리피데스(Euripides) 또는 메난드로스(Menander)의 말을 옮겼다. 「디도서」 1:2의 "크레타 사람은 예나 지금이나 거짓말쟁이"는 크레타 시인인 에피메니데스(Epimenides)의 말을 인

해로운가 하는 문제는 초대 교부들 사이에서 한때 논쟁거리가 되곤 했습니다만, 그 정당성과 유익함을 주장한 측이 압도적으로 승리한 바 있습니다.

그것은 배교자 율리아누스(Julianus the Apostate)를 비롯한 우리 신앙의 가장 간교한 적들이 기독교인의 이교 학문 연구를 금하는 포고령을 내렸을 때 명백히 나타났습니다.[3] 율리아누스의 말에 의하면, "기독교인들은 우리의 무기로써 우리에게 상처를 입히며, 우리 자신의 예술과 학문으로써 우리를 정복한다"는 것입니다. [509] 실제로 기독교인들은 이러한 교활한 방법에 의해 속임을 당해, 완전한 무지의 상태에 빠지는 위험한 처지에 놓일 뻔했습니다. 그래서 아폴리나리스 부자(父子)[4]는, 성경을 바탕으로 일곱 자유학과[5]를 모두 새롭게 만들어냈습니다. 즉 성경을 기반으로 다양한 형식의 연설문, 시, 대화편을 만드는가 하면, 심지어 새로운 기독교 입문서로 풀어쓰기도 했

용했다.

3 율리아누스(Flavius Claudius Julianus, 331-363)는 361년에 황제로 즉위했으며, 2년 후 페르시아인에 의해 살해되었다. 콘스탄티누스의 조카인 그는 원래 기독교인이었으나 후에 로마의 전통 종교로 개종했다. 그리고 황제로 즉위한 후에는 자신의 배교를 공식적으로 천명하고, 기독교인의 이교 문헌 연구를 금하는 저 유명한 포고령을 발표했다. 그것은 기독교인들이 문법과 수사학을 배우지 못하도록 하는 것이었다. 이는 기독교인들을 무지하게 만들려는 기도였다. 밀턴이 율리아누스 이야기를 꺼낸 것은 "우리의 적이 원하는 것은 바로 우리의 무지"라는 주장으로 검열제가 "우리를 무지하게 만드는 것이며 이는 바로 우리의 적이 원하는 것"임을 말하고자 함이다.

습니다.

　그러나 역사가 소크라테스가 말했듯이, 신의 섭리는 아폴리나리
스 부자가 수고한 것보다 더 훌륭한 일을 베풀어 주셔서, 그 법을 만
든 자의 생명과 함께 그 무지막지한 법도 제거해 주셨습니다.[6] 이 법

4　알렉산드리아의 아폴리나리스(Apolinaris the Elder)와 그의 아들(Apolinaris
　the Younger, 310경-390경)을 말한다. 시리아의 라오디케아(Laodicea) 주교
　(361년경 이후)였던 아들은 율리아누스 황제가 기독교인들에 대한 고전 교육
　을 금지시키자, 아버지와 함께 『구약성서』를 호메로스와 핀다로스(Pindar)의
　시로 옮기고, 플라톤의 『대화』를 본떠 『신약성서』를 변형시켰다.

5　일곱 자유학과는 3학과(trivium, 문법·수사학·논리)와 4학과(quadrivium, 산
　수·기하·천문학·음악)를 말한다.

6　소크라테스 스콜라스티쿠스(Socrates Scholasticus, 385경-440경)는 위대한 교
　회사가로서, 평신도로서 교회사를 쓴 최초의 인물로 알려져 있다. 그의 『교회
　사』(Ecclesiastical History)는 에우세비오스의 『교회사』와 더불어 지금도 초대 교
　회에 관한 중요한 자료이다. 밀턴은 이 책의 제3권, 제16장에 나오는 다음 구
　절을 풀어 인용하고 있다. "기독교인의 그리스 문학 연구를 금한 제국 법률은
　아폴리나리스 부자를 …… 전보다 한층 돋보이게 만들었다. 두 사람은 순수
　학문에 정통했는데, 아버지는 문법학자였고 아들은 수사학자였다. 그들은 위
　기 상황에서 기독교인들에게 커다란 기여를 할 수 있었다. 아버지는 그의 재
　능에 따라 기독교 신앙에 일치하는 입문서를 만들었다. 그는 또 모세 오경을
　영웅시로 옮겼으며 『구약성서』의 모든 역사서들을 풀어썼다. 일부는 강약약
　격의 운율(dactylic measure)로 썼고, 일부는 비극의 형태로 변형시켰던 것이
　다. 그는 의도적으로 온갖 종류의 운문을 구사했는데, 그리스어 특유의 표현
　형태는 당시 기독교인들 사이에 알려져 있지 않았다. 한편 아들은 수사학에
　정통했는데, 그는 플라톤을 본받아, 대화 방식으로 복음서와 사도들의 가르침
　을 자세히 설명했다. 이렇듯 기독교적 대의를 위한 공동 노력을 통해 그들은
　황제의 교활한 책략을 좌절시켰다. 그러나 신성한 섭리는, 그들의 노력 또는
　그들이 맞서 싸워야만 했던 술책보다도 더욱 큰 힘을 갖고 있었다. 즉 죽음이

의 해악이 어찌나 컸던지, 그들은 당시 그 법이 그리스 학문을 말살시켜 버릴 것이라고 간주했으며, 그것이 데키우스(Decius)나 디오클레티아누스(Diocletianus)[7]의 공공연한 잔인성보다 더욱 악랄한 박해이며 교회를 은밀히 훼손시킬 것이라고 생각했습니다.

아마도 그런 방식의 억압은, 사순절 꿈속에서 천사를 가장한 악마가 키케로를 읽었다는 이유로 성 히에로니무스(St. Jerome)[8]에게 채

그 술책을 꾸민 자를 거두어 감으로써 …… 그 법률을 무용지물로 만들어 버린 것이다."

7 데키우스 트라야누스(Decius Trajanus, 201-251)는 249년부터 로마의 황제로 재위했다. 그는 로마의 고대 종교를 재건할 목적으로 기독교에 대한 계획적인 박해를 시도했다. 디오클레티아누스(245-313)는 284년부터 305년에 제위를 양위할 때까지 로마 황제로 지배했다. 그는 데키우스의 반기독교 정책을 재도입했다.

8 히에로니무스(Eusebius Hieronymus, 340경-420)는 암브로시우스·그레고리우스·아우구스티누스와 함께 라틴 4대 교부로 일컬어진다. 성경의 라틴어 번역자이기도 하다. 그의 로마 문학에 대한 애호는 지극했으나 그것은 기독교 교리에 대한 헌신으로 인해 한동안 중단되기도 했다. 그리고 세속 문학의 포기는 그에게 많은 고통을 주었다. 그의 18번째 서한인 "유스토키움 수녀에게(To Eustochium on Virginity)"에는 다음과 같은 이야기가 나온다. 그는 사순절 동안에 심한 열병에 걸려, 영(靈)으로 들리어 신 앞에 나아간 다음, 자신의 영혼의 상태에 관한 질문을 받게 되었다. 그는 자신이 기독교인이라고 대답했지만 그의 답변은 인정받지 못했다. 그의 마음이 키케로의 저작에 사로잡혀 있었기 때문이다. 그러자 천사는 그의 개심을 촉구하고자 채찍질을 했다. 히에로니무스는 이 일을 단순한 꿈으로 돌리려 하지 않았다. 일종의 신적 계시라고 늘 생각했다. 그는 자신이 잠들었던 것이 아니며, 환상에서 깨어났을 때 자기 몸에서 채찍 자국을 발견했다고 주장했다. 그러나 밀턴은 이와 반대되는 해석을 가한다. 즉 채찍 자국이 있었던 것은 분명한 일이지만, 채찍질은 한 것

찍을 휘두른 것과 똑같은 교활한 책략이었을 것입니다. 〔510〕 그렇지 않다면 그것은 당시 성 히에로니무스가 걸렸던 열병으로 말미암은 환상이었을 것입니다. 왜냐하면, 천사의 성 히에로니무스에 대한 질책이, 키케로 문장에 지나치게 빠져서도 아니고[9], 그의 자만심을 벌한 게 아니라 독서 그 자체를 벌한 것이라면, 그것은 분명 공정치 못한 일이기 때문입니다.

더 자세히 알아보겠습니다. 첫째, 성 히에로니무스를 태도를 교정한다면서, 진지한 철학자인 키케로를 읽은 것은 벌하면서, 그가 얼마 전 품위 없는 플라우투스(Plautus)[10]를 읽은 것을 벌하지 않은 것은 앞뒤가 맞지 않는 일입니다. 둘째, 성 히에로니무스는 벌했으면서, 고대의 다른 수많은 교부들이 유쾌하고 아름다운 고전을 연구하면서 늙어갔음에도 이를 방관하고 그들의 꿈속에 나타나 채찍질을 하지

은 "천사를 가장한 악마"였다는 것이다. 밀턴이 여기서 말하고자 하는 것은, 독서를 규제하는 것은 천사를 가장한 악마의 일이라는 것이다. 천사가 독서를 규제할 리 없기 때문이다. 제2부 제4장 밀턴의 자유 개념의 "1. 선과 악의 지식" 참조.

9 많은 르네상스 순수주의자들(purists)이 키케로 문체에 지나치게 몰두함으로써 조롱을 당하곤 했다.

10 플라우투스(Titus Maccius Plautus, 254–184 B.C.)는 고대 로마의 희극 작가로 운율의 극적 효과를 탐구하고 사랑의 고백이나 욕설, 임기응변의 대답 등에 라틴어 표현력의 새 분야를 개척하였다. 대표작은 『포로』, 『밧줄』 등이 있다. 그의 작품에는 기교를 살린 복잡한 줄거리와 기지를 살린 대화, 사람을 웃기는 희극적인 힘, 그리고 성실함과 조소가 공존하고 있다.

　　　　　　　　　　　아레오파기티카

않은 것도 대단히 불공정한 일입니다. 바실리우스(Basilius)[11]는 호메로스가 쓴 『마르기테스』(Margites) —지금은 전하지 않습니다—라는 장난스러운 시가 얼마나 훌륭하게 활용될 수 있는지를 가르치고 있습니다. [511] 그렇다면 이탈리아 로망스 『모르간테』(Morgante)[12]는 어째서 같은 목적으로 활용될 수 없다는 것입니까?

그러나 만일 우리가 환상으로 화제를 돌려도 좋다면, 히에로니무스가 에우스토키움(Eustochium) 수녀[13]에게 들려준 이 이야기보다 훨씬 오래된, 열병 같은 내용은 없는, 에우세비오스(Eusebius)[14]가

---

11 바실리우스(Basil the Great, 330경-379)는 370년부터 카이사레아(Caesarea)의 주교였다. 그의 『그리스 문학의 올바른 활용』(On the Right Use of Greek Literature)은 독서의 일반적 원리를 천명하고 있다. 『마르기테스』는 영웅시를 모방한 해학시로서, 그 단편들만이 남아있으며, 그 저자는 통상 호메로스로 여겨지고 있지만 확실한 저자가 누구인지는 알려져 있지 않다.

12 이탈리아 시인 루이기 풀치(Luigi Pulci)가 1481년에 쓴 장편 서사시 Il Morgante Maggiore를 말한다. 영웅시를 모방한 해학시로 1483년 베네치아에서 출간되었다. 8행 운시(韻詩) 약 4,000연, 28장으로 이루어졌다. 1466년경에 쓰기 시작하여 처음 23장은 1481년에 완성되어 각 장은 메디치가(家)의 만찬 석상에서 낭송되었다고 하며, 1483년에 완성되었다. 샤를마뉴 황제와 역신(逆臣) 가노의 싸움을 중심으로 황제의 용사 오를란도와, 패하여 종자(從者)가 된 거인 모르간테의 에피소드 등이 나온다.

13 에우스토키움(St. Julia Eustochium, 368경-419경). 히에로니무스의 가르침을 받았다.

14 에우세비오스(Eusebius Pamphilius, 264경-340경)는 카이사레아(가이사랴, Caesarea)의 주교였으며, "교회사의 아버지(Father of ecclesiastical history)"로 불린다. 그의 교회사는 교회에 관한 최초의 체계적 서술이며, 초대 교회의 이모저모를 알려주는 중요한 자료이다. 밀턴은 에우세비오스의 『교회사』(Eccle-

---

기록한 환상이 있습니다. 알렉산드리아 주교 디오니시오스(Dionysius Alexandrinus)[15]는 서기 240년경 경건한 신앙과 높은 학식으로 교회에서 명성이 드높던 인물입니다. 그는 이단 서적들의 내용에 정통했기 때문에 이단에 능숙하게 맞서 싸웠는데, 급기야 어떤 장로는 조심스럽게 그에게 묻기를, 어떻게 그토록 불경스런 책들 속에 자신을 함부로 내던질 수 있느냐며 그의 양심을 자극했습니다.

존경할 만한 이 인물은 이 질문에 즉각 반박하기를 망설이며, 어떻게 판단해야 할 것인지를 곰곰이 생각했습니다. 그 때 갑자기 하나님이 그에게 다음과 같은 계시를 내려주었습니다(이것은 그 자신의 편지가 증언하는 내용입니다). "너의 손에 잡히는 모든 책을 닥치는 대로 읽어라. 너는 하나하나의 책에 대한 올바른 판단력과 충분한 검토 능력을 갖추고 있다." 그가 고백했듯이, 그는 이 계시에 즉각 동의했습니다. 왜냐하면 그것은 데살로니가 사람들에게 보낸 편지에 나오는 "모든 것을 분간하고 좋은 것을 굳게 잡으십시오"라는 사도 바울의 말과

---

siastical History)에서, 디오니시오스가 필레몬에게 보낸 편지를 인용하고 있다(Ⅶ, vi). 이 편지에서 디오니시오스는 "이단자들의 전승과 주석서들을 읽었다"고 고백하고 있다. 환상 속에서 "너의 손에 잡히는 모든 것을 닥치는 대로 읽어라. 너는 모든 것을 가늠하고 증명하고 시험할 수 있어야 한다"는 명령을 받았기 때문이다.

15 디오니시오스(Dionysius Alexandrinus, 190경-265). 247-265년에 알렉산드리아 주교를 지냈다.

아레오파기티카

일치하는 것이었기 때문입니다.[16]

〔512〕 아마도 그는 여기에다 사도 바울이 말한 또 하나의 훌륭한 말씀, 즉 "깨끗한 사람에게는 모든 것이 깨끗하다"를 덧붙였을지 모릅니다.[17] 먹을 것, 마실 것 뿐만 아니라, 선에 관한 것이건 악에 관한 것이건 온갖 지식도 마찬가지입니다. 지식은 더럽혀질 수 없으며, 따라서 의지와 양심이 더럽혀지지 않았다면 책도 더럽혀질 수 없습니다. 책도 음식과 같아서 어떤 것은 내용이 선하고 어떤 것은 악합니다. 그러나 하나님께서는 전거가 분명한 환상[18] 가운데 "베드로야 일어나서 잡아먹어라"고 예외 없이 말씀하심으로써 선택을 각자의 판단에 맡기셨습니다.

병든 위(胃)에는 좋은 음식이나 나쁜 음식이나 다를 것이 없습니다. 그리고 사악한 정신에는 최선의 책이라도 사악한 책과 다를 바가 없습니다.[19] 소화력이 왕성하다 하더라도 나쁜 음식은 좋은 영양을

---

16 「데살로니가 전서」 5:21.
17 「디도서」 1:15.
18 「사도행전」 10:9-16에 나오는 내용이다. 당시까지 유대교 율법을 지켜 왔던 베드로는 배가 고팠다. 그 때 그는 하늘로부터 큰 그릇이 내려오는 것을 보았다. 그 속에는 율법에 의해 금지된 동물들이 가득했다. 그는 그것들을 먹으라는 명령을 받았으며, 그 후 이 환상의 의미가, 유대인이 이방인과 사귀어도 더 이상 율법 위배가 아니라는 것을 뜻한다고 해석하게 되었다. 이 환상은 앞서 언급한 알렉산드리아 주교 디오니시오스의 환상과는 달리 "전거가 분명한 (unapocryphal)" 것이었다.
19 이러한 관점은 밀턴의 입장과는 정반대로 바뀔 수 있다. 그러므로 장로파의

제공하지 못합니다. 그러나 나쁜 책은 나쁜 음식과는 경우가 다릅니다. 즉 아무리 나쁜 책이라 할지라도 사려 깊고 분별 있는 독자가 읽는다면, 그것은 악을 분별하고, 논박하고, 미리 경계하게 해주며, 악의 존재를 명료하게 설명해줍니다.

〔513〕 나는 여러분에게, 한층 더 훌륭한 증인으로서, 지금 의회 의석에 여러분과 자리를 함께 하신, 이 나라에서 으뜸가는 학자로서 명성을 얻고 계신 셀던 씨(Mr Selden)[20]를 소개하고자 합니다. 이분의 자연법 및 국가법에 관한 책은, 권위 있는 전거의 취합에 의해서 뿐만 아니라 거의 수학적으로 논증된 정교한 추론과 정리에 의해 다음과 같은 사실을 입증해주고 있습니다. 즉 모든 의견, 심지어 오류마저도 알고, 읽고, 비교하는 것이 최고의 진리를 신속히 얻는데 중대한 도움을 준다는 것입니다.

리처드 바인스(Richard Vines)는 런던 시민에게 관용에 대한 반대를 촉구하기 위한 설교에서, 성경에 근거한 주장이라고 해서 그 교리가 건전하다는 보증은 될 수 없다고 주장했다. "거미는 장미에서 독을 빨아 마신다. 그렇다고 해서 말씀 그 자체에 그와 같은 독성이 있다는 뜻이 아니다. 다만 부패한 위장은 좋은 음식으로도 질병을 초래한다는 것이다." *The Impostures of Seducing Teachers* (April 23, 1644), E48(2), p. 13 참조.

20 존 셀던(John Selden, 1584-1654)은 법률가, 법사학자, 동양학자이자 의회파 의원이었다. 그는 왕권의 범위를 확대 해석하는데 반대했다는 이유로 찰스 1세에 의해 여러 차례 투옥되었으며, 장기 의회의 에라스투스(Erastus)파의 지도자들 중 하나가 되었다. 밀턴은 셀던의 *De Jure Naturali et Gentium juxta Disciplinam Ebraeorum*(1640)의 서문(Preface)을 부연하여 인용하고 있다.

그러므로 내가 생각하기에, 만일 하나님이 인간의 육체에 필요한 음식물의 종류를 폭넓게 허용하셨다면(물론 절제[21]의 규칙은 항상 예외입니다), 하나님은 늘 그랬듯이, 우리의 정신적 영양과 음식물도 각자의 자율에 맡겨, 모든 성숙한 인간이 이를 결정하는 힘을 제각기 행사하도록 하셨습니다.

절제란 얼마나 큰 미덕입니까, 그리고 그것은 사람의 인생에서 얼마나 중요한 것입니까! 그러나 하나님께서는 특정한 법이나 규정을 만들지 않으신 채, 모든 성숙한 인간이 스스로 결정하도록 하셨습니다. 그러므로 하나님께서는 하늘로부터 유대인들에게 만나(manna)[22]를 주실 때 모든 사람에게 하루에 한 오멜(omer)[23]씩을 주셨는데, 양

---

21 "절제"는 원문에서 "temperance"이다. 자기 자신을 억제하고 규제한다는 의미를 갖고 있다. 이는 언론 자유 이론에서 흔히 언급되는 "자율(autonomy)"로도 옮길 수 있을 것이다.

22 이스라엘 백성이 이집트를 탈출했을 때 아라비아 광야에서 받은 하나님의 양식으로 그들은 이를 "만나"라고 불렀다. 「출애굽기」 16장 31절. "이스라엘 사람은 그것을 만나라고 했다. 그것은 고수 씨처럼 하얗고, 그 맛은 꿀 섞은 과자와 같다."

23 오멜의 본래 의미는 "한데 묶다", "쌓아올리다", "보리 한 묶음"을 뜻한다. 여기서는 밀, 보리 등의 곡물류를 재는 부피 단위로(출애굽기 16: 16), 약 2.2(한 되 두 홉)에 해당한다. 「출애굽기」 16장 13~18절. "그 날 저녁에 메추라기가 날아와서 진 친 곳을 뒤덮었고, 다음날 아침에는 진 친 곳 둘레에 안개가 자욱했다. 안개가 걷히고 나니, 이럴 수가, 광야 지면에, 마치 땅 위의 서리처럼 보이는 가는 싸라기 같은 것이 덮여 있는 것이 아닌가! 이스라엘 자손이 그것을 보고, 그것이 무엇인지 몰라서, 서로 '이게 무엇이냐?'하고 물었다. 모세가 그들에게 말했다. '이것은 주님께서 당신들에게 먹으라고 주신 양식입니

큰 사람이 하루 세 끼를 충분히 먹고도 남을 만큼 배정하셨습니다.

사람 몸으로부터 나오는 것은 사람을 더럽히지만 사람 몸으로 들어가는 것은 사람을 더럽히지 않기 때문에,[24] 〔514〕 하나님은 인간을 어린아이 같은 규율 속에 묶어두지 않으시고, 스스로 선택할 수 있도록 이성의 은사를 부여하셨습니다. 이제껏 훈계에 의해서만 통제되던 일들을 법률과 강요로 규제한다면, 설교로 할 수 있는 일이란 거의 남지 않습니다. 솔로몬은 책을 많이 읽는 것은 몸을 피곤하게 한다고 우리에게 말했습니다.[25] 그러나 솔로몬을 비롯해 그 어떤 저

다. 주님께서 당신들에게 명하시기를, 당신들은 각자 먹을 만큼씩만 거두라고 하셨습니다. 당신들 각 사람은, 자기 장막 안에 있는 식구 수대로, 식구 한 명에 한 오멜씩 거두라고 하셨습니다.' 이스라엘 자손이 그대로 하니, 많이 거두는 사람도 있고, 적게 거두는 사람도 있었으나, 오멜로 되어 보면, 많이 거둔 사람도 남지 않고, 적게 거둔 사람도 모자라지 않았다."

24 「마가복음」 7장 15~16절. "무엇이든지 사람 밖에서 몸으로 들어가는 것으로서 그 사람을 더럽히는 것은 아무 것도 없다. 사람에게서 나오는 것이 그 사람을 더럽힌다." 「마태복음」 15장 10~20절에도 같은 이야기가 나온다. "예수께서 무리를 가까이 부르시고서 그들에게 말씀하셨다. '너희는 내 말을 듣고 깨달아라. 입으로 들어가는 것이 사람을 더럽히는 것이 아니라, 입에서 나오는 것, 그것이 사람을 더럽힌다. …입으로 들어가는 것은 무엇이든지, 뱃속으로 들어가서 뒤로 나가는 줄 모르느냐? 그러나 입에서 나오는 것들은 마음에서 나오는데, 그것들이 사람을 더럽힌다. 마음에서 악한 생각들이 나온다. 곧 살인과 간음과 음행과 도둑질과 거짓 증언과 비방이다. 이런 것들이 사람을 더럽힌다. 그러나 손을 씻지 않고서 먹는 것은 사람을 더럽히지 않는다.'"

25 「전도서」 12장 12절. "책은 아무리 읽어도 끝이 없고, 공부만 하는 것은 몸을 피곤하게 한다."

아레오파기티카

자도 독서가 법에 어긋난다고 말하지는 않았습니다. 하나님께서 독서에 관련하여 우리를 제약하는 것이 좋다고 생각하셨다면, 무엇이 피곤한지에 대해서보다는 무엇이 법에 어긋나는지를 말하는 편이 훨씬 편리했을 것입니다.

바울을 통해 개종한 사람들이 에베소인의 책들을 불태웠습니다만, 시리아 본(the Syriac)[26]이 말해 주듯이, 그 책들은 마술 책이었습니다. 그것은 어디까지나 개인들의 자유의사에 의한 행동으로서, 우리가 그것을 본받을지 여부는 우리의 자유 의지에 맡겨진 것입니다. 그들은 죄책감 때문에 자신들의 책을 불태웠으며, 이 경우 행정관이 임명된 것도 아닙니다. 그들은 책에 기록된 마술을 실행하던 사람들로, 다른 사람들 같았으면 그 책들을 읽고 유익하게 활용할 수도 있었을 것입니다.

우리가 이 세상에서 알고 있는 선과 악은 거의 나눌 수 없을 만큼 함께 자라고 있습니다. 선의 지식은 악의 지식과 너무나도 뒤얽혀 있고, 구별할 수 없을 만큼 비슷비슷해서, 프시케(Psyche)[27]가 부단한

---

26 시리아 번역본(Syriac version)을 가리킨다. 시리아어는 아람어의 방언으로, 시리아 번역본은 고대의 여러 성경 번역본들(헬라어 번역본, 라틴어 번역본, 콥틱어 번역본, 에티오피아 번역본 등) 중 하나이다. 밀턴은 「사도행전」19장 19절을 언급하고 있다. "또 마술을 부리던 많은 사람이, 그들의 책을 모아서 모든 사람 앞에서 불살랐다. 책값을 계산하여보니, 은돈 오만 잎에 맞먹었다."

27 큐피드와 프시케의 이야기는 아풀레이우스(Apuleius)의 *The Golden Ass*, IV-VI에 나온다. 프시케가 큐피드(Cupid)의 사랑을 얻은 데 대해 분노한 비너스는

수고로써 고르고 분류하지 않으면 안 되었던 저 뒤섞인 씨앗들도 이보다 더 혼란스럽게 섞이지는 않았을 것입니다. 선과 악의 지식이 쌍둥이처럼 꼭 붙어서 이 세상에 튀어나온 것은, 사과 한 알을 맛본 결과입니다.[28] 그리고 아마도 이것이야말로 아담이 맞이한 운명이었으니, 아담의 운명이란 선과 악을 아는 운명이며, 다시 말해 악으로 선을 아는 운명입니다.

그러므로 인간의 현재 상태가 이런 바에야, 악에 대한 지식이 없다면, 선택함에 무슨 지혜가 있을 것이며, 참고 견디는 데 무슨 절제가 있겠습니까? 악의 온갖 유혹과 그것이 잠시 쾌락을 준다는 것을 잘 알고 있으면서도 이를 멀리하고 분별하며, 마침내 진정 더 좋은 쪽을 택하는 사람이야말로 참된 전투적 기독교인(true warfaring Christian)[29]입니다.

엄청나게 쌓아올려진 갖가지 종류의 곡식들을 종류대로 분류할 것을 명한다. 그러나 이 일은 개미들에 의해 수행된다.

28 「창세기」 3장 5절과 22절에 나오는 내용이다. "하나님은, 너희가 그 나무 열매를 먹으면, 너희의 눈이 밝아지고, 하나님처럼 되어서, 선과 악을 알게 된다는 것을 아시고, 그렇게 말씀하신 것이다." "주 하나님이 말씀하셨다. '보아라. 이 사람이 우리 가운데 하나처럼, 선과 악을 알게 되었다. 이제 그가 손을 내밀어서, 생명나무의 열매까지 따서 먹고, 끝없이 살게 하여서는 안 된다.'"

29 「에베소서」 6장 11~12절. "악마의 간계에 맞설 수 있도록, 하나님이 주시는 온몸을 덮는 갑옷을 입으십시오. 우리의 싸움은 인간을 적대자로 상대하는 것이 아니라, 통치자들과 권세자들과 이 어두운 세계의 지배자들과 하늘에 있는 악한 영들을 상대로 하는 것입니다."

아레오파기티카

〔515〕 나는 회피적이고 은둔적인 미덕(a fugitive and cloistered virtue),[30] 실행하지 않고 숨차게 시도하지도 않으며 적을 향해 돌진하는 일도 없이, 먼지와 땀을 무릅쓰고 저 불멸의 꽃다발[31]을 구하기 위해 달리는 경주에서 슬그머니 빠지는 미덕을 칭찬할 수 없습니다. 확실히 우리는 세상에 순수한 것보다 순수하지 않은 것을 더 많이 가져옵니다.[32] 우리를 정화하는 것은 시련이며, 무릇 시련은 반대되는 것에 의해 이루어집니다. 그러므로 악을 숙고하는 면에서 풋내기에 불과하고, 악이 그 추종자들에게 제공을 약속하는 최고의 것을 알지 못한 채 그것을 거부하는 미덕은 순수한 미덕이 아니라 공허한 미덕입니다. 그 미덕의 순수함은 피상적 순수함에 지나지 않습니다.

---

30 "회피적이고 은둔적인 미덕(a fugitive and cloistered virtue)"에서 "은둔적(cloistered)"이란 말은 수도원(cloister)에 들어박혀 사는 모습을 빗댄 것으로, 밀턴의 가톨릭 및 수도원 제도에 대한 반감을 엿볼 수 있다. *Oxford English Dictionary*, 2nd ed. (1989), s. v. "cloistered" 참조.

31 "저 불멸의 꽃다발"에서 "저(that)"라는 말은 라틴어 "ille"와 마찬가지로 잘 알려진 것을 가리킬 때 쓰는 말이다. 밀턴은 아마도 바울이 추구한 위로부터 부르신 그 "부르심의 상"(「빌립보서」 3:14), 또는 바울이 자신을 위해 마련되어 있다고 말한 "의의 월계관"(「디모데후서」 4:8), 또는 「야고보서」에서처럼 시험을 견디어 내고 참됨이 입증된 사람에게 주어지는 "생명의 면류관"(1:12)을 염두에 두었을 것이다.

32 밀턴의 『기독교 교리』(*Christian Doctrine*), Ⅰ, 11에도 같은 내용이 나온다. "모든 사람에게 공통적으로 있는 죄는 우리의 첫 번째 부모들이 지은 죄이며, 그들 안에서 그들의 모든 자손들이 죄를 범했다."

［516］ 우리의 현자이며 진지한 시인인 스펜서(Spenser)[33]—나는 그가 스코투스(Scotus)나 아퀴나스(Aquinas)[34]보다도 훨씬 훌륭한 교사라고 생각합니다—가 기온(Guyon)이라는 인물의 참다운 절제를 그리면서, 그가 순례자와 함께 맘몬의 동굴(cave of Mammon)과 현세적 쾌락의 전당(bower of earthly bliss)을 통과하면서 많은 것을 눈으로 보고 알게 되었음에도 여기에 빠져들지 않고 절제할 수 있는 인물로 묘사한 이유를 여기에서 찾을 수 있습니다.

---

33 에드먼드 스펜서(Edmund Spenser, 1552경-1599)는 밀턴이 존경한 영국 시인이다. 투철한 애국심과 프로테스탄트 정신을 가지고 있으면서 고전 문학의 이교적 아름다움에도 심취했다. 투철한 애국심으로 외국의 거장이 아닌 영국의 거장 초서(Chaucer)를 문학적인 스승으로 모셨고, 영어로써 가톨릭 국가인 이탈리아 문학을 능가하기 위해 심혈을 기울였다. 런던 출신으로 케임브리지 대학에서 고전을 공부했다. 1579년에 12편의 목가적 전원시인 『양치기 달력』(*The Shepherdes Calender*)를 발표하여 명성을 얻었다. 아일랜드 총독인 그레이 경(Arthur Lord Gray)의 비서로 있는 동안에 발표한 대작인 『선녀 여왕』(*Faerie Queene*, 1590)은, 프로테스탄트 영국과 영어를 찬양하고 가톨릭에 대한 반감을 표현한 상상적 우화시이다. 밀턴은 여기에서 스펜서의 『선녀 여왕』을 인용하고 있는데 한 가지 흥미로운 실수를 범한다. 즉 기온은 순례자의 동행 없이 맘몬의 동굴로 갔던 것이다(*FQ*, ii. 7). 순례자는 기온이 현세적 쾌락의 전당에 갈 때에는 동행했다(*FQ*, ii. 12).

34 둔스 스코투스(Duns Scotus, 1265경-1308)와 토마스 아퀴나스(Thomas Aquinas, 1225경-1274)는 중세 가톨릭 신학의 대표자로서 거명된 것으로 보인다.

4. 검열제의 비효율성

그러므로 이 세상에서는 악덕에 관한 지식과 관찰이 사람의 미덕을 이루는 데 반드시 필요하며, 오류를 자세히 살피는 것이 진리를 확립하는데 꼭 필요합니다. 〔517〕 그렇다면 온갖 책들¹을 읽고 온갖 논거를 귀담아 듣는 것 이상으로 안전하게 그리고 위험이 적게 죄악과 거짓의 나라를 탐색할 수 있는 방법이 어디에 있겠습니까? 이것이 책을 닥치는 대로² 읽는 데서 얻는 유익이라 하겠습니다.

---

1 원문에서는 "tractats"(현대 영어로는 "tractates")로 되어 있는데, Hales는 "trac-tat"가 "classical"의 의미를 지닌 것이라고 설명한다. Hales, John W., ed., *Milton : Areopagitica* (1875 ; Oxford at the Clarendon Press, 1939), p. 97 n. 4. 임상원은 Hales의 이 견해를 받아들여 이 단어를 "고전"으로 옮겼다. 임상원, 『아레오파지티카 — 존 밀턴의 언론 출판 자유에 대한 선언(나남, 1998), 71쪽. 그러나 필자는 밀턴이 말한 책의 범주를 지나치게 협소하게 정의하는 데 동의하지 않는다. 일반적인 "책"으로 옮기는 편이 낫다고 판단한다. Hales 이외에는 "tractat"을 "고전"으로 한정한 밀턴 연구자를 찾아볼 수 없다는 점도 눈여겨 볼 필요가 있다.

2 원문에서 "promiscuously"로 되어 있다. "마구잡이로", "난잡하게", "가리지 않고", "되는대로" 등으로 옮길 수 있는 단어이다. 앞의 주1)에 나왔듯이 "tractats"를 "고전"으로 옮기기 어려운 이유를 여기에서도 찾을 수 있다.

그러나 사람들은 무슨 책이건 마구 읽는다면 해악이 야기될 수 있다고 보는데, 그 해악으로는 흔히 세 가지가 거론됩니다. 첫째로 나쁜 영향이 확산될 것이 염려된다는 것입니다. 그러나 그것이 문제가 된다면 모든 인간의 학문과 종교 문제에 관한 논쟁은 전부 없어져야 합니다. 그렇습니다. 성경 그 자체가 세상에서 사라져야만 합니다. 왜냐하면 성경에도 명시적이지 않지만 신성 모독적인 관련된 것이 종종 있으며, 사악한 인간의 육욕을 상세하게 표현하고, 가장 경건한 사람들로 하여금 에피쿠로스 식의 주장을 통해 섭리에 대해 격렬한 불평을[3] 늘어놓도록 합니다. 그 밖의 주요 논쟁거리들에 대해 성경은 일반 독자들에게 모호하고 애매한 답변만을 줍니다. 그리고 성경은 탈무드 학자로 하여금 본문 여백에 조심스럽게 케리(keri)를 붙이는 괴로움을 감수하도록 만들었으니, 모세와 모든 예언자들의 권위로도 탈무드 학자를 설득하여 본문의 케티브(chetiv)를 음독(音讀)하도록 할 수 없습니다.[4] 이런 이유로 해서 성경 그 자체가 교황파에 의해 금서

---

3 「욥기」를 참조할 것.
4 탈무드 학자(Talmudist)란 『구약성서』의 주석을 연구하는 유대인 학자이다. 케리와 케티브는 마소라(Masorah, 『구약성서』 히브리어 원전에 대한 비판적 주해) 용어이다. 본문(케티브)이 금기시 하는 신성 모독적인 것이거나, *YHWH* 처럼 하나님의 이름이기에 너무 거룩하여 감히 소리 내어 읽는 것이 금지되었을 경우, 여백에 대신 읽을 수 있는 대체어(케리)를 써넣는다. 요컨대 케리는 읽는 것이고 케티브는 기록된 것이라고 할 수 있다. 밀턴은 이 용어들을 다음과 같이 설명한다. "랍비 학자들은 종종 케티브가 아닌 케리로 여백을 더럽히곤 했다. 그리고 '율법에 있는 모든 단어들은 음란하게 기록되어 있으므로 좀

목록 첫 번째에 올랐다는 것을 우리는 모두 알고 있습니다.

그 다음으로 우리는 고대의 교부들을 배척해야만 합니다. 알렉산드리아의 클레멘스(Clemens of Alexandria)[5]와 에우세비오스의 『복음입문서』[6]는 우리로 하여금 이교적 음란성의 수많은 사례를 귀담아듣게 함으로써 복음 영접에 이르도록 하고 있기 때문입니다. [518] 이레나이우스(Irenaeus)[7], 에피파니우스(Epipanius),[8] 히에로니무스(Jerome),[9] 그 밖의 다른 교부들이 이단을 논박한 것 못지않게 수많은 이

더 점잖은 말로 바꿔야 한다'는 어리석은 규칙을 우리에게 제시했다. 무미건조한 자들이여, 그들은 하나님께서 글로 써도 적합하다고 여기셨음에도 불구하고 그 이상으로 지나치게 품위 있게 읽으라고 사람들에게 가르치는구나"(*An Apology*, CPW I, p. 902).

5 알렉산드리아의 클레멘스(150경-215경)는 그리스 철학, 종교, 예술에 정통했던 최초의 위대한 기독교 호교론자였다. 클레멘스는 개종(改宗)하기 전에 각지를 편력하며 철학과 기독교를 배웠다. 알렉산드리아에서는 판타이노스(Pantaenus)에게 사사하여, 그의 뒤를 이어 알렉산드리아 교리문답 신학교(Catechetical School of Alexandria)의 수장이 되었다. 그는 그리스 철학에 대해 이전의 어떤 신학자보다도 깊은 이해와 존경을 보이고 있었다. 조직된 교회에 대해서는 교부(敎父, Church Fathers) 중 가장 냉담했던 사람이라고 볼 수 있는데, 그 유연한 사상은 초대 교회에서도 귀중한 존재로 되어 있다. 한편 불교에 대해서도 언급한 최초의 신학자이다. 밀턴은 클레멘스의 *Hortatory Address to the Greeks*를 염두에 두고 있다. 이 책에서 클레멘스는 청중의 이교 의식 참여를 단념하도록 충고하기 위해 이교 의식의 외설스러움과 음란함을 강조하고 있다.

6 에우세비오스(Eusebius Pamphilius)의 『복음입문서』(*Evangelical Preparation*) 역시 음란한 이교의 관행을 세부적으로 다루고 있다. 많은 교부 저작들은 독자들을 기독교로 돌이키게 하기 위해 이교 사상 및 관행의 사악한 면을 드러냈다.

단을 소개했다는 것을, 그리고 그들의 진지한 의견을 흔히 이단적으로 표현하곤 했다는 것은 우리가 모두 알고 있는 일 아닙니까?

이런 말을 해봐야 아무런 소용이 없습니다만, 가장 나쁜 전염성을 지닌 모든 이교 저술가들은, 이는 확실히 그러한데, 인문학을 탐구하는 사람들과 밀접하게 관련되어 있습니다. 이교 저술가들은 미지의 외국어로 글을 썼는데, 우리가 아는 한 그들의 언어는 가장 사악한 사람들에게도 알려져 있습니다. 이 사악한 사람들은 매우 유능하고 부지런하게 독을 빨아들인 다음, 가장 먼저 궁정에 주입하여, 군주들로 하여금 죄악이 가져다주는 최고도의 쾌락과 현묘함에 익숙해지도록 합니다.

네로가 자신의 취미 심판자(Adviser)[10]라고 불렀던, 향연의 주관자 페트로니우스(Petronius)[11], 그리고 이탈리아 정신(廷臣)들이 두려워

---

7 이레나이우스(140경-202경)는 서기 177년부터 리용(Lyons)의 주교였다. 그의 저서 중 *Against Heresies* 만이 남아있는데, 이 책은 영지주의(Gnosticism)를 반박한 것이다.

8 에피파니우스(315-403)는 367년부터 키프로스(Kypros)에 소재한 콘스탄티아(Constantia)의 주교였다. 그의 주요 저작인 *Panarion*은 8개의 이교를 서술하고 공격했다.

9 히에로니무스(340경-420)는 『구약성서』의 번역 및 주석자로서 뿐만 아니라, 논객―특히 루피누스(Rufinus)를 비롯한 오리게네스(Origenes) 지지자들을 반박한 논객―으로서도 이름이 높았다.

10 타키투스에 의하면, 네로는 페트로니우스를 "arbiter elegantiarum"(stylistic adviser)라고 불렀다. *Annals*, xvi. 18-19.

11 페트로니우스(Gaius Petronius, ?-66). 로마 제정 시대의 문인·작가. 황제 네

아레오파기티카

하면서도 소중히 여겼던, 아레초(Arezzo)의 야비하기로 악명 높은 자[12]가 아마 여기에 포함될 것입니다. 헨리 8세가 유쾌하게도 자신의 지옥의 교구 목사(vicar)[13]라고 불렀던 그 사람에 대해서는 후손을 생각해서 그 이름을 들지 않겠습니다. 그와 같은 간편한 방법으로, 외래의 서적들이 확산시킬 수 있는 모든 악영향은, 인도 항로—중국 북부를 경유해 동쪽으로 가거나, 캐나다 북부를 경유해 서쪽으로 갈 수도 있겠지만[14]—보다도 빠르고 쉽게 통로를 찾아내 사람들에게 다

로의 총애를 받아 궁중에서 근무하다가 지방의 총독이 되었다. 뒤에 모함을 받아 자살했는데, 그 때의 모습은 폴란드의 노벨상 작가인 시엔키에비치의 『쿠오바디스』(1896)에 잘 묘사되었다. 시엔키에비치는 페트로니우스를 문학, 협상, 연예, 종교, 미학 등에 모두 뛰어난 르네상스맨으로 이상화했다.

12 아레초 태생의 피에트로 아렌티노(Pietro Arentino, 1492-1557)을 말한다. 그는 일종의 기발한 문학적 갈취를 일삼았으며, 귀족들의 음란한 취미에 영합함으로써 아레초에서는 물론 로마에서도 추방되었다. 자기 시대에 관한 폭로성 기록을 남겼다.

13 "vicar"는 국교회의 교구 목사이며, 각별히 "지옥의 교구 목사(Vicar of Hell)"란 써 프랜시스 브라이언(Sir Francis Brian)을 지목해서 하는 말이다. 하루는 헨리 8세가 브라이언에게 물었다. "어머니와 잠자리를 같이 한 다음, 딸과 잠자리를 같이 했다면 그 자는 무슨 죄를 지었는가?" 그러자 브라이언은 이렇게 답했다. "암탉을 먼저 먹고 나서 암평아리를 잡아먹은 자와 같은 죄를 지었습니다." 그러자 왕은 포복절도하면서 말했다. "그대는 실로 나의 지옥의 교구 목사(my Vicar of Hell)이다." 브라이언은 이미 그의 신앙 없음으로 말미암아 국왕의 지옥의 교구 목사란 별명을 갖고 있었는데, 이 일이 있은 후 모든 사람이 그를 이 별명으로 불렀다. *Journal of English and Germanic Philology*, XLVII (1948), pp. 387-9 참조.

14 밀턴 시대의 해상 탐험의 주요 목표는 인도로 가는 동북 항로 또는 서북 항로를 발견하는 것이었다.

가갈 것입니다. [519] 우리의 에스파냐 식 검열제가 잉글랜드 출판을 혹독하게 억압하는 동안에도 말입니다.

이와는 달리, 종교적 논쟁에 관한 책에서 비롯되는 해악은 무지한 사람들보다는 학식 있는 사람들에게 더욱 두렵고 위험한 것입니다. 하지만 그런 책들도 검열관들의 손을 거치지 않은 채 허용되어야만 합니다. 잉글랜드의 성직자 중 누군가가 그 책을 소개하고 설명해주지 않는 한, 무지한 사람이 영어로 된 교황파의 책을 읽고 미혹되는 경우란 거의 없습니다. 그리고 사실 그러한 책들은, 그것이 거짓이든 진실이든 간에, 마치 내시가 읽던 이사야의 예언과도 같아서, "안내자 없이는 이해가 불가능"합니다.[15]

그러나 우리의 사제들과 박사들 중 얼마나 많은 사람들이 예수회 수사들(Jesuits)과 소르본느의 가톨릭 신학자들(Sorbonists)[16]의 주석

---

15 「사도행전」 8장 26~38절에 나오는 이야기이다. 빌립은 에티오피아 여왕 간다게의 내시가 예루살렘에 예배하러 왔다가 돌아가는 길에 마차에 앉아서 예언자 이사야의 글을 읽고 있는 것을 보았다. 빌립이 그에게 "지금 읽으시는 것을 이해하십니까?"하고 물었다. 그가 대답하기를 "나를 지도하여 주는 사람이 없으니, 내가 어떻게 깨달을 수 있겠습니까?" 하고, 자기 곁에 앉기를 빌립에게 청했다. 빌립은 내시에게 이사야의 글을 해석해 줌으로써 그를 개종시켰다.

16 소르본느(Sorbonne)는 원래 로베르 드 소르봉(Robert de Sorbon)이 1252년에 가난한 학생들을 위해 파리 대학(University of Paris)에 설립한 신학교였다. 그러나 이 신학교의 명성이 매우 뛰어나 파리 대학의 신학부 전체가 그 이름으로 불리게 되었다(궁극적으로 그 이름은 문학부 및 이학부까지 망라하게 되었다). 소르본느는 로마 가톨릭 교회를 이론적으로 뒷받침 해주는 가장 영향력

을 연구함으로써 타락하고, 얼마나 신속하게 사람들을 타락시켰는지
요. 우리는 그것을 최근에 경험했으며 이는 슬픈 일이었습니다.[17] 예
리하고 명석한 아르미니우스(Arminius)가 델프트(Delft)에서 익명으로
작성된 글을 논박하기 위해 이를 정독한 후 오히려 이에 빠져버린 일
을 잊을 수 없습니다.[18]

있는 중심지 중 하나였다.

17 "우리의 사제들"과 "최근에 경험한"이란 말에서 밀턴은 영국 국교회의 성직자
들을 염두에 두고 있다. 당시의 청교도들이 공통적으로 품고 있었던 불평은,
국교회의 성직자들이 쉽사리 로마 가톨릭으로 변절하곤 했으며, 심지어 그러
한 변절을 조장하기까지 했다는 것이다.

18 밀턴은 나중에 아르미니우스주의(Arminianism)를 지지하여 신의 예정이 인간
의 자유 의지를 방해하지 않는다고 주장했지만(*Christian Doctrine*, I, iv, "On
Predestination"), 『아레오파기티카』 작성 시점에는 아르미니우스에 공감하지
않았다. 아르미니우스(Jacobus Arminius[라틴명], Jacob Harmensen Arminius[
본명], 1560-1609)는 레이덴 대학(University of Leyden)에서 신학 교수로서 큰
명성을 얻었고, 이 때문에 자신이 가담하기 전에 이미 커다란 세력을 형성하
고 있던 한 운동에 그의 이름이 붙여지게 되었다. 사건의 발단은 1554년에 칼
뱅의 최초의 동료였던 카스텔리용(Castellion)이 제네바에서의 (세르베투스 화
형에서 드러난 바와 같은) 종교적 통일성 강요를 (비교적 안전한 바젤에서) 공격
함으로써 비롯되었다. 그는 특정 예정설에 반대하여 보편 예정설을, 무조건적
선택에 반대하여 조건적 선택을, 그리고 자유 의지와 종교적 다양성을 옹호하
는 입장이었다. 이 운동은 네덜란드에서 콘헤르트(Dirck Coornhert)의 지도하
에 널리 세력을 떨쳤다. 암스테르담의 정통 칼뱅주의 목사였던 아르미니우스
는, 1589년 델프트(Delft)에서 유포된 몇몇 소책자들(익명이었지만 콘헤르트에
의해 작성되었을 가능성이 있다)에 대한 답변을 제시하라는 요청을 받았다. 본
문에서 밀턴이 지적했듯이, 이 과정에서 그의 입장이 바뀌게 되었다. 아르미
니우스주의는 1630년에 이르러 공식 허가를 얻어 더 큰 세력을 형성하게 되
었다. 잉글랜드에서 그 영향은 어느 특정 종파에 국한되지 않았다. 대주교 로

[520] 그러므로 이들 수많은 책들이 생활과 교리 모두를 오염시킬 가능성이 매우 많기는 하지만, 학문이 몰락하고 반론 능력이 완전히 몰락하지 않는 한 이들을 억압할 수 없습니다. 그리고 어떤 종류이건 간에 이런 책들은 식자(識者)들에게 가장 쉽고 빠르게 수용됩니다. (그리고 그 내용이 이단적이건 외설적이건 그들로부터 보통 사람들에게 신속히 전파됩니다). 나쁜 풍속은 비단 책이 아니더라도, 막을 수 없는 수천 가지의 다른 경로를 통해 완벽하게 습득되며, 사악한 교리는 책이나 교사의 안내 없이도 얼마든지 전파되므로, 교사는 굳이 책을 쓰지 않더라도 그것을 퍼뜨릴 수 있으며, 따라서 이를 막을 길도 없습니다. 나는 이 검열제라는 기만적인 계획이 헛되고 불가능한 수많은 시도들 중 하나가 아니라고 말할 수 없습니다. 이런 기만적인 검열제를 기꺼이 시행하는 사람은, 공원 문을 닫음으로써 까마귀를 가둬둘 수 있다고 생각하는 무모한 사람과 다를 것이 없다고 비유하지 않을 수 없습니다.

다른 불편함은 차치하고라도, 학자가 책을 맨 처음 접하는 사람이고 그래서 악덕과 오류를 전파할 수 있는 사람이라고 가정해 봅시다. 그렇다면, 검열관들이 무오류와 절대 청렴의 은총을 입은, 이 나

드(Archbishop Laud)로부터 독립파 설교자 존 굿윈(John Goodwin)에 이르는, 실로 다양한 스펙트럼의 인물들이 아르미니우스주의자였는데, 이들은 모두 칼뱅주의자들로부터 비난을 받았다.

아레오파기티카

라 누구보다 뛰어난 사람들이라고 우리가 그들을 믿든가, 아니면 그들 스스로가 그렇다고 전제하지 않는 한, 검열관들을 어떻게 신뢰할 수 있겠습니까? 〔521〕 또한 만일 현명한 사람이 마치 뛰어난 제련사처럼 불순물 섞인 덩어리에서 금을 가려내고, 어리석은 자는 좋은 책을 지니든 못 지니든 여전히 바보로 남는 것이 진실이라면, 그렇다면 현자에게서 지혜를 빼앗을 이유도 없고, 제약을 가해봤자 어리석음을 막는 데 아무런 도움도 안 되는 제한을 바보에게 가할 이유 또한 없습니다.

만일 어리석은 자가 읽기에 적합하지 않은 책을 그토록 늘 엄격하게 금지해야만 한다면, 우리는 훌륭한 교훈을 아무에게나 주지 말라는 아리스토텔레스의 판단[19] 및 솔로몬[20]과 구세주 예수의 가르침[21]도 엄격하게 지켜야 하며, 따라서 그에게 좋은 책도 허용하지 말아야 합니다. 분명한 것은, 현자는 무가치한 팸플릿일지라도 바보가 거룩한 성경을 이용하는 것보다 훨씬 훌륭하게 활용할 줄 안다는 사실

---

19 *Ethics*, I, iii, 1095a. "젊은 사람은 정치학의 청강자로서는 적합하지 않다. …… 젊은이는 자기의 정념을 따르기 쉬우므로 설사 정치학을 공부한다 해도 아무 소용이 없고 이익이 없을 것이다."

20 「잠언」 23장 9절. "미련한 사람의 귀에는 아무 말도 하지 마라. 그가 너의 슬기로운 말을 업신여길 것이기 때문이다."

21 「마태복음」 7장 6절. "거룩한 것을 개에게 주지 말고, 너희의 진주를 돼지 앞에 던지지 마라. 그것들이 발로 그것을 짓밟고, 되돌아서서 너희를 물어뜯을지 모른다."

입니다.

　다음으로, 우리가 쓸데없이 유혹에 노출되어서는 안 되며, 또한 무익한 일에 시간을 허비해서는 안 된다는 주장이 있습니다. 이 두 가지 질문에 대해서는 앞서 언급된 내용에 근거하여 하나의 답이 나올 수 있습니다. 즉 모든 사람들에게 그와 같은 책들은 유혹이나 허영이 아니라, 인간 생명에 없어서는 안 될 효과적이고 강력한 치료제를 구성하는 유용한 약품이자 재료라는 것입니다. 이 유용한 무기물을 정제하고 조절할 능력이 없는 아이들이나 아이 같은 사람들은 삼갈 것을 권고 받는 편이 좋을 것입니다. 그러나 종교재판소가 지금까지 고안해낸 것과 같은 온갖 검열에 의해 강제로 금지해서는 안 됩니다.

　이것이 바로 내가 다음으로 논하고자 하는 문제입니다. 즉 이 출판 허가법은 소기의 목적 달성에 결코 기여하지 못한다는 것입니다. 그리고 이렇게 많은 것들을 설명했지만 아직 충분히 밝혀지지 못한 점이 있습니다. 진리의 개방성[22]을 보십시오. 진리는 자유롭고 자발적일 때, 정해진 방법과 논리에 묶여있을 때보다 더 빨리 스스로를 열어 보입니다. 내가 이 글을 시작하면서 맨 처음 밝히려고 한 것은, 어떤 국민이라도, 또는 제대로 조직된 어떤 국가라도, 만일 그들이 책

22　원문에서 "ingenuity"로 되어 있다. "ingenuousness(솔직함)", "openness(열려있음)", "frankness(진솔함)" 등의 의미를 갖는다. Hales, p. 103, n. 17.

　　　　　　　　　　　　　　　　아레오파기티카

을 존중한다면, 결코 검열이라는 수단을 이용한 적이 없다는 사실을 입증하는 것이었습니다. [522] 그리고 이것은 최근에서야 발견된 한 조각의 분별력이라고 말할 수 있습니다.

돌이켜보면 그것은 아주 분명한 일로 생각해내기 어려운 일도 아니었습니다. 그런데도 사람들이 이를 생각해내기 어려웠다면, 그것은 지난 날 그런 생각을 한 사람이 없었기 때문은 아니었습니다. 그들이 이런 생각을 실천하지 않았던 이유는, 그것을 몰랐기 때문이 아니라 찬성하지 않기 때문이었으며, 이런 판단이 고스란히 우리에게 넘겨진 것입니다.

지극히 높은 권위를 지닌 플라톤이 그의 『법률론』에서 전개한 국가론은 어느 도시에서도 그 내용이 채택된 바 없기에 그 점에서는 권위가 거의 없습니다. 여기서 그는 상상력을 펼쳐, 가상의 통치자들에게 수많은 명령을 발포하도록 했는데, 당시 사람들은 플라톤을 다른 면에서는 존경하면서도, 그의 이런 이야기를 아카데미의 심포지엄에서나 있는 한담(閑談)으로 간주했습니다. 그 법률에 따르면, 플라톤은 변경불가의 법령에 의해 정해지고 실용적 전통에 의해 성립된 학문 이외에는 어떤 종류의 학문도 허용하지 않은 것으로 보이며, 이러한 학문을 습득하는 데 그 자신의 『대화편』보다 적은 분량의 장서만으로도 충분하다고 간주한 것 같습니다. 또한 그 법령에는, 어떤 시인도 재판관과 법률가가 그것을 읽고 허락하기 전에는 그가 쓴 글을 다른 사람에게 읽어 주어서는 안 된다는 내용도 있습니다.[23]

그러나 분명한 것은, 플라톤은 이 법률을 각별히 자신이 상상한 국가에만 적용했을 뿐, 그 밖의 영역에는 적용하려 하지 않았다는 것입니다. 〔523〕 그렇지 않다면 어째서 그 자신은 법률을 지키지 않고 범법자가 되어 행정관에 의해 추방되었겠습니까? 그가 추방된 것은 문란한 풍자시와 대화편을 집필하는가 하면, 소프론(Sophron)의 무언극(Mimus)²⁴과 역겹기로 악명 높은 아리스토파네스(Aristophanes)의 책을 끊임없이 읽는다는 두 가지 이유와, 잡동사니를 읽는데 시간을 허비할 필요가 없는 참주 디오니시오스(Dionysios)²⁵에게 가장 친한 친구들을 악의적으로 비방한 아리스토파네스²⁶의 작품을 추천했다는 이유에서였습니다. 그러나 그는 이러한 시에 대한 검열이, 자신의 상상

---

23 플라톤의 『법률』 제7권에 나오는 말이다. "우리는 시인들이 국가에서 허용되는 합법적이거나 정의로운, 또는 아름답거나 선한 아이디어와 배치되는 것은 어떤 것도 저술하지 않아야 하는 법을 만들어야 하는가? 그는 자기 작품을 지정된 판사와 법의 수호자에게 보여주고, 그들이 만족할 때까지는 이를 일반인에게 보여주는 것이 허용되어서는 안 된다."

24 소프론(Sophron)은 기원전 5세기의 대중적인 무언극(mime) 작가이다. "Mimus"는 라틴어로 "무언극"이란 말이다.

25 디오니시오스(Dionysios, 430경-367 B.C.)는 시라쿠사의 참주로서 플라톤을 자신의 가정교사로 초빙했다. 플라톤이 디오니시오스에게 아리스토파네스의 희극을 추천했다는 내용은 고대의 작자 미상 문헌인 아리스토파네스의 『생애』(Life)에 나온다. "그들은 말하기를, 참주 디오니시오스가 아테네의 헌정에 대해 알고자 했을 때 플라톤은 그에게 아리스토파네스의 시를 보냈다"(Teubner edition of Aristophanes, ed. Thedorus Bergk, Leipzig, 1852, p. 37).

26 아리스토파네스(445경-385경 B.C.)는 그의 친구였던 소크라테스를 『구름』에서, 그리고 니키아스를 『무사들』에서 풍자적으로 조롱했다.

의 국가에나 존재하는, 현실에서는 있을 수 없는 여러 가지 유보 조건 때문에 가능한 것임을 잘 알고 있었습니다. 그러므로 플라톤 자신은 물론 어떤 행정관이나 도시도 그러한 조치를 모방하지 않았습니다. 그것은 부질없는 헛수고로 끝나게 될 것입니다.

만일 그들이 정신을 오염시키기 쉬운 모든 다른 것들을 똑같이 규제하지 않고 한 가지만을 엄격하게 단속한다면, 그 노력은 헛수고로 끝나고 말 것입니다. 타락을 방지하기 위해 문 하나만을 닫아걸고 다른 문들은 활짝 열어 둔 꼴이기 때문입니다. 만일 우리가 출판을 규제함으로써 풍속을 바로잡고자 한다면, 사람에게 즐거움을 주는 모든 오락과 여흥도 규제해야만 할 것입니다. 우리는 근엄한 도리아 풍(Doric)27 음악 이외에는 어떤 음악도 듣거나 부르거나 작곡해서도 안 됩니다. 무용수들도 검열해야 하며, 그들이 옳다고 여겨 허용한 것 말고는 어떤 몸짓이나 동작 또는 태도도 젊은이들에게 가르쳐서는 안 됩니다. 플라톤의 제안이 이런 식이었습니다.

[524] 각 가정에서 연주되는 모든 류트와 바이올린과 기타를 검사하기 위해서는 20명의 검열관으로는 어림도 없습니다. 악기들은 쓸데없는 소리를 내지 않도록, 연주해도 좋은 곡이 무엇인지 허락을 받

---

27 플라톤은 음악을 네 종류, 즉 "느슨한" 리디아 풍과 이오니아 풍, 그리고 한층 "남성적인" 도리아 풍과 프리기아 풍으로 나누고 있다. 그는 리디아 풍과 이오니아 풍은 억압되어야 하고, 도리아 풍과 프리기아 풍은 허용되어야 한다고 보았다(*Republic*, III, 398-99). 도리아 풍 음악은 군가(軍歌)에 적합하다.

아야만 합니다. 그런데 방안에서 가만가만 부르는 모든 가곡과 합창곡을 대체 누가 침묵시킬 수 있습니까? 창문과 발코니도 살펴야 합니다. 겉장에 해로운 내용을 담은 타락한 책들이 진열되어 팔리고 있을 때 누가 그것들을 금지해야 합니까? 20명의 검열관이 해야 합니까? [525] 동네마다 교회에서 나온 감찰관들(visitors)[28]이 쫙 깔려서, 백파이프(bagpipe)와 리벡(rebec)[29]이 무슨 강의(lectures)[30]를 연주하는지, 심지어 민요시와 그 지역 모든 바이올린 연주자들의 음역까지 조사해야 합니다. 왜냐하면 이런 것들이야말로 그 지방 주민들의 아르카디아(Arcadias)[31]이자 몬테마요르(Montemayor)[32]이기 때문입니다.

---

28 로드(Laud)의 가장 지탄받던 교회 행정 조치들 중 하나를 말하고 있다. 1634년 이후, 모든 주교들은 모든 교구의 상태를 점검하고 보고할 임무를 지닌 교회 감찰관(방문자)을 파견해야만 했다. 1636년에는 이러한 방문이 대학에까지 확대되었다. Sirluck, p. 525 n. 141.

29 중세의 2현 악기. 바이올린의 원조 현악기이다. 나중에 3현으로 늘었다가 최종적으로 4현이 되었다.

30 청교도 목사의 일요일 오후 강론을 말한다.

31 필립 시드니(Sir Philip Sidney)가 1590년 출간한 산문 로망스 *The Countesse of Pembrokes Arcadia*(1593년에 개정)는 영국인들 사이에 대단한 인기를 누렸다. 아르카디아는 그리스 펠로폰네소스 반도의 지명으로 여기서는 "이상향"을 의미한다.

32 몬테마요르(Jorge de Montemayor)의 *Diana*(1559년경 출간)는 에스파냐 최초의 목가적 산문 로망스이다. 에스파냐에서 시작한 목가적 로망스는 유럽 각국으로 확산되어 하나의 중요한 문학적 사조가 되었다. 섬세한 정감이 넘치는 시와 우아한 산문은 당시 사람들을 매료했고, 에스파냐뿐만 아니라 다른 나라 작가들에게도 큰 영향을 끼쳤다.

다음으로, 가정에서의 폭음[33]뿐만 아니라, 잉글랜드라는 나라 전체가 타락했다는 외국의 평판은 무엇입니까?[34] 누가 우리 일상의 무절제한 폭음을 바로잡아 줄 목사(rectors)[35]가 되겠습니까? [526] 그리고 주취(酒醉)가 이루어지는 가게에 출입하는 대중을 무슨 수로 막겠습니까? 우리의 의복 역시 맑은 정신을 지닌 재단사의 허락을 얻어 덜 음란한 복장으로 재단해야 할 것입니다.[36] 이 나라에서 널리 성행하는 청춘 남녀의 모든 교제를 누가 규제하겠습니까? 무슨 이야기를 해야 하는지, 무엇을 생각할 수 있으며 어디까지 생각해서는 안 되는지를 누가 정해 주겠습니까? 마지막으로, 누가 할 일 없이 노닥거리는 모임과 사악한 모임을 구분해서 이를 금지시킬 수 있습니까? 이러한 규제들은 계속 행해질 것이며 또 그래야만 할 것입니다. 그러나 그것을 하되 폐해를 최소화하고 가장 욕망을 최대한 억제해야 하는데, 바로 여기에 한 나라의 신중함과 정치적 지혜가 있는 것입니다.

---

33 당시 잉글랜드인의 폭음은 사회적인 문제였다. 이 글에서 밀턴은 폭음을 근절하기가 힘들다고 말한다. 그러나 이듬해(1645) 출간한 *Tetrachordon*에서는 포도주와 독주의 수입을 금지함으로써 폭음을 막을 수 있다는 견해를 말했다.

34 이 시기 잉글랜드 사회는 무절제한 생활이 극심했다. 일반 가정에서는 폭음이 다반사였고, 궁중에서도 연회가 끝난 후 음식이 사방에 흩어져 있고, 남녀가 술에 취해 나뒹구는 것을 보고 베네치아 대사 등 외국인들이 경악을 금치 못했다는 기록이 있다.

35 국교회의 교구 목사.

36 실제로 1363-1597년에 일련의 사치금지법이 있었다. 하지만 그 영향력은 점차 약화되었다.

현실에서 물러나 실현이 불가능한 아틀란티스[37]나 유토피아[38] 같은 국가로 도피하는 것으로는 우리의 상태를 개선할 수 없습니다. 하나님께서 회피할 길 없이 우리를 붙박아 두신 이 사악한 세계, 우리는 그 안에서 현명하게 명령을 내려야 합니다. 플라톤이 말한 서적 검열제도 이것을 할 수 없습니다. 서적 검열은 불가피하게 수많은 다른 종류의 검열을 수반하게 되며, 그것은 우리 모두를 우스꽝스럽고 피곤하게 만들 뿐 결국 실패할 것입니다.

그러나 플라톤이 그의 저서들[39]에서 말한, 국가의 유대와 결속을 강화하는 덕성 교육과 종교적·시민적 교육이라고 하는, 기록되지 않은, 또는 최소한 구속적이지 않은 법률, 이것들은 모든 성문법의 기둥이자 대들보입니다. 모든 검열 수단이 무위로 끝날 때 이것들

---

37 플라톤의 Critias는 헤라클레스의 기둥 건너편—즉 대서양—의 섬이었던, 그리고 바다 속으로 가라앉은 "아틀란티스 왕국(Kingdom of Atlantis)"에 대해 말한다. 1627년 출간된 영국 철학자 프란시스 베이컨의 저서 『신 아틀란티스』도 이상적인, 따라서 비현실적인 공화국을 묘사하고 있다.

38 잉글랜드 인문주의자 토머스 모어(Thomas More)는 1516년에 『유토피아』(*Utopia*)를 썼다. "유토피아(utopia)"라는 말은 모어가 만든 것이다. 이 말은 "u"와 "topia"의 합성어이다. "u"에는 "없다"라는 뜻과 "좋다"라는 뜻이 같이 들어 있고, "topia"는 장소를 의미한다. 따라서 "유토피아"는 이 세상에 "없는 곳(no-place)"이지만 "좋은 곳(good-place)"이라는 이중의 의미가 내포되어 있다. "없다"에 초점을 두게 되면 유토피아는 이루어질 수 없는 허황된 꿈과 환상을 뜻하며, "좋다"에 초점을 두면 지금까지 우리가 찾아 헤맸던 낙원 또는 실현하고자 애써온 이상 사회를 가리킨다.

39 『국가』, IV, 424-33 ; 『법률』, I, 643-4.

이야말로 그와 같은 문제에 중요한 해결책이 됩니다. 〔527〕 무사 안일과 기강 해이는 분명 국가의 독소입니다. 그러나 여기에는 법률로써 규제와 처벌을 명해야 할 것과 설득에 의해서만 실효를 거둘 수 있는 일을 분별하는 능력이 긴요합니다. 성년에 이른 사람이 선이든 악이든 행동을 하면서 일일이 승인과 규제를 받고 강요를 당한다면, 미덕이란 이름에 불과한 것 아니겠습니까? 그렇다면 착한 행실에 무슨 칭찬이 돌아갈 수 있으며, 건실함과 의로움 또는 자제심에 무슨 공로가 있겠습니까?

많은 사람들이 아담으로 하여금 율법을 범하게 한 하나님의 섭리를 불평합니다. 이 얼마나 어리석은 말입니까! 하나님이 그에게 이성을 주셨을 때, 하나님은 그에게 선택의 자유를 주신 것입니다. 이성이란 곧 선택을 의미하는 것이기 때문입니다.[40] 그렇지 않다면 그는 단순히 인공적으로 만들어진 아담일 뿐이며, 그러한 아담은 인형극[41] 속의 인형에 불과합니다. 우리는 강제에 의한 복종이나 사랑이나 선물을 존중하지 않습니다. 그러므로 하나님은 그를 자유롭게 하셨고, 유혹적인 물체들을 그의 눈앞에 놓아두셨습니다. 여기에 그의 공로가 있는 것입니다. 여기에 그의 보상받을 자격이 있고, 그의 절제에 대한 칭송이 있는 것입니다.

---

40 아리스토텔레스, 『윤리학』, III, 2 ; 『실낙원』, III, 95 - 128 참조.
41 원문은 "motions"이다. 이 말은 당시 인형극을 가리키는 말이었다.

그러므로 하나님은 우리 내면에 격정을 심으시고 우리 주변에 쾌락을 창조해 놓으시고도, 이러한 절제를 미덕의 요소로 삼으시는 것 아닙니까? 죄악의 재료를 제거함으로써 죄악 자체를 없애려고 생각하는 사람은 인간 문제에 대한 심사숙고가 없는 사람입니다. 왜냐하면 죄악의 재료를 줄이려는 도중에도 그 재료는 거대한 산처럼 불어나며, 비록 일시적으로 몇몇 사람들로부터 그 재료의 일부를 멀어지게 할 수는 있지만, 그럼에도 불구하고 책과 같이 모든 사람이 관련된 보편적인 사물의 경우에는, 모든 사람들로부터 그것을 멀어지게 할 수는 없기 때문입니다.

그리고 죄악의 재료가 모조리 사라진다 해도 죄악 자체는 고스란히 남습니다. 욕심 많은 사람에게서 그가 가진 모든 보물을 빼앗고, 그에게 보석이 단 한 개만 남아 있다고 해도, 당신은 그에게서 탐욕 그 자체를 제거할 수는 없습니다. 모든 욕망의 대상을 없애 버린 다음, 모든 젊은이들을 은둔자들이 고행할 때 하듯이 가장 혹독한 규율로 다스려 보십시오. 그래도 그들을 정결하게 만들 수는 없습니다. 정결함이란 그런데서 나오는 것이 아닙니다. 이것을 올바르게 다루기 위해서는 각별한 주의와 지혜가 필요합니다.

우리가 이런 방식으로 죄악을 몰아낼 수 있다고 가정해 봅시다. 우리는 죄악을 몰아내는 동시에 미덕을 몰아내고 있는 것입니다. 죄악과 미덕, 둘의 재료는 똑같은 것입니다. 그 재료를 없애 보십시오. 그러면 당신은 두 가지를 다 같이 없애는 것입니다. 이는 하나님의 고

귀한 섭리를 정당화해 줍니다. 〔528〕 하나님은 우리에게 중용, 정의, 절제 등을 명령하시지만, 그런 가운데서도 우리 앞에 탐스러운 것들을 풍부하게 베푸시고, 모든 제한과 만족을 초월하여 방황할 수 있는 정신을 우리에게 주십니다. 그런데 어째서 우리는 미덕의 실험이자 진리의 시험이기도 한, 자유로운 서적 출판 허용이라고 하는 수단을 감축 또는 생략함으로써, 하나님의 방식과 자연의 방식을 거슬러야만 한단 말입니까?

선과 악 어느 쪽인지 분명치 않으나, 둘에게 똑같이 유용하게 작용하는 사물을 금지하는 법률은 하찮은 것임에 틀림없음을 알아야 합니다. 그리고 만일 내가 선택을 해야 한다면, 악행을 무리하게 금지하는 것보다는, 미미할지라도 선행을 하도록 만드는 게 몇 곱절 더 중요하다고 생각합니다. 하나님은 분명 열 명의 악한 사람을 규제하는 것보다는, 유덕한 한 사람의 성장과 완성을 더 존중하십니다. 그리고 우리가 앉고, 걷고, 여행하고, 대화하는 사이에 보고 듣는 모든 것을 우리의 책이라고 할 수 있다면, 또 그것들이 책과 동등한 영향력을 갖는 것이라면, 금지하는 품목을 책에만 한정시킬 경우, 지금까지의 상황으로 미루어 볼 때 이 법은 소기의 목적을 달성하기에는 매우 불충분하다고 생각합니다.

잉크 마를 새도 없이 새롭게 인쇄되어 나오고 있는 팸플릿들을 통해서도 단박에 알 수 있습니다만, 온갖 검열제가 시행됨에도 불구하고 왕당파가 의회와 런던 시에 대해 끊임없이 퍼부어 대고 있는 비방**42**이, 한두 번도 아니고 매주 한 번씩 꼬박꼬박 인쇄되어 우리 사이에 배포되는 것을 우리는 목격하고 있지 않습니까? 그러나 이것이야말로 그 법의 주된 목적이며, 이 법이 스스로를 입증해야 할 가장 중요한 대목입니다.**43** 그 법이 시행되기만 한다면 효과를 거둘 수 있다고 여러분은 말할 것입니다. 그러나 분명히 말해둡니다만, 당장 이 특정 신문에 대해 그 법이 소홀하거나 무책임하게 시행되고 있을진대, 향후에 출간될 다른 서적들의 경우에 대해서는 어떻게 장담할 수 있겠습니까?

상원 및 하원 의원 여러분, 그 법이 헛되이 실패로 끝나지 않으려면 여러분은 새로운 수고를 감당해야 합니다. 즉 유죄 판정 받은 책과 그렇지 않은 책이 무엇인지를 누구나 보고 알 수 있도록 목록을 작성한 뒤, 이미 인쇄되어 배포된 모든 중상적이고 검열을 거치지 않

---

42 원문은 "court-libel"이다. 반(反)의회파 신문 *Mercurius Aulicus*를 말한다. 이 신문은 1642년 초부터 1645년 말까지 주간으로 간행되다가 그 후 산발적으로 간행되었다. 의회 신문인 *Mercurius Britanicus*의 영향력에 대응하기 위해 창간된 이 신문의 필자는 써 버큰헤드(Sir John Birkenhead, 1615경~1679)였으며, 찰스의 명에 의해 옥스퍼드에서 출간되었다. 의회가 장악한 지역에서도 광범한 지하 유통망을 확보했으며, 밀턴이 말하고 있듯이, 런던 내에서 비밀리에 거듭해서 출간되었다. 이 신문은 의회파를 강력히 비판했으며 1645년까지 정기적으로 발행되었지만, 그 후 의회에 의해 폐간되었다.

43 출판 허가법은 의회가 의회파를 비방하는 왕당파 인쇄물을 제어하기 위한 법이라고 하지만, 밀턴은 이 법을 통해 그것이 실제로 가능하다는 것을 입증해야 한다고 주장한다.

은 책들을 거부하고 배척해야 합니다. 그리고 모든 외국 서적들도 일단 검열을 거치기 전에는 배포할 수 없도록 명령해야 합니다.

〔529〕 이런 업무는 상당한 교양을 갖춘 적지 않은 수의 감독관이 엄청난 시간을 할애해야만 수행할 수 있습니다. 그 중에는 부분적으로는 유용하고 뛰어나지만 부분적으로는 비난받을 만하고 해로운 점이 있는 책들도 있을 것입니다. 이 경우 학문의 공화국을 손상시키지 않으면서 삭제 및 말소 작업을 하자면, 그만큼 더 많은 관리들[44]이 필요합니다. 요컨대 이들 관리들의 손에 수많은 책들이 들어오면, 여러분은 어쩔 수 없이 법을 자주 어기는 모든 출판업자들의 목록을 만들고, 모든 수상한 인쇄물의 수입을 금지해야만 합니다. 한마디로 여러분의 이 법이 정밀하고 착오 없는 것이 되기 위해서는, 여러분이 끔찍이 혐오하는 트리엔트[45]와 세비야[46]의 모범에 따라 그 법을 철저히 개정해야만 한다는 것입니다.

그러나 하나님이 금지하신 이런 법에 여러분이 동의한다 하더라도, 그 법은 여러분이 의도한 목적을 성취할 수 없는, 결점 많고 성과 없는 것입니다. 만일 이 법이 분파(sects)와 분열(schisms)을 막기 위한 것이라고 말한다면, 그는 책을 방해물로 여겨 거부한 분파들 또는 기

---

44 원문은 "officials"이다. 교회재판소(Ecclesiastical Court)의 판사(judge)를 말한다. 당시 이들은 국민의 증오의 대상이었다.
45 트리엔트 공의회(1545-1563)를 말한다.
46 1480년 세비야에 세워진 에스파냐 종교재판소를 말한다.

록 없이 전승에만 의지함으로써 교리의 순수성을 유지해온 분파들이 역사상 수없이 존재했다는 사실을 모를 정도로 무지한 사람입니다.[47] 기독교 신앙(그것은 한 때 분열이었습니다)은 복음서(gospel)나 서한(epistle)들이 기록되기도 전에 이미 아시아 전역에 널리 전파되어 있었습니다. [530] 만일 풍속을 교정하는 것이 목적이라면, 이탈리아와 에스파냐를 주목하십시오. 종교재판으로 책을 엄격하게 규제하는 이 나라들에서 그 때문에 사람들이 조금이라도 더 선량해지고, 정직해지고, 현명해지고, 정결해졌단 말입니까?

이 법령이 소기의 목적을 달성할 수 없는 또 다른 이유는, 검열관들이 갖춰야 할 자질과 관계가 있습니다. 서적의 탄생과 죽음을 판별하여, 세상에 내보낼 것인지 말 것인지를 결정하는 사람은,[48] 근면과 학식과 지혜에서 보통 이상의 인물이어야 합니다. 그렇지 않다면 통과 여부를 결정하는 검열에 중대한 실수가 발생할 수 있는데, 그것은 결코 작은 손실이 아닙니다.

만일 검열관이 그 직분에 합당한 자격을 갖춘 사람이라면, 수많

---

47 밀턴은 여기에서 교회의 분열이 책 때문이 아니라고 말하고 있다. 출판 허가법이 종교적 분열을 막기 위한 것이라고 하더라도 성공할 수 없다는 것이다. 문자로 쓰인 기록을 불신하여 오로지 전통적으로 내려오는 설교에만 의지하는 분파들이 있기 때문이다.

48 산 자들의 세계와 태어나지 않은 영혼을 가르는 신비한 강의 이미지를 나타내고 있다. 플라톤, 『파이돈』, 113 참조.

은 책들과 팸플릿들을, 때로는 방대한 분량을 쉬지 않고 읽어야만 한다는 것보다 더 지루하고 불쾌하며, 두뇌에 엄청난 시간적 손실을 가져다주는 일은 그에게 있을 수 없습니다. 어떤 책이건 기분 내키는 때 이외에는 달갑지 않은 법입니다. 그러나 선명한 인쇄물로 읽는다 해도 세 쪽도 머리에 들어오지 않을 책을, 온종일, 그것도 일일이 손으로 쓴, 거의 해독 불가능한 악필 원고를 읽을 것을 명령받는 부담을, 시간과 자신의 연구를 소중히 하는 사람이, 또는 예민한 취향을 가진 사람이 어떻게 견딜 수 있는 것인지 나는 믿을 수가 없습니다.

내가 그렇게 생각하고 있는 것에 대해 현재의 검열관들은 아무쪼록 널리 용서해 주시기 바랍니다. 그들은 의심할 나위 없이 의회에 대한 복종심에서 이 직분을 받아들였고, 의회가 명령한 모든 일이 그들에게는 쉽고 간단한 일로 비쳐졌을지도 모릅니다. 그러나 이 짧은 기간의 수고로 그들은 이미 지쳤습니다. 출판 허가를 간청하러 오는 이들에 대한 그들의 표정과 변명이 이에 대한 충분한 증거가 됩니다.

모든 명백한 징표로 볼 때 현재 검열관직에 있는 사람들은 그 직책에서 물러나기를 원하고 있으며,[49] 자격을 구비한 사람, 즉 자기 시간을 헛되이 낭비하고 싶어 하지 않는 사람은, 출판물 교정원으로 봉

---

[49] 기록상으로는 단 하 사람만이 당시 검열관직에서 사임한 것으로 되어 있다. 마보트(Mabbott)라는 하원 서기대리(Deputy Clerk)는 검열관직에 거부감을 갖고 처음에는 무슨 책이든 허가해 주었다. 그 후 그는 사직했다.

급을 받으려는 사람을 제외하고는 누구도 그 직책을 이어받으려 하지 않을 것입니다. 이로부터 우리는 장차 어떤 부류의 사람이 검열관이 될 것인지를 내다볼 수 있습니다. 그들은 무식하고 오만하고 무책임한 사람이거나, 아니면 천박하게 돈이나 밝히는 사람일 것입니다. 이상은 어째서 이 법령이 소기의 목적을 달성할 수 없는가에 대한 나의 설명입니다.

아레오파기티카

5. 검열제의 해악

끝으로 나는 검열제가 쓸모없다고 하는 주장에서 화제를 돌려, 그것이 명백한 폐해를 초래한다는 점을 말하고자 합니다. 첫째로 검열제는 학문 전반 및 학자들에 대해 심대한 좌절과 모욕을 줄 수 있다는 것입니다. [531] 고위 성직자들은 성직 겸임[1]을 없애고 교회 세입을 좀 더 균등하게 분배하려는 기미만 보여도, 그로 인해 모든 학문이 더럽혀지고 훼손이라도 당할 듯이 불평과 탄식을 늘어놓았습니다.[2] 그러나 그에 대한 나의 입장을 분명히 밝혀두자면, 나는 학문의 단 10분의 1도 성직자들과 관계가 없다고 봅니다. 이는 상당한 수입을 이미 챙기고 있는 성직자들의 입에서 나온 인색하고도 비열한 발언이라고 간주하지 않을 수 없습니다.

---

1 밀턴은 고위성직자가 여러 개의 성직록을 받는 것을 최대의 범죄로 보았다. Hales, p. 114 n. 28.
2 1641년 주교제를 없애는 법률이 하원에서 제안했을 때 고위성직자들이 이를 반대하면서 내세운 명분은, 그들이 운영해온 기금이 근면과 덕 그리고 학문 발전에 기여해왔다는 것이었다. Hales, p. 114 n. 26.

자유롭고 진실한 학자들은 짐짓 학자인 체하며 돈이나 탐내는 패거리가 아닌, 분명 학문 그 자체를 위해 태어나 학문 그 자체를 사랑하는 사람들입니다. 그들은 금전이나 그 밖의 목적을 위해서가 아닌, 오직 하나님과 진리에 봉사하기 위해, 그리고 출판물에 의해 인류의 복리를 증진하는 사람들에게 상으로 주어져야 마땅한—하나님과 선량한 사람들 모두가 동의하는—저 영원한 명예와 불멸의 칭찬만을 목표로 하는 학자들입니다. 그들을 철저히 낙담시켜 불평에 빠지도록 하는 것을 원치 않는다면, 여러분은 이것을 알아야 합니다. 즉 학문적으로 좋은 평판을 얻고 있으면서 아직 범법 행위를 저지른 적이 없는 사람의 판단과 성실성을 불신한 나머지, 그가 분열이나 타락을 초래할 것을 우려하여, 교사와 검열관 없이는 그의 사상을 출판할 자격이 없다고 간주하는 것은, 자유롭고 기민한 정신을 가진 사람에 대한 가장 큰 불쾌함이자 모욕이라는 것입니다.

우리가 교사의 회초리(ferular)[3]를 벗어났으면서도 다시 출판허가증(Imprimatur)의 지휘봉(fescu)[4] 아래에 놓인다면, 다 자란 어른임에도 불구하고 학동(學童)보다 나을 것이 무엇이겠습니까? 진지하게 공들여 집필한 저작이, 마치 교사의 지도를 받는 학동이 써낸 숙제처럼

---

3 원문은 "ferular"이다. 키 큰 미나리 과(科) 야위 속(屬) 식물이다. 로마 시대에 학동들을 벌하기 위한 도구로 사용되었다.
4 지휘봉(fescu)은 원래 작은 가지나 지푸라기를 뜻했으나, 나중에는 교육 보조용 지휘봉을 의미하게 되었다.

　　　　　　　　　　　　　　　아레오파기티카

취급된 채, 시간이나 질질 끌며 즉흥적으로 대강대강 훑어보는 검열관의 허락을 얻지 못하면 출간될 수 없다는 말입니까? 자신의 의도가 사악하다고 세간에 알려진 바 없고, 법률과 형벌의 책임을 각오하고 있음에도 불구하고 자신의 행동에 신임을 얻을 수 없다면, 그는 자기가 태어난 조국에 살면서도 바보나 이방인과 다를 바 없는 사람으로 스스로를 생각하지 않을 수 없습니다.

〔532〕한 인간이 세상을 향해 글을 쓸 때 그는 자신의 이성과 사려를 총동원합니다. 그는 탐구하고 사색하며 근면하게 노력합니다. 그는 현명한 친구들에게 자문을 구하고 의논을 합니다. 이런 온갖 노력을 통해, 그는 그보다 앞서 선현들이 쓴 글뿐만 아니라, 자기가 쓰고 있는 글에 대해서도 잘 알게 됩니다. 이렇게 자신의 성실하고 원숙한 기량을 최고도로 쏟아 부었음에도 불구하고, 그리고 숱한 세월과 그 많은 노력, 그의 능력을 입증해 줄 과거의 모든 증거에도 불구하고—온갖 정성을 기울이고, 수많은 밤을 지새워 팔라스 여신의 기름(Palladian oil)[5]을 태워가며 집필한 노작을, 충분한 여유도 없이 대충대충 훑어보는 검열관에게 가져다 보여주지 않는다면—그는 신뢰를 얻지 못한 채 의심 받으면서 성숙한 인격으로 인정을 받지 못하고 맙

---

5 팔라스(Pallas)는 지혜의 여신 아테나(Athene)의 별칭이다. 아테나 여신에게는 올리브가 신성한 것이었으며, 그녀는 사람들에게 올리브유 짜는 법을 가르쳤다. 올리브유의 중요한 용도 중 하나는 지혜에 헌신하는 자가 연구하고 글 쓰는 데 필요한 등불을 밝히는데 있었다.

니다. 그 검열관은 아마 저자보다 나이도 훨씬 어릴 것입니다. 판단력도 한층 미숙할 것입니다. 책을 쓰는 노고가 어떤 것인지 전혀 알지 못하는 사람일 것입니다. 설령 퇴짜를 당하거나 얕잡아 보이거나 하지는 않는다 하더라도, 그 책 속에서 저자는 틀림없이 마치 보호자와 함께 있는 어린아이처럼 보일 것입니다. 그리고 책제목 뒷장에 있는 검열관의 서명은, 그 저자가 백치나 선동자가 아니라는 보증서가 됩니다. 그것은 실로 저자와 책에 대한, 그리고 학문의 위엄에 대한 치욕이요 망신이 아닐 수 없습니다.

그리고 만일 저자가 상상력이 풍부한 사람이어서 검열이 끝난 후 책이 아직 인쇄중인 상황에서 새롭게 덧붙여야 할 글이 떠올랐다면 어떻게 해야 합니까? 그런 일은 최고 수준의 근면한 저자들에게서 흔히 일어나는 일입니다. 책 한 권을 저술하다 보면 그런 일은 열두 번도 더 일어나는 일입니다. 이 경우 인쇄업자는 검열된 원고 이외의 것을 감히 활자화하려 하지 않을 것입니다. 그러면 저자는 그때마다 검열관을 터덜터덜 찾아가 새로운 보완 부분을 보여줘야 합니다. 같은 검열관에게 추가 허가를 받아야 하므로 담당 검열관을 만난다 해도 그가 시간이 있어야 합니다. 그렇게 하는 동안 인쇄기는 멈추어 서 있어야 하거나—그것은 결코 작은 손실이 아닙니다—저자가 정확한 뜻을 잊어버려 처음보다 더 나쁜 상태의 책을 내놓게 됩니다. 그것은 정성을 다하는 저자에게는 더할 나위 없는 슬픔이요 속상한 일입니다.

아레오파기티카

그렇다면 한 인간이 어떻게 권위를 가지고 가르칠 수 있겠습니까? [533] 가르치는 일에서 권위는 생명과 같은 것 아닙니까? 그는 그의 책에서는 마땅히 선생[6]이어야 하겠습니다만, 그의 모든 가르침이 감독 아래 놓이고 가부장적(patriarchal) 검열관[7]의 교정지시를 받으며, 검열관의 편협한 기질에 맞추어 개조된다면 저자가 어떻게 선생이 될 수 있겠습니까? 차라리 침묵하는 편이 더 나을 것입니다.[8] 예리한 안목을 지닌 독자라면 현학적인 글로 쓰인 허가증을 발견하자마자 이렇게 소리 지르며 책을 저만치 집어던질 것입니다.[9] "나는 생도 같은 선생은 싫습니다. 나는 감독관의 주먹으로 보호를 받는 선생에게서는 가르침을 받을 수 없습니다. [534] 나는 검열관에 대해서

---

6 원문은 "doctor"로 되어 있다. 고대에는 선생(teacher)을 doctor라고 불렀다. Hales, p. 117 n. 31.

7 "가부장적 검열관"이란 말에서는 중의법이 사용되고 있다. 검열법을 대주교 로드의 교회 행정에 빗대고 있는 것이다. 당시에는 대주교 로드가 잉글랜드를 로마 가톨릭 교회로 복귀시키려 노력하고 있으며, 그 대가로 서유럽 교회에 가부장적 조직(Patriarchate)을 세워 자신이 우두머리가 되려 한다는 소문이 무성했다.

8 밀턴의 비난은, 검열관들이 자신들의 마음에 들지 않는 것을 삭제할 뿐만 아니라 임의로 문장을 변경하기도 한다는 것이다. 이것은 하원이 대주교 로드에 대해 제기한 비난 가운데 하나였다. 따라서 앞의 주에서 언급된 "가부장적"이란 말이 내포한 암시적 의미를 강화하고 있다.

9 "소리 지르며 책을 저만치 집어던지다"는 원문에서 "to ding the book a quoit's distance"로 되어 있다. "코이트(quoit)"는 말발굽을 기둥에 던져 끼우는 놀이로, 말발굽이 기둥에 맞을 때 "쿵(ding)" 소리가 난다.

아는 바가 없지만 여기에서 그의 오만한 손길을 느낍니다. 누가 그의 판단이 옳다는 것을 보증해 줄 수 있습니까?" 출판업자는 재빨리 이렇게 대답합니다. "국가가 보증해 주지요."

그러나 독자는 즉각 반박합니다. "국가는 나의 통치자이지 비평가가 아닙니다. 통치자는 이 검열관이 저자에 대해 실수를 저지르기 쉬운 것과 마찬가지로 검열관의 선정에 실수를 범할 수 있습니다. 이 두 가지는 같은 것입니다." 그리고 그는 "검열 받은 책은 그 시대의 언어에 불과하다"는 써 프랜시스 베이컨(Sir Francis Bacon)**10**의 말을 인

---

10 밀턴은 베이컨의 *An Advertisement Touching the Controversies of the Church of England* (*The Letter and the Life of Francis Bacon*, ed. by J. Speding, Vol. I. London, 1862, p. 78)을 인용하고 있다. 이 문장의 앞부분은 뒤에서 다시 인용된다. 베이컨은 "간언 논쟁(Admonition controversy)"이 절정에 이르렀던 1589년에 개인적인 회람용으로 이 글을 썼다. "간언(Admonition to Parliament)"은 청교도의 선언으로서, 1572년에 공포되었으며, 런던의 성직자 John Field와 Thomas Wilcox가 작성했다. 이 문서는 엘리자베스 여왕에게, 잉글랜드 교회에 『신약성서』적인 신앙의 순수성을 회복할 것, 그리고 잉글랜드 교회에 남아 있는 로마 가톨릭적 요소와 관행을 제거할 것을 요구했다. 청교도들 사이에 장로교적인 영향력이 광범했음을 반영해 주는 이 간언은, 성경의 권위에 좀 더 철저히 의존할 것, 그리고 교회 정부가 주교들이 아닌 목사와 장로들에 의해 다스려지도록 할 것을 주장했다. 그러나 여왕은 이 문서를 거부했다. 그리고 작성자들은 투옥되었으며, 장로파의 지도자인 Thomas Cartwright는 이 문서를 지지하는 "제2의 간언(A Second Admonition to Parliament)"을 출간한 후 잉글랜드를 탈출하지 않으면 안 되었다. 1559년에 엘리자베스 여왕이 통일령(Act of Uniformity)을 통해 천명한 강제적인 예배 형식을 거부하는 성직자들은 성직을 잃거나 투옥되었다.

용할 것입니다. 검열관이 우연히 보통 이상으로 현명한 인물인 경우라 하더라도 후임 검열관 또한 그러하리라는 보장은 없으며, 그에게 맡겨진 직책과 임무 때문에 그는 이미 통상적으로 용인된 것 이외에는 아무것도 통과시키지 않게 마련입니다.

그보다 더욱 개탄할 일이 있습니다. 생전에 그다지 명성을 얻지 못했고 지금도 역시 유명하지 않은, 이미 고인이 된 저자의 저술이 출판 또는 재판 간행을 위해 검열관의 손에 넘겨졌다고 합시다. 만일 그의 책에서 고양된 열정 가운데 표현된 위험스러운 문장이 하나 발견되었는데(그것이 성령의 감동을 받은 것이 아닌지 누가 알겠습니까?), 그것이 검열관들의 진부하고 낡아빠진 취향에 부합하지 않는다고 합시다. 그들은 그 저자가 한 나라의 개혁자 녹스(Knox)라 할지라도 그 문장을 가차 없이 수정[11]해 버릴 것입니다.

기계적인 검열관들의 무모하고도 뻔뻔스러운 경솔함으로 인해, 그 위대한 인물의 예리한 감각은 후대에 영원히 잊혀 버리고 말 것입니다. 최근 들어 이러한 폭력이 어떤 저자[12]에게 가해졌는지, 그리고

---

11 원문은 "dash"로 되어 있다. 저자가 쓴 글의 거슬리는 부분을 펜으로 그어 지우고 다른 말을 대신 써넣는 것을 말한다.

12 밀턴이 구체적으로 누구를 지칭한 것인지 불분명하다. 두 가지 주장이 있다. 그 하나는, 국왕의 특권에 대하여 코먼 로(common law)의 우위성을 주장하고, 1628년의 권리청원을 기초한 영국의 법학자 에드워드 쿡(Edward Coke)이라는 것이다. 1641년 의회의 보증으로 사후 출간된 그의 저서 『영국법 제요(提要)』(*Institutes of the Laws of England*)는 제2부가 크게 훼손되었다. 또한 『스

성실히 출판되어야 마땅한 어떤 중요한 저작에 대해 이러한 폭력이 가해졌는지, 나는 지금 당장이라도 그 실례를 들 수 있습니다. 그러나 형편이 좀 더 좋아질 때까지는 이를 삼가기로 하겠습니다.

하지만 이러한 일들을 바로잡을 수 있는 힘을 가진 사람들이 진지하고 시의 적절하게 분노하지 않는다면, 그리하여 검열관의 잉크 얼룩이 권위를 갖고 가장 탁월한 저작들의 가장 엄선된 문장을 좀먹어 들어간다면, 그리고 고귀한 인물이 사후에 남겨둔 고아와도 다를 바 없는 책에 대해 그따위 기만적 술책을 쓴다면, 그렇다면 그 불행한 사람들―이해력을 가지고 있다는 것이 그들의 불행입니다―은 더욱 비통해질 것입니다. 〔535〕 이제부터는 누구에게도 배움에 관심을 갖지 말도록 합시다. 누구에게도 통속적 지식 이상의 것에 관심을 갖지 말도록 합시다. 왜냐하면 고귀한 문제에 대해 무지하고 태만하며 얼간이로 살아가는 것만이 즐거운 삶을 보장하며, 그런 삶에 대한 수요만이 넘치고 있기 때문입니다.

그리고 그것은 모든 살아있는 지식인에게 특별한 경멸이며, 이미 고인이 된 사람이 저작에 쏟아 부은 노고와 업적을 손상시키는 것입니다. 동시에 내가 보기에 그것은 전 국민을 무가치하고 열등하게 만

코틀랜드 종교개혁사』(*History of the Reformation in Scotland*)를 쓴 존 녹스(John Knox)라는 주장도 있다. 이 책 초판은 1584년에 나왔는데 1644년판에서는 여러 구절이 삭제되었다.

드는 것입니다. 나는 잉글랜드인의 모든 창의력과 기예와 지혜, 그리
고 엄숙 있고 확고한 판단력을, 불과 20명[13]의 능력으로—그 능력이
아무리 뛰어나다 하더라도—이해할 수 있다고 섣불리 단정할 수 없
습니다. 하물며 그들의 감독이 없거나 여과 장치에 의한 선별과 걸러
내기를 거치지 않고서는 유통될 수 없다고 생각하지도 않습니다. 또
한 그들의 손도장이 찍히지 않고서는 일체 유포가 금지되어야 한다
고 생각하지도 않습니다.

진리와 이해는 티켓(tickets)[14]과 법령과 규격에 의해 독점[15]되거나

---

13 밀턴의 이 말은 당시에 검열관이 20명이었던 것 같은 인상을 풍긴다. 그러
   나 출판 허가법(Licensing Order, 1643년 6월 14일) 공포 6일 후에 의회가 발
   표한 검열관 명단에는 34명이 올라 있었다. 여기에는 의회의 출판 위원회
   (Partiamentary Committee for Printing)가 포함되지 않았다(Frederick Siebert,
   Freedom of the Press in England 1476–1776: *The Rise and Decline of Government
   Control*, Univ. of Illinois Press, 1965, pp. 187–8). 물론 검열관의 수는 『아레오
   파기티카』가 출간되던 1644년 11월에 20명을 줄어들었을 가능성도 있으나
   이에 대한 증거는 찾아볼 수 없다.
14 일종의 라벨(label)로서 여기에 상품의 품질에 대한 설명과 가격을 적고, 판매
   허가를 받았다는 표시를 한다.
15 찰스의 통치에 대한 광범한 혐오감과 출판 허가법을 결부시킨 또 하나의 단
   어이다. 엘리자베스 1세 시대 영국은 외국 무역 등 많은 부분을 국가가 독점
   (monopoly)했다. 무역도 면허에 의해서만 할 수 있었다. 출판의 경우도 허가
   를 받은 자만이 출판업을 할 수 있었다. 이러한 국가 독점은 억압을 낳았고,
   국민의 불평을 자아낸 중요한 원인이었다. 이를 폐지하는 법, 즉 독점금지법이
   1624년에 제정되었다. 이렇듯 상품 전매가 1624년에 폐지되었지만(새로운 발
   명품을 제외하고), 의회 없이 지배하기로 작정한 찰스는 이를 불법적으로 강요
   했다. 의회가 1641년에 올린 『대간주』(*Grand Remonstrance*)는 이를 겨냥했다.

거래되는 그런 것이 아닙니다. 〔536〕이 땅의 모든 지식을 어용 상품 (a staple commodity)[16]으로 만들고, 브로드 천이나 양모처럼 거기에 허가 표시를 하려고 생각해서는 안 됩니다. 우리가 우리 자신의 도끼 날과 보습 날을 날카롭게 만들지 못하고, 검열을 맡은 20명의 대장장이에게 모든 것을 맡겨 수리를 해야 한다면, 우리는 블레셋 사람들에 의해 강요당하는 노예가 아니고 무엇이겠습니까?[17]

누군가가 정직한 사람에 대해 거짓말과 비방을 글로 써서 발표함으로써 자신의 분별과 양식에 대한 세간의 평판을 남용하고 이를 실추시켰다고 합시다. 그리고 그에게 판결이 내려져서, 향후 지정된 관리의 검증을 먼저 거치고, 읽혀도 안전하리라고 승인을 얻지 못한다면 아무 것도 글로 쓸 수 없도록 견책을 당했다고 합시다. 그것은 수치스러운 징벌이 아닐 수 없습니다. 하물며 전 국민을, 그것도 범법 행위라고는 저지른 적이 없는 국민을 그토록 의심과 경계의 대상으로 삼아 금지 규정에 옭아매는 것이 얼마나 치욕적인가 하는 것은 명

밀턴은 독점에 대한 이러한 잉글랜드인의 경험을 상기시켜주고 있다.

16 왕실 세관에 의해 허가를 받아야 수출 또는 판매할 수 있는 양모, 피혁 등의 제품을 말한다.

17 「사무엘 상」 13장 19~20절. "당시 이스라엘 땅에는 대장장이가 한 명도 없었다. 히브리 사람이 칼이나 창을 만드는 것을 블레셋 사람들이 허용하지 않았기 때문이다. 이스라엘 사람들은 보습이나 곡괭이나 도끼나 낫을 벼릴 일이 있으면 블레셋 사람에게로 가야만 했다." 밀턴은 자신의 조국 잉글랜드를 선민인 이스라엘과 동일시했다.

백히 이해할 수 있는 일입니다. 채무자들[18]과 범죄자[19]들은 감시인 없이 나다니게 하면서, 점잖은 책들은 표지에 교도관의 허가증이 붙지 않으면 배포될 수 없다는 것입니다.

그것은 또한 보통 사람들에게도 치욕이 아닐 수 없습니다. 만일 우리가 영어로 된 팸플릿 한 권을 믿고 읽히지 못할 정도로 그들을 경계한다면, 그것은 그들을 검열관의 파이프를 통해 흘러나오는 것 이외에는 아무 것도 받아들일 수 없을 정도로 신앙과 분별력이 형편 없는 상태에 놓인, 지각없고 사악하고 근본 없는 국민으로 혹평하는 것이 아니고 무엇이겠습니까? [537] 우리는 이것을 그들에 대한 배려나 애정인 것처럼 가장할 수는 없습니다. 평신도들을 가장 싫어하고

---

18 물론 채무자는 특권 없는 상황에서 체포되었을 경우 투옥되었다. 그러나 해체된 수도원 일대는 성역으로 인정되어 채무자들도 방해받지 않고 살 수 있었기에, 이들 "도피처(Alsatias)"는 채무자들로 붐볐다. 수감되었을 경우에도 채무자는 상당한 자유를 누렸다. 몇몇 채무 죄수 거주 구역은 일반 주택가 전부를 망라하고 있어서 죄수라 할지라도 정상적인 생활을 할 수 있었다.

19 1643년 3월 27일에 의회는 국왕을 지지하는 모든 자들을 "범죄자(delin-quents)"로 선포했다. 이에 따라 그들의 재산은 압류되고, 인신은 투옥되었다. 그러나 1644년 1월 30일에 의회는 정해진 기일 이전에 복종 의사를 밝혀 오는 자의 경우 죄를 사면하고 재산 압류 대신 벌과금(통상 2년분의 수입)을 납부하는 절충적 조치를 시행했다. 존 밀턴의 동생인 왕당파 크리스토퍼 밀턴(Christopher Milton)은 최초의 법령과 그 후의 완화된 법령을 모두 경험한 것으로 보인다. 당시의 기록에는 벌과금의 일부만 납부한 절충 사례가 꽤 많이 보이는데, 밀턴이 말한 외부를 나다니는 범죄인이란 이 경우를 말하는 것으로 보인다.

경멸하는 로마 교황청에서 바로 그런 엄격한 규제를 적용하고 있기 때문입니다. 우리는 그것을 지혜라 부를 수 없습니다. 그것은 검열 위반을 막아내지 못하기 때문입니다. 부패가 침투해 들어오는 것을 막고자 할 때마다 그것은 또 다른 문—그것은 닫을 수 없습니다—으로 뚫고 들어옵니다.

그것은 또한 결과적으로 우리 성직자들에 대한 악평을 낳게 만듭니다. 우리는 그들의 노고에, 그리고 신도들이 그들을 통해 얻게 되는 숙달에 대해 더 큰 희망을 갖습니다. 그러나 결국 예나 지금이나 이 모든 복음의 빛과 부단한 설교는 부도덕하고 신앙 없고 저속한 오합지졸[20]을 전제로 하고 있습니다. 마치 평신도들에게 새로이 발간된 팸플릿이 휙 날아가기만 해도 교리문답과 기독교도다운 걸음걸이에서 벗어나 휘청거릴 것처럼 말입니다.

성직자들의 모든 권면과 그로 인한 회중의 정신적 계발에도 불구하고, 검열관을 거치지 않은 석 장의 인쇄물조차도 마음 놓고 읽게 할 수 없을 만큼 평신도들을 낮게 평가한다면, 이는 성직자들

---

20 반(反)로드적(anti-Laudian) 정서가 여기에 담겨 있다. 로드에 대한 가장 노골적인 불평 중 하나는, 그가 평신도를 교회 안에서 수동적 위치로 전락시키고 있다는 것이었다. 밀턴의 주장은 청교도의 관점을 대변한 것이다. "인민은 이제 더 이상 어중이떠중이나 부정한 자들처럼 교회에서 베일과 칸막이로 분리되어서는 안 된다. 그들은 그리스도의 정당한 성직자요, 선택된 자손이자, 당당한 사제로서 장막에서 시중 들 수 있도록 허용되어야 한다"(*Reason and Church-Government*, *CPW* I, p. 838).

아레오파기티카

을 낙담케 하는 충분한 원인이 됩니다. 다른 책들이 거의 팔리지 않을 정도로 무수히 인쇄되고 판매된 그 모든 설교집과 강연집과 서적들이, 출판허가증(Imprimatur)[21]이라고 하는 성 안젤로 성(the castle of St. Angelo)[22] 없이는 한 권의 책 또는 한 개의 단검 ― 엔키리디온 (enchiridion)[23] ― 도 막아낼 수 없다는 것을 의미하기 때문입니다.

상원 및 하원 의원 여러분, 여러분이 제정한 법령으로 말미암아 학식 있는 사람들이 좌절에 빠진다고 하는 나의 주장이 단지 수사에 불과할 뿐 실재하는 것이 아니라고 생각하면 안 되겠기에, 나는 이런 식의 종교재판으로 폭정을 행하고 있는 유럽 다른 나라들에서 내가 직접 보고 들은 것을 말하고자 합니다. 내가 (영광스럽게도) 그들 중 학

---

21 가톨릭교회법은 교회 안에서 출판되는 신학, 윤리에 관한 모든 서적은 그 내용이 신앙 교리와 위배되지 않는다는 검열을 받아 출판 허가를 받도록 규정하고 있다. 이 검열은 주교의 권한이지만 도서 검열 사제(censor)가 위임받아 행한다. 검열 허가를 받은 책은 그 첫머리 또는 끝에 Nihil obstat(오류 없음)이란 말과 함께 Imprimatur(인준, 출판 허가)의 표시를 검열자의 이름과 함께 인쇄해야 한다. 수도자들은 상급자의 허가를 받아 Imprimi potest(출판할 수 있음)란 말을 넣는다. 밀턴은 잉글랜드 검열제가 가톨릭 검열제를 모방하고 있다고 믿었다.

22 성 안젤로의 성은 로마의 테베레 강 좌안(左岸)에 위치하고 있으며, 서기 136년에 황제 하드리아누스에 의해 축조되어 거의 1세기 동안 황제 묘로 사용되었다. 밀턴의 시대에는 교황의 감옥으로 사용되었다. 밀턴은 교황청에서 탄생한 검열제의 도움이 없이는 방어 능력조차 갖지 못하는 잉글랜드 현실을 개탄하고 있다.

23 "enchiridion"이 휴대용 칼(hand-knife)과 안내서(hand-book)의 두 가지 뜻을 모두 가지고 있음을 이용한 말장난이다.

식 있는 사람들과 자리를 함께 했을 때, 그들은 철학적 자유가 보장되어 있는 잉글랜드에서 태어난 나를 행복한 사람이라고 인정했습니다. 반면 그들은 자신들의 학문이 노예 상태에 떨어져있음을 비통해했습니다. [538] 이탈리아인들의 위대한 지혜를 질식시킨 것은 바로 이것이었습니다. 최근 수년간 그곳에서는 아첨과 과장된 표현 이외에는 아무 것도 쓰이지 않았습니다.

바로 그곳에서 나는 저 유명한 갈릴레오[24]를 방문했습니다. 노년에 이른 갈릴레오는 프란체스코 및 도미니쿠스 검열관들과 천문학에서 생각을 달리한다는 이유로 종교재판소의 죄수가 되어 있었습니다. 비록 잉글랜드가 그 당시[25] 고위성직자들의 멍에[26] 아래 울부짖고 있었음을 익히 알고 있었지만, 그럼에도 불구하고 나는 잉글랜드의 자유에 대한 다른 나라 사람들의 확신을 잉글랜드의 행복한 장래에 대한 담보로 받아들였던 것입니다.

[539] 그러나 이 나라의 공기를 호흡하던 저 명사들[27]이 나라의

---

24 갈릴레오(1564-1642)는 밀턴이 1638-1639년에 유럽 여행길에 있을 때 피렌체 근방의 Villa Martinelli에서 가택 연금 상태에 있었다. 그는 코페르니쿠스의 이론을 입증한 자신의 논저를 출간한 1632년으로부터 죽는 날까지 명목상 종교재판소의 죄수로 있었지만, 방문객의 내방은 받을 수 있었다.

25 밀턴이 유럽을 여행하고 있던 1638-1639년.

26 원문은 "prelatical yoke"이다. "prelacy"란 말은 고위성직자라는 라틴어에서 유래한 말이다.

27 잉글랜드 의회 의원들을 말한다.

아레오파기티카

지도자가 되어, 세상 마지막 날의 어떤 대변혁으로도 결코 잊히지 않을 구원을 베풀리라는 것은 나의 희망을 뛰어넘는 일이었습니다. 그일이 시작되었을 때, 나는 다른 나라의 식자들이 종교재판소에 대해 불만을 털어놓았듯이, 이 나라의 식자들도 의회 회기 중에 출판 허가법에 대한 반대 의견을 제시하리라고 믿어 의심치 않았습니다. 나역시 그들의 불만에 동조한다는 것을 밝히면서 감히 이렇게 말할 수 있습니다. 즉, 재무관직을 정직하게 수행해 시칠리아인의 사랑을 받은 키케로가 베레스(Verres)[28]를 탄핵한 것은 시칠리아인이 끈덕지게 졸랐기 때문입니다. 하지만 내 경우는, 여러분을 존경하고, 또 여러분이 알고 존경하는 많은 사람들이 내게 호감을 갖고 임무를 부여했습니다. 다시 말해 올바른 이성을 내 정신에 불러들여, 학문에 대한 부당한 속박의 제거를 위해 모든 힘을 다해 좌절하지 말고 탄원하고 설

---

28 시칠리아에서 법무관(praetor)으로 재직한 베레스(Gaius Cornelius Verres)는 악명 높은 독재자였다. 베레스의 무자비한 갈취와 탄압에 시달리던 시칠리아 주민들은 로마법의 공정한 집행이 속주에서도 적용되길 바라는 마음에 당시만해도 신참인 키케로(Marcus Tullius Cicero, 106-43 B.C.)에게 변론을 부탁했다. 베레스의 변호는 당대 최고의 변호사인 호르텐시우스(Quintus Hortensius Hortalus)가 맡았다. 배심원을 맡은 원로원 의원은 이미 매수됐고 여러 정황을 봐서도 키케로에게 절대적으로 불리한 상황이었다. 반전은 화려한 변론에서 시작됐다. 키케로는 『베레스 반박문』(In Verrem, 영어로 Against Verres, 70 B.C.)으로 불리는 장문의 변론서를 통해 극적으로 승소를 이끌어냈고 이 반박문은 의사들의 히포크라테스 선서만큼이나 변호사들에겐 중요한 교본이 됐다. 이 사건을 계기로 승승장구한 키케로는 집정관까지 오르는 쾌거를 이룩한다.

득하라는 임무를 내게 부여했는데, 지금 내가 지고 있는 짐은 키케로의 짐보다 더 무거운 것은 아닙니다.

그러므로 이것이 나의 상상 속의 짐을 벗으려는 것이 아니라, 다른 사람들 사이에 진리를 향상시키고, 진리를 향유하도록 하고, 그리하여 그들이 많은 만족을 누리도록 하고자 모든 사람이 공통으로 느끼는 고충을 덜고자 함입니다. 그리고 그들의 이름으로 나는 친구에게나 적에게나 일반인들의 불만 사항이 무엇인지를 숨기지 않을 것입니다. 만일 종교재판이 다시 시작되고 검열이 시행된다면, 그리고 우리 자신이 겁을 먹고 모든 사람들을 의심하여, 한 권 한 권의 책을 두려워한 나머지, 그 내용을 알기 전에는 책장을 넘기는 것조차 꺼릴 정도가 된다면, 그리고 만일 최근 들어 설교 대신 차라리 침묵을 지키는 것이 나은 몇몇 사람들[29]이 자기들 마음에 들지 않는 책을 제외하고는 우리에게 읽기를 허용하지 않으려 한다면, 그들이 의도하는 것은 학문에 대한 제2의 폭정이라고 밖에 생각할 수 없습니다. 그리고 우리에게 주교(bishop)와 장로(presbyter)가 그 이름과 실체에 있어서 동일한 존재라고 하는 것은 논란의 여지가 없습니다.[30]

---

29 밀턴은 런던의 장로파 목사들을 염두에 두고 있다. 그들은 최근까지만 해도 당국의 심한 통제를 받았다.

30 밀턴의 공격에는 아이러니한 역사적 배경이 깔려 있다. 첫째, 청교도들의 주장에 따르면 국교회의 주교제는 무가치한 것이었다. 복음서에는 사제(priest)—주교(bishop)와 장로(presbyter)는 동의어로 모두 사제의 범주에 포

[540] 25개 내지 26개의 주교 관구로 나뉘어 전 국민에게 확산되고 있는 주교제의 작폐가 이제 모든 학문 영역에 미치려 하고 있다는 것이 분명히 드러나고 있습니다. 바야흐로 어느 작고 무식한 교구를 맡던 목사(pastor)[31]가, 난데없이 서적이라고 하는 거대 관구를 지배하는 대주교로 격상되려 합니다. 그러면서도 그의 다른 교구에서 손을 떼지 않은 채 여전히 그것을 장악하고 있으니, 불가사의한 성직 겸임이 아닐 수 없습니다. 불과 얼마 전, 모든 신출내기 대학 졸업자

함—와 집사(deacon) 외에 제3의 교회 계급(주교)이 나와 있지 않기 때문이다. 따라서 밀턴은 "주교와 장로가 이름이나 직책에서 동일하다"는 것을 증명하기 위해, 정교한 문헌학적·해석학적·역사학적 주장을 펼친다(*Of Prelatical Episcopacy*). 둘째로, 주교제 옹호론자들은 장로교가 개별 목사들에게 전제 권력을 부여한다고 주장했다. 그러므로 홀 주교(Bishop Hall)는 "각 교구마다 한 명의 교황과 추기경 회의"를 세우려는 것을 반대했고, 써 토머스 애스턴(Sir Thomas Aston)은 장로교 목사를 "교구의 작은 주교, 절대적 교황"으로 묘사했다.

여기서 밀턴이 말하고자 하는 것은, "주교"와 "장로"가 같은 것인가 하는 논쟁이 조만간 종식되리라는 것이다. 장로파 성직자들의 행동은 주교제 옹호론자들의 주장(그들은 작은 폭군이 된다)과 청교도들의 어의(語義)에 입각한 주장(장로는 곧 주교이다)을 동시에 입증하기 때문이다. (*Presbyter*와 *Priest*는 원래 같은 그리스 단어에서 파생된 말이다. 그러나 후자는 일찍이 프랑스어와 라틴어를 통해 영어에 들어왔고, 전자는 16세기에 그리스어에서 직접 도입되었다.) 1~2년 후, 밀턴은 소네트 *On the New Forcers of Conscience*, 20에서 "'새로운 장로'는 '옛 사제'보다 한술 더 뜨는 자들(*New Presbyter* is but *Old Priest* writ large)"이라는 재치 있는 말장난을 선보였다.

31 밀턴은 여기에서 처음으로 "목사(pastor)"란 명칭을 사용한다. 가톨릭이나 국교회가 아닌 프로테스탄트 목사를 지칭한 말이다.

들에 대한 독점적 성직 서임을 비난하고, 무지한 교구민들에 대한 단독 사법권 행사를 거부했던 바로 그 사람들이, 이제 자기 의자에 편안히 앉아 가장 가치 있고 뛰어난 책과 그 책들을 쓴 가장 유능한 저자들을 동시에 장악하려 하고 있습니다.[32]

이것은 우리가 행한 맹약(covenants)[33]과 항의(protestations)[34]가 아

---

32 성직자에 대한 단독 임명권과 교구민에 대한 사법권을 요구한 주교들의 주장은 장로파의 거센 반발에 부딪힌 바 있다.

33 찰스 1세는 국교회의 수장으로서 교회권력의 기반 위에 왕권을 세우려 했다. 이는 자신이 통치하고 있는 모든 지역에서 교회의 권력을 강화시키는 방향으로 나아갔고 특히 스코틀랜드 장로교파의 세력을 꺾으려 했다. 결국 찰스 1세는 1637년에 스코틀랜드 교회에 성공회 기도서를 강제로 채택하게 했다. 이는 스코틀랜드 교회를 주교 위주의 교회로 바꾸고 종국에는 성공회에 통합시켜 잉글랜드와 스코틀랜드에서 왕권과 공히 종교의 통일을 이루려는 책동이었다. 찰스 1세는 교회의 조직과 운영을 장로(presbyter)들에 의거한 당시 스코틀랜드 교회방식보다는 전통적인 교회직, 즉 주교(主教) 중심의 체제로 돌리려고 한 것이다.

사실 찰스 1세는 법적으로 성공회의 수장인 동시에 스코틀랜드 교회의 수장이어서 스코틀랜드 교회의 운영에 대한 권리가 어느 정도 있는 것은 사실이었다. 그러나 스코틀랜드 교회는 당시 스코틀랜드 민족주의와 결합되어 자신들의 장로파 교회를 커크(Kirk)라 부르며 주님이 인정한 정통이라고 믿고 있었고, 찰스의 기도서 강요에 대한 스코틀랜드인들의 반발은 상상을 초월했다. 찰스 1세가 "스코틀랜드의 왕"으로 즉위했던 에든버러의 세인트 자일스 교회(St. Giles Cathedral)에서 국교회 기도서가 예배에 등장하자 모인 장로교인들은 즉시 반발하여 폭동을 일으켰다. 이 폭동은 에든버러의 경계를 넘어 온 스코틀랜드로 번졌다. 장로교파의 목사들은 성공회 기도서를 한 목소리로 비판하면서 부정했고 대부분의 스코틀랜드 귀족들과 상류층 인사들 역시 장로파 목사들을 거들고 나섰다.

스코틀랜드 장로파 인사들은 국민맹약(The National Covenant)를 선포하고

닙니다! 〔541〕 이것은 주교제를 제거하는 것이 아닙니다. 이것은 단지 주교단을 바꿔치기 하는 데 불과하며, 캔터베리 대주교 공관(palace metropolitan)[35]의 지배를 이 사람에서 저 사람으로 바꾸는 데 지나지 않습니다. 이것은 속죄의 고행을 금전 납부로 대체시킨[36] 낡은 교회법의 술책일 뿐입니다. 검열 받지 않은 팸플릿 하나를 가지고 그토록 화들짝 놀라는 사람은, 얼마 후에는 모든 비국교도의 모임을 두려워할 것이며, 그 다음에는 모든 기독교인의 모임을 비국교도의 모임으로 간주할 것입니다.

그러나 정의와 불요불굴의 원칙에 의해 지배받는 국가, 또는 신

찰스 1세의 소위 "친정(親政, personal rule)"과 전횡에 대한 반대를 분명히 했다. 이 맹약운동은 전국적으로 퍼져나간다. 그 해(1638) 말에는 글래스고우(Glasgow)에서 스코틀랜드 교회 총회가 성공회 기도서의 전면적인 철회와 함께 스코틀랜드에 세워진 모든 주교들을 없엘 것을 요구하였다. 국민맹약을 지지하면서 이 운동에 참가한 사람들은 스스로를 서약파(Covenanters)라고 하면서 찰스 1세에 대항하여 무장하게 된다. 스코틀랜드 전체가 전쟁을 불사하고 일어선 것이다. 이른바 '주교전쟁(Bishops' War)'의 발발이었다.

34 1641년 5월초 스트래퍼드(Strafford)를 보호하려는 여러 방책이 실패로 돌아가자 찰스는 의회에 대한 무력행사를 계획했다. 의회의 방어 조치들 중 하나는 상하 양원의원들이 채택하고 많은 시민들의 승낙을 얻은 항의서(Protestation, 5월 3−4일)를 제출하는 것이었다. 이 항의서는 종교, 국왕, 의회 이외에도 "신민의 합법적인 권리와 자유"를 옹호했다.

35 캔터베리 대주교의 런던 공저(公邸). 램버스 궁전(Lambeth Palace)라고도 한다. 영국 런던 템스 강 남쪽 램버스에 있는 궁전으로, 1207−1209년까지 3년에 걸쳐 건설되었다.

36 대주교 로드에 대한 반발이 커지게 된 주요 원인 중 하나.

앙과 참된 지식의 반석 위에 세워진 교회라면, 그토록 소심할 수는 없다고 나는 확신합니다. 여러 가지 종교적인 문제들이 아직 정리되어 있지 않은 동안[37], 저술하는 자유가 고위성직자들을 모방하고 종교재판소로부터 배운 규율에 의해 억압 받고, 다시 검열관의 마음에 따라 우리가 침묵을 강요당한다면, 모든 학식 있고 신앙심 깊은 사람들을 의심하고 낙담시키는 명분이 무엇인지를 밝힐 필요가 있습니다. 그들은 그 전략적 의도의 교활함과 그 고안자가 누구인가를 너무나 잘 알고 있습니다. 주교들의 힘이 빠져 있는 동안,[38] 모든 출판 활동은 자유로울 수 있었습니다. 의회의 시대에 출판의 자유는 인민의 타고난 권리이자 특권이며, 빛의 분출이었습니다.

그러나 이제 주교제가 폐지되고 주교들이 교회에서 추방된 마당에, 마치 우리의 종교개혁의 목적이 그들의 자리에 이름만 달리한 채 다른 사람들을 채우는 것이라도 되는 것인 양, 주교제적인 술책이 다시 싹트고 있습니다. 그 결과 진리의 항아리[39]는 기름이 말라버렸습

---

37 교회 문제 해결을 위해 의회에 자문할 임무를 띤 웨스트민스터 종교회의 (Westminster Assembly)는 아직 현안을 토론하던 중이었다. 유명한 "웨스트민스터 신앙 고백(Confession of Faith)"은 1646년 12월 7일에 이르러서야 그 내용 전부가 의회에 제출되었다.

38 원문은 "baited down"이다. 영국의 전통적인 곰 놀이(bear-baiting, 쇠사슬에 곰을 묶어놓고 개가 덤벼들게 한다)에서 나온 말이다. 놀이 끝에 곰이 지쳐 쓰러진 것처럼 주교들이 지쳐있는 상태를 비유한 말이다.

39 「열왕기상」 17장에 나오는 과부의 마르지 않는 기름병을 암시한다. "'주님께서 이 땅에 다시 비를 내려주실 때까지, 그 뒤주의 밀가루가 떨어지지 않을

니다. 출판의 자유는 다시 20명 고위 성직자로 구성된 위원회의 억압을 받게 되었고, 인민의 특권은 무효화되었습니다. 그보다 더 나쁜 것은, 학문의 자유가 지난날의 족쇄에 묶인 채 또 다시 신음하지 않으면 안 되게 되었다는 것입니다. 〔542〕이 모든 일은 지금 열리고 있는 여러분의 의회에서 만들어진 것입니다.[40]

주교제를 반대하는 그들 자신의 최근 주장과 반론은, 이러한 폭력적 억압이 대부분 의회가 추구하는 목적과는 정반대되는 결과에 직면한다는 것을 상기시켜 줄 것입니다. 그것은 분파와 분열을 막기보다는 오히려 그들을 분발케 하고 평판을 높여 줄 것입니다. 세인트 올번즈 후작(Viscount St. Albans)[41]은 "지혜에 대한 처벌은 지혜의 권위

것이며, 병의 기름이 마르지 않을 것이라고 주 이스라엘의 하나님께서 말씀하셨습니다.' 그 여인은 가서 엘리야의 말대로 하였다. 과연 그 여인과 엘리야가 그 여인의 식구가 여러 날 동안 먹었지만, 뒤주의 밀가루가 떨어지지 않고, 병의 기름도 마르지 않았다." (14~16절)

40 헨리 로빈슨(Henry Robinson)은 *John the Baptist, Forerunner of Christ Jesus* (September 23, 1644), E9 (13), pp. 23-4에서 이렇게 말한다. "현재의 의회가 처음 개회한 후 2, 3년 동안 우리 왕국이 누렸던 복된 출판의 자유가 아니었더라면, 우리는 아직 구원의 진리에 대해 무지한 채로 남아 있을 것이며, 주교제와 깊숙이 관련된 다른 해독 가운데 여전히 남아 있을 것이다. 그러나 하나님께서 장래에 더욱 큰 은혜를 베푸시고자 그토록 큰 축복을 우리에게 이미 제공하셨는데, 왜 우리가 그것을 출생 단계에서 질식시켜야만 하는가? …… 만일 장로회가 복음에 바탕을 둔 것이라면 시험당하는 것을 왜 두려워하는가? …… 진리가 질식당하지 않도록 하기 위해서라도 그릇된 의견을 출판토록 하는 것이 이성적으로 볼 때 분명히 필요하다."

41 베이컨(Francis Bacon)을 말한다. 밀턴은 베이컨의 *An Advertisement Touching*

를 높여 준다. 그리고 저술을 금지하는 것은, 자신들의 얼굴로 날아 오르는 진리의 불꽃 하나를 밟아 끄려는 것과 같다"고 말했습니다. 〔543〕 그러므로 이 법은 분파들을 키우는 유모[42]가 될 것입니다. 그러나 나는 그것이 어떻게 진리의 계모가 되는지를 분명히 보여주겠습니다. 먼저, 그것은 우리로 하여금 이미 알고 있는 지식을 유지할 수 없도록 만듭니다.

지각이 있는 사람은 잘 알겠지만, 우리의 신앙과 지식은 마치 우리의 사지와 몸통처럼, 훈련에 의해 건강해집니다. 성경에서 진리는 흐르는 샘에 비유됩니다.[43] 계속해서 물이 흘러나오지 않는다면 그 샘은 순응과 전통의 진흙탕 속에서 썩어문드러집니다. 사람은 진리에 있어서 이단적일 수 있습니다. 만일 그가 다른 근거 없이, 목사(pastor)가 그렇게 말했다는 이유로, 또는 웨스트민스터 종교회의(the Assembly)가 그렇게 결정했다는 이유로 어떤 사실을 믿는다면, 비록 그의 믿음이 진실한 것이라 할지라도 그가 믿는 진리는 이단이 되는

---

the Controversies of the Church of England (The Letter and the Life of Francis Bacon, ed. by J. Speding, Vol. I. London, 1862, p. 78)를 인용하고 있다. 이 문장의 뒷부분은 앞에서 이미 인용된 바 있다.

42　"왕들이 네 아버지가 될 것이며, 왕비들은 네 유모처럼 될 것이다"(「이사야서」 49 : 23).

43　이 구절은 흔히 「시편」 85 : 11("진실은 땅에서 돋아난다")을 언급한 것으로 받아들여진다. 그러나 밀턴은 「아가」 4 : 15("그대는 동산에 있는 샘, 생수가 솟는 우물")의 비유적 해석을 생각하고 있었을 것이다.

것입니다. 사람들은 다른 문제에서와는 달리 유독 종교에서는 너무 쉽게 자신들의 책임과 의무를 다른 사람에게 맡겨 버리곤 합니다. 프로테스탄트와 청교도들[44] 중에 로레토(Loreto)[45]의 가톨릭 평신도(lay Papist)[46]만큼이나 형편없는 맹목적 신앙(implicit faith)[47]으로 살다가 죽는 이들이 있다는 것을 우리 모두는 알고 있습니다.

[544] 쾌락과 이익에 탐닉하던 한 부자가 있었습니다. 그는 종교가 대단히 복잡하고도 수많은 자질구레한 거래가 수반되는 사업이며, 자신이 다른 직업은 몰라도 그 분야에는 정통할 수가 없음을 알았습니다. 그는 무엇을 해야만 하겠습니까? 그는 믿음이 깊다는 평판을 얻고 싶어 하며, 종교적으로 이웃에 관대하고자 합니다. 그러므로 그는 수고스런 일을 떠넘기기로 작정하고, 자신의 종교 문제를 전

---

44 원문은 "professors"로 되어 있다. 사전적으로는 "공개적으로 신앙을 고백하는 사람"이지만, 여기에서는 각별히 청교도들(Puritans)을 의미한다. Sirluck, p. 543 n. 198.

45 이탈리아 안코나(Ancona) 근처의 성소. 성당 안에는 마리아가 예수를 잉태한 것으로 알려진 집이 있었다. 이 집은 1291년에 천사가 나사렛에서 기적적으로 옮겨놓은 것으로 믿어졌으며, 이 믿음은 역대 교황들에 의해 공인되었다. 오랫동안 프로테스탄트 신도들 사이에서 가톨릭 신앙을 조롱거리로 삼는 소재가 되었다.

46 "papist"는 가톨릭 신자를 경멸적으로 부르는 말이다.

47 중세 교회는 "교리를 충분히 이해하고 믿는 신앙(explicit faith)"과 "권위에 입각한 맹목적 신앙(implicit faith)"을 구분했다. 전자는 고위 성직자에게 요구되었으며, 후자는 하급 성직자나 평신도들에게 요구되었다.

적으로 맡아 관리해 줄 대리인을 찾아냅니다.[48] 그 대리인은 저명하고 존경받는 성직자여야 합니다. 부자는 성직자를 믿고 자신의 종교의 창고를 모두 위탁합니다. 자물쇠도 열쇠도 모두 성직자의 관리에 맡깁니다. 그리고 사실상 그 성직자를 자신의 종교로 삼습니다. 그는 성직자와 관계를 유지하고 있다는 사실을 자신의 신앙심에 대한 충분한 증거이자 보증이라고 간주합니다.

그러므로 그는 자신의 종교가 더 이상 자신의 내부에 있는 것이 아니고, 자신과 분리되어 이동할 수 있으며, 그 훌륭한 성직자가 자신의 집에 출입할 때마다 종교가 자신에게 가까이 오고 간다고 말하게 됩니다. 그는 그 성직자를 환대하고, 그에게 선물을 주고, 잔치를 베풀고, 잠을 재웁니다. 부자의 종교가 된 그 성직자는 밤에 부자의 집으로 와서, 기도를 하고, 후한 대접을 받고, 화려한 침대에 누워서 잠듭니다. 잠자리에서 일어나면, 인사를 받고, 맘지(malmsey)[49] 같은 맛좋은 술을 마십니다. 그의 종교인 성직자는 베다니에서 예루살렘으로 가는 동안 싱싱한 무화과로 기꺼이 아침 허기를 채우시려 한

---

48 밀턴은 종교를 외적 형식이나 제도, 또는 성직자와 동일시하는 입장을 비기독교적인 것으로 간주하고 이를 강력히 비판하고 있다. 이것은 기독교(Christianity)와 교회교(Churchianity)를 구분해서 쓰고 있는 『옥스퍼드 영어 사전』(*The Oxford English Dictionary*)의 관점과도 일맥상통하는 것이다.

49 단맛이 나는 독한 포도주.

아레오파기티카

예수⁵⁰보다 훨씬 훌륭한 아침 식사⁵¹를 든 다음 8시가 되면 밖으로 나갑니다. [545] 그리고 그 친절한 환대자는 하루 종일 그의 종교 없이 가게에 남아 장사를 합니다.

또 다른 종류의 사람들도 있습니다. 모든 것이 명령되고 규제되고 정해져야 하며, 모든 진리는 탄세와 파운드세(tunaging and poundaging)⁵²를 징수하는 세리의 세관을 통과하지 않고는 아무 것

---

50 「마가복음」 11장 12~13절. 나귀를 타고 베다니에서 예루살렘으로 가던 중 "예수는 시장하셨다. 멀리서 잎이 무성한 무화과나무를 보시고, 혹시 그 나무에 열매가 있을까 하여 가까이 가서 보셨는데, 잎사귀밖에는 아무 것도 없었다." 예수도 아침 식사를 제대로 하지 못했다는 뜻이다.

51 18세기 초까지 아침식사는 "공인된 식사"가 아니었다. 왕후장상이라도 이따금 아침 식사를 했다. 엘리자베스 1세 여왕의 아침 식사에는 고기, 빵, 치즈, 술이 빠져 있었다. 여왕의 아침 식탁은 때론 호화롭게 차려졌지만, 빈부를 막론하고 대부분의 사람들은 해장술을 한 잔 마시는데 그쳤다. 17세기 중반에 차와 커피가 잉글랜드에 도입되었지만, 그 후로도 오랫동안 대중화되지 못했다. Hales, p. 128 n. 30. 밀턴은 여기에서 "그 성직자"에 대한 대접이 파격적으로 융숭하다는 것을 표현하고 있다.

52 밀턴은 여기에서 출판 허가법을 다시 한 번 찰스의 인기 없는 정책과 연결시키려 한다. 탄세와 파운드세(tunnage and poundage)는 주요 세입원이었다. 새로운 왕이 즉위하면 의회는 전통적으로 왕의 일생 동안 이 세금을 징수할 것을 승인했다. 그러나 찰스가 즉위할 때 의회가 승인을 거부하자, 찰스는 의회의 승인 없이 왕권으로 징수하려 했다. 이러한 조치는 장기 의회가 소집되기 전까지 전국적으로 가장 큰 불평불만의 요인이 되었다. 1641년 6월 22일에 찰스는 국왕이 의회의 동의 없이 세금을 거두는 것을 불법이라고 선언한 법안에 동의했다. tunnage의 철자가 오늘날 tonnage로 변한 것은 이 관세의 개념이 잘못 파악되었음을 드러낸다. 탄세는 포도주 1탄(tun, 배럴)에 3실링씩, 그리고 파운드세는 다른 상품들에 대해 1파운드의 가치(무게가 아니라)가 나가

도 기록될 수 없다는 말을 듣게 되면, 곧바로 그들 스스로를 여러분의 손에 맡기고 여러분의 마음에 드는 종교로 고치고 잘라내는 사람들입니다. 그곳에는 즐거움이 있고 기쁨과 유쾌한 오락이 있어, 해가 뜨고 질 때까지 하루하루를 느긋하게 지내게 하고, 지겨운 한 해를 환희의 꿈처럼 만들어줍니다. 다른 사람들이 그토록 엄격히 그리고 확실하게 자신들에게 납품을 해주는 바에야 무엇 때문에 구태여 머리를 고통스럽게 만들겠습니까? 우리가 바보같이 안이하게 지식 탐구를 중지하면 국민 사이에 이러한 결과를 초래하고야 맙니다. 이런 식의 복종적 만장일치는 얼마나 바람직하고 좋은 것입니까!⁵³ 우리 모두에게 뻣뻣한 풀을 먹였으니 얼마나 훌륭한 일치입니까! 의심할 나위 없이 정월 한파에 꽁꽁 얼어붙은 것 같은 견고하고 단단한 얼음덩어리입니다.

〔546〕 그 결과는 성직자들 자신에게도 더 나을 것이 없습니다. 풍족한 성직록을 받으며 자신의 헤라클레스 기둥(Hercules' pillars)⁵⁴

는 상품마다 1실링씩을 세금으로 거두었다.

53 원문은 "How goodly, and how to be wished..."로 되어 있다. 「민수기」 24장 5절에 나오는 "야곱아, 너의 장막이 어찌 그리도 좋으냐!"를 패러디한 반어법(反語法)으로 보인다.

54 지브롤터 해협을 뜻한다. 고대 신화에서 헤라클레스가 자신의 항해의 범위를 표시하기 위해 지중해 서쪽 끝에 세워 놓은 기둥으로, 고대 세계의 끝을 가리킨다. 여기서는 포부와 갈망의 한계를 의미한다.

안에 안주하는 편협한 교구 성직자[55]에 관한 이야기는 오늘날 처음 듣는 이야기가 아닙니다. 그는 자신의 학문 연구에 대한 다른 어떤 자극제도 갖지 못한 채, 영어로 된 『성경 색인집』(concordance)과 『공동 기도서』(topic folio),[56] 진지한 대학 졸업생 수준의 주위 모은 지식들, 『성경 공관서』(harmony)[57]와 『교부 발췌집』(catena)[58]이나 뒤적거리며 연구의 결론은 맺습니다. 그리고 특정의 공통적인 교리들을 그 들의 용도·동기·특징 그리고 방법 등에 유의하면서 끊임없이 되풀이합니다.[59] 마치 알파벳 놀이나 음계(sol-fa) 놀이를 하듯이, 그것들을 이런 저런 모양으로 구성하고 재구성하고, 결합했다 분해했다 하면서, 약간의 공부와 두 시간 가량의 명상만 하면 일주일 분 이상의 설교 재료가 마련됩니다. 『행간 주해서』(interlinearies), 『일과(日課) 기도서』(breviaries), 『개요』(synopses) 등 노력을 절감시켜 주는 다른 도구들의 헤아

---

55 "편협한 교구 성직자"의 원문은 "parochial minister"이다. "parochial"은 "교구의"와 "편협한"의 두 가지 의미를 갖는다. 밀턴은 이 말을 중의법(重義法)으로 사용했다.

56 Commonplace-book을 말한다.

57 성경 특히 4복음서의 내용상 명백히 불일치되는 구절을 조화시키기 위한 목적의 핸드북이다.

58 교부들의 성경 주해서를 연쇄적으로 인용한 발췌집.

59 밀턴은 당시에 행해진 가장 일반적인 설교의 구성 요소들을 열거하고 있다. 설교는 성경 본문을 설명한 다음, 통상 그것으로부터 하나 또는 그 이상의 "교리"를 이끌어 내어, 그것들의 "용도"를 설명하고, 그 교리를 지정된 방식으로 적용하는 "동기"가 무엇이며, 그것들을 식별할 수 있는 "특징"이 무엇이며 그것들을 적용하는 데 무슨 "수단"이 채택될 수 있는가를 밝힌다.

릴 수 없는 도움은 감안하지 않더라도 말입니다.

그러나 미리 인쇄되어 켜켜이 쌓여있는 어렵지 않은 내용으로 된 수많은 설교집으로 말하자면, 우리 런던의 시장(市場)60인 성 토머스 (St. Thomas) 교회 제의실(祭衣室)61과 성 마틴(St. Martin) 및 성 휴(St. Hugh) 교회의 신성한 경내에는 이미 기성품으로 만들어진 것 외에는 없습니다.62 [547] 그러므로 목사는 강단에서 써먹을 설교 재료가 부족할까봐 우려할 필요가 결코 없습니다. 지식의 보고를 얼마든지 새로 채워 넣을 수 있기 때문입니다.

그러나 목사의 뒤쪽과 양 옆에 울타리가 둘러쳐져 있지 않다면, 그리고 엄격한 검열관이 목사의 뒷문을 지키지 않아, 대담한 내용의 책이 간혹 출간되고, 해자(垓子) 안에 있는 그의 낡은 장서 일부를 공격할 수도 있습니다. 목사는 이런 책들을 예의주시하면서 정신을 바짝 차리고 감시를 게을리 하지 않을 것입니다. 그가 이미 받아들이고 있는 견해를 지키고자 보초와 파수병을 세울 것이며, 자기 신도들

---

60 당시에 상업은 교회 주변에서 활성화 되었고, 교회는 상업의 중심지였다. 교회 주변의 시장에서는 다른 상품들과 더불어 설교집도 판매되고 있었다.

61 "제의실(vestry)"은 옷가게(clothes-mart)를 암시한다. 「요한복음」 2장 13~17절에서 예루살렘 성전 안에서 상거래가 이루어졌듯이, 교회 안에서의 상행위는 얼마든지 가능했다. 런던의 성 바울 대성당(St. Paul's) 안에서도 상행위가 빈번히 이루어졌다. Hales, p. 131 n. 6.

62 밀턴은 그곳에서 살 수 있는 것이 오직 금지되지 않은 내용을 담은 설교집뿐이라고 말한다. 밀턴은 무식한 목사나 설교자들이 이 설교집에 의지해 설교했음을 비판하고 있다.

아레오파기티카

가운데 행여 한 사람이라도 미혹 당하지 않을까 걱정하면서, 동료 감시자들과 함께 주변을 둘러보고 또 둘러볼 것입니다. 이렇게 하는 동안 신도들은 아마도 더 나은 가르침과 훈련과 단련을 받게 될 것입니다. 하나님은 이런 식의 부지런함에 대한 두려움을 우리에게 주셨습니다. 우리는 그 두려움을 검열하는 교회의 게으름을 자극하는데 사용해서는 안 됩니다.

만일 우리가 옳다는 것을 확신하고, 진리를 불의하게 붙잡지 않고[63] 또 그렇게 되지 않으리라고 믿는다면, 우리가 우리의 가르침을 미약하고 하잘 것 없는 것이라고 비하하지 않는다면, 그리고 사람들을 무지하고 신앙도 없는 무정견한 무리로 폄하하지도 않는다면 말입니다. [548] 이럴 경우, 분별력 있고 배운 바 있는 양심적인 사람이, 우리가 알고 있는 것을 우리에게 가르친 그들의 견해에 준하는 것을, 위험스럽게 이 집에서 저 집으로 은밀하게 전파하는 것보다는, 공공연하게 글로 써서 세상에 공포하고, 세상 사람들이 지금 생각하고 있는 것이 건전치 못하다는 것을 드러내 보이는 것 이상으로 공명정대한 일이 무엇이겠습니까?

그리스도는 공개적인 설교야말로 스스로를 변론하는 수단이라

---

63 원문은 "hold the truth guilty"이다. 「로마서」 1장 18절에 나오는 말이다. "하나님의 진노가 '불의 가운데서 진리를 붙잡는(hold the truth in unrighteous)' 사람들의 모든 불경건과 불의에 대하여 하늘로부터 계시되거니와."『한글 킹제임스 성경: 한영대역』(말씀보존학회, 1995)

고 주장했습니다.[64] 그러나 글은 설교보다 더 공개적이며, 필요할 경우 반론을 펼치기도 쉽습니다. 진리의 옹호를 유일한 임무로 삼는 수많은 사람들이 있기 때문입니다. 그들이 그것을 소홀히 여긴다면 그들의 게으름과 무능 말고 무엇에 책임을 돌리겠습니까?

우리는 이러한 검열 과정을 거치면서, 우리가 안다고 여기는 것에 대한 참된 지식을 향해 나아가는데 방해를 받고 서툴러지게 됩니다. 성직자[65]로서 검열관 업무를 수행할 경우, 그는 다른 어떤 세속 직업인 이상으로 상처와 곤란을 받게 됩니다. 그 업무를 수행하자면, 필연적으로 한 가지 의무 때문에 다른 의무를 소홀히 하기 마련입니다. 내가 이렇게 주장하는 것은, 그 둘이 별개가 아니며 그들이 거기에서 어떤 결정을 내릴 것인가 하는 것은 그들의 양심에 맡겨진 일이기 때문입니다.

나는 이 검열 계획은 우리에게 엄청난 손실과 피해를 가져다준다는 것을 드러내보였습니다. 그러나 아직 할 말이 남았습니다. 더

---

64 「요한복음」 18장 19~20절. "대제사장이 예수께 그의 제자와 그의 가르침을 두고 물었다. 예수께서 대답하셨다. '나는 드러내 놓고 세상에 말했다. 언제나 나는 모든 유대 사람이 모이는 회당과 성전에서 가르쳤고, 아무 것도 숨어서 말한 것은 없다.'"

65 이 글은 마치 검열관 전원이 성직자인 것 같은 인상을 준다. 그러나 전체 34명 가운데 12명만이 성직을 갖고 있었고, 나머지 검열관들은 이런 저런 직종에서 충원되었다(Siebert, *Freedom of the Press*, pp. 186-7). 밀턴이 이처럼 성직자를 강조한 것은, 그가 출판 허가법의 주요 목적이 왕당파의 선동보다는 "종교적 논쟁을 다룬 책"을 억압하는 데 있다고 간주했음을 강하게 암시한다.

나쁜 일이 있습니다. 해상의 적이 우리의 모든 항만과 항구와 만(灣)을 봉쇄한다면 그것은 우리의 가장 값진 제품인 진리[66]의 수입을 방해하고 지체시킬 것입니다. 아니, 그것이 처음 수립되고 시행된 것은 반(反)기독교적인 악의와 간계에 의해서였는데, 그 목적은 어찌하든 종교개혁의 빛을 말살하고 거짓을 확고히 세우기 위한 것이었습니다. 그것은 투르크인이 『코란』을 숭앙하기 위해 출판을 금지시킨 정책과 다를 바 없습니다.[67]

〔549〕 우리는 우리가 향유하는 진리의 양이 대단히 많다는 것을, 그리고 특히 우리와 교황 사이의 주요 차이점인 성직자의 종속성 측면에서 다른 어느 나라 이상으로 목소리 높여 하늘에 감사하고 경배해야 한다는 것을 부정하지 않으며, 오히려 기쁜 마음으로 이를 고백합니다. 그러나 우리가 이 정도에서 천막을 치고 머물러야 한다고 생각하는 사람, 그리고 종교개혁이 이미 최고 수준에 이르렀으므로 우리가 응시하는 이 세상의 거울(the mortal glass)이 지복직관(至福直觀, beatific vision)[68]을 우리에게 보여줄 수 있다고 생각하는 사람은, 그 자

---

66 「마태복음」 13장 45~46절을 바탕에 깔고 있는 것으로 보인다. "또 하늘나라는 좋은 진주를 구하는 상인과 같다. 그가 값진 진주 하나를 발견하면, 가서, 가진 것을 다 팔아서 그것을 산다."

67 투르크(터키)에서는 19세기 초까지 출판의 자유가 없었고, 1831년까지는 신문도 없었다.

68 천사나 성도(聖徒)가 천국에서 하나님의 얼굴을 직접 보는 것을 말한다. 「고린도 전서」 13장 12절. "지금은 우리가 거울 속에서 영상을 보듯이 희미하게 보

신 아직 진리에 이르기에 많이 부족하다는 것을 스스로 선언하는 것입니다.

진리는 한때 거룩한 주님과 함께 이 세상에 왔으며, 가장 영광스럽고 완전한 모습을 하고 있었습니다. 그러나 주님이 승천하고 그를 따르던 사도들이 잠든 틈을 타, 사악한 사기꾼들이 곧바로 등장했습니다. 이집트의 티폰(Typhon)[69]과 그의 공모자들이 선량한 오시리스(Osiris)를 다룬 이야기에서 알 수 있듯이,[70] 그들은 순결한 진리의 사랑스런 모습을 수천 조각으로 갈가리 찢어 사방으로 흩뿌렸습니다. 그 때 이래로 진리의 가련한 친구들은, 마치 이시스(Isis)가 오시리스의 조각난 몸을 조심스럽게 찾아 헤매듯이, 진리의 토막 난 사지를 모으기 위해 여기저기를 헤매고 있습니다. 상원 및 하원 의원 여러분, 우리는 아직 그것들을 다 발견하지 못했으며, 진리의 주님께서 재림하실 때까지 앞으로도 결코 다 발견하지 못할 것입니다. 주님은 진리의 모든 관절과 사지를 한데 합쳐서, 마침내 사랑스러운 불멸의

지마는, 그 때에는 우리가 얼굴과 얼굴을 마주 볼 것입니다."

69 이집트 신화의 세트(Set)에 대한 그리스어 이름.

70 이집트의 신화에서 오시리스는 아득히 오랜 옛날에 자기 백성에게 농사짓는 법을 알려 주고 법률을 가져다 준 자비로운 지배자였다. 얼마 후 그는 그의 사악한 동생인 세트(Set)의 모반에 의해 살해당했고, 그의 시신은 갈가리 찢겨졌다. 오시리스의 누이동생이자 부인인 이시스는 그의 시신 조각들을 일일이 찾아내어 그것들을 한데 모은 다음 그를 기적적으로 소생시켰다. 티폰은 원래 그리스 신화에 등장하는 괴물이었으나 후대에 들어 이집트 신화의 세트와 동일시되었다.

완성체로 만드실 것입니다. 기회만 주어지면 어느 곳에서든 끼어들어 자행되는 검열의 억압으로, 끊임없는 진리 탐구—우리는 순교 성인[71]의 찢겨진 몸에 대한 경배를 계속합니다—를 금지하고 방해해서는 안 됩니다.

〔550〕 우리는 우리의 빛을 자랑합니다. 그러나 태양을 지혜롭게 바라보지 않으면 태양은 우리를 후려쳐서 어둠 속으로 빠뜨립니다. 행성들은 태양과 함께 뜨고 지며 엄청난 양의 빛을 내지만, 우리는 그들이 태양에 접근해 있을 때는 그들의 빛을 보지 못하고, 오직 그들의 궤도가 반대로 움직이는 저녁이나 아침이 되어야 그 빛을 볼 수 있습니다. 우리가 보는 빛은 영원히 쳐다보기 위해 주어진 것이 아닙니다. 그 빛에 의해 우리의 현재 지식에서 멀리 떨어진 것들을 계속해서 발견토록 하고자 우리에게 주어진 것입니다. 한 나라를 행복하게 만드는 일은, 사제의 옷을 벗기고, 주교의 모자를 벗기고, 주교로 하여금 장로파에 대한 간섭을 못하게 한다고 해서 이루어지는 것은 아닙니다. 결코 아닙니다. 교회 문제만큼이나 중대한 사안인 가정과 정치 두 분야에서의 삶의 규범을 주의 깊게 개혁하지 않는다면, 그것은 우리가 츠빙글리[72]와 칼뱅[73]이 비춰 준 섬광을 너무 오래 바라본 나머지 완전히 눈이 멀어버렸기 때문입니다.

분리와 분파에 대해 끊임없이 불평불만을 늘어놓으면서, 자신과

---

71 "진리"를 가리킨다.

의견을 달리하는 사람들을 커다란 재앙으로 여기는 사람들이 있습니다. 그러나 정작 혼란을 초래하는 것은 그들 자신의 오만과 무지입니다. 그들은 참을성 있게 경청하려 하지도 않고 설득시킬 능력도 없으면서, 그들의 『교리서』(Syntagma)에 적혀 있지 않은 것은 모조리 억압해야 한다고 말합니다. 그들은 말썽꾼이며 통합을 깨는 자들입니다. 그들은 진리의 본체를 회복하기 위해 조각난 파편들을 찾아 합치려는 다른 사람들을 무시하고 이를 허용하지도 않습니다.

[551] 우리가 이미 알고 있는 것에 의해 아직 알지 못하는 것을 탐색하면서, 우리가 발견한 진리와 진리를 서로 짝 맞춰 보는 것(왜냐하면 진리의 모든 부분은 동질적[homogeneal]이며 비례하는[proportional] 것이기 때문입니다), 이것이야말로 수학에서뿐만 아니라 신학에서도 황금률(golden rule)[74]이며, 교회에 최고의 조화를 가져다줍니다. 최고의 조화

---

72 츠빙글리(Ulrich Zwingli, 1484-1531). 스위스의 종교개혁자. 학문적으로는 에라스무스의 인문주의에 기울어 성서연구의 기반을 구축했다. 1519년 취리히의 대성당의 설교자가 되어, 성경강해로 시민들의 호응을 얻었다. 이 시기에 루터의 영향을 받아 종교개혁의 실현에 힘썼다. 스위스나 독일 서남부의 여러 도시에서 츠빙글리의 개혁방식은 큰 영향을 주었다.

73 장 칼뱅(Jean Calvin, 1509-1564). 프랑스 출신의 종교개혁자로 성은 원래 코뱅(Cauvin)이다. 당시 교양인의 예를 따라 라틴어화해서 칼비누스(Calvinus), 프랑스 음으로 읽어서 칼뱅이라고 한다. 『기독교 강요』등을 통해 개신교 신학을 집대성했고, 그의 신학은 개혁교회와 장로교를 통해 계승되고 있다. 스코틀랜드의 존 녹스와 잉글랜드 청교도들에게도 영향을 주었다.

74 비례의 법칙(Rule of Proportion)은 종종 "수학의 황금률(golden rule of arithmetic)"로 불린다. 미지수를 알아내는 데 크게 기여하기 때문이다. 황금률은

는 차갑고, 중립적이며, 내적으로 분열된 정신을 강제적·외적으로 통합해서는 달성할 수 없는 것입니다.

또한 「마태복음」 7:12을 의미하기도 한다. "그러므로 너희는 무엇이든지, 남에게 대접을 받고자 하는 대로, 너희도 남을 대접하여라. 이것이 율법과 예언서의 본뜻이다."

6. 잉글랜드인의 위대성

잉글랜드 상원 및 하원 의원 여러분, 여러분이 속한 나라, 여러분이 통치하는 나라가 어떤 나라인지 생각해 보십시오. 이 나라 국민은 느리고 굼뜨지 않으며, 기민하고 현명하고 통찰력 있는 정신을 갖고 있습니다. 예리한 창의력이 있으며 섬세하고 강건한 이성이 있어서 인간 능력이 솟구쳐 오를 수 있는 최고의 경지에 오르지 못하는 경우가 없습니다. 그러므로 가장 심오한 여러 학문 분야에 대한 우리 국민의 연구는 대단히 유서 깊고 탁월하여, 고전 고대의 가장 판단력이 뛰어난 저술가들은 심지어 피타고라스학파[1]와 페르시아의 지혜마저도 이 섬의 고대 철학에서 비롯되었다고 믿었던 것입니다. [552] 그리고 한때 황제를 위해 이곳을 지배했던 현명하고 정중한 로마인 율리우스 아그리콜라(Julius Agricola)[2]는 프랑스인의 노고 어린 학문 연

---

1   피타고라스가 고대 켈트족의 종교인 드루이드교로부터 윤회에 대해 배웠다는 설이 있다. Stephen Orgel and Jonathan Goldberg, eds., *John Milton, Oxford Authors* (Oxford Univ. Press, 1992), p. 832 n. 264 참조.
2   율리우스 아그리콜라(37-93)는 78년에서 85년까지 브리튼의 총독(proconsul)

구보다 오히려 브리튼인의 자연스러운 지혜를 높이 평가했습니다.

엄숙하고 검소한 트란실바니아인(Transylvanian)[3]이 우리의 언어와 신학을 배우기 위해, 저 멀리 러시아의 산악 접경지대[4]에서 히카르니아의 숲(Hyrcanian wilderness)[5]을 통과하여, 청소년이 아닌 진지한 성인들을 해마다 보내고 있는 것은 의미 없는 일이 아닙니다. 그러나 이 모든 것 이상으로, 우리는 하늘의 은총과 사랑이 각별한 방식으로 우리에게 베풀어지고 있다고 생각할 만한 충분한 이유를 가지고 있습니다. 그렇지 않다면 다른 많은 나라들 가운데 하필이면 우리나라가 선택되어, 마치 시온(Sion)[6]으로부터 나온 것처럼, 우리나라로부터

이었으며 그의 치하에서 로마의 정복 사업은 강화되었다. 아그리콜라의 사위인 타키투스(Tacitus)는 『아그리콜라의 생애』(*Life of Agricola*)에서, 그가 추장의 아들들에게 자유학과를 교육시켰는데, 어찌나 성공적이었든지, 얼마 전까지만 해도 로마어를 경멸했던 그들이 이에 능통하고 싶어 안달이었다고 말한다.

3 트란실바니아(오늘날 루마니아 일부)는 1535년에서 1689년까지 독립을 유지했으며, 강력한 프로테스탄트 국가였다. 이 나라의 많은 성직자들이 잉글랜드의 프로테스탄트 대학으로 와서 신학을 공부했다.

4 엄밀히 폴란드 동남부와 몰다비아 일부 지역을 말한다. 트란실바니아와 러시아 사이에 위치하고 있다. Hales, p. 137. n. 5.

5 히카르니아 숲(Hyrcania Silva)은 율리우스 카이사르가 독일 중부 및 남부의 산악·삼림 지대에 붙인 명칭이다.

6 예루살렘의 시온산(Mt. Zion)을 말한다. 고대 히브리 종교 중심지로서의 예루살렘 자체를 상징한다. 「요엘서」 2장 1절에 이런 말이 있다. "너희는 시온에서 뿔 나팔을 불어라. 하나님의 거룩한 산에서 경보를 울려라. 유다 땅에 사는 백성아, 모두 떨어라. 주님의 날이 오고 있다. 그 날이 다가오고 있다." 밀턴을 잉글랜드가 구약 시대의 시온과 같은 위상을 갖는다고 보았다.

전 유럽에 종교개혁의 첫 소식이 선포되고 첫 나팔이 울려 퍼졌겠습니까?

[553] 그리고 완고하고 사악한 우리의 고위 성직자들이 위클리프(Wyclif)의 거룩하고 존경할 만한 정신에 대해 분열자요 혁신자라고 하여 억압하지만 않았더라면, 아마 보헤미아의 후스(Bohemian Huss)와 프라하의 제롬(Jerome of Plague)[7]도, 아니, 루터나 칼뱅의 이름도 알려지지 않았을 것입니다. 우리의 모든 이웃나라들을 개혁시키는 영광은 온전히 우리의 것이었습니다. 그러나 오늘날 우리의 완고한 성직자들이 폭력적으로 문제를 처리하여 일을 그르치는 바람에, 우리는 그만 가장 늦되고 열등한 학자가 되었습니다. 하나님은 애당초 우리를 그들의 선생으로 세우셨는데 말입니다.

작금의 동시발생적인 모든 징표들로 미루어 볼 때, 그리고 날마다 엄숙하게 자신의 사상을 표현하는 거룩하고 헌신적인 사람들의 일반적인 직관으로 미루어 볼 때, 하나님은 당신의 교회에 새롭고 위대한 시대를 시작할 것과, 종교개혁 그 자체를 개혁할 것을 명령하고

---

7   프라하의 제롬(1365경–1416)은 위클리프와 후스의 제자였다. 후스의 강력한 지지자로서 1398년에 옥스퍼드에서 위클리프의 저작을 연구하고 읽었다. 그 후 보헤미아에서 후스의 헌신적인 지지자가 되었으며, 종국에는 화형에 처해졌다. 잉글랜드인이 선택된 국민이며, 이 국민의 종교 개혁적 사명이 성직자들에 의해 좌절되고 말았다고 하는 밀턴의 주장은 이미 *Of Reformation*, *CPW* I, pp. 525–6에서도 제기된 바 있다. *Doctrine and Discipline of Divorce*, *CPW* II, pp. 231–2, *Tetrachordon*, *CPW* II, p. 707도 참조할 것.

있습니다. 그러니 하나님께서 당신의 종들에게 스스로를 계시하시지 않을 이유가 무엇이며, 늘 하시던 방식대로 먼저 당신의 잉글랜드인 (his Englishmen)에게 계시하시지 않을 까닭이 무엇이겠습니까?[8]

내가 말하거니와, 비록 우리가 그분의 지혜로운 방식에 주의를 기울이지도 않고, 가치 없는 사람들이라 해도, 그분의 방식은 가장 먼저 우리에게 계시됩니다. 이제 이 거대한 도시,[9] 도피성(a city of refuge)[10], 자유의 대저택을 보십시오. [554] 이 도시는 하나님의 보호 안에 둘러싸여 있습니다. 공격받는 진리를 방어하기 위해 이 도시

---

8 잉글랜드의 운명에 대한 밀턴의 경건한 애국적 확신은, 일찍이 1595년에 항해자 데이비스(John Davis)의 *The Worldes Hydrographical description*에서도 예고된 바 있다. "의심할 나위 없이 우리 잉글랜드는 …… 주님의 영원하고도 틀림없는 임재에 의해, 섬들과 저명한 왕국들의 바다로 보냄 받도록 예정되었다. 그곳에서 우리는 주님의 평화를 설교해야 한다. 우리는 온 세상에 빛을 비추기 위해 시온산에 올라 있기 때문이다." 크리스토퍼 힐(Christopher Hill)의 대표 저술 중 하나인 『신의 잉글랜드인』(*God's Englishman : Oliver Cromwell and the English Revolution*, 1970)은 『아레오파기티카』의 이 대목에서 제목을 취했다.

9 런던을 말한다.

10 「민수기」 35장에는 이스라엘의 하나님이 유대인들에게 도피성 6개를 정할 것을 지시하는 내용이 나온다. "주님께서 모세에게 말씀하셨다. …… 너희가 앞으로 곧 요단강을 건너 가나안 땅에 들어가게 되거든, 성읍들 가운데서 얼마를 도피성으로 정하여, 실수로 사람을 죽게 한 자가 그곳으로 도피하게 하여라. 그 성읍들을 복수자를 피하는 도피처로 삼아서, 사람을 죽게 한 자가 회중 앞에서 재판을 받기 전에 죽는 일이 없도록 하여야 한다."(9~12절) 고의로 살인을 저지르지 않은 자는 도피성에서 "복수자(avenger)"로부터 보호받을 수 있다. 밀턴은 런던을 도피성이라고 생각했다.

의 군수 공장에는 수많은 모루[11]와 망치가 밤을 새워가며 정의의 갑옷과 무기를 만들고 있습니다. 이 도시에는 그에 못지않게 많은 펜과 두뇌가 서재의 등불 옆에 앉아, 경의와 충성으로써, 다가올 종교개혁을 나타낼 새로운 관념과 사상을 묵상하고 탐구하며 숙고하고 있습니다.[12] 그리고 다른 사람들은 근면하게 읽으면서 모든 것들을 실험하고, 이성과 확신의 힘에 찬성을 보냅니다.

지식을 탐구하는 일에 그토록 유연하고 열성적인 국민에게 더 이상 무엇을 요구할 수 있겠습니까? 이 전도 유망하고 비옥한 땅에 배움이 있는 국민, 예언자의 나라[13], 현자의 나라, 유덕자들의 나라를 세우기 위해서는, 현명하고 신실한 농부들 말고 무엇이 필요하겠습니까? 우리는 추수하려면 5개월 이상이 걸린다고 생각합니다만 실제로는 5주도 필요하지 않습니다. 눈을 들어 밭을 보면, 곡식이 이미 익

---

11 대장간에서 불린 쇠를 올려놓고 두드릴 때 받침으로 쓰는 쇳덩이.

12 군수 산업의 번창은 당시의 내전 상태에 기인한 것이다. 출판 산업의 번창은 관용 논쟁에 기인한 것으로, 『아레오파기티카』 역시 이 관용 논쟁의 한 부분을 차지한다.

13 「민수기」 11장 27~29절에 나오는 말이다. "한 소년이 모세에게 달려와서, 엘닷과 메닷이 진에서 예언하였다고 알렸다. 그러나 젊었을 때부터 모세를 곁에서 모셔온 눈의 아들 여호수아가 나서서 모세에게 말하였다. '어른께서는 이 일을 말리셔야 합니다.' 그러자 모세가 그에게 말하였다. '네가 나를 두고 질투하느냐? 나는 오히려 주님께서 주님의 백성 모두에게 그의 영을 주셔서, 그들 모두가 예언자가 되었으면 좋겠다.'"

아레오파기티카

었습니다.[14]

배우려는 욕구가 많은 곳에서는 필연적으로 많은 주장과 저술, 그리고 의견이 있게 마련입니다. 왜냐하면 의견이란 훌륭한 사람들에게는 지식 형성에 도움이 될 뿐이기 때문입니다. 분파와 분열에 대한 이러한 까닭 없는 공포 속에서, 우리는 하나님께서 이 도시[15]에 불러 일으킨 지식과 이해를 향한 간절하고도 열렬한 갈망을 훼손시키고 있습니다. 어떤 사람은 한탄할지 모르나, 우리는 오히려 이를 즐거워해야 하며, 잘못 위임되었던 종교의 관리를 내 손으로 되찾으려 하는 사람들의 경건한 열심을 오히려 찬양해야 합니다.

얼마간의 관대한 사려와 분별, 서로에 대한 얼마간의 관용,[16] 그리고 얼마간의 사랑만으로도 이 모든 노력을 끌어들여 진리를 향한 하나의 총체적이고도 형제애 충만한 탐구로 통합시킬 수 있습니다.

---

14 「요한복음」 4장 35절. "너희는 넉 달이 지나야 추수 때가 된다고 하지 않느냐? 그러나 나는 너희에게 말한다. 눈을 들어서 밭을 보아라. 이미 곡식이 익어서, 거둘 때가 되었다." 밀턴이 왜 "넉 달"을 "다섯 달"로 바꾸었는지는 불분명하다. 『아레오파기티카』가 출간되던 1644년은 의회군과 국왕군이 내전을 벌이던 시기였다. 밀턴은 의회군이 잉글랜드를 프로테스탄트 국가로 만들리라는 희망을 품고 있었다. "추수"는 의회군이 거두게 될 승리에 대한 희망을 말한 것으로 보인다. 크롬웰이 지휘하는 신형군(New Model Army)은 1645년 6월 네이즈비 전투(Battle of Naseby)에서 국왕군에게 결정적인 승리를 거두었다.

15 런던을 말한다.

16 「에베소서」 4장 2절. "언제나 겸손함과 온유함을 지니십시오. 사랑으로 서로 용납하면서 오래 참으십시오."

자유로운 양심과 기독교적인 자유를 강제하여 기어이 인간의 규범과 계율로 만들고야 마는 주교제적 전통을 우리가 버릴 수만 있다면 말입니다. [555] 한 국민의 성격과 기질에 대해, 그리고 어떻게 다스릴 것인가에 대해 현명하게 분별할 줄 아는, 어떤 위대하고 유덕한 외국인이 우리 가운데 와서, 높은 희망과 목표, 진리와 자유를 추구하는 데 있어서의 우리의 폭넓은 사상과 추리의 기민성을 관찰한다면, 그는 로마인의 복종심과 용기를 찬양한 피루스(Pyrrhus)처럼 이렇게 외칠 것이라고 믿어 의심치 않습니다. "만일 나의 에피루스인(Epirots)이 그만큼 훌륭하다면, 나는 교회나 왕국을 행복하게 만들기 위한 그 가장 위대한 계획을 성공시킬 수 있었을 것이다"라고 말입니다.[17]

그러나 분리와 분파에 대해 반대의 목청을 높이는 사람들이 있습니다. 주님의 성전을 건축하자면 어떤 이는 대리석을 자르고, 어떤 이는 다듬으며, 다른 사람은 삼나무를 베어야 합니다. 그럼에도 불구하고 하나님의 성전이 건축되기에 앞서, 마땅히 채석장과 벌목장에서 많은 분리[18]와 분열이 있어야만 한다는 것을 생각하지 못하는 분

---

17 피루스(318경-272 B.C.)는 에피루스의 왕이었다. Florus(*Epitome Rerum Romanorum*, I, 18)에 따르면, 기원전 280년 헤라클레아(Heraclea) 전투에서 발레리우스 라이비누스(Valerius Laevinus) 휘하의 로마군을 격퇴한 후, "나의 병사들이 로마 군대 정도였다면, 또는 내가 로마의 왕이었더라면 쉽사리 세계를 정복할 수 있을 것이다"고 선언했다. 로마군의 규율에 찬사를 보낸 것이다. 밀턴은 잉글랜드 인이 로마 군대처럼 훌륭하다는 점을 말하고 있다.

18 밀턴은 "분리(schism)"를 문자 그대로 "절단" 또는 "분할"의 의미로 말하고 있

별없는 사람들이 있습니다.[19] 모든 돌들이 하나하나 정교하게 합쳐져 제자리에 놓인다 해도, 그것은 한 덩어리로 통합될 수는 없으며, 이 세상에서는 단지 한 덩어리에 가까울 뿐입니다. 또 건물을 구성한 모든 조각들이 한 형태일 수도 없습니다. 아니, 완성이란 바로 여기에 있습니다. 즉, 지나치게 불균형하지 않은[20], 수많은 온건한 다양성(moderate varieties)과 융화된 상이성(brotherly dissimilitudes) 가운데서, 전체의 기둥과 구조를 보호하는 아름답고 우아한 균형이 생겨나는 것입니다.

그러므로 위대한 종교개혁이 기대되는 이 때, 우리는 좀 더 사려

다.

19 이 문장은, 성경 본문에 근거한 상대방의 주장을, 그 출전이 된 본문 내용을 확대 해석함으로써 성공적으로 역공을 가한, 밀턴의 기법이 돋보이는 좋은 예이다. 솔로몬이 성전을 건축할 때, 돌은 채석장에 미리 잘 다듬은 것을 썼으므로, 막상 성전을 지을 때에는, 망치나 도끼 같은 쇠로 만든 어떠한 연장 소리도 성전 건축 현장에서는 전혀 들리지 않았다(「열왕기상」 6:7). 이 구절은 종교적 일치를 옹호하는 주장의 근거가 되었다. 예를 들면 비국교도 목사인 토머스 힐(Thomas Hill, 1628?1677?)은 The Good Old Way, Gods Way (April 24, 1644), E48(4), p. 39에서 이렇게 말했다. "성전이 건축되는 동안 하나님의 집에서는 망치나 도끼 같은 쇠로 만든 도구가 전혀 없었다. …… 다툼과 분열의 소음이 들리지 않도록 하나님께서는 이러한 은혜를 허용하셨으니, 우리는 하나님의 집에서 모두 같은 것을 생각하고 같은 것을 말해야 할 것이다." 그러나 밀턴은 특정한 몇몇 구절에서 시야를 넓혀, 두 장(「열왕기상」 5-6장) 전체 내용에 유의할 것을 촉구하면서, 절단 작업이 미리 행해져야 할 필요성을 주장한다.

20 여기서 밀턴이 생각한 관용의 한계가 나타난다.

깊은 건축자가 되고, 정신적 건축에서 좀 더 현명해지도록 합시다. 바야흐로 위대한 예언자 모세가 천국에 앉아, 자신의 기억에 남을 영광스러운 소망이 성취되는 것을 보고 기꺼워하는 때가 온 것으로 보입니다. 즉 지금은 우리의 70인 장로들뿐만 아니라, 모든 주님의 백성이 예언자가 되는 그러한 때이기 때문입니다.[21]

[556] 일부 사람들이, 그리고 아마도 선량하긴 하되 아직 선(善)이 미숙한 일부 사람들이, 마치 여호수아가 옛날에 그랬듯이 그들을 시기하는 것은 놀라운 일이 아닙니다. 그들은 이렇게 분열이 이루어지고 그 분열이 재차 분열을 낳는 것이, 행여 우리를 파멸로 이끌지나 않을까 초조해 하고 있으며, 자신들의 연약함 때문에 고뇌하고 있

---

21 「민수기」 11장 24~29절에 이런 이야기가 나온다. "모세가 나가서 주님께서 하신 말씀을 백성에게 전달했다. 그는 백성의 장로 중에서 70명을 불러 모아, 그들을 장막에 둘러 세웠다. 그 때에 주님께서 구름에 휩싸여 내려오셔서 모세와 더불어 말씀하시고, 모세에게 내린 영을 장로들 70명에게 내리셨다. 그 영이 그들 위에 내려와 머물자, 그들이 예언했다. 이것은 처음이자 마지막이다. 그들은 다시 예언하지 않았다. 그런데 두 남자가 진 안에 남아있었다. 하나의 이름은 엘닷이고, 다른 하나의 이름은 메닷이었다. 그들은 명단에 올라 있던 이들이지만, 장막으로 가지 않았다. 그런데 영이 그들 위로 내려와 머물자, 그들도 진에서 예언했다. 한 소년이 모세에게 달려와서, 엘닷과 메닷이 진에서 예언하였다고 알렸다. 그러나 젊었을 때부터 모세를 곁에서 모셔온 눈의 아들 여호수아가 나서서 모세에게 말하였다. '어른께서는 이 일을 말리셔야 합니다.' 그러자 모세가 그에게 말하였다. '네가 나를 두고 질투하느냐? 나는 오히려 주님께서 주님의 백성 모두에게 그의 영을 주셔서, 그들 모두가 예언자가 되었으면 좋겠다.'"

아레오파기티카

습니다. 악마[22]는 다시 박수갈채를 하며 그의 때를 기다립니다. 그는 말합니다. "그들이 분열하여 작은 파당과 부분들로 갈라져 나갈 때, 그 때가 우리의 때"라고 말입니다.[23]

어리석은 자여! 그는 우리가 비록 많은 가지들로 갈라지고는 있지만, 모두가 하나의 굳건한 뿌리로부터 성장하고 있음을 보지 못합니다. 그는 우리의 작게 분산된 중대들(maniples)[24]이 단결력 취약하고 볼품없는 그의 군대를 모든 방향에서 돌파해 나아가는 것을 볼 때가 되어서야 우리를 경계할 것입니다. 우리는 이러한 모든 분파와 분열에 대해 더욱 희망적이어야 하겠습니다. 분파와 분열 문제로 초조해 하는 그들의 걱정 ─지나치지만 아마도 정직한─ 은 필요치 않으며, 우리는 궁극적으로 우리 사이의 차이들을 즐기며 악의로 박수 치던 자들을 비웃게 될 것입니다. 나는 이렇게 확신하는 다음과 같은 이유를 가지고 있습니다.

[557] 첫째로, 한 도시가 포위당하고 봉쇄되어, 도시의 항행 가능 하천에 적들이 출몰하여, 사방에서 침공과 습격을 해오고, 도시

---

22 왕당파를 가리킨다.
23 이것은 왕당파의 선전에서 자주 등장하던 주제였다. 그들은 의회파 내부의 분열을 즐기고 있었다.
24 60-120명으로 편성된 로마군의 부대 단위로서, 대략 오늘날의 보병 중대에 상응한다.

성벽과 교외 해자[25]에까지 적이 밀고 들어와 과감한 저항과 투쟁이 이루어지고 있다는 소문이 돌고 있을 때, 대다수 국민은 이 지극히 중대한 문제들을 바로잡기 위한 연구에 다른 어느 때보다 집중하여, 이전에 언급되거나 기록된 적 없는 새로운 현안 문제들에 대해, 비범하고 경이로울 정도로 토론하고,[26] 사색하고, 독서하고, 고안하고, 설교해야 합니다. 이때를 당하여 국민들은 먼저 상원 및 하원 의원 여러분의 분별력 있는 예지와 안정된 통치 안에서 후의와 만족과 확신의 증거를 구합니다. 바로 여기에서 그들의 진정한 용기와 적에 대한 확실한 자신감이 나옵니다. 우리 가운데는 한니발에 의해 로마가 포위되었을 때, 로마 시내에 있으면서 한니발의 군대가 주둔하고 있는 지역의 토지를 한 푼도 깎지 않은 가격에 사들인 그 사람과 같은 위

---

25 1642년 11월에 왕당파 군대는 Turnham Green에까지 진군해 들어와, 당시 무방비 상태에 있던 런던을 위협했다. 왕당파는 Essex의 방어에 부딪쳐 Reading으로 퇴각했다. 이듬해 여름에는 런던을 둘러싼 12마일 길이의 "교외 해자(suburb trenches)"를 기본으로 한 방어 시설이 세워졌다. 얼마 후 Arundel, Reading, Newport Pagnell이 왕당파의 요새가 되면서 런던은 간헐적으로 침공 위협에 시달렸다.

26 밀턴이 이 글을 쓰던 무렵 몇몇 탁월한 과학자들이 모임을 갖기 시작했으며, 그것은 왕립학회(Royal Society)의 설립으로 귀결되었다. 왕립학회는 초기에는 단지 정기적으로 만나 과학적 주제를 놓고 토론하는 소규모의 비공식적 모임이었으나, 왕정복고 후 1662년 찰스 2세로부터 "자연과학 진흥을 위한 런던 왕립학회(Royal Society of London for the Promotion of Natural Knowledge)"로 공인받았다.

대한 정신의 소유자가 적지 않습니다.[27]

　다음으로, 그것은 우리의 행복한 성공과 승리를 예견케 하는 밝고 유쾌한 조짐입니다. 우리 육체가 그런 것처럼, 피가 신선하면 정신이 생명력뿐만 아니라 이성적 능력에서도 순수하며 활발해지며, 그것은 훌륭한 육체의 상태와 체질을 입증합니다. 사람들 마음속에 기쁨이 이렇게 활기차게 솟아나, 자신의 자유와 안전을 잘 지킬 뿐만 아니라, 견실하고 고상한 논쟁과 새로운 착상의 항목들을 제공한다면, 그것은 치명적인 쇠퇴로 축 늘어진 상태가 아니라, 낡고 주름진 부패의 껍질을 벗어 던져 이러한 고통을 극복하고, 마침내 다시 젊음으로 태어나 진리와 미덕의 영광스런 길로 접어 들어감으로써, 이 최후의 시대(these latter ages)에 위대하고 영예롭게 될 운명임을 보여주는 것입니다.[28]

　[558] 나에게는 한 장사(壯士)가[29] 잠에서 깨어나 천하무적의 머리털을 흔드는 것처럼, 한 고상하고 강한 국민이 잠에서 깨어나는 모

27　리비우스(Livius)에 의하면, 로마를 포위한 한니발은 카르타고 군대의 사령부가 주둔하고 있는 지역의 땅값마저도 전혀 하락하지 않은 채 거래될 정도로 로마인의 사기가 충천한 것을 보고 크게 낙담했다고 한다(*History*, xxvi, 11).

28　뱀의 탈피(脫皮)를 잉글랜드 재생과 부활의 상징으로 사용한 것은 『실낙원』의 저자인 밀턴에게 어색해 보인다(『실낙원』에서 뱀은 유혹자로 등장한다). 그러나 그것은 적어도 베르길리우스 이래로 문학적으로 널리 애호되던 비유였다.

29　구약성서 「사사기」의 장사 삼손을 말한다. 밀턴은 이미 삼손을 잉글랜드의 상징으로 사용한 바 있다. *Reason of Church-Government*, *CPW* I, pp. 858-9 참조.

습이 보입니다.[30] 내 눈에는 이 국민이 마치 독수리처럼 털갈이를 하여 강한 젊음을 되찾는 모습이, 현혹되지 않는 두 눈을 정오의 햇살로 물들여, 오랫동안 혹사시킨 눈을 빛의 근원인 천상의 샘물로 씻어내는 광경이 보입니다.[31] 이와는 대조적으로, 황혼의 어스름을 좋아하는 겁 많고 떼 지어 몰려다니는 새들은[32], 독수리가 품은 생각에 대경실색하여, 시기하듯 찍찍거리는 소리와 함께 날개를 푸드덕거리며 분파와 분열의 한 해를 예언하도록 조짐을 보일 것입니다.[33]

---

30 들릴라와 블레셋 사람들이 삼손이 잠든 틈을 타 그를 꼼짝 못하게 하려고 세 번이나 시도했으나 실패하고 말았다(「사사기」 16:1-14).

31 중세의 동물 우화에서, 독수리는 태양을 향해 날아감으로써 털갈이를 하고 시력을 갱신한다고 한다.

32 홀로 독립적으로 비행할 엄두를 못 내고 무리지어 몰려다니는 새들이다. 홀로 비행하는 독수리와 대조적이다. 어중이떠중이 무리와 독립적 인격체를 대비시키려는 밀턴의 전략이다. 프로테스탄티즘에 의해 "근대적 개인"이 탄생되었다는 사실에 유의할 필요가 있다.

33 일반인으로서는 알아들을 길이 없으나, 그들의 푸드덕거리는 소음은 점술사로 하여금 분파와 분열의 한 해를 예언토록 만들 의도를 갖고 있다. 고대 로마의 사제들은 새들의 행동을 보고 국가적인 사업이 신의 승인을 얻었는지 여부를 판단했다.

아레오파기티카

7. 관용의 가치

그러면 여러분은 무엇을 해야 하겠습니까? 이 도시 안에서 날마다 싹트고 있는 모든 지식의 꽃봉오리와 날마다 솟아나는 새로운 빛을 억압해야 하겠습니까? [559] 여러분은 이러한 수확물을 장악한 20명[1]의 독점자에 의한 과두 체제를 수립해, 또다시 우리의 정신에 기근을 가져 오고, 우리로 하여금 그들의 말(斗, bushel)로 되는 것 말고는 아무것도 모르게 하려는 것입니까? 상원 및 하원 의원 여러분, 여러분에게 그런 억압을 권고하는 자들은, 여러분 자신을 억압하라고 권고하는 것임을 알아야 합니다. 나는 어떻게 해서 그런지를 곧 보여주겠습니다. 만일 이 모든 자유로운 저술활동과 자유로운 언론이 어떻게 등장하게 되었는지 그 직접적인 이유를 알고자 한다면, 여러분의 온건하고 자유롭고 인도적인 정부 이상으로 더 참된 이유도 없습니다.

상원 및 하원 의원 여러분, 자유는 여러분의 용감하고 적절한 권

---

1   [535] 주13) 참조.

고 덕분에 우리가 얻게 된 것입니다. 자유는 모든 위대한 지혜를 길러주는 유모(乳母)입니다. 이 자유는 마치 천상의 힘처럼 우리의 영혼을 정화하고 계몽했습니다. 여러분은 지금 우리를 진리에 대해 무능하고 무지하게 만들 수도 없고, 진리의 추구를 게을리 하도록 할 수도 없습니다. 여러분이 먼저 — 그리고 그 결과 우리마저 — 우리의 진정한 자유를 덜 사랑하게 되고, 그 자유의 건설자 되기를 포기하지 않는다면 말입니다.

여러분이 잘 알다시피, 우리는 과거에 그랬던 것처럼, 또다시 무지하고, 야만스럽고, 형식적이고, 노예처럼 될 수 있습니다. 그러나 그렇게 되려면 여러분 자신이 먼저 억압적이고, 독단적이고, 전제적인 사람들이 되어야 하는데 여러분은 결코 그렇게 될 수 없습니다. 그러한 상태로부터 우리를 해방시켜 준 것이 바로 여러분이기 때문입니다. 우리의 포용력이 좀 더 커지고, 우리의 사상이 가장 위대하고 가장 완전한 것을 추구하고 또 그런 것을 기대할 정도로 향상되었는데, 이는 여러분이 우리 내면에 미덕을 전파해준 결과입니다. 여러분은 아버지가 임의로 자기 자녀를 죽일 수 있다고 규정한, 지금은 폐지된 저 무자비한 법률[2]을 다시 시행하지 않는 한, 그것을 억누를 수 없습

---

2 고대 로마에서는 아버지가 그의 아이들을 마음대로 처리할 수 있는 무제한의 법적 권한을 갖고 있었다. 아버지는 그의 자녀를 감금할 수 있었고, 심지어 노예로 팔거나 죽일 수도 있었다. 그의 아들이 사회적으로 출세하여 국가의 최고 직위에 있다 해도 마찬가지였다. 이런 일은 고대 로마 초기에는 드물지

니다.

그렇게 된다면 누가 여러분 곁에 가까이 다가가서[3] 다른 사람들을 깨우치려 하겠습니까? 그는 군복 및 군사 활동세(coat and conduct)[4]를 위해, 그리고 4노블(four nobles)[5]의 데인세(Danegelt)[6]에

않았고, 로마의 12표법에도 기록된 것이다. 그러나 그 후 이 법은 이론상으로는 존속했으나 실제로는 존재하지 않은 것과 같았다. 아버지의 절대적인 법률적 권한은 폐지된 지 오래였으나, 공식적으로 철폐된 것은 서기 318년의 일이었다. 그 법은 그 후 부활되지 않았다. 밀턴은 여기에서 찰스 1세가 공포한 1637년 7월 11일의 성실청 포고령(Star Chamber Decree)을 지목한 것으로 보인다. 1641년 7월 5일 성실청이 해체되자 출판물에 대한 규제는 사실상 사라졌고, 새롭게 등장한 언론의 자유 속에서 다양한 팸플릿들이 자유롭게 출간되었다. 밀턴이 팸플릿 출간을 통해 논객으로 활동하기 시작한 것도 바로 이 무렵이었다.

3 밀턴은 출판 허가법이 효력을 발휘하려면 아버지가 아들을 마음대로 할 수 있는 고대 로마의 부자비한 법과 같은 성실청포고령을 부활시켜야 하는데, 이렇게 되면 형제보다 가까운 친구처럼 충고해줄 사람이 없어진다는 취지로 말하고 있다. 여러분 곁에 가까이 다가가서(stick closest to)는 「잠언」 18장 24절에 나오는 말이다. "형제보다 더 가까운 친구도 있는 법이다(there is a friend that stick closer than a brother)." 밀턴은 형제보다 가까운 친구이자 혁명동지인 의원들을 설득하려 하고 있다.

4 찰스 1세가 거두려 했던 군복 및 군사 활동에 대한 세금. 각 주에서 모집된 신병의 의복과 교통비를 해당 주에서 징수했다. 잉글랜드인의 원성의 대상이 되었다.

5 노르만 왕조의 에드워드 3세(978-1015) 때 만들어진 주화. 엘리자베스 1세 치세까지 유통되었다.

6 선박세. 원래는 덴마크인의 침입을 물리치거나 뇌물로 회유하기 위해 징수했다. 찰스는 의회 동의 없이 이런 세금을 거두려다가 "정당한 면책권"을 침해함으로써 국민적 불만을 크게 증폭시켰다.

반대하기 위해 무기를 드는 사람은 아닙니다.[7] [560] 나는 정당한 면책(just immunities)[8]에 대한 방어를 비난하지는 않지만, 그것이 전부라면, 그보다는 나의 평화를 더 사랑합니다.[9] 나의 양심에 따라, 자유롭게 알고 말하고 주장할 자유를, 다른 어떤 자유보다도 그러한 자유를 나에게 주십시오.

새롭다거나 인습에 맞지 않는다는 이유로 다양한 의견들을 억압하는 것이 그토록 해롭고 부당하다면, 무엇이 이에 대한 최선의 조언이 될 것인지를 이야기하는 것은 나의 임무가 아닙니다. 나는 다만 영예로운 여러 의원들 중 한 분[10]으로부터 배운 것을 되풀이하고자

---

7 본문은 여러 가지로 해석되며, 그 의미는 결코 논란의 여지가 없는 것이 아니다. 그러나 대략 다음과 같이 풀이할 수 있다. "여러분이 자유를 억누르면 여러분의 지지자들은 여러분을 버릴 것입니다. 그들이 처음 여러분을 지지했던 것은 불법적인 세금 징수 문제 때문이었습니다. 그러나 그들은 돈(그보다는 평화가 더 큰 가치를 갖습니다)보다는, 그러한 절차에 내포된 자유에 대한 위협에 더 큰 관심을 갖고 있었습니다."

8 찰스 1세가 의회의 동의 없이 세금을 부과한 것과 같은 불법 행위로부터의 면책을 말한다.

9 검열을 거부하는 자신의 입장이 옳다는 주장을 해야 한다면 이를 마다하지 않지만, 그런 일을 하면서 싸우는 것보다는 평화를 더 사랑한다는 의미이다. 임상원, p. 147 n. 309 참조.

10 로버트 그레빌(Robert Greville, second Lord Brooke, 1608-43)을 말한다. 상원 의원으로서 의회파의 지도자 중 한 사람이자 의회군의 장군이었는데, 의회군을 이끌고 리치필드(Lichfield)를 공격하던 중 전사했다. 그의 저서인 *A Discourse Opening the Nature of that Episcopacie, which is Exercised in England* (1641)에서 다양한 의견의 필요성을 주장한 마지막 부분은 밀턴의 주장과 밀

합니다. 그는 정의롭고 경건한 귀족으로서, 교회와 국가를 위해 자신의 생명과 재산을 희생하지 않고 살아있다면, 그는 나의 주장을 지지하는 훌륭하고도 확고한 후원자가 되었을 것이고, 우리는 지금 그의 부재를 아쉬워하고 애통해 하지 않아도 되었을 것입니다.

분명 여러분은 그가 누구인지를 알고 있습니다. 그러나 나는 그의 명예를 위해, 그리고 그의 명예가 길이 이어지기를 바라면서 그의 이름을 밝힙니다. 그 분은 바로 브루크 경(Lord Brooke)입니다. 그 분은 주교제에 대한 저술을 통해, 그리고 분파와 분열에 대한 진술을 통해, 여러분에게 자신의 간절한 소망을, 아니, 임종의 마지막 권고를 남겼습니다. [561] 그것은 내가 알기로는, 온유함과 간절한 사랑으로 충만한, 여러분에게 경의를 표하는 너무나 소중하고 영예로운 유언으

접한 관련이 있는 것으로 보인다(1642 ed., pp. 117-8). "그러나 하나님께서 당신의 손을 크게 펼쳐 얼굴을 드러내신 덕분에, 가련한 피조물은 자신의 창조주와 친교를 맺고 교제를 하게 되었다. 하나님께서는 성령에 의해, 우리 모두를 당신의 길로 이끌어 가셨다. 그리고 성령에 의해, 수치, 공포, 기쁨, 위안, 손실, 그리고 죽음 그 자체마저도 극복하도록 하셨다. 우리는 그와 같은 모든 기질과 성향을 책망하지 말고, 오히려 그러한 성향들로 말미암아 하나님께 감사하자. …… 하나님께서는 내 안에 있는 욕망과 기도와 노력을 도우시어, 평화와 거룩함을 따르도록 하셨다. 나의 모호한 판단과 연약한 양심, 그리고 다른 선량한 사람들의 더욱 명료하고 강력한 판단과 양심, 이 둘 사이에 우연히 얼마간 차이점이 있다 하더라도, 나의 기도는 여전히 '평화의 유대 안에서 성령의 일치를 유지시켜 주소서'라는 것이다. 그리고 나는 이 규칙을 따라 걷는 많은 사람들에게, 그리고 하나님의 이스라엘 백성 모두에게 평화가 함께 하기를 희구한다."

로서, 주님께서 당신의 제자들에게 사랑과 평화를 전하신 마지막 말씀[11] 말고는, 나는 그의 말보다 더 온화하고 평화로 가득 찬 말을 읽거나 들은 기억이 없습니다.

그는 거기에서, 양심의 최고 안내자인 하나님의 명령에 따라 순수하게 살고자 하는 이들이 아무리 욕을 먹더라도, 그들의 말을 인내와 겸손으로 경청할 것, 그리고 그들이 우리와 다소 다르다 해도 이를 관용할 것을 권유하고 있습니다. 그가 의회에 바친 그 책은[12] 세상을 향해 출판되면 우리에게 더 많은 것을 말해 줄 것이며, 그가 남긴 충고는 그가 살아있을 때는 물론 죽은 후에도 음미할만한 가치가 있습니다.

지금은 특별한 시간이기에[13] 쓰고 말하는 특권은 현안 문제에 대한 토론을 진전시키는데 도움을 줄 것입니다. 논쟁하는 두 개의 얼굴을 지닌 야누스(Janus)의 신전이 지금 아무런 의미 없이 열려 있지는 않을 것입니다.[14] 온갖 교리의 풍조가[15] 풀려나서 세상에 밀어닥치고 있음에도 진리는 수비를 맡아 싸우고 있습니다. 그러므로 우리가 검

---

11 「요한복음」 14장 27절에 나오는 말이다. "나는 평화를 너희에게 남겨 준다. 나는 내 평화를 너희에게 준다. 내가 주는 평화는, 세상이 주는 평화와 같은 것이 아니다. 너희는 마음에 근심하지 말고, 두려워하지도 말아라."

12 *A Discourse Opening the Nature of that Episcopacie, which is Exercised in England* (1641)을 말한다.

13 의회와 웨스트민스터 종교회의가 개회 중이었고, 내전 또한 진행 중이었다.

열과 금지를 한다면 그것은 진리의 힘을 의심하여 해로운 결과를 초래합니다.

진리와 거짓으로 하여금 서로 맞붙어 싸우게 하십시오. 누가 자유롭고 공개적인 경쟁에서 진리가 패하는 것을 본적이 있습니까? 진리의 논박이야말로 거짓에 대한 최선의, 가장 확실한 억압입니다.[16] [562] 광명과 더욱 명료한 지식이 우리 사이에 임할 것을 간구하는 기도 소리를 듣고 있는 사람이라면, 이미 우리 손에 넘겨져 구조화되고 조직된 제네바의 교리(the discipline of Geneva)를 넘어서는 다른 문제들을 생각할 것입니다.[17]

14　로마에서 야누스는 문의 수호신으로, 반대 방향을 보고 있는 두 개의 머리를 가지고 있다(그래서 "논쟁적"이다). 광장에 있는 야누스 신전의 문은 서로 반대 방향으로 두 개의 문이 있는데, 전쟁 시에는 열렸으며, 평화 시에는 닫혔다. 밀턴은 이 시대가 야누스의 문이 열려 있는 전쟁 시기라고 보았다. 진실과 거짓이 싸우는 시기라는 것이다.

15　원문에는 "all the winds of doctrine"으로 되어 있다. 「에베소서」 4장 14절에 같은 문구가 나온다. "우리는 이 이상 더 어린아이로 있어서는 안 됩니다. 우리는 인간의 속임수나 간교한 술수에 빠져서, 온갖 교훈의 풍조(every wind of doctrine)에 흔들리거나 이리저리 밀려다니거나 하지 말아야 합니다."

16　밀턴의 이 말은 언론 자유 이론에서 가장 널리 인용되는 문구이다.

17　제네바의 교리란 칼뱅의 가르침, 즉 장로교를 말한다. William Bridge, *A Sermon Preached Before the Honourable House of Commons* (November 29, 1643), E79 (11), p. 24에도 같은 내용이 나온다. "여러분은 다른 개혁 교회들이 무엇을 했는지 알고 있습니다. 다른 모든 교회들에서 행해진 종교개혁을 여러분은 주위에서 볼 수 있습니다. 여러분은 그들의 저작과 그들의 책, 그들의 관행, 그들의 사례들을 여러 해에 걸쳐 익히 알고 있습니다. 여러분은 하나님이 우

그러나 우리에게 비춰질 것을 간절히 원했던 그 새로운 빛이 우리에게 비치더라도, 그 빛이 자신의 창에 가장 먼저 비춰진 것이 아니라면 이를 시기하고 반대하는 사람이 있게 마련입니다.[18] 현인은 우리에게 아침부터 저녁까지 부지런히 "감추어진 보물을 찾듯이 지혜를 구하라"고 권면하건만[19], 다른 한편으로는 법이 우리에게 허락하는 것 말고는 아무 것도 알아서는 안 된다는 명령을 내리니, 대체 이게 무슨 술책입니까?

어떤 사람이 지식의 깊은 광산에서 극도로 고된 노동을 한 끝에, 발굴한 모든 것을 무기로 삼고, 그의 이성을 총동원합니다. 그것은 마치 한 군대가 적을 평원으로 불러내, 아군에게 유리한 바람과 태양

리를 지금까지 1백 년 동안이나 그들의 책임 아래 맡겨두었다고 생각할 수 있습니까? 그들이 성취한 것 이상으로 종교개혁을 밀고 나아가지 못하도록 하셨다고 생각할 수 있습니까?" 밀턴은 장로파가 규정한 진리도 완전한 진리가 아니라고 말한다. 따라서 장로파가 허용한 한계를 넘어서는 진리를 막아서는 안 된다. 종교개혁은 계속해서 진행되어야 한다. 진리는 지속적 탐구를 통해 계속해서 발전하는 것이기 때문이다.

18 Roger Williams, *Queries of Highest Consideration* (February 9, 1644 ; *Publications of the Narragansett Club*, II, 273) 참조. "여러분은 스스로 더 많은 빛을 원하고 있으며 아직 더 많은 빛을 기대할 여지가 있다고 말합니다. …… 아직 아무도 보지 못한 또 다른 빛을 보았다고 믿는, 여러분의 교회에 참여하지 않는 모든 다른 사람들을, 여러분은 어찌하여 분리파, 이단 등으로 박해하겠노라고 선언하고 또 맹세할 수 있단 말입니까?"

19 「잠언」2장 4~5절에 나오는 말이다. "은을 구하듯 그것을 구하고, 보화를 찾듯 그것을 찾아라. 그렇게 하면, 너는 주님을 경외하는 길을 깨달을 것이며, 하나님을 아는 지식을 터득할 것이다."

의 위치를 확보한 후, 전진을 가로막는 모든 반대 세력을 조준·분산·패배시키는 것과 같습니다. 그는 오직 논거의 힘으로 이런 일을 합니다. 그런데 그의 적은 살금살금 숨어 매복한 채, 검열이라고 하는 비좁은 다리를 지키면서, 도전자가 그 다리를 통과하기만을 기다립니다. 군인으로서는 그렇게 하는 것이 용감한 일일지 모릅니다. 하지만 진리의 싸움에서는 허약한 겁쟁이에 지나지 않습니다.

[563] 진리가 전능한 하나님 다음으로 강하다는 것을 누가 모르겠습니까. 진리가 승리하기 위해서는 정책도 필요 없고 전략도 필요 없으며 검열 또한 필요 없습니다. 그러한 것들은 오류가 진리의 힘에 맞서 싸울 때 사용하는 계략이며 방책입니다. 진리에게 단지 대결의 장(場)을 허용해 주십시오. 그리고 진리가 잠들었을 때 묶어놓지 마십시오. 진리는 묶여 있을 때는 진실을 말하지 않습니다. 사로잡혀 꽁꽁 묶일 때에만 신탁을 말하는 늙은 프로테우스(Proteus)[20]와는 다

---

20 그리스 신화의 늙은 해신(海神). 호메로스의 『오디세이아』에 처음 등장한다. 모든 사물로 모습을 바꾸는 능력을 가지고 있다. 그는 과거와 현재, 그리고 미래의 모든 것을 알고 있지만 자신이 알고 있는 것을 말하기 싫어했다. 메넬라오스는 트로이에서 돌아오는 항해 도중에 애를 먹고 이집트의 파로스 섬에서 프로테우스로부터 장래의 일에 관한 예언을 듣기 위해 낮잠 자고 있던 그를 체포한다. 프로테우스는 사자·뱀·표범·늑대·물·나무 등으로 변신하며 도망치려고 한다. 그러나 메넬라오스가 그를 밧줄로 꽁꽁 묶어 끝까지 놓아 주지 않으므로 하는 수 없이 체념하고 귀국하는 길을 가르쳐 준다. 그를 잡은 자가 놓치지 않고 더욱 세게 붙잡으면, 프로테우스는 마침내 모든 재주를 부려도 소용이 없음을 깨닫고 제 모습으로 돌아와 원하는 답변을 들려주는 것이다.

릅니다. 진리는 구속을 받게 되면 오히려 자신의 정체를 숨기고 온갖 모습으로 변모합니다. 마치 미가야(Micaiah)가 아합(Ahab) 왕 앞에서 했듯이[21] 자신의 목소리를 때에 따라 바꿀 것입니다. 본래 모습으로 돌아와 달라고 간절히 청할 때까지 그러할 것입니다.

그러나 진리가 한 가지 이상의 모습을 취한다는 것은 불가능하지 않습니다. 진리란 그 본연의 모습을 유지하면서도, 다른 모든 사소한 문제에 관하여 이쪽 또는 저쪽 편을 들 수 있는 것 아닙니까. 그밖의 다른 헛된 그림자는 "십자가에 못 박혀 폐지된 율법 문서"가 아닙니까.[22] 바울이 그토록 자주 자랑한 기독교인의 자유는 얼마나 귀한 것입니까.[23] 그의 가르침은, 먹는 자나 먹지 않는 자나, 또는 날

---

21 「열왕기상」 22장 1~36절에 나오는 이야기이다. 아합은 이스라엘의 왕으로 시리아에게 뺏긴 길르앗의 라몬을 찾기 위해 전쟁을 하려 했다. 그는 예언자들을 모아놓고 전쟁의 승패를 물었다. 모든 예언자들은 그가 승리할 것이라고 말했다. 그러나 마지막으로 미가야를 불러 물으니, 그는 반대를 할 것이라고 예상했는데 뜻밖에 그도 또한 승리할 것이라고 말했다. 그러자 왕은 화를 내면서, 진실을 말하기로 해놓고 왜 진실을 말하지 않는가 따졌다. 그러자 미가야는 왕을 죽이기 위해 야훼께서 그렇게 말하라 하셨다고 말했다. 미가야는 다른 예언자들이 "거짓말하는 영(a lying spirit)"의 꼬임에 빠졌다고 아합 왕에게 경고했다. 아합은 전쟁에 나섰고, 화살에 맞아 죽고 말았다. 미가야는 자유로운 상태에서 물어야 진실을 말하는 예언자였다.
22 「골로새서」 2장 14절에 나오는 말이다. "우리에게 불리한 조문들이 들어 있는 빚 문서를 지워 버리시고, 그것을 십자가에 못 박아, 우리 가운데서 없애 버리셨습니다."
23 「갈라디아서」 5장 1절에 이런 말이 나온다. "그리스도께서 우리를 해방시켜 주셔서 자유롭게 하셨습니다. 그러므로 굳게 서서 다시는 종의 멍에를 메지

을 중히 여기는 자나 중히 여기지 않는 자나, 모두 주님을 위하여 그렇게 한다는 것입니다.²⁴ 다른 많은 것들은 평화 속에 관용되고 양심에 맡겨져, 우리는 다만 사랑만을 가져야 하는 것 아닙니까. 항상 서로를 판단하는 우리의 태도야말로 우리의 위선이 똬리를 트는 주요 본거지 아닙니까. 나는 이 외적인 일치를 강요하는 쇠로 만든 멍에가 우리의 목에 노예의 낙인을 남기지나 않을까 하여 두렵습니다. 〔564〕 리넨의 허례²⁵가 남긴 망령이 아직 우리 주위를 떠돌고 있습니다. 우리는 회중이 분리되는 것을 보면 당혹스러워하고, 또 몹시 싫어합니다. 그것이 근본적인 문제가 아님에도 불구하고 말입니다. 그리고 우리는 억압하는 데는 재빠르고, 관습의 질곡에 속박된 진리의 파편을 복구하는 데는 주저하며, 진리와 진리가 서로 분리되어도 태

마십시오." 「로마서」 6장 18절에도 같은 말이 나온다. "죄에서 해방을 받아서 의의 종이 된 것입니다."

24 「로마서」 14장 5~8절에 나오는 말이다. "또 어떤 사람은 이 날이 저 날보다 더 중요하다고 생각하고, 또 어떤 사람은 모든 날이 다 같다고 생각합니다. 각각 자기 마음에 확신을 가져야 합니다. 어떤 날을 더 존중히 여기는 사람도 주님을 위하여 그렇게 하는 것이요, 먹는 사람도 주님을 위하여 먹으며, 먹을 때에 하나님께 감사를 드립니다. 그리고 먹지 않는 사람도 주님을 위하여 먹지 않으며, 또한 하나님께 감사를 드립니다. 우리 가운데는 자기만을 위하여 사는 사람도 없고, 또 자기만을 위하여 죽는 사람도 없습니다. 우리는 살아도 주님을 위하여 살고, 죽어도 주님을 위하여 죽습니다. 그러므로 우리는 살든지 죽든지 주님의 것입니다."

25 대주교 로드는 "품위"의 이름으로 의식상의 일치를 강제했다. "리넨"은 청교도들이 오랜 동안 혐오했던 성직자의 제복을 암시한다.

연자약하기만 합니다. 하지만 그것이야말로 모든 것 중에서 가장 심각한 분리이자 분열입니다. 우리가 온갖 수단을 동원해 외적 형식주의를 얻으려 하는 사이에, 우리 자신이 즉각 조잡한 획일적 어리석음으로, 즉 꽁꽁 함께 얼어붙은 "나무와 풀과 짚"[26]의 경직되고 죽은 응고물로 다시 전락하고 만다는 것을, 그리고 그것은 많은 사소한 분열들 이상으로 교회를 급속히 타락시킨다는 것을, 우리는 모르고 있습니다.[27]

---

26 「고린도 전서」 3장 10~13절에 나오는 말이다. "나는 하나님께서 나에게 주신 은혜를 따라, 지혜로운 건축가와 같이 터를 닦아 놓았습니다. 그런데 다른 이가 그 위에다가 집을 짓습니다. 그러나 어떻게 집을 지을지 각각 신중하게 생각해야 합니다. 아무도 이미 닦아 놓은 터, 곧 예수 그리스도 밖에 또 다른 터를 놓을 수 없습니다. 누가 이 터 위에 금이나 은이나 보석이나 나무나 풀이나 짚으로 집을 지으면, 각 사람의 업적이 드러날 것입니다. 그 날이 그것을 밝혀 보여줄 것입니다. 그 날은 불로 나타나기 때문입니다. 그래서 그 불이 각 사람의 업적이 어떤 것인지를 검증하여 줄 것입니다." 밀턴은 진리가 여러 모습을 취할 수 있다는 입장이다. 그는 다양성을 허용하지 않고 획일적 형식주의로 경직된 태도를 '나무나 풀이나 짚으로 지은 집'이라고 비판하고 있다.

27 Brooke, *Discourse* (second ed., 1642), p. 91에도 비슷한 내용이 나온다. "에스파냐인은 실로 잔인한 종교재판소를 통해 신민들을 일종의 통합으로 이끌었다. 그러나 그것은 암흑과 무지의 통합이다. 그러므로 그 처방은 질병보다 더 나쁜 것으로 판명된다." 밀턴은 형식적 통합을 거부하고 있다.

8. 관용의 한계

 그렇다고 해서 내가 모든 가벼운 분열을 좋게 생각하거나, 또는 교회 안에 있는 모든 것을 "금이나 은이나 보석"[1]으로 기대하는 것은 아닙니다. 밀과 가라지를 구분하거나[2] 좋은 고기와 다른 잡고기를 구별하는 것은 사람으로서는 불가능합니다. 그것은 현세의 일이 끝날 때 천사들이 맡아야 할 일입니다.

 〔565〕 그러나 모두가 한마음이 될 수 없다면 ─ 누가 그것을 기대하겠습니까? ─ 모두(all)를 강제하는 것보다는 많은(many)[3] 사람들

---

1 「고린도 전서」 3장 12절에 나오는 말. 「고린도 전서」 3장 12절에 나오는 말. '금이나 은이나 보석'은 진리의 다양성을 인정하는 바람직한 태도를 말한다.

2 「마태복음」 13장 24~30절에 나오는 곡식과 가라지의 비유를 말하고 있다. "하늘나라는 자기 밭에다 좋은 씨를 뿌리는 사람과 같다. 사람들이 잠자는 동안에 원수가 와서, 밀 가운데 가라지를 뿌리고 갔다. 밀이 줄기가 나서 열매를 맺을 때에, 가라지도 보였다. …… 주인이 종들에게 말하기를 '원수가 그렇게 하였구나. …… 추수 때까지 둘 다 함께 자라도록 내버려 두어라. 추수할 때에, 내가 추수꾼에게, 먼저 가리지를 뽑아 단으로 묶어 불태워버리고, 밀은 내 곳간에 거두어들이라고 하겠다.'"

3 밀턴의 이 말에서 "많은"이란 말에 주의할 필요가 있다. 밀턴은 관용의 범위

을 관용하는 것이, 의심할 여지없이 더 건전하고 더 현명하며 더 기독교적입니다. 그렇다고 해서 가톨릭(Popery)[4]과 공공연한 미신(open superstition)을 관용하라는 것은 아닙니다. 그것은 모든 종교[5]와 시민적 권리[6]를 뿌리째 뽑아 버립니다. 그러므로 약한 자와 오도된 자들을 돌이켜 회복하기 위한 모든 자비롭고 동정적인 수단이 먼저 사용

에서 분명한 선을 긋고 있었다. 그는 "많은" 사람들에게 관용이 허용되어야 하지만 결코 "모든" 사람에게 그것이 허락되어서는 안 된다고 보았던 것이다. 그리고 밀턴이 "많은" 사람들 중에 포함시키지 않은 집단은 바로 가톨릭교도들이었다.

4 밀턴 시대 잉글랜드인은 가톨릭을 포퍼리(popery)라고 비하해서 불렀다. 교황을 가리키는 영어 "pope"에서 파생된 이 단어는 성경 번역자인 윌리엄 틴들(William Tyndale)이 1534년에 처음 사용했다. 1534년에 윌리엄 틴들(William Tyndale)에 의해 처음으로 사용된 이 말은, "로마 가톨릭을 적대적으로 일컫는 말"로 사전에 정의되어 있다(*Oxford English Dictionary*, 2nd ed., 1989, s. v. "popery"). 가톨릭을 비하하는 뜻의 우리말 "천주학쟁이"와 유사하다고 할 수 있다.

5 John Pym, *March 17. Master Pyms Speech in Parliament* (1642), E200(37), p. 6에서도 같은 주장이 나온다. "교황파(the Papists)의 종교는 …… 모든 다른 종교를 파괴하며, 자신에 반대하는 어떤 것도 용납하지 않는다. 그리고 그들은 자기네 종교에 반항하는 사람은 누구든지 파멸시켜 버린다."

6 존 로크(John Locke)는 밀턴보다 거의 반세기 후에 같은 주장을 펼쳤다. "주권은 은혜 안에 기초를 두고 있다"거나 "파문된 왕은 왕권과 왕국을 박탈당한다"는 로마 가톨릭의 교리는 "공동체의 시민적 권리에 위배된다"고 비난한 후, 그는 이렇게 결론지었다. "가톨릭교회는 행정관의 관용을 얻을 권리가 없다. 가톨릭교회는 그에 속하는 모든 사람이, 사실상 스스로를 다른 군주의 보호와 행정에 맡길 것을 전제한다. 이럴 경우, 행정관은 자국 내에 외국의 사법권이 확립되는 길을 열어준다"(*A Letter Concerning Toleration*, 1689, pp. 46-7).

된다는 것을 전제로, 그것은 근절(extirpate)되어야 합니다.[7] 신앙이나 풍속을 해치는 독신(瀆神)이나 절대적 악 또한, 법 자체가 불법적인 것이 되지 않으려면, 허용해서는 안 됩니다. 그러나 교리나 규율에 관한 몇몇 문제들에서의 사소한 차이점이나 대수롭지 않은 차이점들은, 그 수가 많을지라도, 우리 사이에 "평화의 유대"가 있다면, "성령의 하나 됨"을 방해하지 않습니다.[8]

그런데 어떤 사람이 글을 써서 우리가 노력은 하지만 도무지 굼뜨게 진행되는 종교개혁에 도움을 주려하고, 그리고 진리가 다른 사람들에 앞서 그에게 임했거나 또는 임하려 하는 것으로 보인다고 합시다. 대체 누가 우리를 예수회에 종속시켜,[9] 그토록 가치 있는 일을 하는 사람에게 검열을 요구하여 그를 괴롭히게 하고, 우리가 금지하는 것이 다름 아닌 진리 그 자체라는 것을 깨닫지 못하게 만드는 것입니까? 편견과 관습으로 흐려진 우리의 눈으로 볼 때, 진리의 첫 인상은 수많은 오류 이상으로 보기에 흉하고 거슬려 보입니다. 이는 위대한 인물들 중에도 겉보기에는 하찮고 시시해 보이는 경우가 많은

---

7 밀턴이 주장하는 종교적 관용의 대상에 가톨릭은 포함되지 않는다.

8 「에베소서」 4장 3절에 나오는 말이다. "여러분은 성령이 여러분을 평화의 띠로 묶어서 하나가 되게 해주신 것을 힘써 지키십시오."

9 원문에는 "who hath so bejesuited us that~"로 되어 있다. 밀턴 시대 예수회는 잉글랜드 프로테스탄트 신도들 사이에서 악령과 동일시되고 있었다. "bejesuit"는 밀턴이 새롭게 만들어 사용한 단어이다.

것과 마찬가지입니다.[10] 〔566〕 그들이 우리에게 새로운 의견을 말해 봤자 아무런 소용이 없고, 그들이 진정으로 새로운 것을 말해도, 아무도 자신이 좋아하는 의견 말고는 귀를 기울이지 않기 때문에, 그런 사람들에게는 이 모두가 최악의 그리고 전혀 생소한 의견으로 보이게 됩니다. 이것이야말로 분파와 분열이 그토록 만연되는 원인이고, 참된 지식이 우리로부터 멀리 떨어져 있는 원인입니다. 이보다 더 큰 위험은 있을 수 없습니다. 하나님이 전반적인 종교개혁을 위해, 강력하고 강건한 폭풍을 일으켜 왕국을 뒤흔들 때[11], 많은 분파들과 거짓 교사들이 선동하느라 바쁘기 이를 데 없다는 것은 거짓이 아닙니다.

그러나 그보다 더욱 진실 된 것은, 하나님은 이 때 당신의 일을 위해 희귀한 재능과 비범한 근면성을 가진 사람들을 일으켜, 여태까지 배운 것을 되돌아보고 수정하게 하실 뿐 아니라, 진리의 발견에서 더 많은 것을 얻게 하시고, 새로운 빛의 계단을 계속해서 오르도록 하신다는 사실입니다. 그것이 바로 하나님이 당신의 교회에 빛을 던져주시는 순서입니다. 하나님은 당신의 빛을 조금씩 나누어주심으로

---

10 바울에 대한 주위의 평판을 쓴 「고린도 후서」 10장 10절의 내용을 반영하고 있다. "'바울의 편지는 무게가 있고 힘차지만, 직접 대할 때에는, 그는 약하고 말주변도 별것이 아니다'하고 말하는 사람이 있습니다."

11 「학개서」 2장 7절에 나오는 말이다. "또 내가 모든 민족을 뒤흔들어 놓겠다. 그 때에 모든 민족의 보화가 이리로 모일 것이다. 내가 이 성전을 보물로 가득 채우겠다."

써 우리의 현세적인 눈이 그 빛을 가장 잘 견딜 수 있도록 하시는 것입니다.

하나님은 선택된 사람들의 말씀을, 어디에서 그리고 어디로부터만 처음 들을 수 있도록 지정하거나 제한하지 않았습니다. 하나님은 사람이 보는 것처럼 보지 않으시고, 사람이 선택하는 것처럼 선택하지 않습니다.[12] 우리가 또 다시 특정 장소와 집회, 겉으로 보이는 인간의 직분을 정하는데 매달린 나머지, 어떤 때에는 옛 컨버케이션 하우스(the old Convocation House)에, 또 다른 때에는 웨스트민스터 예배당(the chapel at Westminster)에 우리 신앙의 근거를 두지 않도록 하려 함입니다.[13] [567] 그러한 장소에서 정통으로 공인되는 모든 신앙과 종교는[14] 순수한 확신이 없다면, 그리고 양심의 아주 작은 상처일지

---

12 「고린도 전서」 1장 26~29절과 맥락을 같이 한다. "육신의 기준으로 보아, 지혜 있는 사람이 많지 않고, 권력 있는 사람이 많지 않고, 가문이 훌륭한 사람이 많지 않습니다. 그런데 하나님께서는 지혜 있는 자들을 부끄럽게 하시려고 세상의 어리석은 것들을 택하셨으며, 강한 자들을 부끄럽게 하시려고 세상의 약한 것들을 택하셨습니다. 하나님께서는 세상의 비천한 것들과 멸시받는 것들을 택하셨으니, 곧 잘났다고 하는 것들을 없애시려고, 아무 것도 아닌 것들을 택하셨습니다."

13 웨스트민스터 챕터 하우스(chapter-house at Westminster)는 로드(Laud)가 소집한 컨버케이션(최고성직회의)의 개최 장소였다. 한편 웨스트민스터의 성직자 회의(Assembly of Divines)는 헨리 7세 예배당(Henry VII's chapel, 헨리 7세의 매장지)에서 개최되었으며, 여기에서 의회는 교회 정부의 변화를 "공인"했다.

14 당시 웨스트민스터 회의는 신앙 고백, 예배 지침, 교리문답, 그리고 교회 정부 조직을 논의하고 있었으며, 조만간 그것을 발표하기로 되어 있었다. 장로파의

라도 어루만지려 하고, 지극히 한미한 기독교인―인간이 신뢰하는 문자가 아닌, 성령을 따라 걷고자 하는―마저도 교화시키려 하는, 인내하는 사랑의 가르침이 없다면, 불충분한 것입니다. 그곳에 제아무리 많은 사람들의 목소리가 들린다 해도, 아니 그곳에 묻힌 헨리 7세[15]가 곁에 묻힌 모든 군주들과 함께 죽은 이들의 목소리를 보태 그 숫자를 늘리려 한다 해도 말입니다.

그리고 분열의 우두머리로 여겨지는 사람들이 오류를 범할 경우, 우리가 그들에게 조용한 모임과 평온한 해산을 허락하지 않는다면, 그리고 자유롭게 빈번히 모이는 청중과 함께 그 문제를 철저하게 토의하고 검토하지 않는다면, 우리가 그렇게 못하는 이유는, 오직 우리의 게으름과 완고함 그리고 올바른 대의에 대한 불신 때문입니다. 이는 그들을 위해서가 아니라 우리 자신을 위한 것 아닙니까?

학문의 맛을 제대로 본 사람이라면, 진부한 학설에 만족하지 않고 새로운 견해를 세상에 천명할 능력 있는 사람들을 통해 얻어지는 수많은 유익함을 인정하지 않을 리 없습니다. 설령 그들이 우리 발에 묻은 먼지나 재와 같은 존재에 불과하다 해도, 그들은 진리의 무기를 닦아 내어 반짝이게 할 수 있으며, 바로 이 점 때문에라도 결코 그들

의도는, 이러한 모든 사항들이 의회에 의해 확립되고 강제되어야 (즉 "공인되어야") 한다는 것이었다.

15 그는 성직자 회의가 열리던 예배당에 매장되었다.

아레오파기티카

을 내쳐서는 안 됩니다.

그러나 만일 그들 중에 하나님께서 이 시대에 특별히 쓰시기 위해 탁월하고 큰 능력을 부여한 인물이 있다면, 그리고 그들이 사제나 바리새인에 속하지 않는다면 어떻게 됩니까? 그리고 흔히 우리는 그들이 누군지 제대로 알아보기도 전에 판단해 버리곤 합니다만[16], 우리가 경솔한 열정으로 그들이 제시한 새롭고 위험한 의견들을 두려워한 나머지 그들의 입을 막기로 결정한다면 어찌 되겠습니까? [568] 그렇게 된다면 우리에게 화가 있을지니, 우리는 복음을 수호한다고 하면서 오히려 박해자가 되고 마는 것입니다![17]

이 의회[18]가 시작된 이래, 출판 허가증을 경멸한 나머지 검열 받

---

16 밀턴은 여기에서, 자신이 현재 분파에 대해 공감을 느끼게 되었음을 밝히고 있지만, 그럼에도 불구하고 이 비난이 어느 정도 자신에게도 해당된다는 것을 인정하는 것으로 보인다. 그는 얼마 전 *Doctrine and Discipline* 초판(1643년 8월 1일)에서, "재세례주의, 가족주의, 도덕률 폐기론 및 그 밖의 광신적 몽상들"에 관한 글을 써서 분파를 매도했던 것이다. 그러나 이듬해 그 팸플릿의 재판이 간행될 때(1644년 2월 2일), 그는 극단적 분파들의 가르침이 과연 모조리 광신적인 것인가에 대해 일말의 회의를 품기 시작했으며, 그 결과 글 말미에 괄호를 써서 "만일 우리가 그들을 잘못 이해한 것이 아니라면(if we understand them not amisse)"이란 내용을 덧붙였다.

17 「사도행전」 5장 38∼39절에 비슷한 이야기가 나온다. "이 사람들에게서 손을 떼고, 그들을 그대로 내버려두시오. 이 사람들의 계획과 활동이 사람에게서 난 것이면 망할 것이요, 하나님으로부터 난 것이면 여러분은 그것을 없앨 수 없소. 도리어 여러분이 하나님을 대적하는 자가 될까 봐 두렵소."

18 1640년 11월 3일에 처음 소집된 장기의회를 말한다. 밀턴은 잉글랜드가 장기의회의 인도 아래 영웅적인 항해를 시작했다고 생각했다.

지 않은 채 책을 출간함으로써, 우리 가슴을 삼중으로 얼게 만드는 얼음을 처음으로 깨뜨리고, 사람들이 광명을 보도록 가르친 사람들이 장로파 및 다른 분파 사람들 중에도 적지 않았습니다. 그들은 출판허가증을 경멸함으로써 훌륭한 일을 많이 했는데, 그들 가운데 이런 속박을 부활시키자고 주장하는 사람이 없기를 희망합니다.

그러나 모세가 젊은 여호수아를 말린 것[19]이나, 허가 받지 않았다고 여겨진 사람들을 제지하려 한 젊은 요한에게 우리의 구세주께서 내리신 반대 명령[20]도, 우리의 장로들에게 그들의 금지하기 좋아하는 조급한 성미가 하나님께 용납될 수 없는 것임을 타이르는 데는 충분치 못합니다. 그들은, 이 검열제라는 장애물로 말미암아 교회에 어떤 악이 들끓게 됐는지, 그리고 이를 지키지 않음으로써 그들이 어떤 좋은 일을 시작했는지를 잘 알고 있음에도 불구하고, 종교재판소의 도미니쿠스 수도사[21]가 한 일을 우리에게 하려하고 있으며, 이런 억압을 향한 적극적인 한걸음을 내딛고 있습니다. 사태가 이 지경

---

19 앞에서 인용된 「민수기」 11장에 나오는 백성 모두가 예언자가 되었으면 좋겠다는 모세의 말이다.
20 「요한복음」 9:49~50. "요한이 예수께 말했다. '선생님, 어떤 사람이 선생님의 이름으로 귀신을 내쫓는 것을 우리가 보았습니다. 그런데 그 사람은 우리를 따르는 사람이 아니므로, 우리는 그가 그런 일을 하지 못하게 막았습니다.' 그러나 예수께서는 그에게 말씀하셨다. '막지 마라. 너희를 반대하지 않는 사람은 너희를 지지하는 사람이다.'"
21 종교재판소의 검열관은 대부분 도미니쿠스 수도사가 맡았다.

인 바에야, 억압하는 자들을 먼저 억압하는 것이 당연한 일입니다. [569] 그들은 얼마 전 어려운 시절의 경험을 겪으면서 현명해졌습니다만, 지금은 조건이 변화하자 우쭐대고 있습니다.

출판의 규제로 말하자면, 이 법령 직전에 발표된 법령, 즉 "인쇄인과 저자의 이름이 없는 한, 그리고 적어도 인쇄인이 등록되어 있지 않은 한, 어떤 책도 출간할 수 없다"고 한 법령[22]보다 여러분에게 권고하기에 더 훌륭한 것은 없습니다. 다른 문제들, 즉 만일 서적들이 유해하고 명예훼손적인 것이라고 판명이 되면[23], 집행인의 손으로 불에 태워 없애는 것이[24], 가장 시의적절하고 효과적인 교정 방법일 것입니다.[25] 부언하자면, 이 완전한 에스파냐식 서적 검열 정책은 얼마

---

22 밀턴은 1642년 1월 29일의 법령, 즉 서명법(Signature Order)을 말하고 있다. 하지만 서명법은 "직전" 법령이 아니다. 서명법과 출판 허가법(Licensing Order) 사이에는 두 개의 법령, 즉 1642년 8월 26일의 법령과 1643년 3월 9일의 법령이 있었던 것이다. 밀턴이 이 두 법령에 대해 몰랐던 것으로는 보이지 않는다.

23 실제로는 책이 유해하거나 명예훼손적이지 않더라도, 익명으로 또는 출판인의 간기(刊記) 없이 출간되면 위법이었다. 출판물에 저자와 출판인의 이름이 실렸더라도 유해하거나 명예훼손적이면 그것 역시 위법이었다.

24 유죄판결 받은 책들에 대한 정규적인 절차는 다음과 같다. 집행인은 인쇄인의 재고 서적들을 압류하고 배포된 책들을 회수한 다음 모든 인쇄물을 불태운다. 집행인은 또한 명령이 있으면 저자나 인쇄인에게 신체적인 징벌을 가한다(보통 형틀에 묶거나, 귀를 자르거나, 또는 코를 쩬다).

25 밀턴의 언론자유 사상에서 논란을 일으키는 내용 중 하나이다. 밀턴은 사전 검열은 반대했지만, 사후 처벌은 찬성했다.

지나지 않으면 가장 불법적인 책 그 자체로 판명이 될 것입니다. 이 검열제는 성실청 포고령(Star Chamber Decree)[26]을 빼닮았는데, 이 포고령은 성실청이 경건한 체하던 일들을 벌이던 무렵에 바로 그런 목적으로 제정되었고, [570] 지금은 그 일들 때문에 루시퍼(Lucifer)와 함께 하늘에서 굴러 떨어졌습니다.[27]

여러분은 지금까지의 설명을 통해, 국가가 책을 억압함으로써 인민의 훌륭한 행동을 이끌 의도가 있는 척 교묘한 위선을 떨기는 하지만, 국가의 사려분별과 인민에 대한 애정이 무엇인지, 그리고 종교와 좋은 풍습에 대한 국가의 배려가 어떤 것인지 추측할 수 있을 것입니다. 그리고 출판 허가법이 과거 그토록 훌륭하게 제정된 법령을 압도하게 된 까닭은, 만일 그 문제를 조사하는 역할을 위임받은 사람들을 신뢰할 수 있다면, 그 과정에 서적 판매업에 종사하는 일부 오래된 출판특허권 보유자들과 서적판매 독점업자들의 기만[28]이 개재되어 있었음을 의심할 수 있습니다. 그들은 출판업자 조합 소속 가난한 조합원들의 권리를 빼앗기지 않게 한다는 핑계로, 그리고 각 사람

---

26 1637년 7월 11일의 포고령.

27 성실청은 1641년 7월 5일에 해체되었다. 루시퍼 이야기는 「이사야」 14장 12절에 나온다. "오 아침의 아들 루시퍼야, 네가 어찌 하늘에서 떨어졌느냐! 민족들을 연약하게 하였던 네가 어찌 땅으로 끊어져 내렸느냐!"

28 출판 및 판매 독점권을 갖고 있던 이들 20명은 그들의 특권을 빼앗길까봐 두려워했다.

이 판권을 보유하는 것이 온당하다는 구실로(그것은 하나님이 금한 것으로 거부해야 합니다), 하원에 이런저런 거짓말을 고했습니다. 그것은 실로 피상적인 것이어서, 그들의 동료에 대해 우월권을 행사하는 것 말고는 아무런 의미도 없습니다. 그러므로 학문을 필요로 하는 정직한 직업에 종사하는 사람은 타인의 종노릇이나 하게 됩니다. 이번 법령을 제정할 것을 청원[29]한 사람들 일부, 실권을 쥐고 있는 사람들이 법령 제정을 청원한데는 또 다른 목적이 있으니, 그것은 최근 상황이 보여주고 있듯이, 왕당파의 책들이 외국으로 쉽사리 유출되도록 하는데 있습니다.

그러나 나는 상품에 관한 이런 식의 궤변과 논박[30]에 익숙하지 못합니다. 내가 아는 바로는, 오류는 좋은 정부에서나 나쁜 정부에서나 다 같이 일어난다는 것입니다. 행정관들은 그릇된 정보를 갖지 말아야 하는데, 만일 출판의 자유가 몇몇 사람의 수중에 집중된다면, 그들은 그런 오류를 더 빨리 범하게 됩니다. 오류 범한 것을 기꺼이 신속하게 교정하는 것이, 그리고 최고 권력에 있는 사람으로서, 타인이 고가의 뇌물로 유혹하더라도 명료하게 통보할 것을 존중하는 것이, (존경하는 상원 및 하원 의원) 여러분의 가장 고귀한 행동에 어울리는

---

29 1643년 4월의 청원을 말한다.

30 원문은 "Bur of these sophisms and elenches of merchandise"로 되어 있다. "이러한 상업적 고려"라는 뜻이다. 좀 더 엄밀하게는 "서적 판매인들의 이런 기만적 주장과 그들의 논박"이란 의미이다.

미덕입니다. 가장 위대하고 가장 현명한 사람들이 아니면 이런 일을
해낼 수 없습니다.

제2부
『아레오파기티카』 연구

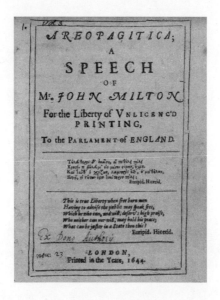

"그는 이상적 설득의 능력에 대해 놀라우리만큼
낙관적 태도를 견지했으며,
이성적 설득의 가장 탁월한 수단으로서
자유로운 언론 출판 활동을 촉구했다.
밀턴의 이성에 대한 강조는 그가 지닌 신학적 한계를 넘어서서
18세기 계몽주의적 합리주의로 이어지는
지적 통로를 열어두고 있다는 점에서 중요한 의의를 갖는다."
— 제5장 자유주의의 철학적 기반 중에서

일러두기

1. 인용된 밀턴전집(산문 및 운문)은 다음과 같이 줄여 쓰기로 한다.
   - *Complete Prose Works of John Milton*, 8 vols., gen. ed. Don M. Wolfe (Yale Univ. Press, 1953 –1982). 이하 *CPW*로 줄임
   - *John Miton, Complete Poems and Major Prose*, ed. Merritt Y. Hughes (Indianapolis, 1957, 1980). 이하 *Complete Poems*로 줄임.
2. 성경 인용은 『성경전서 표준새번역 개정판』(대한성서공회, 2001)와 『한글 킹 제임스 성경: 한영대역』(말씀보존학회, 1995) 등을 참고했다.
3. 외국의 인명·지명 표기는 원어 발음에 따르는 것을 원칙으로 했다.

제1장 자유의 옹호자인가 반대자인가?

존 밀턴(John Milton, 1608-74)의 『아레오파기티카』(*Areopagitica*, 1644)[1]가 표현의 자유를 옹호한 고전적 산문으로 널리 알려지기 시작한 것은 자유주의가 승리를 거둔 19세기의 일이었다. 밀턴은 이 시기에 종교적 관용과 개인의 자유를 주장한 예언자적인 인물로 높이 추앙되었다.[2] 빅토리아 시대의 역사가인 레키(William E. H. Lecky,

---

1 『아레오파기티카』의 원제목은 『아레오파기티카: 검열 없는 출판의 자유를 위해 잉글랜드 의회를 상대로 작성한 존 밀턴의 연설문』(*Areopagitica: A Speech of Mr. John Milton For the Liberty of Unlicensed Printing To the Parliament of England*)이다. 아레오파기티카라는 말의 어원은 고대 그리스 도시국가 아테네의 법정인 "아레오파고스"에 "논(論)"이라는 뜻의 "ca"가 합쳐진 것이다. 아레오파고스는 그리스어로 전쟁의 신 "아레이오스("Άρειος)"와 언덕이란 뜻의 "파고스(Πάγος)"를 합친 말이다. 아레오파고스는 아크로폴리스와 아고라 사이에 위치한 작은 바위 언덕으로, 아테네에서 가장 오래되고 유서 깊은 법정이다. 현대 그리스의 대법원도 아레오파고스란 이름으로 불리고 있다.

2 Warner G. Rice, "A Note on *Areopagitica*," *Journal of English and Germanic Philology*, XL (1941), p. 474. 후술하겠지만, 종교 문제를 비롯하여, 대부분의 정치·사회 문제마저도 종교적 관점에서 논의되었던 당시의 상황 속에서, "표현의 자유"란 상이한 종교적 견해의 선택을 용인하는 "종교적 관용"과 다양한

1838-1903)³에 따르면, 『아레오파기티카』는 밀턴의 대표작인 장편 서사시 『실낙원』(*Paradise Lost*)마저도 뛰어넘는 위대한 기념비적 산문이었다. 그는 "벅찬 감동이 없이는 그것을 읽어 내려갈 수 없으며, 그것이 처음 세상에 나왔을 때 자유를 일깨우는 운동에 지대한 영향력을 미쳤으리라는 점에 의문이 있을 수 없다"고 『아레오파기티카』를 격찬했다.⁴ 이러한 평가는 20세기에 접어들어서도 상당 부분 이어진 것으로 보인다. 예를 들면, 울프(Don M. Wolfe)는 1941년에 출간한 저서에서 이렇게 설명했다.

> 관용을 주장한 모든 열정적인 청교도들 중에서 밀턴은 관

교리를 신봉할 수 있는 "개인의 자유"(또는 양심의 자유)를 의미하는 것이었다. "종교적 관용"이 소극적인 성격을 갖는 데 비해, "양심의 자유"는 한층 적극적인 의미를 갖는다. 둘 사이의 차이점을 알아보기 위해서는 다음 논문들을 참조할 것. Herbert Butterfield, "Toleration in Early Modern Times," *Journal of the History of Ideas*, vol. 38, no. 4 (1977), pp. 575-6 ; Philip P. Wiener, ed., *Dictionary of the History of Ideas*, 5 vols. (New York, 1978), s. v. "Religious Toleration," by Elisabeth Labrousse.

3 아일랜드 더블린 근처 뉴타운 파크에서 출생했다. 1859년 더블린 트리니티대학교에서 학사학위를, 1863년 박사학위를 취득했다. 성직자가 되기 위해 신학을 공부했으나 후에 역사학으로 관심을 돌렸다. 1878년 그의 최고의 역작으로 평가 받는 『18세기 영국의 역사』(*A History of England in the Eighteenth Century*) 1, 2권을 발표했고, 이어 1890년에 3, 4권을 선보였다.

4 William E. H. Lecky, *History of the Rise and Influence of the Spirit of Rationalism in Europe* (London, 1887), vol. II, pp. 76-7, quoted in Warner G. Rice, *op. cit.*, p. 475.

용의 원리를 세속적 이념의 전 분야에 확대시킬 것을 주장한 유일한 인물이었다. 밀턴보다 한 세기 전에 인쇄술은 이미 매우 중요한 선전 무기가 되어 있었다. 그러나 박해를 당했던 분파들 중 어느 하나도, 그리고 귀족적인 자유 옹호자들 중 어느 누구도 모든 분야(all fields)에서의 출판의 자유와 언론의 자유를 진보의 필수 조건으로 요청하지는 않았다. …… 혁명기의 수많은 팸플릿들 가운데 오직 『아레오파기티카』만이 웨스트민스터의 다양한 구조물들 사이에 치솟은 빅 벤(Big Ben)처럼 장엄하게 솟아 있다.[5]

울프에 의하면, 로크(John Locke)의 『관용론』(*A Letter Concerning Toleration*, 1689)은 그 대부분의 내용이 『아레오파기티카』에서 이미 다루어진 것이었으며, 밀(J. S. Mill)의 『자유론』(*On Liberty*)도 논리성에서만 우월할 뿐, 『아레오파기티카』 만큼의 독창성은 갖지 못하는 글이었다. 밀은 밀턴의 포괄적인 설명에 새로운 논의를 덧붙이기보다는, 밀턴이 이미 주장한 논지를 논리적으로 확대시켜 전개한 데 불과하다는 것이다.[6]

---

5 Don M. Wolfe, *Milton in the Puritan Revolution* (1941 ; New York, 1963), p. 121.
6 *Ibid*., p. 136. 그러나 울프는 1961년에 쓴 자신의 논문에서 밀턴이 가톨릭 교도의 신앙 자유에 대한 일관된 거부 입장을 견지했음을 밝히면서 밀턴의

그러나 밀턴이 호국경 체제하에서 가톨릭 저술들을 규제하는 검열관의 직분을 맡아보았다는 사실, 그리고 『아레오파기티카』에서 가톨릭교도의 신앙에 대한 철저한 불관용 의지를 천명했다는 사실은 연구자들에게 매우 난처한 문제가 아닐 수 없었다. 이율배반적으로 보이는 밀턴의 이러한 입장은 이미 19세기의 연구자들에게도 잘 알려져 있었다. 그러나 당시의 연구자들은 대체로 이러한 국면을 밀턴 사상의 예외적인 국면으로 치부하면서 심각하게 문제 삼지 않았다. 예를 들면, 6권(색인 포함 7권)에 이르는 방대한 분량의 『밀턴 전기』(*Life of John Milton*)를 집필한 매슨(David Masson)[7]은 『아레오파기티카』에 나타난 밀턴의 반(反)가톨릭적 태도가 밀턴의 관용 사상에서 "예외(exceptions)"에 불과할 뿐이며, "밀턴은 이러한 예외에 대해 거북하게(uneasy) 여겼다"고 주장했다. 『아레오파기티카』의 전반적인 내용은 종교적 관용과 양심의 자유에 관한 원칙을 충실히 견지하고 있다는 것이다.[8]

관용론에 결정적인 한계가 있었음을 인정했다. Don M. Wolfe, "Limits of Miltonic Toleration," *Journal of English and Germanic Philology*, LX (1961), p. 834.

7 크리스토퍼 힐(Christopher Hill)은 매슨을 "위대한 밀턴 연구자들(the great Miltonists)" 중 첫번째 인물로 꼽고 있다. 그는 밀턴을 연구하면서 자신의 독창적인 발견이라고 생각할 때마다 그것이 매슨의 『밀턴 전기』에 이미 나와 있음을 발견하게 되었다고 밝히고 있다. Christopher Hill, *Milton and the English Revolution* (Penguin Books, 1977), p. 10.

8 David Masson, *The Life of John Milton: Narrated in Connection with the Political, Ecclesiastical, and Literary History of His Time*, 7 vols. (1859-96;

한편 매슨은 밀턴이 검열관의 직무를 수행한 사실에 대해서도, "『아레오파기티카』의 저자에게 그와 같은 종류의 직무에 관여한다는 것은 결코 성미에 맞는 일일 수 없었다"고 밀턴의 입장을 두둔했다.[9]

그러나 최근의 연구자들—그 수는 별로 많지 않지만—은 종래의 연구와는 달리 밀턴의 이 "예외"에 집중적인 관심을 기울이는 양상을 보이고 있다. 이들 연구자들의 『아레오파기티카』에 대한 관점은 두 갈래로 나누어 생각할 수 있다. 첫째로, 허버트 알철(J. Herbert Altschull)이 주장한 것처럼, 밀턴은 역사상의 지식인들 대부분이 그러하듯이 이론과 행동 사이의 간극을 메우지 못한 채 딜레마에 빠져 있었다는 견해이다.[10] 둘째로, 윌모어 켄덜(Willmoore Kendall)의 경우처럼 가톨릭교도가 자유의 대상에서 배제되었다는 점을 들어, 밀턴이 사상과 언론의 자유를 옹호하기는커녕 그 반대편에 서 있었으며, 열린 사회가 아닌 닫힌 사회를 지향했다고 극단적으로 평가절하 하는 경우이다.[11] 이렇듯 밀턴의 『아레오파기티카』에 대한 지금까지의 평가

Gloucester, Mass., 1965), vol. III, p. 288.

9 *Ibid.*, vol. IV, p. 92.

10 J. Herbert Altschull, *From Milton to McLuhan : The Ideas Behind American Journalism* (New York, 1990), p. 41-2.

11 Willmoore Kendall, "How to Read Milton's *Areopagitica*," *The Journal of Politics*, vol. 22 (1960), pp. 439-73. 켄덜이 밀턴을 자유의 반대자라고 간주하는 근거는 다음과 같다. 첫째로, 밀턴이 말하는 지적 자유는 종교개혁이라는 특정한 정통 사상(orthodoxy)을 지향하는 것이었다. 둘째로, 가톨릭을 근절해야 한다는 밀턴의 주장은 비우호적인 세력을 제거한 다음에야 비로소 지

는, "자유의 옹호자"에서 시작하여, "딜레머에 빠진 지식인"을 거쳐, "자유의 반대자"에 이르기까지, 실로 극에서 극에 이르는 폭넓은 스펙트럼을 보여주고 있다.

그러나 『아레오파기티카』에 대한 기존의 평가들은 그 상반된 다양한 양상에도 불구하고 한 가지 공통점을 가지고 있다. 17세기 잉글랜드의 종교적·정치적 상황을 충분히 고려한 역사학적 접근 방식을 취하기보다는, 각기 현재주의적 관점에서 밀턴의 사상을 이루는 다양한 국면들 중 일부만을 더듬고 있다는 점이다.

『아레오파기티카』에서 가장 널리 회자되는 구절은, "나의 양심에 따라, 자유롭게 알고 말하고 주장할 자유를, 다른 어떤 자유보다도 그러한 자유를 나에게 주십시오"[12]라는 말이다. 만일 이 말을 오늘날의 누군가가 한다면, 우리는 당연히 그를 표현의 자유를 주장한 자유주의자로 판단할 것이고 또 그런 판단은 정당한 것으로 인정받을 것이다. 그러나 17세기의 밀턴에 대해 같은 평가를 내린다면 그러한 평가는 지지를 얻기 힘들다. 왜냐하면 오늘날 가정되고 있는 많은 것들이 밀턴의 시대에는 가정되지 않았고, 밀턴은 우리가 더 이상 전제하지 않는 가정에 기초하고 있었기 때문이다. 요컨대 그의 시대와 우

적 자유에 대한 제약을 삼가자는 것으로서, 열린 사회가 아닌 닫힌 사회를 지향했다.

12 *Areopagitica* (1644), *CPW* II, p. 560.

아레오파기티카

리 시대 사이에는 커다란 차이가 있다는 것이다. 이점을 간과하고서는 밀턴을 결코 제대로 이해할 수 없다.

『아레오파기티카』는 기독교 신앙이 예외가 아닌, 하나의 규범으로서 통용되던 시대에 작성되었다. 17세기 전반의 청교도들은 현대인들이 정치나 경제 문제에 쏠리는 것처럼, 자연스럽게 신학적 문제에 몰두하곤 했으며, 대다수 잉글랜드인의 정치사상은 단연 신학적인 것이었다.[13] 우리는 누구보다도 밀턴에게서 그와 같은 강렬한 종교적 성향을 잘 볼 수 있다. 실로 그가 제기한 거의 모든 문제는 기독교적 관심에 의해 촉발되었고, 특히 잉글랜드 종교개혁의 완성에 대한 그의 열망과 집념은 현대인의 이해와 상상을 뛰어넘는 것이었다.

밀턴이 『아레오파기티카』에서 주장한 표현의 자유는, 종교개혁의 완성을 위해 종교적 견해를 자유롭게 발표하고 출판할 수 있도록 허용하라는 뜻이었다. 우드하우스(A. S. P. Woodhouse)의 지적처럼, 종교개혁에 대한 열망은 밀턴에게 "하나의 고정된 가치 체계(a fixed hierarchy of values)"를 제공했다고 볼 수 있다. 밀턴은 그것으로부터 스스로를 자유롭게 하려 하기보다는, 오히려 종교개혁의 가치를 실현할 자

---

13 다음을 참조할 것. Herbert Read, "On Milton's *Areopagitica*," in Hermon Ould, ed., *Freedom of Expression : A Symposium* (1944 ; London, 1973), p. 122 ; A. S. P. Woodhouse, *Puritanism and Liberty : Being the Army Debates (1647–49) from the Clarke Manuscripts* (1938 ; Everyman's Library, 1992), pp. [38], [39].

유를 얻고자 자유문제를 제기한 것이다.[14]

근대 초기 유럽의 종교적 상황을 고려할 때, 종교개혁의 완성을 추구한 인물이 반가톨릭적 태도(anti-popery)를 취했다는 것은 이상한 일이 아니다. 17세기 초의 잉글랜드인은 30년 전쟁(1618-48)을 최후의 시대에 치러질 전쟁, 즉 아마겟돈으로 간주하고 있었다.[15] 종말론적 사조가 팽배한 시대 상황에서, 밀턴은 천년왕국 사상의 패러다임을 통해 로마 가톨릭 교회와 그 지지자들을 보았다. 동시대의 대다수 잉글랜드인과 마찬가지로, 밀턴은 선과 악의 초월적인 힘이 우주를 지배하며, 두 세력은 사람들을 선과 악 중 어느 한 편에 서도록 만든다고 믿었다. 그러므로 선의 편에 선 세력과 악의 편에 선 세력이 누구인지를 분간하는 일은 지극히 중요했다. 교황을 적그리스도와 동일시한 밀턴에게 가톨릭이 악의 세력을 의미했다는 것은 두말 할 나위 없는 일이었다.

홀러(William Haller)가 지적했듯이, 밀턴의 시대는 "말씀에 도취된 시대"였으며, 밀턴은 "진리가 자유롭게 표현될 경우 성취될 놀라운

---

14 A. S. P. Woodhouse, *The Heavenly Muse : A Preface to Milton* (Univ. of Toronto Press, 1972), p. 103. 밀턴이 말한 진리란 결국 종교개혁에 의해 발견된 프로테스탄트 기독교의 진리였다.

15 Marvin Arthur Breslow, *A Mirror of England: English Puritan Views of Foreign Nations, 1618–1640* (Harvard Univ. Press, 1970), p. 147.

변혁의 비전을 내다보고" 감탄을 금치 못했다.[16] 『아레오파기티카』에서 밀턴은, "추수하려면 5개월 이상이 걸린다고 생각하지만 실제로는 5주도 필요하지 않으며, 눈을 들어 밭을 보면 곡식이 이미 익어" 있다고 주장했다. 바야흐로 신은 "전반적인 종교개혁을 위해, 강력하고 건전한 폭풍을 일으켜" 잉글랜드를 뒤흔들고 있었다.[17]

　밀턴에게 잉글랜드 종교개혁의 완성은 천년왕국과 그리스도의 재림을 예비하기 위한 필수적인 전제 조건이었다. 종교개혁을 완성하기 위해서는 무엇보다도 종교 문제에 대한 자유로운 토론과 표현이 보장되어야만 했다. 종교적 진리란 특정 교리로 고착된 것이 아니라 진보하는 것이기 때문이다. 밀턴에 의하면, 적그리스도의 멸망과 그리스도의 재림은 "이 브리튼 제국"이 종교적으로 "영광스럽고 자랑스러운 절정에 이를 때" 이루어지도록 계획되어 있었다.[18]　밀턴은 이 긴박한 시기에 검열제에 의해 진리의 자유로운 토론과 표현을 억압함으로써 진리의 진보를 가로막고, 그 결과 잉글랜드 종교개혁의 완성을 방해하는 집단의 정체를 드러내는 동시에, 의원들로 하여금 그들이 부여받은 막중한 종교개혁 임무를 인식할 것을 촉구한 것이다.

16　William Haller, *The Rise of Puritanism* (1938 ; Columbia Univ. Press, 1957), p. 306.

17　*Areopagitica*, *CPW* II, pp. 554, 566.

18　*Of Reformation*, *CPW* I, p. 614.

나는 밀턴의 종교관과 17세기 잉글랜드의 종교적 상황에 대한 이상과 같은 인식을 바탕으로, 『아레오파기티카』를 비롯한 밀턴의 관련 저술들을 면밀히 분석하여 다음과 같이 논의를 이어가고자 한다.

　먼저 "제2장 잉글랜드 종교개혁의 완성"에서는 밀턴의 반가톨릭적 태도가 과연 딜레마에 빠진 것이었는지 여부를 근대 초기 잉글랜드의 종말론적인 지적 풍토에 비추어 다루고자 한다. 그와 더불어 가톨릭을 악으로 규정한 17세기 잉글랜드인의 종교 개념을 살펴보고, 밀턴의 검열제 반대 논지 속에서 선과 악의 이원적 대립이 어떻게 구체적으로 드러났는가를 알아보고자 한다. 또한 1640년대에 진전된 일련의 역사적 사건들을 통해, 가톨릭의 외연(外延)이 확장되는 과정을 밀턴이 어떻게 인식했는지 살펴봄으로써, 그가 추구한 궁극적 목적이 무엇이었는지를 밝히고자 한다.

　"제3장 잉글랜드 검열제의 역사"에서는 밀턴이 『아레오파기티카』에서 자신의 논지를 강화하기 위해 잉글랜드 검열제의 역사를 원용하면서, 임의로 역사적 사실을 왜곡한 이유가 무엇인지를 밝히고자 한다. 이를 위해 밀턴의 『이혼론』(*Doctrine and Discipline of Divorce*, 1643년 초판)에 대한 장로파의 적대적 반응―그것은 『아레오파기티카』 작성의 직접적인 동기였다―을 분석하고, 밀턴이 각별히 의회 내의 어떤 집단을 설득 대상으로 삼고 있었는가를 규명하도록 하겠다. 또한 밀턴의 수사적 전략이 앞장에서 언급된 그의 반가톨릭적 태도와 어떻게 결부되는가를 살피도록 하겠다.

"제4장 밀턴의 자유 개념"에서는 『아레오파기티카』의 내용을 상세히 분석하여 밀턴의 반가톨릭적 태도의 신학적 근거를 설명하고, 밀턴이 검열제를 반대한 이론적 바탕이 무엇인지를 면밀히 살피기로 한다. 이를 위해서, 진리의 진보를 위해 권위를 거부하고 이성을 중시한 밀턴의 입장이 『아레오파기티카』에서 어떻게 개진되었는지를 알아볼 것이다. 나아가 밀턴의 자유 개념에 과연 근대적인 성격이 존재하는지를 확인하기 위해 『아레오파기티카』에 나타난 시장경제 개념을 살피고, 아울러 그가 과연 닫힌 사회를 지향했는지의 여부를 검토하기 위해 앞서 언급된 윌모어 켄덜—밀턴이 열린 사회가 아닌 닫힌 사회를 지향했다고 극단적으로 평가절하했다—의 주장을 집중적으로 분석·비판하고자 한다.

끝으로 "제5장 자유주의의 철학적 기반"에서는 밀턴의 반가톨릭적 태도에 내재된 양극화된 패러다임의 본질을 밝히고, 그의 검열제 반대가 후대에 미친 영향과 『아레오파기티카』의 역사적 의의를 다루도록 하겠다.

제2장 잉글랜드 종교개혁의 완성

『아레오파기티카』는 언론과 출판의 자유를 옹호한 최초의 문헌으로 널리 알려져 있고, 이런 의미에서 사상과 표현의 자유에서의 "마그나 카르타(Magna Carta)"라는 평가를 받기도 한다.[1] 언론 사상사의 첫 장을 장식하는 『아레오파기티카』의 핵심 주제는 의심할 나위없이 자유이다. 이런 의미에서 허버트 알철(J. Herbert Altschull)이 출간한 언론 사상사 개설서의 제목이 『밀턴에서 맥루한까지』(*From Milton to McLuhan*)라는 것은 수긍이 가는 일이다.[2] 사실 『아레오파기티카』에는 언론의 자유를 주장하는 주옥같은 문구들이 다수 포함되어 있다. 예컨대 "나의 양심에 따라, 자유롭게 알고 말하고 주장할 자유를, 다른 어떤 자유보다도 그러한 자유를 나에게 주십시오"라고 한

---

[1] Gertrude Himmelfarb, "Introduction" to *On Liberty*, by J. S. Mill (1859 ; Penguin Books, 1980), p. 8.

[2] J. Herbert Altschull, *From Milton to McLuhan : The Ideas Behind American Journalism* (New York, 1990).

밀턴의 호소는,[3] "자유가 아니면 죽음을 달라"고 한 패트릭 헨리(Patrick Henry)의 절규를 방불케 하는 것으로서,[4] 언론의 자유를 언급할 때마다 널리 인용되곤 한다.

그런데 밀턴은 우리에게 한 가지 어려운 문제를 던져 주고 있다. 그는 크롬웰의 지배가 시작된 1649년부터 호국경 체제가 끝날 때까지 11년 동안 국무 회의(Council of State)의 외국어 비서관(Secretary for Foreign Tongues) — 오늘날의 외교부장관에 해당한다 — 으로 재직하면서 가톨릭 저술들을 규제하는 검열관의 임무를 수행하곤 했던 것이다.[5] 그는 이 자리에 있으면서 가톨릭교도, 특히 아일랜드인을 "오합지졸, 교황쟁이(papists), 야만인"이라고 불렀는가 하면, 그들을 "참된 교회의 대적(大敵, grand enemy)이자 박해자"라고 비난하기를 서슴지 않았다.[6] 한눈에 분명히 드러나 보이는 이러한 모순에 대해, 앞서 언급한 언론 사상사 개설서의 저자 허버트 알철은 "밀턴은 시인으로서는 자유를 사랑했지만 관료로서는 표현 자유의 적이었다"고 평가하면서, 밀턴의 이런 면을 "패러독스"라고 표현했다. 알철에 의하면, 밀

---

3 *Areopagitica* (1644), *CPW*, II, p. 560.

4 Charles R. Geisst, *The Political Thought of John Milton* (London, 1984), p. 96.

5 Perez Zagorin, *Milton : Aristocrat and Rebel—The Poet and His Politics* (New York, 1992), p. 75.

6 *Observations upon the Articles of Peace with the Irish Rebels* (May 16, 1649), *CPW* III, pp. 309, 315-6.

턴은 역사상의 수많은 사상가들이 그러했듯이 추상적 원리와 구체적 행동 사이의 간극을 메우지 못한 채 "딜레마"에 빠져 있었다는 것이 다.[7]

그러나 밀턴의 가톨릭에 대한 적대적 태도는, 알철이 알고 있듯이 밀턴이 관료로서 재직한 1649년 이후에 처음 나타난 것은 아니다. 그의 반가톨릭적 태도(anti-popery)는 이미 1644년에, 그것도 출판의 자유를 그 핵심 내용으로 삼고 있는 것으로 알려져 있는 『아레오파기티카』에서 분명히 표현되었던 것이다. 다시 말해서 밀턴은 초기에는 자유를 옹호하다가 후기에 들어 불관용으로 돌아선 것이 아니었다. 그의 반가톨릭적 태도는 시종일관 유지되고 있었다.

뿐만 아니라, 밀턴은 원리상으로는 표현의 자유를 천명하면서 실천의 장에서는 검열을 마다하지 않는 식의 이중적 태도를 결코 취하지 않았다. 표현의 자유는 마땅히 허용되어야 하되, 가톨릭교도에 대해서만은 이를 결단코 허용할 수 없다는 것이 그의 처음부터의 생각

---

7   J. Herbert Altschull, *op. cit.*, pp. 41-2. 알철의 밀턴에 대한 평가는 울프(Don M. Wolfe)의 주장을 그대로 답습한 것으로 보이며, 이런 의미에서 그의 밀턴 연구는 처음부터 일정한 한계를 가질 수밖에 없었다. 울프는 밀턴이 1649년에 보였던 반가톨릭적 태도를 밀턴 사상의 "맹점(a blind spot)"이라고 지적했다. 울프에 의하면 이 때 밀턴은 『아레오파기티카』에서 천명한 자신의 원리에 반하는 주장을 펼친 셈이다. Don M. Wolfe, *Milton in the Puritan Revolution* (1941 ; New York, 1963), p. 87 참조.

이었고, 그의 이런 입장은 일생 동안 관철되었다.[8] 이런 의미에서 밀턴의 입장은 "패러독스"도 아니었고 "딜레마"에 빠진 것도 아니었다.

1. 천년왕국 사상

"묵시적(apocalyptic)"이란 말은 흔히 두 가지 의미로 사용된다. 하나는 철저한 파멸의 재앙 가운데 문명의 몰락이 임박했음을 암시하면서, 공동체 및 개인에게 밀어닥친 불길한 전조를 표현할 때 쓰인다. 또 하나는 천년왕국의 완성—여기에는 최후의 심판, 그리고 새 하늘과 새 땅에서의 성도들의 영광이 포함된다—에 대한 전통적인 기독교적 조망 안에서의 낙관적이고 적극적인 대망을 말할 때 쓰인다. 각별히 후자의 의미에서 청교도 혁명기에 밀턴을 비롯한 청교도들을 고무시킨 사회적·정치적 분위기를 가리킬 경우, "묵시적"이란 말은 "천년왕국적"이란 말과 같은 의미로 사용되곤 했다.[9] 밀턴은 『아레

---

8 반가톨릭적 태도는 밀턴이 사망하기 전 해에 출간된 『참된 종교』에서도 분명히 표명되었다. *Of True Religion* (1673), *CPW* VIII, pp. 408-40.

9 William Hunter, Jr., gen. ed., *A Milton Encyclopedia*, 9 vols. (Bucknell Univ. Press, 1978-1983), s. v. "Apocalypse," by Michael Fixler. "apocalypse"는 그리스어의 "apokalupsis"에서 온 말로 감추어졌던 신비가 드러난다는 뜻이며, "계시(revelation)"와 같은 의미이다. 신적인 영감의 매개를 통하지 않고는 인간에게 인식될 수 없는 거룩한 지식의 전달을 뜻한다. "천년왕국 사상"을 뜻하

오파기티카』에서 자기 시대를 "이 최후의 시대"로 표현하면서, 바야흐로 잉글랜드가 "새로운 젊음으로 다시 태어나" "위대하고 영화롭게 될 운명"에 놓여 있다고 선언했다.[10]

그러므로 위대한 종교개혁이 기대되는 이 때, 우리는 좀 더 사려 깊은 건축자가 되고, 정신적 건축에서 좀 더 현명해지도록 합시다. 바야흐로 위대한 예언자 모세가 천국에 앉아, 자신의 기억에 남을 영광스러운 소망이 성취되는 것을 보고 기꺼워하는 때가 온 것으로 보입니다. 즉 지금은 우리의 70인 장로들뿐만 아니라, 모든 주님의 백성이 예언자가 되는 그러한 때이기 때문입니다.[11]

천년왕국 사상의 핵심은 「요한계시록」(20장 4~6절)에 나오는 대로 성도들이 그리스도와 함께 천년 동안 지상에서 다스리게 되리라

는 영어로는 "millennialism," "millenarianism," "chiliasm" 등이 있다. "millenium"이란 라틴어에서 천(千)을 뜻하는 "mille"와 해(年)를 뜻하는 "ennium"이 합쳐서 만들어진 단어로, 천년의 기간을 나타낸다. "chiliasm"은 그리스어에서 천(千)을 의미하는 "chilias"에서 온 말로, "millennialism," "millenarianism"과 같은 의미를 갖지만, 주로 극단적인 천년왕국 사상을 말할 때 사용된다. Bryan W. Ball, *A Great Expectation : Eschatological Thought in English Protestantism to 1660* (Leiden, 1975), p. 13 참조.

10 *Areopagitica, CPW* II, p. 557.
11 *Areopagitica, CPW* II, pp. 555–6.

는 것을 적극적으로 믿는 믿음이다. 이 교리는 기독교의 전통적 종말론의 한 가지 요소이다.[12] 왕정복고 직전에 집필된 조직신학 저술인 『기독교 교리』(Christian Doctrine)에서 밀턴이 서술한 천년왕국에는 긴박한 분위기가 전혀 풍기지 않는다. 밀턴이 묘사한 천년왕국은 틀에 박힌 것으로서, 그리스도의 재림과 함께 시작하며, 최후의 심판과 동일시된다. 그리고 여기에서 천년왕국은 사탄 및 그의 추종자들을 상대로 한 최후의 우주적 전쟁이 발발할 때까지 지속된다. 그들의 멸망과 더불어 저주받은 자와 축복 받은 자는 완전히 분리되고, 축복 받은 자들은 온전한 영광 속에서 영생을 누리게 된다는 내용이다.[13] 이 교리는 일견 진부해 보이기도 하지만, 일단 적절한 상황이 조성되어 활성화되기만 하면 원초적이고도 강력한 이데올로기로 변하여, 「다니엘서」와 「에스겔서」, 그리고 특히 「요한계시록」에 기술되어 있는 낙관적

---

12 종말론(eschatology)은 역사 및 우주적 과정이 극적으로 끝나고 영원한 구원의 때가 시작되리라는 교리이다. 종말론은 개인적 종말론과 일반적 종말론으로 구분할 수 있다. 개인적 차원의 죽음, 심판, 천국과 지옥 등 개인의 최종적 운명에 관계되는 경우는 개인적 종말론이며, 일반적 종말론의 경우, 그것이 선택된 민족의 종말인가 전 세계의 종말인가에 따라 민족적 종말론, 우주적 종말론 등으로 구분된다. 여기에서 말하는 종말론은 우주적 차원에서의 최후의 일들, 즉 그리스도의 재림, 죽은 자의 부활, 그리고 세상의 종말 등에 관한 교리이다. George Arthur Buttrick, ed., *The Interpreter's Dictionary of the Bible*, 5 vols.(New York, 1962), s. v. "Eschatology of the OT," by E. Jenni. 또한 Bryan W. Ball, *op. cit.*, p. 13도 참조할 것.

13 *Christian Doctrine*, *CPW* VI, pp. 614-33.

희망과 가공할 파국적 운명에 비추어 과거와 미래를 조망하는 가운데, 동시대에 전개된 정치적·사회적·종교적 위기의 의미를 예언적인 견지에서 바라보게끔 만들었다.

천년왕국 사상은 에스파냐 무적함대의 패배(1588) 직후부터 잉글랜드의 종교 저술가들에 의해 표명되었다. 그러나 프로테스탄트 정부 당국은 천년왕국 사상의 표출을 기존 사회 질서에 대한 위협으로 간주하고 엄격하게 규제했다. 천년왕국 사상은 기존 사회적·정치적 질서의 전면적 변화가 임박했음을 언급했기 때문이다. 그러므로 천년왕국 사상을 다룬 서적들은 주로 출판물에 대한 통제가 상대적으로 느슨했던 네덜란드에서 출간되었다. 1640년까지는 설교자와 교사들이 천년왕국적인 견해를 표명하는 것도 엄격하게 규제되었다.[14]

그러나 1640년에 정부가 붕괴되자 잉글랜드의 정치 상황은 즉각 종말론적인 양상을 띠게 되었다. 유례없는 변화 속에서 세속 정치 조직은 국민을 인도할 준비를 미처 갖추지 못했다. 검열제가 무너지면서 천년왕국 사상을 비롯한 각종 예언에 대한 관심은 놀라울 정도로

---

14 Richard Popkin, "Seventeenth-Century Millenarianism," in Malcolm Bull, ed., *Apocalypse Theory and the Ends of the World* (Oxford, UK, 1995), p. 113. 팝킨(Popkin)은 17세기의 천년왕국 사상이 종전에 발달되었던 천년왕국 사상과 다른 점을 세 가지 지적한다. ① 주로 프로테스탄트 세계에서 발달했다. ② 「다니엘서」와 「요한 계시록」 등 성경의 상징과 예언을 새로운 방식으로 해석했다. ③ 당시의 중요한 사회적·정치적 사건들을 천년왕국 직전의 전조로 파악했다. *Ibid*., pp. 112-3.

아레오파기티카

증폭되었다. 온갖 종류의 천년왕국 사상이 공공연히 등장했다. 잉글랜드에서 진행되고 있는 모든 사태가 신의 권능에 의해 주도되고 있다는 느낌이 압도했고, 그 결과 정치적 상황에 대한 언급은 상당 부분 종교적인 방식으로 표현되었다.

천년왕국 사상은 "장기의회에서 행해진 공식 설교의 가장 근본적인 특징"이었다.[15] 의회에 제출된 청원서들에는 "섭리의 역사에 대한 감사 어린 찬탄이 표명되었고, 그런 찬탄은 청원서들의 머리말에서 거의 의무적인 것"이 되다시피 했다.[16] 대주교 로드(Laud)의 실각은 1630년대의 여러 예언들을 확증해 주었다. 정신적으로 매우 고양되었던 당시의 상황을 고려할 때, 사람들이 아일랜드 반란을 종말에 앞서 오게 될 대고난(Great Tribulation)의 서막으로 간주했다는 것은 놀라운 일이 아니다.[17] 바야흐로 역사는 영원으로 빨려 들어가고 있었다. 짧은 기간이긴 하지만 정치는 진정한 의미에서 종교의 일부가 되었던 것이다.

밀턴에게 장기의회는 단순한 정치적 집회일 수 없었다. 그것은 위대한 영웅들의 집단이며 아서(Arthur)의 기사단이었다. 그들의 리더

---

15 John Wilson, *Pulpit in Parliament* (Princeton, 1969), p. 195.

16 Blair Worden, "Providence and Politics in Cromwellian England," *Past and Present*, 108 (1985), p. 97.

17 Paul Christianson, *Reformers and Babylon: English Apocalyptic Visions from the Reformation to the Eve of the Civil War* (Toronto, 1978), p. 242f.

십에 의해 바야흐로 위대한 한 시대가 새롭게 시작하려 하고 있었다. 그들은 "위대하고 인구 많은 국민"을 부패와 맹목적인 미신으로부터 개혁시키기 위해 하나님에 의해 임명되었다.[18] 밀턴은 그들이 "매일 매일의 청원과 그들에게 쇄도하는 국민의 감사 가운데 마치 신들(gods)처럼 앉아서" 불과 몇 달 동안에 "오랜 세월에 걸쳐 극도의 공력을 기울인 것"보다 더 많은 일을 달성하는 모습을, 그리고 그들의 조국을 "세상 마지막 날의 어떤 대변혁으로도 결코 잊히지 않을 구원"으로 이끄는 광경을 상상했다.[19]

밀턴의 첫 번째 팸플릿인 『종교개혁론』(Of Reformation, 1641)은 잉글랜드가 그리스도의 나라로 변화한 데 대한 열광적인 감사로, 그리고 밀턴 자신을 천년왕국의 시인으로 묘사하는 것으로 결론을 맺고 있다. 밀턴은 다가올 천년왕국에서 "성도들의 찬송과 할렐루야" 가운데 "하나님의 자비와 경이로운 심판을 찬양하기 위해 새롭고 당당한 운율로" 소리 높여 시를 읊는 자신의 모습을 그렸다. "강렬하고도 지속적으로 진리와 의를 가르침 받고 단련 받아, 낡은 악의 누더기를 벗어버린 이 위대하고 전사적인 국민"은 "하나님의 자비와 심판"에 힘입어 공격할 것이다. 밀턴에게 이 국민이 추구할 목표는 단순히 정치

---

18 *Doctrine and Discipline of Divorce* (1644), *CPW* II, pp. 226−7.
19 *An Apology for Smectymnuus* (1642), *CPW* I, pp. 926, 922 ; *Areopagitica*, *CPW* II, pp. 538−9.

적·사회적 개혁이나 유토피아의 구현에 그치는 것이 아니었다. 잉글 랜드인은 "영존하시며 곧 오실 왕"인 그리스도가 "구름을 가르고 세상 여러 나라들을 심판"하고 자신의 "보편적이고 관대한 왕국"을 확립하는 그날을 향해 나아가야만 했다.[20]

그러므로 밀턴은 내전이 발발하기 이전부터 국왕과 의회의 문제를 정치적 타협으로 해결될 정치적 논의의 대상이라고 보지 않았다. 밀턴에게 국왕과 의회 문제는 최후 심판의 거대한 드라마의 제1막이었다. 이 드라마에는 선한 자와 악한 자가 있었다. 이윽고 전투가 끝나, 그리스도가 강림하여 여러 나라들을 심판할 때 모든 사태는 분명하게 된다. 그리스도는 "신앙적이고 의로운 나라"에게 상을 준다. 밀턴은 그 상이 무엇인지 정확하게 말하지 않았지만, 패배당한 적들에게 닥칠 운명에 대해서는 분명히 밝혔다. 그들은 "(하나님이 허용한) 현세에서의 수치스런 삶이 끝난 후 지옥의 가장 어둡고 깊은 구덩이에 던져질 것"이다. 그곳에서 그들은 영원토록 "다른 모든 저주받은 자들"에 의해 악랄하게 짓밟힐 것이다. "다른 모든 저주받은 자들"은 "처참한 고통 속에서" 패배자들에게 "노예와 흑인에게 하듯이 광포한 전제를 가하는 것" 말고는 위안을 얻지 못한다. 저주받은 자들은 그들보다 더욱 저주받은 자들을 박해하는 데 이용되며, 성도들은 굳

---

20 *Of Reformation* (1641), *CPW* I, p. 616.

이 자기 손을 더럽힐 필요가 없었다.[21]

　밀턴은 이런 자세로 1640년대 초의 정치적 논쟁에 뛰어들었다. 그것은 결코 정치인에게서 찾아볼 수 있는 마음가짐은 아니었다. 그는 자신의 학식과 메시아 대망을 결합시켜 예언적 역사 개념[22]을 통해 당시의 상황을 바라보았고, 역사를 신에 의해 예정된 거대한 체계 속에 넣음으로써 정치에 그야말로 열광적인 이데올로기적 힘을 부여했다.

　최후의 날이 임하면 거대한 역사적 장관이 펼쳐지게 된다. 갈릴리에서 하늘로 올라간 그리스도는 잉글랜드에 재림하고, 상원과 하원의 환영위원회는 그를 영접할 것이다. 그리고 위대한 시인은 그 자리에 참석해 승리의 노래를 부를 것이다. 그는 "하프를 들고 그리스도를 위해 정성들인 노래를 만인 앞에서 부를 것"이다. 세상은 "어리석고 믿음 없는 자들이 생각하는 것처럼" 쇠락하고 있는 것이 아니다. 세상은 먼 길을 돌아서 가기도 하지만 결국 그 위대한 사건을 향해 전진하고 있다. "모든 피조물은 거듭 나기를 바라며 탄식한다"는 것이다.[23]

21　*Of Reformation*, *CPW* I, pp. 616-7.

22　"예언적 역사"란 역사를 오직 신의 배려, 신성한 목적, 신의 간섭이라는 견지에서만 이해하려는 입장을 말한다. *The Interpreter's Dictionary of the Bible*, s. v. "Prophet, Prophetism," by B. D. Napier.

23　*Animadversion*(1641), *CPW* I, pp. 706-7. 「로마서」 8장 19~22절의 내용을

내전이 발발할 즈음 밀턴은 소요로부터 한 걸음 물러나 있었다. 그는 1642년 9월 이후 아내 메리(Mary)와의 가정불화로 인해 1643년 8월에서 1645년 3월에 이르기까지 이혼을 옹호하는 네 편의 팸플릿 [24]을 작성했고, 자신의 이혼관에 가해진 장로파의 공격 때문에 격렬한 논쟁에 빠져들었다. 『아레오파기티카』는 바로 이 논쟁의 와중에서 집필되었다. 그러나 이 기간에도 그는 천년왕국적인 확신을 굳게 간직하고 있었다.

내전 기간 중 밀턴이 작성한 마지막 팸플릿이기도 한 『아레오파기티카』는 1644년 11월에 출간되었다. 라스키(Harold J. Laski)의 지적처럼, 『아레오파기티카』는 원대한 소망이 이제 막 실현되려 하는 것을 목격한 몽상가의 분위기 속에서 작성되었다.[25] 이 팸플릿에서 밀턴은 긴박한 어조로 천년왕국이 임박했음을 묘사했다. 밀턴에 의하

인용한 것이다. "피조물은 하나님의 자녀들이 나타나기를 간절히 기다리고 있습니다. …… 피조물도 썩어짐의 종살이에서 해방되어서, 하나님의 자녀가 누릴 영광된 자유를 얻으리라는 것입니다. 모든 피조물이 이제까지 함께 신음하며, 함께 해산의 고통을 겪고 있다는 것을, 우리는 압니다."

24 네 편의 팸플릿은 다음과 같다. ① *Doctrine and Discipline of Divorce* (August, 1643), ② *The Judgement of Martin Bucer Concerning Divorce* (July, 1644), ③ *Tetrachordon*: *Expositions upon the four chief places in Scripture which treat of Marriage, or nullities in Marriage* (March, 1645), ④ *Colasterion*: *A Reply to a nameless Answer against the Doctrine and Discipline of Divorce* (March, 1645).

25 Harold J. Laski, "The *Areopagitica* of Milton after 300 Years," in Hermon Ould, ed., *Freedom of Expression*: *A Symposium* (1944; London, 1970), p. 170.

면 "추수하려면 5개월 이상이 걸린다고 생각하지만 실제로는 5주도 필요하지 않으며, 눈을 들어 밭을 보면 곡식이 이미 익어" 있었다. 바야흐로 신은 "전반적인 종교개혁을 위해, 강력하고 강건한 폭풍을 일으켜 왕국을 뒤흔들고" 있었다.[26]

밀턴은 천년왕국에 대한 믿음을 일생 동안 간직했지만, 그리스도의 나라가 언제 임하는가에 관해서는 얼마간 입장의 변화가 있었던 것으로 보인다. 그는 1641년부터 1644년까지는 "곧 오실 왕" 또는 "5주도 필요하지 않다"는 표현을 쓰면서 임박한 그리스도의 재림에 대한 확신을 드러냈지만,[27] 그 후에 작성된 문헌에서는 그러한 절박한 감정을 찾아보기 힘들다.

그는 1649년에는 "우리가 쉬지 않고 기도하는 나라는 아마 곧 올 것"이며 그 결과 모든 폭군들은 멸망할 것이라고 말했다.[28] 1651년에 이르러 이 하나님의 나라는 우리가 "소망해야" 하는 것이 되었다.[29] 1658년에서 1660년 사이에 작성된 것으로 보이는 『기독교 교리』에서 밀턴은 "오직 하나님만이 그리스도가 오실 날짜와 시간을 아신다"고 유보적 입장을 취했다. 물론 그는 여전히 그 날이 오면 그리스도와 그의 성도들이 1천 년간 세상을 다스리게 되리라고 확신하

---

26 *Areopagitica*, *CPW* II, pp. 554, 566.

27 *Of Reformation*, *CPW* I, p. 616 ; *Areopagitica*, *CPW* II, p. 554.

28 *The Tenure of Kings and Magistrates* (February, 1649), *CPW* III, p. 256.

29 *A Defence of the People of England* (February, 1651), *CPW* IV, p. 428.

고 있었다.[30] 왕정복고가 이루어진 1660년 4월의 환멸 가운데서도 그는 여전히 잉글랜드를 "이 찬란하고 장엄한 국가"라고 말하면서 그리스도의 재림을 고대하고 있었다.[31] 밀턴은 1660년 이후에도 그리스도의 재림을 믿기는 했으나, 그 일이 가까운 장래에 있으리라고 기대하지는 않았던 것으로 보인다.

2. 가톨릭과 적그리스도

가톨릭(popery)[32]에 대한 심한 반감은 17세기 초 잉글랜드의 정치적 위기에 내포된 중요한 종교적 요인이었다. 그것은 적어도 잉글랜드에서 나타난 이원적 대립 과정의 가장 두드러진 사례였다. 밀턴을 비롯한 잉글랜드의 많은 프로테스탄트에게, 가톨릭은 참된 기독교와 정반대되는 부정적 이미지로 비쳐졌다. 사탄의 대리자인 적그리스도가

---

30 *Christian Doctrine*, *CPW* VI, pp. 615, 623-7.

31 *The Ready and Easy Way*, 2nd ed.(April, 1660), *CPW* VII, pp. 422, 445.

32 밀턴 시대 잉글랜드인은 가톨릭을 포퍼리(popery)라고 비하해서 불렀다. 교황을 가리키는 영어 "pope"에서 파생된 이 단어는 성경 번역자인 윌리엄 틴들(William Tyndale)이 1534년에 처음 사용했다. 1534년에 윌리엄 틴들(William Tyndale)에 의해 처음으로 사용된 이 말은, "로마 가톨릭을 적대적으로 일컫는 말"로 사전에 정의되어 있다(*Oxford English Dictionary*, 2nd ed., 1989, s. v. "popery"). 가톨릭을 비하하는 뜻의 우리말 "천주학쟁이"와 유사하다고 할 수 있다.

가톨릭교회로 파견되어 이를 내부로부터 장악하고 있다는 것이다. 적 그리스도는 투르크인처럼 공공연한 적이 아니었다. 그는 은밀한 가운 데 기만과 궤계(詭計)로써 흥기하며, 짐짓 경건을 가장하지만 실제로 는 참된 종교의 가치를 왜곡하고 전도시키는 존재였다.

밀턴은 가톨릭 공의회를 "반기독교적(anti-Christian)"이라고 질타 하는가 하면, 가톨릭 신앙을 "공공연한 미신(open superstition)"이라고 규정했다.[33] 그러한 반기독교적인 미신이 교회에서 흥기하고 나아가 대중적 호소력을 갖게 된 이유는, 그것이 인간의 타락한 본성의 약점 을 교묘히 이용하기 때문이었다. 가톨릭은 "반(反)기독교"였고 프로테 스탄티즘은 "참된 종교"였다. 전자는 육적·외향적인 것이었고 후자는 영적·내면적인 것이었다. 둘 사이에는 "전제(專制)"와 "자유," "빛"과 "어둠"이라는 커다란 차이가 있다.

가톨릭의 전제는 부당하게도 교황이 교회의 머리라는 주장을 한 데 기인했다. 잉글랜드 프로테스탄트의 눈에 비친 가톨릭의 특징은, 외국인 지배자인 교황에게 충성을 바치는, 그리고 기독교인 군주를 파문 또는 폐위시킬 수 있는 외국인 지배자의 권리를 인정하는 외국 종교라는 점이었다. 밀턴은 『참된 종교』(Of True Religion, 1673)에서 "교 황은 왕국과 국가들, 특히 잉글랜드에 대한 권리를 사칭하며, 군주 를 왕위에 앉히기도 하고 폐위시키기도 하며, 인민을 군주에 대한 충

---

33 *Areopagitica*, *CPW* II, pp. 505, 565.

성으로부터 풀어놓는다"고 비난했다.[34] 교황은 그러한 주장을 실천에 옮김으로써 "모든 종교와 시민적 권리"를 뿌리째 뽑아 버린다는 것이다.[35] 로크(John Locke)를 포함한 17세기의 관용론자들은 주로 이런 근거에서 가톨릭을 관용의 대상에서 배제했다.[36]

교황의 전제는 세속 정부에 대한 정치적 영향력 행사에만 국한되지 않았다. 그것은 가톨릭에 내재한 근원적인 영적 압제였으며, 이 압제에 의해 평신도의 영적인 권리와 자유는 타락하고 파괴되었다. 그리스도의 완전하고 조건 없이 베푸는 속죄는 가톨릭에 의해 행위가 강조되면서 약화되고 말았다. 그 결과 가톨릭 신도들의 양심은 교황과 성직자들이 부과하는 헛된 인간의 전승과 율법에 의해 억눌리게 되었다. 검열제의 기원을 가톨릭교회로 돌린『아레오파기티카』의 다음 구절에서 가톨릭의 영적 압제에 대한 밀턴의 시각을 볼 수 있다.

---

34 *Of True Religion* (1673), *CPW* VIII, p. 429.

35 *Areopagitica*, *CPW* II, p. 565.

36 로크는『관용론』에서 가톨릭은 물론 무신론자에 대해서도 관용을 허락하지 않았다. 그 이유는, 가톨릭교도는 자기 나라의 왕이 아닌 외국인 왕, 즉 교황에게 충성을 바친다는 점에서 시민적 질서를 위협하기 때문이었다. 그리고 로크에 의하면, 무신론자는 인간 사회의 유대가 되는 약속, 계약, 서약 등 종교적 구속력을 인정하지 않는다는 점에서 신뢰할 수 없었다. *A Letter Concerning Toleration* (1689), in *John Locke : A Letter Concerning Toleration in Focus*, eds. John Horton and Susan Mendus (London, 1991), pp. 45-7.

그들은 이단 문제에만 그치지 않고, 그들의 기호에 맞지 않는 모든 주제에 대해 금서 조치를 내려 정죄하거나 삭제 목록이라는 새로운 연옥으로 곧장 집어넣었습니다. 이러한 침탈 행위를 완성하기 위해 그들이 마지막으로 고안한 것은, (마치 성 베드로가 천국의 열쇠뿐만 아니라 출판의 열쇠까지도 그들에게 넘겨주기라도 한 것처럼) 어떤 책이나 팸플릿이나 논고도 두 세 명의 끈질긴 전담 검열관 수도사들의 승인과 허가를 받지 못하면 출간할 수 없다고 명령을 내린 것입니다.[37]

물론 이러한 전제는 평신도가 무지했기 때문에 가능했다. 프로테스탄트 진영은 가톨릭의 평신도에 대한 전제가 복음의 밝은 빛 아래에서는 견딜 수 없다고 생각했다. 프로테스탄트의 관점에서 볼 때, 가톨릭교회의 처사는 성직자들이 평신도들을 고의로 무지한 상태에 가두어 두고 저지른 하나의 거대한 협잡이었다. 그러므로 가톨릭은 일반인들이 그 속임수를 알아차리지 못하게 하고자 지식의 확산을

---

37 *Areopagitica*, *CPW* II, p. 503. 베드로와 천국의 열쇠 이야기는 『신약성서』의 다음 구절에서 나온다. "내가 너에게 하늘나라의 열쇠를 주겠다. 네가 무엇이든지 땅에서 매면 하늘에서도 매일 것이요, 땅에서 풀면 하늘에서도 풀릴 것이다"(「마태복음」 16:19).

반대했고 그들이 성경을 자기 나랏말로 읽지 못하게 했다.[38] 가톨릭 교회는 무지를 신앙의 어머니라고 믿고 있었다는 것이다.

그러므로 "가톨릭의 전제"와 "기독교적 자유"의 구분은 곧장 "가톨릭의 어둠"과 "복음의 빛" 사이의 구분으로 이어졌다. 밀턴도 동일한 구분법을 사용했다. 그는 잉글랜드인이 발견한 기독교의 진리를 "빛"으로 표현했다.[39] 그러나 그 빛은 "응시하기 위해 주어진 것"이 아니었다. 그 빛을 응시하기만 하면 앞을 볼 수 없게 되기 때문이었다. 그 빛은 "우리의 현재 지식에서 멀리 떨어진 것들을 계속해서 발견토록 하고자 우리에게 주어진 것"이었다. 그러므로 "츠빙글리와 칼뱅이 우리에게 비추어 준 섬광"을 너무 오래 쳐다보아서는 안 되며, "교회 문제만큼이나 중대한 사안인 가정과 정치 두 분야에서의 삶의 규범"을 살펴 개혁해야만 했다. 주교제를 폐지한 것으로 종교개혁의 임무가 완성되었다고 속단해서는 안 된다는 것이다.[40]

밀턴에게 종교개혁은 점진적인 계몽의 과정이었다. 이런 의미에서 밀턴은 루터가 로마 가톨릭과 결별한 사건을 오늘날 흔히 생각하는 것처럼 서양 역사의 분수령이라고 생각하지 않았다. 그는 자신의 산문에서 대개의 경우 "the Reformation"이라는 말 대신 "reforma-

---

38 John Miller, *Popery and Politics in England, 1660–1688* (Cambridge at the Univ. Press, 1973), p. 70.

39 *Areopagitica*, *CPW* II, p. 562.

40 *Areopagitica*, *CPW* II, p. 550.

tion"이란 말을 즐겨 사용했다.[41] 종교개혁을 일회적으로 끝나는 것이 아니라 반복되는 임무라고 보았던 것이다. 밀턴을 비롯해 당시의 프로테스탄트 진영은 일단 복음의 빛이 인쇄물과 설교를 통해 사람들에게 계시되기만 하면, 가톨릭이 남겨 놓은 무지와 미신의 구름은 저절로 사라지리라고 믿었다.

올리버 크롬웰(Oliver Cromwell)의 정신적 스승이자 친구였던 토머스 비어드(Thomas Beard)도 비슷한 생각을 갖고 있었다. 그는 1625년에 출간한 저서 『적그리스도, 로마의 교황』(*Antichrist the Pope of Rome*)에서, 루터와 인쇄술이 힘을 합쳐 적그리스도(가톨릭 교황)의 몰락을 촉진했다고 설명했다.[42] 출판물에 대한 검열이 "종교개혁의 첫걸음을 방해하는 것 이외에 다른 목적이 없었다"고 한 밀턴의 주장과 같은 맥락이었다.[43]

인쇄술의 보급과 서적의 광범한 유포는 근대 초기의 잉글랜드인으로 하여금 반가톨릭적 태도를 갖게 만든 중요한 요인이었다. 1550년대와 1650년대 사이에 접어들어, 글을 읽을 수 있는 사람과 문맹

---

41 Georgia Christopher, "Milton and the Reforming Spirit," in Dennis Danielson, ed., *The Cambridge Companion to Milton* (Cambridge Univ. Press, 1989), p. 197.

42 Thomas Beard, *Antichrist the Pope of Rome* (1625), pp. 181-2, quoted in Christopher Hill, *Antichrist in Seventeenth-Century England*, revised ed. (London, 1990), p. 22.

43 *Areopagitica*, *CPW* II, p. 507.

자 사이에 그어진 구분선은 유럽의 프로테스탄트 지역에서는 점차 흐릿해지는 경향을, 그리고 가톨릭 지역에서는 더욱 뚜렷해지는 경향을 보였다. 프로테스탄트 지역에서는 좀 더 다양한 사회 계층으로로부터 유능한 인물들을 충원하는 계기가 마련된 셈이었다. 성직자와 평신도가 다 같이 속어(俗語)로 쓰인 기도문과 성경을 읽는 곳에서는, 라틴어를 읽는 엘리트 계층과 속어를 읽는 대중 사이에 가로놓인 기존의 격차가 약화되지 않을 수 없었다.

프로테스탄트와 가톨릭 사이의 현격한 문화적 차이가 가장 잘 나타난 곳은 가정이었다. 집안에 기도문과 성경이 있는지의 여부는 프로테스탄트 신도와 가톨릭교도의 가정생활을 구분 짓는 중요한 시금석이었다. 프로테스탄트 가정에서는 종전에 교회의 사제들에게만 맡겨졌던 기능이 가장들에게도 주어졌다. 그 결과 프로테스탄트 가정의 남편과 아버지는 가톨릭 가정의 남편과 아버지가 전혀 갖지 못한 새로운 지위를 부여받았다.

성경과 기도문이 경건한 가장들의 손에 쥐어져 있는 한, 사제와 평신도, 제단과 가정 사이의 장벽은 사실상 해체되었다. 성경에서 새로운 자부심의 근거를 찾게 된 잉글랜드인은, 설령 적그리스도에 대한 천년왕국적 전망이 아니라 하더라도, 가톨릭에 대해 부정적 견해를 가질 만한 충분한 근거를 갖고 있었다. 이런 의미에서 프로테스탄티즘은 "책의 종교(book religion)"였다.[44]

1605년에 일어난 화약 음모 사건은 프로테스탄트로 하여금 가톨릭교도들이 불충하고 반역적이라고 믿게끔 만든 최후의 그리고 가장 큰 영향을 미친 사건이었다. 밀턴을 비롯한 대다수의 프로테스탄트들에게 이 사건은 가톨릭의 사악함을 드러낸 흉악무도한 일이었다.[45] 음모의 흉악성, 거의 성공할 뻔했던 사태의 진전, 그리고 이 사건에 예수회—예수회는 이제 잉글랜드 프로테스탄트에게 악령의 괴수로 비쳐졌다—가 관여했다는 사실은 프로테스탄트에게 커다란 충격을 안겨주었다. 의회 법령에 의해 11월 5일은 국가적 기념일로 정해져 해마다 행사가 치러졌고, 그것은 잉글랜드 최초의 공식 국경일이 되었다.[46]

밀턴은 화약 음모 사건 20주년이 되던 1625년에 화약 음모 사건

44　Elizabeth L. Eisenstein, *The Printing Press as an Agent of Change*:*Communications and Cultural Transformations in Early-Modern Europe* (1979； Cambridge Univ. Press, 1993), pp. 422-7.

45　*A Milton Encyclopedia*, s. v. "Gunpowder Plot, Milton's Epigrams on the," by E. Richard Gregory； Mark Nicholls, *Investigating Gunpowder Plot* (Manchester Univ. Press, 1991), pp. 3-16. 일단의 로마 가톨릭교도들은 제임스 왕이 의회에 출석하는 1605년 11월 5일에 의사당 지하에서 36배럴의 화약을 폭파시키려 하였으나 사전에 발각되어 불발로 그치고 말았다. 사건의 주모자인 로버트 케이츠비(Robert Catesby)는 자신들의 음모가 성공을 거둘 경우 초래될 혼란 가운데, 필요하다면 외국의 도움을 얻어서라도 잉글랜드의 카톨리시즘을 부흥시킬 계획을 품고 있었다. 그러나 그들 중 하나였던 가이 포크스 (Guy Fawkes)가 거사 전날인 11월 4일 저녁에 의사당 지하에서 화약 더미와 함께 발각되었고, 포크스는 고문 끝에 사건의 전모를 털어놓게 되었다.

46　C. John Sommerville, *The Secularization of Early Modern England*： *From Religious Culture to Religious Faith* (Oxford Univ. Press, 1992), p. 40.

을 주제로 "11월 5일"이라는 시를 썼다. 밀턴의 나이 17세 되던 해에 작성된 이 시에서, 악마는 온 세상에서 잉글랜드만이 "자신에게 반역하는 나라"라고 말한다. 이 시에서 하나님은 "나와 나의 잉글랜드인(me and my English)"이라는 표현을 사용함으로써 잉글랜드인에 대한 각별한 호의를 표시한다. 그리고 사탄은 프로테스탄트의 하나님이 "티레니아 해(이탈리아 서부·코르시카·사르디니아·시칠리아에 둘러싸인 해역)에 자신의 대군을 채워 넣고, 아벤티누스 언덕(로마의 일곱 언덕 중 하나)에 하나님의 빛나는 군기들을 꽂을 날"이 언젠가 오고 말 것이라고 절망적인 예상을 한다.[47] 다시 말해서 밀턴은 묵시적인 전망 가운데 시적 표현을 통해 적그리스도의 본거지인 로마가 멸망하는 모습을 그려 보인 것이다.

종교개혁 초기에 잉글랜드인은 적그리스도를 교황 또는 로마 가톨릭교회와 동일시하는 가운데 스스로의 정체성을 확립할 수 있었다. 힐(Christopher Hill)은 그와 같은 신념이 괴팍스런 몇몇 사람들에게만 국한된 것이 아니라 엘리자베스 시대 지식인들 사이에 거의 보편적인 현상이라고 말한다.[48]

반가톨릭적 태도는 1605년까지는 잉글랜드의 결속을 강화시키

---

47 "In Quintum Novembris(On the Fifth of November)," *Complete Poems*, pp. 15-21.

48 Christopher Hill, *Antichrist*, pp. 68-84.

는 요인으로 작용했지만, 1640년에 이르면 그것은 오히려 분열을 조장하는 요인이 되었다. 대주교 로드와 그의 추종 세력은 가톨릭교회를 적대시하지 않으려 했고, 교황과 적그리스도를 동일시하는 관점에 의문을 제기했다. 그것은 도발이었다. 청교도들은 이제 악의 음모가 잉글랜드 내부에도 침투했으며, 바야흐로 절정에 이르렀다고 보게 되었다. 교황파는 마치 "트로이의 목마"처럼 잉글랜드 내부에 깊숙이 침입해 들어왔다.[49] 그들이 볼 때 청교도 지도자들에 대한 박해는 의식적이건 무의식적이건 간에 교회 지도층이 적그리스도를 섬기고 있다는 명백한 증거였다.

그러므로 밀턴은 겉으로만 프로테스탄트 진영에 속한다고 주장하는 국내의 적대 세력들에 맞서 싸우는 역할을 스스로 떠맡았다. 그는 잉글랜드 교회의 고위 성직자들에 맞서 반교황적 레토릭을 구사하면서, 그들을 "적그리스도 이상으로 적그리스도적인 존재들"이라고 공격했다.[50] 밀턴은 국교회의 고위 성직자들, 특히 주교와 대주교들이 부유하고 탐욕스러우며, 영혼의 안위 이외의 것에만 관심을 갖는다고 주장했다. 밀턴에 의하면 검열제는 가톨릭의 "마법에 홀린"

---

49 J. P. Sommerville, *Politics and Ideology in England, 1603–1640* (London, 1986), p. 197 ; Anthony Fletcher, "The First Century of English Protestantism and the Growth of National Identity," *Studies in Church History*, 18 (1982), p. 315.

50 *Reason of Church Government*(1642), *CPW*, I, pp. 757, 799.

잉글랜드 고위 성직자들이 처음 도입한 것으로, "너무나 원숭이처럼 로마를 닮아" 있었다.[51] 그는 교회정부 제도를 『신약성서』 시대로 돌려놓아야 한다고 주장했다. 그의 주장이 프로테스탄트 종교개혁의 핵심 원리인 만인사제주의를 구체화하고 있다는 사실은 결코 우연이 아니다. 밀턴은 "뒤늦게 등장한 성직자들이 빼앗아 가기 전까지는, 베드로가 성직자의 지위를 하나님의 백성 모두에게 부여했다는 것을 기독교인들이 알아야 한다"고 당부했다.[52]

1641년 5월에서 1642년 4월까지 만 1년 동안 밀턴은 주교들을 질타했다. 이 기간에 그는 모두 5편의 팸플릿을 썼다.[53] 밀턴에게 국교회의 주교제는 협상할 수 있는 문제가 아니었다. 그것은 절대악이었다. 밀턴에 의하면, 잉글랜드의 주교들은 "우리의 영혼에 대해 무지하고 눈먼 안내자들"이었다. 그들은 "우리의 지갑과 재산에 대해서는 파괴적인 강도들이었고, 지속적인 약탈과 강탈을 일삼았으며, 우리의 국가에 대해서는 해를 끼치고 훼방하는 재난이요, 불화와 반란의 진원"이었다.[54] 후술하겠지만, 존 폭스(John Foxe)가 『순교자 열전』(Actes

---

51 *Areopagitica, CPW* II, p. 504.

52 *Reason of Church Government, CPW* I, p. 838.

53 다섯 편의 팸플릿은 다음과 같다. ① *Of Reformation* (May, 1641), ② *Of Prelatical Episcopacy* (June or July, 1641), ③ *Animadversions* (July, 1641), ④ *Reason of Church Government* (January or February, 1642), ⑤ *An Apology for Smectymnuus* (April, 1642).

54 *Of Reformation, CPW* I, p. 603.

and Monuments)에서 예찬했던 크랜머(Cranmer), 래티머(Latimer), 리들리 (Ridley) 같은 메리 여왕 시대의 순교 주교들마저 그의 신랄한 공격을 면치 못했다. 밀턴은 행여 그들로 말미암아 주교제가 우상화되지 않도록 그들의 이름 자체를 "마치 놋뱀을 깨뜨려 버리듯이 철저히 없애 버려야 한다"[55]고 주장했다. 밀턴은 어떤 미덕도 주교제의 결함을 메울 수는 없다고 보았다.

그러므로 주교제는 없어져야만 했다. 그러면 주교제 대신 밀턴은 무엇을 대안으로 생각하고 있었는가? 밀턴은 적어도 이 단계에서는 그것에 관해 구체적으로 생각하지 않았다. 그에게 중요했던 것은 주교제를 없애는 일이었다. 물론 주교제가 없어진 이후의 혼란에 대한 우려가 예상될 수 있다. "하드리아누스의 성벽이 무너지면 분파들이 홍수처럼 밀려들어 온다"는 주장이다. 그러나 밀턴은 결코 그렇지 않다고 반박했다. 밀턴은 "우리에게 그 (분파들의) 목록을 달라"고 항변한다. 밀턴에 의하면 "그들은 오합지졸이 아니라 의견이 일치하는 선

---

55 *Of Reformation*, *CPW* I, p. 535. 히스기야는 모세가 광야에서 기둥 위에 달아 놓았던 놋뱀을 깨뜨려 버렸다. 이스라엘 백성이 그것을 우상으로 만들었기 때문이다. "그리하여 모세는 구리로 뱀을 만들어서 그것을 기둥 위에 달아 놓았다. 뱀이 사람을 물었을 때에, 물린 사람은 구리로 만든 그 뱀을 쳐다보면 살아났다"(「민수기」 21:9). "그(히스기야)는 또한 모세가 만든 구리 뱀도 산산 조각으로 깨뜨려 버렸다. 이스라엘 자손이 그 때까지도 느후스단이라고 부르는 그 뱀에게 분향하고 있었기 때문이다"(「열왕기하」 18:4).

량한 프로테스탄트 대중"이었다.[56] 그들은 일단 주교제가 없어지기만 하면 자신들의 개별적인 차이점을 버리고 굳게 결합하여 개혁된 국민적 프로테스탄트 교회를 만들게 된다는 것이다.

밀턴을 단순히 기독교인이라든가 기독교적 휴머니스트라고만 말하는 것은 충분치 못하다. 그는 무엇보다도 청교도였다. 그리고 밀턴이 견지한 청교도주의는 프로테스탄트 종교개혁의 원리를 논리적 극단에 이르기까지 철저히 밀고 간 것이었다. 밀턴은 자신의 청교도주의를 통해서 프로테스탄트 종교개혁의 의미를 명백히 파악했고, 또한 잉글랜드 국교회가 미처 완성하지 못한 부분을 분명히 볼 수 있었다. 종교개혁의 결과물들, 즉 전통에 대한 거부, 우상 파괴적 경향, 개인주의적 성향, 그리고 오로지 양심과 이성에만 의지하려는 태도 등은 밀턴에게서 극단적인 형태로 나타났다. 그의 청교도주의는 그 가치를 실현하는 길에 가로놓인 장애물들을 예민하게 의식하도록 만들었고, 이로 인해 그는 다른 기독교인들 같으면 오히려 중요한 도움으로 여겼을 규칙과 제도들을 장애물로 간주했다.[57]

---

56 *Reason of Church Government*, *CPW* I, pp. 786–7. 하드리아누스의 성벽은 브리튼의 북방 경계선을 수비하기 위해 서기 122년경에 축조된 고대 로마의 성벽이다. 분파가 온다면 북방(스코틀랜드)으로부터 올 것이라는 점을 염두에 둔 비유이다.

57 A. S. P. Woodhouse, *The Heavenly Muse*: *A Preface to Milton*, ed. Hugh MacCallum (Univ. of Toronto Press, 1972), pp. 102–3 참조.

밀턴은 영국혁명 초기에는 주교제를 반대하는 팸플릿들을 출간
하면서 장로파와 공동전선을 펼쳤다. 그러나 라스키(Harold J. Laski)도
지적했듯이, 혁명 초기에 모든 의회 지지자들은 그들이 반대하는 것
이 무엇인지에 대해서는 의견이 일치했으나, 추구하는 목표에는 상
당한 견해차가 있었다.[58] 주교제가 붕괴하고 국가의 주권이 국왕으로
부터 의회로 넘어가자, 다수 세력이었던 장로파는 이제 더 이상의 변
화를 도모할 이유가 없다고 보았다. 그들은 이른바 새로운 정통(new
orthodox)의 창출자로 변신하여, 주교제를 대신할 또 하나의 국가 교
회를 수립하고자 했다. 밀턴이 볼 때, 그와 같은 장로파의 행태는 가
톨릭 교부들 대신 칼뱅을, 그리고 가톨릭의 공의회(councils) 대신에 웨
스트민스터 종교회의(Westminster Assembly)를 새롭게 들여놓은 것에
다름 아니었다.

장로파의 영향 아래 있던 장기의회는, 1643년 6월 14일에 검열
관의 사전 허가를 받은 서적에 한해 서적을 출간할 수 있도록 규정한
출판 허가법(Licensing Order)을 공포했다. 이 법령은 장로파가 잉글랜
드의 종교적 관행과 견해를 획일화하고, 아울러 정치적 반대 의견을
침묵시키고자 제정했다. 밀턴의 눈에 출판 허가법은 새로운 정통을

---

58 Harold J. Laski, *op. cit.*, p. 173. 다음 글에서도 같은 내용을 읽을 수 있다.
R. J. Acheson, *Radical Puritans in England : 1550–1660* (London, 1990), p.
45.

아레오파기티카

수립하기 위한 음모로 비쳐졌다. 그는 이 조치가 스튜어트 왕조의 전제를 모양만 바꾼 채 부활시킨 것이며, 각별히 1637년에 제정된 성실청 포고령(Star Chamber Decree)을 고스란히 답습한 것이라고 간주했다.

그 결과 그는 1644-5년에 장로파와 결별했다. 고위 성직자 나으리들(prelates)뿐만 아니라 "우리의 일부 장로들(presbyters)"도 이 종교재판소의 검열 제도에 현혹되었기 때문이다. 그들은 "우리를 예수회에 종속토록" 만들고 종교개혁 작업을 수행하는 사람들에게 검열을 요구하면서 못살게 굴고 그들의 일을 금지했다. 그들은 그들이 "금지하는 것이 다름 아닌 진리 그 자체"라는 것을 생각하지 못하고 있었다.[59] 그들은 "종교재판소의 도미니쿠스 수도사가 한 일을 우리에게 하려하고 있으며, 이런 억압을 향한 적극적인 한걸음을 내딛고" 있었다.[60]

이제 밀턴에게 "주교와 장로가 그 이름과 실체에 있어서 동일한 존재라고 하는 것"은 논란의 여지가 없는 일이었다.[61] 1646년경에 밀턴은 「장기의회 치하 새로운 양심의 강요자」라는 시에서 영어의 "장로"와 "사제"가 어원이 같다는 점에 착안하여, "새로운 장로는 옛 사제보다 한술 더 뜨는 자들(New Presbyter is but Old Priest writ large)"이라

---

59 *Areopagitica*, *CPW* Ⅱ, pp. 493, 565.
60 *Areopagitica*, *CPW* Ⅱ, pp. 568-9.
61 *Areopagitica*, *CPW* Ⅱ, p. 539.

는 재치 있는 말을 남겼다.[62] 밀턴은 "이제 주교들이 폐지되고 교회에서 추방된 마당에, 마치 우리의 종교개혁의 목적이 그들의 자리에 이름만 달리한 채 다른 사람들을 채우는 것이라도 되는 것처럼 주교제적인 술책이 다시 싹트고 있다"고 보았다. 장로파가 하려는 일은 "주교제의 제거"가 아니었다. 그들의 행동은 "단지 주교단을 바꿔치기하는 데 불과"했고, "캔터베리 대주교 공관의 지배권을 이 사람에서 저 사람으로 바꾸는 데 지나지 않았다."[63] 트레버-로퍼(Hugh Trevor-Roper)의 설명에 따르면, 밀턴은 장로파가 주교들보다 더욱 사악한 집단이라고 보았다. 주교들은 적어도 적그리스도를 지지한다는 점에서 일관성을 유지하고 있었다. 그러나 장로파는 위선적인 태도를 취하면서 혁명을 배신한 것이다.[64]

피터 레이크(Peter Lake)의 지적처럼, 잉글랜드 프로테스탄트의 반가톨릭적 태도는 세계를 선과 악, 긍정적 특징과 부정적 특징으로 나누는 한 방식이었으며, 적어도 그 구분을 행하는 입장에서 볼 때 그러한 구분은 프로테스탄트 잉글랜드의 통합을 위협하는 세력을 분

---

62 "On the New Forcers of Conscience Under the Long Parliament" (1646?), 20, *Complete Poems*, p. 145. "Presbyter"와 "Priest"는 원래 같은 그리스 단어에서 파생된 말이다. 그러나 후자는 일찍이 프랑스어와 라틴어를 통해 영어에 들어왔고, 전자는 16세기에 그리스어에서 직접 도입되었다.

63 *Areopagitica*, *CPW* II, p. 541.

64 Hugh Trevor-Roper, *Catholics, Anglicans and Puritans: Seventeenth Century Essays* (The Univ. of Chicago Press, 1988), p. 266.

아레오파기티카

리시켜 물리치는 수단이었다.[65] "반(反)종교" 또는 "공공연한 미신"인 가톨릭에 대한 밀턴의 분석은 이원적인 대립 구도로 진행되었다. 그가 로마 가톨릭의 속성이라고 간주한 부정적인 특징들을 뒤집어 놓으면 그것은 곧 밀턴이 프로테스탄트 고유의 것이라고 간주한 긍정적인 문화적·정치적·종교적 가치를 의미했다. 그러므로 우리는 밀턴의 가톨릭에 대한 부정적 이미지를 통해 그가 지향했던 긍정적 이미지를 확인할 수 있다. 즉, 밀턴이 추구한 목표는 철저한 프로테스탄트 종교개혁의 원리에 바탕을 둔 청교도적 민족주의였다.

3. 청교도적 민족주의

『아레오파기티카』 본문에는 밀턴의 애국적 감정이 잘 드러난 부분이 있다. 마이클 픽슬러(Michael Fixler)가 "애국적 일탈(patriotic digression)"이라고 이름 붙인 이 대목[66]에는 밀턴의 민족주의의 성격이 잘 나타나 있다(『아레오파기티카』 6장 "잉글랜드인의 위대성"이 여기에 해당한다).

---

65 Peter Lake, "Anti-popery: the Structure of a Prejudice," *Conflict in Early Stuart England: Studies in Religious and Politics, 1603–1742*, eds. Richard Cust and Ann Hughes (London, 1989), p. 74.

66 Michael Fixler, *Milton and the Kingdoms of God* (London, 1964), p. 124. *Areopagitica*, *CPW* II, pp. 551–7이 여기에 해당된다.

밀턴의 민족주의는 적그리스도의 계략을 물리치고 잉글랜드의 종교 개혁을 완성시키고자 하는 천년왕국적인 열정으로 짙게 물들여져 있다. 밀턴은 "애국적 일탈"의 첫 대목에서, 잉글랜드인의 탁월성을 다음과 같이 설명하고 있다.

잉글랜드 상원 및 하원 의원 여러분, 여러분이 속한 나라, 여러분이 통치하는 나라가 어떤 나라인지 생각해 보십시오. 이 나라 국민은 느리고 굼뜨지 않으며, 기민하고 현명하고 통찰력 있는 정신을 갖고 있습니다. 예리한 창의력이 있으며 섬세하고 강건한 이성이 있어서 인간 능력이 솟구쳐 오를 수 있는 최고의 경지에 오르지 못하는 경우가 없습니다. 그러므로 가장 심오한 여러 학문 분야에 대한 우리 국민의 연구는 대단히 유서 깊고 탁월하여, 고전 고대의 가장 판단력이 뛰어난 저술가들은 심지어 피타고라스학파와 페르시아의 지혜마저도 이 섬의 고대 철학에서 비롯되었다고 믿었던 것입니다.[67]

밀턴은 잉글랜드인이 "하나님에 의해 선택된 민족"이며 세계사에서 특별한 임무를 부여받았다고 믿었다.[68] 심지어 고대의 이교 시대

---

67 *Areopagitica*, *CPW* II, p. 551.
68 *Reason of Church Government*, *CPW* I, p. 861.

에도 "우리의 고대 드루이드족"은 "이 섬(잉글랜드)을 프랑스를 가르치는 철학의 대성당으로" 만들었다.[69] 밀턴은 "가장 오랜 개혁 교회(ancientest reformed churches)"로서 유럽의 종교개혁 운동을 처음으로 출발시킨 왈도파(Waldensians)를 존경하기도 했지만,[70] 그가 무엇보다도 높이 찬양한 것은 "전 유럽의 전반적 종교개혁을 가져다 준 최초의 위대한 설교자로서의 영예를 하나님에게서 얻은 잉글랜드인" 존 위클리프(John Wyclif)의 "거룩하고 존경할 만한 정신"이었다.[71]

거룩하고 존경할 만한 정신을 지닌 위클리프를, 완고하고 사악한 우리의 고위 성직자들이 분열자요 혁신자라는 혐의를 뒤집어 씌워 억압하지만 않았더라면, "아마 보헤미아의 후스와 프라하의 제롬도, 아니, 루터의 이름이나 칼뱅의 이름마저도 알려지지 않았을 것"이었다. 유럽의 모든 나라들을 개혁시키는 영광은 온전히 잉글랜드인

---

69 *Doctrine and Discipline of Divorce*, *CPW* II, p. 231.

70 *Considerations Touching the Likeliest Means to Remove Hirelings out of the Church* (1659), *CPW* VII (revised ed.), p. 291. 밀턴은 왈도파를 "종교개혁 이전의 프로테스탄트(pre-Reformation Protestants)"로 보고 평생 깊은 관심을 기울였으며, 그들의 인격과 신앙에 대해 거의 무조건적인 찬사를 베풀었다. 밀턴을 비롯한 많은 프로테스탄트 신도들은, 왈도파가 초대 교회의 신앙을 이어받은 것으로 간주했다. William Hunter, Jr., "Milton and the Waldensians," *Studies in English Literature*, XI (1971), p. 153. 밀턴의 왈도파에 대한 언급은 다음에서 볼 수 있다. *Commonplace Book* (1644–1647?), *CPW* I, 379 ; *The Tenure of Kings and Magistrates* (1649), *CPW* III, p. 227 ; *Eikonoklastes* (1649), *CPW* III, p. 513f.

71 *Tetrachordon*(1645), *CPW* II, p. 707 ; *Areopagitica*, *CPW* II, p. 553.

의 것이었다. 하지만 잉글랜드의 완고한 성직자들이 폭력적으로 문제를 처리하여 일을 그르치는 바람에, 잉글랜드는 그만 가장 늦되고 열등한 학자가 되고 말았다. 하나님은 애당초 잉글랜드를 이웃 나라들의 선생으로 세우셨는데 말이다.[72]

밀턴에 의하면, 잉글랜드는 일찍이 위클리프를 통해 "전 유럽에 종교개혁의 첫 소식이 선포되고 첫 나팔이 울려 퍼진" 나라요, 하나님에 의해 선택된 나라였다.[73] 위클리프는 종교개혁의 선구자로서, 그가 든 횃불로 말미암아 "그 후에 등장한 모든 종교개혁자들은 그들의 작은 촛불에 좀 더 쉽게 불을 붙일 수 있었다." 그리고 위클리프는 "파묻힌 진리를 최초로 회복시킬 주역으로 하나님께서 이 섬(잉글랜드)을 택하셨음을 보여준 선례"였다.[74] 위클리프 이후의 종교개혁, 그리고 바야흐로 "종교개혁 그 자체를 개혁하는 일"은 잉글랜드인에게 맡겨진 일이었다.[75]

적그리스도의 멸망과 그리스도의 재림은 "이 브리튼 제국"이 "영광스럽고 자랑스러운 절정에 이를 때" 이루어지도록 계획되어 있었다.[76] 밀턴은 그의 시대가 보여주는 여러 징표들로 미루어 하나님이

---

72 *Areopagitica*, *CPW* Ⅱ, p. 553.

73 *Areopagitica*, *CPW* II, p. 552.

74 *Of Reformation*, *CPW* I, pp. 525 – 6.

75 *Areopagitica*, *CPW* II, p. 553.

76 *Of Reformation*, *CPW* I, p. 614.

"종교개혁 그 자체를 개혁할 것"을 명령하고 있음을 알 수 있다고 선언했다. 그리고 종말이 멀지 않은 이때에 "브리튼의 하나님"은 "늘 하시던 방식대로" 가장 먼저 "하나님의 잉글랜드인(his Englishmen)"에게 스스로를 계시할 것이 틀림없었다.[77] 윌리브로드(Willibrord), 윈프리드(Winfrid), 알퀸(Alquin), 그리고 위클리프는 하나님이 "이 섬을 섭리 가운데 특별히 관대한 눈으로 보살펴 주시고 있음을 보여주는" 살아있는 증거였다.[78]

밀턴의 애국적 감정은 『아레오파기티카』의 제목이 정해진 배경에서도 찾을 수 있다. 『아레오파기티카』는 표면적으로는 아테네의 변론가인 이소크라테스(Isocrates)의 일곱 번째 연설 『아레오파고스 연설』(*Areopagiticus* 또는 *Areopagitic Discourse*)에서 비롯된 것으로 볼 수 있다. 『아레오파기티카』에서 밀턴은 "잉글랜드의 아레오파고스"인 의회를 상대로 연설하는 형식을 취했기 때문이다.[79]

그러나 밀턴의 진정한 의도는 『아레오파기티카』를 통해 「사도행전」(17:16-34)에 등장하는 바울의 "아레오파고스 연설(Areopagitic Dis-

---

77 *Animadversions*, *CPW* I, p. 704 ; *Areopagitica*, *CPW* II, pp. 552-3. 크리스토퍼 힐(Christopher Hill)의 대표적 저술 중 하나인 『신의 잉글랜드인』(*God's Englishman : Oliver Cromwell and the English Revolution*, 1970)은 그 제목을 『아레오파기티카』에서 따온 것이다.

78 *Animadversions*, *CPW* I, p. 704.

79 Sir Richard C. Jebb, "Introduction" to *Areopagitica* (Cambridge at the Univ. Press, 1918), p. xxiii.

course)"를 연상토록 한 것으로 보인다.[80] 바울이 아테네 출신 시인 아라토스(Aratus)의 시를 인용함으로써 아테네인의 자부심에 호소한 것처럼(「사도행전」 17:28), 밀턴은 종교개혁의 원리를 처음으로 제시한 선구자 존 위클리프를 거명함으로써 잉글랜드인의 국민적 자부심에 호소한 것이다.[81]

밀턴이 조국 잉글랜드에 대한 예언적 역사 개념을 갖는데 결정적인 영향을 받은 것은 존 폭스(John Foxe)의 『순교자 열전』(*Actes and*

---

80 *A Milton Encyclopedia*, s. v. "Bible, Milton and the," by James H. Sims. 실제로 밀턴과 바울의 연설에는 비슷한 점이 있다. 예를 들면, 밀턴과 바울은 제각기 청중(잉글랜드 의회와 아테네 시민)의 진지한 진리 탐구에 찬사를 보내면서, 그와 동시에 그들의 청중이 잘못 생각하고 있는 점을 지적하였다. 아테네인은 그들이 섬기는 것보다 더 우위에 있는 신을 알고자 했다는 점에서 지혜를 갖고 있었다. 그러나 그들은 그 신을 성상(聖像)으로 만들어 사람이 만든 신전에 모셔 두는 오류를 범했다(「사도행전」 17:24-5). 한편 잉글랜드 의회는 출판을 규제하는 법령들을 통과시켰고, 그것들 중 어떤 것(서명법)은 유익하기도 했지만(제2부 제3장 참조), 검열제가 초래할 해로운 영향을 미처 생각하지 못했다는 점에서 오류를 범하였다. 아테네인은 진지하게 하나님을 알고자 했지만, 신적인 계시의 결여는 그들의 탐색에 장애가 되고 있었다. 그와 마찬가지로 잉글랜드인은 종교적 진리를 진지하게 추구했지만 그들이 이미 가지고 있는 계시를 간과함으로써 그들의 추구에 방해를 받고 있었다.

81 물론 『아레오파기티카』에서 밀턴은 자신의 글과 바울의 연설을 대비하고자 했음을 명시적으로 밝히지는 않았다. 그럼에도 불구하고, 의회 의원들과 동시대의 독자들은 밀턴의 글을 읽으면서 바울의 "아레오파고스 연설"을 연상했을 것임에 틀림이 없다. *A Milton Encyclopedia*, s. v. "Bible, Milton and the," by James H. Sims 참조.

Monuments)[82]이었다. 패트릭 콜린슨(Patrick Collinson)은 "폭스를 말하지 않고 잉글랜드의 프로테스탄트 국가 형성을 말한다는 것은 왕자가 빠진 『햄릿』(*Hamlet*)과 다를 바 없다"[83]고 했는데, 같은 의미에서 밀턴의 예언적 역사 개념 형성도 폭스를 빼놓고는 말할 수 없다.

『순교자 열전』은 엘리자베스 치세에는 여왕의 명령으로 모든 국민이 읽을 수 있도록 잉글랜드의 모든 교회와 공공장소에서 성경 옆에 비치되었다.[84] 이 책은 영어판 초판이 간행된 1563년부터 제9판이

---

82 이 책은 *Book of Martyrs*라는 이름으로도 알려져 있다.

83 Patrick Collinson, *The Birthpangs of Protestant England*: *Religious and Cultural Change in the Sixteenth and Seventeenth Centuries* (New York, 1988), p. 12.

84 William Haller, *Foxe's Book of Martyrs and the Elect Nation* (London, 1963), p. 13.; *A Milton Encyclopedia*, s. v. "Foxe, John," by Donald A Roberts; G. M. Trevelyan, *A Shortened History of England* (1942; Penguin Books, 1979), p. 230. 폭스는 메리 여왕(1553~58)의 즉위와 더불어 박해를 피해 유럽 대륙으로 도피하여 스트라스부르, 프랑크푸르트, 바젤 등지를 전전한 프로테스탄트 망명자였다. 그는 1554년에 망명지인 프랑크푸르트에서 15세기와 16세기 초의 박해 희생자에 관한 이야기를 라틴어 8절판(octavo) 212쪽 분량으로 출간했다. 1559년 바젤에서 그는 이 책을 2절판(folio) 750쪽 분량으로 출간했는데, 여기에는 메리 여왕 치세의 박해가 추가되었다. 잉글랜드로 돌아온 그는 1563년 런던에서 2절판 1,471쪽의 영어판 『순교자 열전』을 간행했다. 이 책에는 최근의 박해 희생자들이 추가되었고, 고문과 처형의 광경이 생생하게 묘사된 50여 개의 목판화가 첨부됨으로써 그 효과를 더했다. 1570년에 폭스는 순교 사례를 추가하고 교회사와 국가사에 관한 설명을 확대한 2절판 2,314쪽의 영어판 제2판을 간행했다. 그후 1576년과 1583년에는 더욱 늘어난 분량으로 출간되었고, 17세기에 접어들어서는 다섯 차례에 걸쳐 증보판이 간행되었다.

간행되던 1684년까지 121년 동안 모두 합해 약 1만 부가 유포되었는데, 이것은 그 당시 성경을 제외하고는 최고의 발행 부수 기록이다. 뿐만 아니라 방대한 분량의 이 책을 여러 모양으로 축약한 서적들이 다수 등장했고, 수많은 설교자들은 이 책을 바탕으로 메시지를 전달하곤 했다. 그 결과 17세기 잉글랜드인들은 『순교자 열전』을 마치 성경의 부록처럼 취급하곤 했다. 『신약성서』 이후의 사건을 다룬 또 하나의 성경처럼 간주한 것이다.

밀턴은 『순교자 열전』의 내용을 매우 잘 알고 있었고, 자신의 산문 저작에서 이 책을 40회 이상 인용했다.[85] 1637년에 대주교 로드가 『순교자 열전』의 재판(再版) 간행 허가를 거부했을 때, 그의 의도는 청교도들에게 지극히 분명했다. 밀턴은 『비평』(*Animadversions*, 1641)에서, 폭스의 『순교자 열전』이 "거의 금서가 되다시피 했으며 2판 또는 3판이 몰래 흘러들어 주교들을 낙담시키고 당혹케 했다"고 회상했다.[86]

폭스의 관점은 매우 민족주의적이어서, 잉글랜드인들로 하여금 잉글랜드 종교개혁의 완성에 대한, 그리고 그리스도의 임재에 대한 희망을 갖도록 부추겼다. 폭스에 의하면 모든 역사는 그리스도와 적

---

85 폭스와 밀턴이 런던 크리플게이트(Cripplegate)의 성 자일즈(St. Giles) 묘지에 함께 안장되어 있는 것은 우연이 아니라고 하겠다. *A Milton Encyclopedia*, s. v. "Foxe, John," by Donald A. Roberts 참조.

86 *Animadversions*, *CPW* I, p. 679.

아레오파기티카

그리스도 사이의 투쟁을 중심으로 전개되었다. 그리고 참된 신앙의 수호자로 선택된 잉글랜드는 적그리스도의 적으로 선별되었으며, 적그리스도의 타도를 위해 하나님의 대리자로 부름을 받았다.

폭스의 해석에 따르면, 잉글랜드는 다른 어떤 나라보다도 기독교를 순수한 형태로 유지했다. 그 증거로서 적그리스도가 발호했던 최악의 시기인 중세에도 잉글랜드인 위클리프는 후대의 종교개혁자들에게 모범을 보여주었고, 메리 여왕 치세에는 순교 주교인 크랜머, 래티머, 리들리 등이 프로테스탄트 전통을 지키기 위해 목숨을 바쳤다. 또한 튜더 왕조의 왕들은 마치 로마제국의 콘스탄티누스와 테오도시우스 황제처럼 기독교 군주의 권위를 되찾았다. 폭스는 프로테스탄트 잉글랜드의 주교와 군주들이야말로 적그리스도를 붕괴시킬 위대한 십자군을 이끌 운명을 지닌 역사적 세력이라고 보았다.[87]

밀턴은 항상 폭스에게 존경심을 보였지만, 밀턴과 폭스 사이에는 이견이 없지 않았다. 밀턴은 폭스보다 급진적 성향을 보였고 폭스가 영웅으로 제시한 프로테스탄트 순교 주교들 및 기독교인 군주들에 대해서도 비판적인 입장이었다. 밀턴이 볼 때 기독교 황제인 콘스탄티누스와 테오도시우스는 복음을 세운 것이 아니라 가톨릭 교권을 확립시킨 인물들이었다. 그리고 튜더 왕조의 군주들은 종교개혁을 완성시키지 못하고 주교제를 존치시켰다는 점에서 뚜렷한 한계를

---

87 Hugh Trevor-Roper, *op. cit.*, pp. 238-9.

지니고 있었다. 그럼에도 불구하고 밀턴은 폭스가 개진한 예언적 역사 개념을 고스란히 간직하고 있었다. 적그리스도는 서기 1000년에 교황 실베스테르 2세(Sylvester Ⅱ) 시기부터 맹위를 떨치기 시작했고, 복음의 참된 증거자인 중세 이단 운동들을 박해했으며, 그의 멸망에 앞서 격동이 있을 것이고, 급기야 최후의 일들로 대미가 장식되리라는 것이다.[88]

그는 심지어 자신의 아내인 메리(Mary)와의 이혼을 정당화하는 문제에 몰두하게 되면서, 이혼의 역사를 이 거대한 역사 개념에 짜 맞추려는 노력을 기울이기도 했다. 그는 이혼에 대한 철저한 금지가 "적그리스도가 세상에 처음 풀려난 후"에 이루어진 일이라고 간주하기도 했다.[89]

한스 콘(Hans Kohn)은 "근대 민족주의의 최초의 완전한 형태는 17세기 잉글랜드에서 등장"했으며, "청교도주의의 영향 아래 잉글랜드인은 새로운 이스라엘 백성으로 자처"했다고 말한다. "잉글랜드의 민족주의는 본래 종교 속에서 일어났고 그것은 끝까지 이러한 종교적인 성격을 보존"했다는 것이다.[90] 잉글랜드인을 『구약성서』의 이스라

---

88 *Ibid.*, p. 240.

89 *Tetrachordon*, *CPW* Ⅱ, p. 706.

90 Hans Kohn, *Nationalism : It's Meaning and History* (1955), 차기벽 역 『민족주의』 (삼성 문화 문고, 1974), pp. 22–3 ; "The Genesis and Character of English Nationalism," *Journal of the History of Ideas*, Ⅰ (1940), p. 92.

엘 민족과 같은 신의 선민으로 간주한 밀턴은 그와 같은 잉글랜드인의 민족주의를 단적으로 예시해 준 인물이라고 할 수 있다.[91]

밀턴의 민족주의는 모국어인 영어를 대하는 태도에서도 찾아볼 수 있다. 그는 『이혼론』(*Doctrine and Discipline of Divorce*)에서, 특별한 자부심을 가지고, "모국어에 대한 사랑" 때문에 라틴어가 아닌 영어로 집필했다고 밝혔다.[92] 『아레오파기티카』에서 밀턴은 잉글랜드에서 시행되던 출판 허가법이 "어찌나 원숭이처럼 로마를 닮았는지, 그 (출판 허가) 명령서는 아직도 라틴어로 작성되고 있다"고 설명했다. 밀턴은 그 명령서가 라틴어로 작성될 수밖에 없는 필연적인 이유가 있다고 말한다. "늘 자유의 성취에 있어서 유명하고 으뜸이었던 사람들의 언

---

91 최근 한국 학계에서는 베네딕트 앤더슨의 『상상의 공동체』나 에릭 홉스봄의 『1780년 이후의 민족과 민족주의』 같은 책이 널리 읽히면서, 민족과 민족주의의 오랜 역사성을 경시하는 경향이 뚜렷하다. 1980년대에 들어와 유럽에서 발전한 민족주의에 대한 새로운 해석인 "근대주의적 해석"의 영향을 받은 것이다. 이 해석에 의하면 민족은 대체로 18세기 말에서 19세기 초 사이에 탄생한 것이다. 특히 프랑스혁명을 그 계기로 본다. 그러나 역사적으로 접근해 보면, 서유럽에서 이미 14~15세기에 근대의 민족이나 민족주의와 비슷한 민족 정체성이나 이데올로기가 분명히 존재했다는 사실을 알 수 있다. 이는 17~18세기의 영국과 프랑스에서는 더욱 분명히 나타나며, 전근대와 근대의 민족주의 사이에는 어떠한 역사적 단절도 존재하지 않는다. 민족주의에 대한 "근대주의적 해석"이 나타나는 이유는 근대주의자들 가운데 많은 사람이 사회과학자로서 역사적 접근을 하고 있지 않기 때문이다. 좀 더 자세한 논의는 앤서니 D. 스미스 지음, 강철구 옮김, 『민족주의란 무엇인가』(용의 숲, 2012)를 참조할 것.

92 *Doctrine and Discipline of Divorce*, *CPW* Ⅱ, p. 233.

어인 우리의 영어에서는, 그처럼 독재적인 생각을 표현할 만한 비천한 단어를 쉽사리 찾아내지 못했기 때문일 것"이라는 설명이다.[93]

혁명 당시 런던은 의회파의 세력 근거지였다.[94] 밀턴에게 런던 시민은 그가 찬양해 마지않은 잉글랜드 국민을 대표하는 존재였다. 밀턴은 『아레오파기티카』에서 런던을 적에게 포위당한 진리의 도시로 표현했다. 밀턴에 의하면 이 도시는 신의 특별한 보호 가운데 있었다. 수많은 사람들이 서재에 등불을 밝혀 놓고 종교개혁의 완성을 위해 묵상하고 탐구하고 또 그것을 책으로 펴내고 있었다. 그리고 다른 사람들은 그들의 이성과 설득력에 공감하면서 따르고 있었다.

이제 이 거대한 도시, 도피성(a city of refuge), 자유의 대저택을 보십시오. 이 도시는 하나님의 보호 안에 둘러싸여 있습니다. 공격받는 진리를 방어하기 위해 이 도시의 군수 공장에는 수많은 모루와 망치가 밤을 새워가며 정의의 갑옷과 무기를 만들고 있습니다. 이 도시에는 그에 못지않게 많은 펜과 두뇌가 서재

---

93 *Areopagitica*, *CPW* II, pp. 504-5.
94 런던은 특히 1580년에서 1640년 사이에 인구가 급속히 증가하여 1640년대에는 콘스탄티노플과 파리에 이어 유럽에서 세 번째 가는 대도시였고, 잉글랜드의 다른 어떤 지역보다도 높은 교육 수준을 자랑하고 있었다. A. L. Beier and Roger Finlay, "Introduction : The Significance of the Metropolis," in *The Making of the Metropolis London, 1500–1700* (London, 1986), pp. 2-3, 11, 23, 24.

의 등불 옆에 앉아, 경의와 충성으로써, 다가올 종교개혁을 나타낼 새로운 관념과 사상을 묵상하고 탐구하며 숙고하고 있습니다. 그리고 다른 사람들은 근면하게 읽으면서 모든 것들을 실험하고, 이성과 확신의 힘에 찬성을 보냅니다.

지식을 탐구하는 일에 그토록 유연하고 열성적인 국민에게 더 이상 무엇을 요구할 수 있겠습니까? 이 전도 유망하고 비옥한 땅에 배움이 있는 국민, 예언자의 나라, 현자의 나라, 유덕자들의 나라를 세우기 위해서는, 현명하고 신실한 농부들 말고 무엇이 필요하겠습니까? 우리는 추수하려면 5개월 이상이 걸린다고 생각합니다만 실제로는 5주도 필요하지 않습니다. 눈을 들어 밭을 보면, 곡식이 이미 익었습니다.[95]

밀턴은 『아레오파기티카』에서 출판물에 대한 사전 검열제의 폐지를 주장했다. 그는 잉글랜드인이 진리를 위한 자유로운 투쟁을 통해 미덕을 구현할 능력이 있다고 낙관하고 있었다. 그러므로 검열제를 통해 "전 국민을, 그것도 범법 행위라고는 저지른 적이 없는 국민을 그토록 의심과 경계의 대상으로 삼아 금지 규정에 옭아매는 것이 얼마나 치욕적인가 하는 것은 명백히 이해할 수 있는 일"이었다. "만일 우리가 영어로 된 팸플릿 한 권을 믿고 읽히지 못할 정도로 그들

---

95 *Areopagitica*, *CPW* II, pp. 553-4.

을 경계한다면, 그것은 그들을 검열관의 파이프를 통해 흘러나오는 것 이외에는 아무 것도 받아들일 수 없을 정도로 신앙과 분별력이 형편없는 상태에 놓인, 지각없고 사악하고 근본 없는 국민으로 혹평하는 것"에 불과했다.[96]

밀턴은 결코 민주주의자가 아니었다. 그는 선택된 소수만이 자유의 도덕적 전제 조건에 이를 수 있다는 근거에서 귀족주의적 정치 철학을 견지했고, 이런 이유에서 비록 인민 주권론에 집착을 보이기는 했어도 그의 인민주의는 항상 귀족주의적 성향에 의해 제한을 받고 있었다.[97] 그러나 적어도 혁명 초기 『아레오파기티카』가 출간되던 무렵의 밀턴은 잉글랜드 국민의 이성적·도덕적 능력에 대해 낙관적인 확신을 품고 있었다.[98]

나에게는 한 장사(壯士)가 잠에서 깨어나 천하무적의 머리털을 흔드는 것처럼, 한 고상하고 강한 국민이 잠에서 깨어나는

---

96 *Areopagitica*, *CPW* Ⅱ, p. 536.

97 Perez Zagorin, *op. cit.*, p. 154.

98 대체로 밀턴은 정치적 생애의 후기보다는 초기에 평민의 정치적 역량을 더 높이 평가했던 것으로 보인다. Walter Berns, "John Milton," in Leo Strauss and John Cropsey, eds., *History of Political Philosophy*, 2nd ed. (The Univ of Chicago Press, 1973), p. 417 참조. 라스키(Harold J. Laski) 역시 『아레오파기티카』 출간 무렵 밀턴이 대중의 지혜에 대해 낙관적 신념에 불타고 있었음을 지적한다. Harold J. Laski, *op. cit.*, p. 170.

모습이 보입니다. 내 눈에는 이 국민이 마치 독수리처럼 털갈이를 하여 강한 젊음을 되찾는 모습이, 현혹되지 않는 두 눈을 정오의 햇살로 물들여, 오랫동안 혹사시킨 눈을 빛의 근원인 천상의 샘물로 씻어내는 광경이 보입니다. 이와는 대조적으로, 황혼의 어스름을 좋아하는 겁 많고 떼 지어 몰려다니는 새들은, 독수리가 품은 생각에 대경실색하여, 시기하듯 찍찍거리는 소리와 함께 날개를 푸드덕거리며…… [99]

중세의 동물 우화에서, 독수리는 태양을 향해 날아감으로써 털갈이를 하고 시력을 갱신한다고 한다. 반면 "겁 많고 떼 지어 몰려다니는 새들"은 홀로 독립적으로 비행할 엄두를 못 내고 무리지어 몰려다니는 새들이다. 홀로 비행하는 독수리와 대조적이다. 어중이떠중이무리와 독립적 인격체를 대비시키려는 밀턴의 전략이다. 프로테스탄티즘에 의해 "근대적 개인"이 탄생되었다는 사실에 유의할 필요가 있다. 밀턴은 독수리로 상징되는 근대적 개인으로 가득한 조국 잉글랜드에 대한 비전을 그린 셈이다.

물론 이런 역할을 감당하기 위해 잉글랜드는 먼저 내면적으로 변화되어야만 했다. 잉글랜드는 참다운 기독교 국가가 되어야만 했다. 즉 사도 시대에 받아들였다가 오랜 세월 동안 적그리스도의 박해를

---

99 *Areopagitica*, *CPW* II, p. 558.

받던 끝에[100] 비로소 다시 천명되고 있는 순수한 프로테스탄트 기독교를 재창출해야만 했다.

밀턴은 청년 시절에는 소극적인 청교도주의에 머물다가 장기의 회가 소집되던 무렵에는 장로파를 지지했고, 『아레오파기티카』를 작성하던 1644년에는 독립파로 기울고 있었다. 그 후 1659년에 이르러 밀턴은 독립파에도 환멸을 느끼고 순수한 개인주의 신앙으로 귀착하게 되었다.[101] 밀턴의 이러한 과정은 원칙이 결여되어 있는 듯한 인상을 줄지 모른다. 그러나 그의 다양한 입장들은 실제로는 하나의 명백하고도 일관된 요소에 입각해 있었다. 그는 천년왕국 사상의 패러다임 속에서 반가톨릭적 태도를 견지하는 가운데, 일생 동안 프로테스탄트 종교개혁 원리를 관철하는데 헌신했던 것이다. 실로 종교개혁은 밀턴의 정체성의 중요한 일부였으며, 밀턴이 생각한 잉글랜드의 핵심 정체성 역시 종교개혁이었다. 두말 할 나위 없이 그의 민족주의 또한 프로테스탄트 종교개혁의 원리를 바탕으로 한 것이었다.

근대 초기 잉글랜드의 민족주의는 종교적 가치를 중요시하고 천년왕국 사상을 저변에 깔고 있었다는 점에서 여러 연구자들에 의

---

100 중세 천년의 가톨릭 시대를 말한다.
101 William Riley Parker, *Milton*: *A Biography* (Oxford Univ. Press, 1968), p. 216 ; James Holly Hanford, *A Milton Handbook*, 4th ed. (New York, 1961), p. 85.

해 "종교적 민족주의,"[102] "히브리 민족주의,"[103] "묵시적 민족주의,"[104] "프로테스탄트 민족주의"[105] 등 다양한 이름으로 불린다. 밀턴의 경우는, 가톨릭 및 가톨릭 동조자로 간주된 세력—주교 및 장로파—에 맞서 프로테스탄트 종교개혁의 원리를 그 논리적 극단에 이르기까지 철저하게 추구한 청교도였다는 점에서 "청교도적 민족주의"라고 불러도 무방하다는 생각이다.

밀턴의 반가톨릭적 태도는 접두사 "반(anti)"에서 연상되는 것과 같은 소극적 차원에 머무는 것이 결코 아니었다. 밀턴은 조국 잉글랜드에 대한 애국적 열정 가운데 프로테스탄트 종교개혁의 가치를 그 논리적 극단에 이르기까지 적극적으로 추구했다. 그는 잉글랜드인이 적그리스도와의 전투에서 특별한 임무를 부여받은 선택된 국민이며, 유럽의 다른 나라들을 정신적으로 지도할 위치에 있는 국민이라고 믿었다. 그의 반가톨릭적 태도는 종교개혁을 완성시켜 그리스도의 재림을 예비하고 청교도적 민족주의를 실현하기 위한 적극적인 수단이었던 셈이다.

102 C. John. Sommerville, *op. cit.*, p. 41.
103 Ernest Barker, *Oliver Cromwell and the English People* (1937), p. 28 ; Hans Kohn, *Nationalism*, p. 23.
104 Quentin Skinner, *The Foundations of Modern Political Thought*, vol. II, *The Age of Reformation* (Cambridge Univ. Press, 1978), p. 107.
105 David Loades, "The Origin of English Protestant Nationalism," *Studies in Church History*, 18 (1982), pp. 297-307.

제3장 잉글랜드 검열제의 역사

『아레오파기티카』 집필의 직접적인 목적은 장기의회가 출판 규제 정책의 일환으로 1643년 6월 14일에 공포한 출판 허가법(Licensing Order)의 철회를 촉구하는 데 있었다. 『아레오파기티카』의 부제가 말해 주듯이, 이 팸플릿은 "검열 없는 출판의 자유"를 위해 "잉글랜드 의회"를 설득시킬 의도로 작성되었다.[1] 밀턴은 이 법령의 취소를 의회에 호소하면서 다양한 설명 방식을 취하고 있는데, 그가 택한 방법 중 하나는 검열제의 기원과 역사적 사례를 보여줌으로써 출판 허가법의 부당성을 입증하는 것이었다. 그러나 밀턴의 글을 읽을 때 한가지 유념해야 할 일이 있다. 검열제의 기원과 역사에 대한 밀턴의 설명에 역사적 사실과 부합하지 않는 점이 있다는 사실이다.

첫째로, 밀턴은 검열제가 로마 가톨릭 교회에서 비롯된 것으로

---

1   『아레오파기티카』의 원제목은 『아레오파기티카: 검열 없는 출판의 자유를 위해 잉글랜드 의회를 상대로 작성한 존 밀턴의 연설문』(*Areopagitica: A Speech of Mr. John Milton For the Liberty of Unlicensed Printing To the Parliament of England*)이다.

서, "지극히 반기독교적인 공의회"와 "지극히 전제적인 종교재판소"에 의해 고안된 제도라고 주장했다. 밀턴에 의하면 잉글랜드인은 "그러한 전통을 갖고 있지도 않고 들어본 적도" 없었다. 『아레오파기티카』의 문면을 보면, 밀턴은 검열제를 "마법에 홀린" 나머지 "원숭이처럼 로마를 닮은" 주교들에 의해 도입되어 1637년의 성실청 포고령(Star Chamber Decree)에 이르러 완성된, 전적으로 비(非)잉글랜드적인 정책으로 간주하고 있다는 인상을 준다.[2] 뿐만 아니라 밀턴은 1643년의 출판 허가법도 성실청 포고령을 빼닮은 복제품으로 간주했다.[3] 그러나 만일 출판 허가법을 잉글랜드 최초의 검열제로 알고 있었다면 그것은 밀턴의 오류라고 말할 수밖에 없다. 잉글랜드에는 이미 인쇄술이 도입(1476)되기 훨씬 전부터 검열제가 시행된 바 있었고, 그 후 1695년에 사전 검열제가 폐지될 때까지 각종 출판 규제 정책이 빈번히 입안되고 또 시행되었던 것이다.

둘째로, 밀턴은 출판물에 대한 저자의 권리를 인정해 준 1642년 1월 29일의 서명법(Signature Order)을 적극적으로 지지하면서, 서명법이야말로 의회의 본래의 정책이며, 1643년 6월 14일의 출판 허가법은 서명법의 취지를 망각하고 찰스 1세의 전제 정책으로 후퇴한 개악

---

2 *Areopagitica* (1644), *CPW* II, pp. 504-5. 물론 밀턴은 1637년 이전의 잉글랜드에 어떤 종류의 검열제도 없었다고 단정적으로 말한 바는 없다.

3 *Areopagitica*, *CPW* II, p. 569.

(改惡)일 뿐이라고 지적했다. 요컨대 밀턴은 출판 허가법을 서명법의 배신으로 간주한 것이다. 밀턴이 생각한 대로, 만일 서명법이 저자의 권리를 인정하는 것만을 목적으로 한, 그 자체로서 완성된 법령이었다면, 출판 허가법을 서명법의 배신으로 간주한 그의 입장은 타당성을 인정받을 수 있을 것이다.

그러나 문제는 서명법이 단지 저자의 권리를 분명히 하는 것으로 그치는 것이 아니었다는 데 있다. 그것은 좀 더 포괄적인 검열제—그것은 1643년의 출판 허가법으로 구체화되었다—가 공포될 때까지 잠정적으로 출판물을 규제하기 위해 취해진 세 개의 법령 중 하나에 불과했다. 밀턴은 『아레오파기티카』에서 출판 허가법 "직전에" 서명법이 발표된 것으로 설명하고 있지만,[4] 후술하는 바와 같이 서명법을 시발로 하여, 출판물에 대한 규제의 고삐를 점차적으로 조여 들어간 두 개의 법령("1642년 8월 26일의 법령"과 "1643년 3월 9일의 법령")이 공포되었고, 그러한 예비 단계를 거쳐 비로소 본격적인 출판 규제 정책인 1643년 6월 14일의 출판 허가법이 공포되었던 것이다. 요컨대 의회는 전반적인 출판 규제 정책을 향해 지속적인 움직임을 보이고 있었던 셈이다. 그렇다면 밀턴은 그러한 사실을 모르고 있었는가? 당시의 여러 정황들로 미루어 볼 때, 밀턴은 1642년 1월 29일의 서명법 이래 의회가 출판물에 대한 철저한 규제 정책을 마련 중

---

4   *Areopagitica*, *CPW* II, p. 569

에 있었음을 모를 리 없었다.⁵ 그럼에도 불구하고 그는 출판 허가법
이 의회의 진정한 의도가 아니며, 의회는 마땅히 서명법에 나타난 의
회 본연의 자세로 돌아가야 할 것이라고 촉구했던 것이다.

1. 잉글랜드 검열제의 기원

밀턴은 『아레오파기티카』 전반부에서 검열제의 역사를 검토하면
서, 먼저 고대 그리스와 로마의 관행을 회상했다. 밀턴에 의하면, 이
시대에는 오직 두 종류의 저술, 즉 신성 모독적이고 무신론적인 저술
과 중상적(中傷的)인 저술만이 억압받았을 뿐이다.⁶ 그 밖의 회의주의
적인 철학이나 풍자 문학은 자유롭게 저술될 수 있었다. 로마 황제들
이 기독교로 개종한 후로도 종전의 관행보다 엄격해진 점은 없었다.
"중대한 이단이라고 간주한 책들을 공의회(general council)에서 검토하
고 반박하고 정죄했지만, 그 때까지만 해도 황제의 권위로 그것들을
금지하거나 불에 태우거나 하지는" 않았으며, "이교 저술가의 저작에

---

5 다음 글들을 참조할 것. Ernest Sirluck, "Introduction," to *CPW* Ⅱ, p. 176 ;
   Abbe Blum, "The Author's Authority : *Areopagitica* and the Labour of Li-
   censing," in Mary Nyquist & Margaret W. Ferguson, eds., *Re-membering
   Milton : Essays on the Texts and Traditions* (London, 1987), p. 76.
6 *Areopagitica, CPW* Ⅱ, p. 494.

관해서는 기독교를 노골적으로 비난하지 않는 한, 400년경 카르타고 공의회에 이르기까지, 이렇다 할 금지 명령을 받지 않았다." 밀턴에 의하면 "초기의 공의회와 주교들은 800년에 이르기까지 어떤 책이 권장할만하지 않은가를 선언했을 뿐, 그 이상의 조치를 취하지 않은 채 그런 책들을 읽든 읽지 않든 개개인의 양심에 맡겼다.[7]

그 후 출판물에 대한 간섭과 규제는 교황권의 신장에 비례하여 점차 증가했다. "로마의 교황들은 욕심껏 정치적 지배권 장악에 골몰"하여 "사람들이 무엇을 읽는지에 대해서도 간섭을 확대하는가 하면, 마음에 안 드는 책들을 불태우고 읽는 것을 금지하기까지" 했다.[8] 그래도 그들은 검열을 함부로 하지 않았고, 취급한 책도 그다지 많지 않았다. 그러다가 15세기 초에 "마르티누스 5세(Martinus V)의 교서(1418)에 이르러 비로소 이단 서적을 금지했고, 이 책들을 읽는 사람들을 파문하기 시작"했다. "무서운 세력을 형성하고 있던 위클리프(Wyclif)와 후스(Huss)는 교황청으로 하여금 엄격한 금지 조치를 취하도록 만든 최초의 인물들"이었다.[9] 밀턴에 의하면, 이러한 방침은 "레오 10세(Leo X, 1513-21)와 그 후계자들에게 계승되어 트리엔트 공의회와 에스파냐 종교재판소에" 이르렀다. "공의회와 종교재판소는 금

7　*Areopagitica*, *CPW* II, p. 501.

8　*Areopagitica*, *CPW* II, p. 501.

9　*Areopagitica*, *CPW* II, p. 502.

　　　　　　　　　　　　　　　아레오파기티카

서 목록과 삭제 목록을 고안하거나 완성시켜 수많은 훌륭한 옛 저술
가들의 글을 샅샅이 뒤졌는데, 이는 그들의 무덤에 가해진 어떤 모독
보다도 가혹"했다.[10]

    밀턴은 잉글랜드에 검열제의 전통이 없다고 주장했다. 그것은 "지

---

10 *Areopagitica*, *CPW* Ⅱ, p. 503. 종교재판소는 주교 종교재판소(Episcopal In-
quisition), 교황 종교재판소(Papal Inquisition), 에스파냐 종교재판소(Spanish
Inquisition)의 셋으로 구분된다. 중세의 주교 종교재판소는 교회를 대표해서
주교가 이단자들을 지목하면 세속 정부가 그들을 처벌하는 제도로서, 다양한
형태를 취했지만 결코 성공적이지 못했다. 교황 종교재판소는 인노켄티우스 3
세가 남프랑스와 북이탈리아의 이단 확산에 놀라, 주교들의 무관심을 견책하
는 교서를 공포하고, 시토 수도원장에게 이단자들에 대한 재판권 및 처벌권을
부여함으로써 출발했다. 이것은 하나의 독립된 제도로서의 종교재판소가 설
립된 최초의 사례이다. 에스파냐 종교재판소는 15세기말에 무슬림이 추방된
후 아라곤과 카스티야의 가톨릭 군주들이 교황에게 배교자들을 처단하기 위
한 특별한 기구를 요청함으로써 설립되었다. 교황 식스투스 4세(Sixtus Ⅳ)는
1478년에 에스파냐 종교재판소를 승인했다. 초대 종교재판 총장(Inquisitor-
General)으로는 이사벨 여왕의 고해 사제였던 토르케마다(Thomas de Torque-
mada)가 1483년에 임명되었다. 에스파냐 종교재판소는 교황 종교재판소와는
달리 국왕의 통제 아래 있었고, 종교재판 총장 임명권이 국왕에게 있었으며,
벌금과 압류 재산이 국왕에게 귀속되었다. 에스파냐 종교재판소는 그 잔인함
으로 악명이 높아서, 토르케마다가 총장으로 재직한 14년 동안에 114,000명
이 고발되어 그중 10,220명이 산채로 화형 당했다. 한편, 종교개혁 이후 1542
년에 로마 교황 파울루스 3세는 이단 박멸을 위해 에스파냐 종교재판소를 모
델로 삼아 교황 종교재판소를 재조직했다(Thomas M. Lindsay, *A History of the
Reformation*, 2 vols., 2nd ed., Edinburgh, 1964, vol. Ⅱ, pp. 597-602). 교황 종
교재판소는 서적에 대한 감독권을 맡아 시행했고, 모든 서적은 이 종교재판
소의 사전 검열이 없을 경우 출판이 금지되었다(*Areopagitica*, *CPW* Ⅱ, p. 503.
n. 61 참조). 이러한 전후 맥락에 비추어 볼 때, 밀턴이 말하는 에스파냐 종교

극히 반(反)기독교적인 공의회, 그리고 부단히 탐색해 마지않는 저 지극히 전제적인 종교재판소에서 비롯된 것"이었다.[11] 그것을 잉글랜드의 고위 성직자들이 모방했다는 것이다. 대체로 밀턴은 잉글랜드의 검열제가 "원숭이처럼 로마를 닮은" 그리고 "마법에 홀린" 고위 성직자들에 의해 도입되어 1637년의 성실청 포고령을 통해 완성된, 철저히 비(非)잉글랜드적인 정책으로 간주했다는 인상을 준다.[12]

밀턴의 주교제에 대한 공격은 매섭기 그지없다. 그는 심지어 잉글랜드의 주교들을 "검열에 혈안이 된 주교들(inquisiturient Bishops)"이라고 표현하기도 했다.[13] 밀턴이 합성해 만든 이 말은 빈정거리는 말인 동시에 신랄하기 짝이 없는 말로서, 주교들이 받아들인 종교재판소(Inquisition)의 사악한 유산과 그들의 호색(prurient)을 동시에 암시하고 있다.[14] 밀턴은 1643년 6월 14일에 의회가 공포한 출판 허가법(Licensing Order)에 대해서도, 그것이 "완전한 에스파냐식 서적 검열 정책(authentic Spanish policy of licensing books)"이며, "(1637년의) 성실청 포고령

재판소란 실제로는 파울루스 3세가 1542년에 재조직한 로마의 교황 종교재판소를 가리키는 것으로 판단된다. 에스파냐 종교재판소는 너무나도 악명이 높아서 흔히 "종교재판소" 그 자체를 의미하는 것으로 받아들여지곤 했던 것이다(*Areopagitica, CPW* Ⅱ, p. 493. n. 26 참조).

11 *Areopagitica, CPW* II, p. 505.

12 *Areopagitica, CPW* II, p. 504.

13 *Areopagitica, CPW* II, p. 507.

14 David Lowenstein, *Milton and the Drama of History : Historical Vision, Iconoclasm, and the Literary Imagination* (Cambridge Univ. Press, 1990), p. 38.

을 빼닮았다"고 꼬집었다.[15]

그러나 밀턴의 설명과는 달리 잉글랜드에는 1637년의 성실청 포고령 공포 훨씬 전부터 검열제가 시행되고 있었다. 트리엔트 공의회가 열리기 137년 전인 1408년, 잉글랜드 관구공의회(Provincial Council)는 위클리프 이단 운동의 영향을 차단코자, 사전 심의를 받지 않을 경우 성경을 영어로 번역할 수 없도록 하는 명령을 내린 바 있었다. 또한 관구공의회는 출판업자들로 하여금 대학 당국이 임명한 검열관의 승인을 거친 서적만을 출간하도록 했다. 그 후 1414년에 의회는 교회 관리가 공개 법정에서 이단적인 서적의 제작자 및 저자를 기소할 수 있도록 그 권리를 확인해 주었다.[16]

여기서 흥미로운 사실은, 구텐베르크(1394-1468)가 활판인쇄술을 발명한 것이 1450년경이므로 이 시기의 검열 대상은 필사본이었다는 점이다. 잉글랜드에 인쇄술이 처음 도입된 것은 1476년에 윌리엄 캑스턴(William Caxton, 1422?-91)이 웨스트민스터에 인쇄소를 설립하면서부터였다.[17] 그러므로 관구공의회의 명령은 잉글랜드에 인쇄술이

---

15 *Areopagitica*, *CPW* Ⅱ, p. 569.

16 Frederick Seaton Siebert, *Freedom of the Press in England 1476–1776*: *The Rise and Decline of Government Control* (Univ. of Illinois Press, 1965), p. 42.

17 H. S. Bennett, *English Books and Readers 1475–1557*: *Being a Study in the History of the Book Trade from Caxton to the Incorporation of the Stationers' Company* (Cambridge at the Univ. Press, 1952), pp. 11-2. 캑스턴은 쾰른에서 인쇄술을 배웠으며, 잉글랜드에 인쇄소를 차린 이듬해인 1477년 11월 18일에

도입되기 68년 전, 즉 책이라고는 오직 필사본만이 제작·유통되던 시기에 내려진 것이었다. 라이스(Warner G. Rice)는 검열제 시행의 역사에 대한 밀턴의 설명을 "매우 그릇된(extremely faulty)" 것이라고 판단한다. 그의 판단은 맞다. 하지만 그가 판단의 전제로 내세운 역사적 사실은 틀렸다. 그는 "인쇄술 발명 이전에는 검열제가 필요치도 않았고 실행 가능하지도 않았다"는 잘못된 전제를 내세우고 있기 때문이다.[18]

잉글랜드에 1476년 인쇄술이 도입된 후 1695년 사전 검열제가 폐지될 때까지 출판 규제 정책은 빈번히 시행되었다. 출판업에 대한 왕권의 규제는 인쇄술이 도입된 직후부터 서서히 행해졌지만, 본격적인 검열제가 시작된 것은 헨리 8세(1509-47) 시대와 엘리자베스 1세(1558-1603) 시대였다. 잉글랜드 교회가 아직 로마 교회로부터 분리되기 전인 1529년, 헨리 8세는 금서 목록(잉글랜드 최초의 금서 목록)이 포함된 왕령(proclamation)을 공포했다. 이 목록은 유럽 대륙에서 발표된 최초의 금서 목록보다 15년이나 앞선 것이었다(유럽 대륙에서는 1544년에

---

*The Dictes or Sayengs of the Philosophres*를 출간했다.

18 Warner G. Rice, "A Note on *Areopagitica*," *Journal of English and Germanic Philology*, XL (1941), p. 477. 라이스는 고대와 초기 기독교 시대에 한정하여 검열제의 실효성(實效性)이 없었음을 말했지만, 인쇄술 등장 이전에 검열제가 필요하지도 실행 가능하지도 않았다는 그의 주장은 역사적 사실을 지나치게 단순화 한 것이다.

최초로 금서 목록이 발표되었다). 헨리 8세를 "신앙의 수호자(defender of the faith)"로 표기한 이 왕령은, "마르틴 루터(Martin Luther)의 추종자들이 잉글랜드에 반입한 이단적이고 신성 모독적인 서적들"의 유통을 차단하기 위한 것이었다. 이 왕령에 의해 금서 소지자에 대한 체포권 및 벌금형 부과권을 행사한 것은 교회 관리들이었다.

그러나 교회 관리들에 의한 규제 방식은 성공을 거두지 못했고, 1530년 6월에 헨리 8세는 또 하나의 금서 목록(이 목록에는 영어 번역 『신약성서』가 수록되었다)이 포함된 왕령을 공포했다. 이제 국왕 직속 관리가 금서 소지자에 대한 체포권을 행사했다. 세속 당국을 시행 주체로 한 최초의 검열세를 수립한 1530년의 왕령은, 성경에 관련된 영어로 된 어떤 서적도 주교의 승인이 없이는 출간할 수 없도록 했다. 처음으로 왕권에 토대를 두고 등장한 이 검열제는 오직 "성경에 관련된" 서적만을 그 대상으로 삼았고, 검열관으로는 계속해서 성직자들을 활용했다.[19]

---

19 Siebert, *op. cit.*, pp. 44-6. 로마 교회의 출판물에 대한 규제가 실패한 것은 규제가 불충분했기 때문이 아니라 시행 방법상의 문제 때문이었다. 튜더 왕조는 로마 교회가 시행했던 규제 조치를 도입·수정하여 100년이 넘도록 효과적 규제 수단으로 사용했다. 교회의 출판물 규제가 실패한 것은 ① 교회 직원의 나태와 ② 규제의 느슨한 시행 때문이었다. 견책, 경고, 훈계 등은 초기의 인쇄업자와 서적 판매업자에게 별로 영향을 주지 못했다. 그리고 교회의 최종적 징벌인 파문도 프로테스탄트 서적 판매업자에게는 두려움의 대상이 못되었다. 그 후 국왕에 의한 검열제가 등장하면서 파문은 처형으로, 그리고 경고와 견책은 벌금형과 투옥으로 대치되었다.

수장법(首長法, Act of Supremacy)이 1534년에 의회에서 통과되고 교회 제도가 급격하게 변화된 후에도, 출판 규제는 종래의 틀 안에서 이루어지고 있었다. 1538년의 왕령은 헨리 8세가 직접 나서서 마련한 것으로, 영어로 된 모든 종류의 인쇄물에 대한 검열제를 확립하고자 한 최초의 시도였다(1530년의 왕령은 종교 서적만을 대상으로 했다).

헨리 8세 시대가 열리면서 교회와 국가의 구분, 이단과 반역의 구분은 모호해졌고, 그 결과 교회에 대한 공격은 곧 정부에 대한 공격을 의미하게 되었다. 1538년의 왕령에 의해 성직자 검열관은 밀려나고 추밀원(Privy Council) 관리들이 그 역할을 대신 맡았다. 검열관을 성직자에서 정부 관리로 바꾼 것은 헨리 8세의 출판 규제 정책의 중요한 특징 중 하나였다. 추밀원에 의한 규제 방식은 성공적이었으며 1538년의 왕령은 헨리 8세의 시대가 끝날 때까지 출판 규제 정책의 근간으로서 유지되었다.[20]

메리 여왕(1553-58) 시대에 시행된 출판 규제 정책의 가장 두드러진 특징은, 1557년 국왕의 특허장(charter)에 의해 출판업자 조합(Stationer's Company)[21]이 결성되었다는 것이다. "도둑으로 하여금 도둑

---

20 *Ibid.*, pp. 48-50.
21 필사자들의 단체는 일찍이 1357년부터 있었다. 필사자들은 1404년에 사본채식사(寫本彩飾師, limners 또는 illuminators), 제본공, 서적 판매업자들과 함께 길드(guild)를 만들었다. 이 길드는 두 명의 임원(wardens, 사본채식사 한 명과 필사자 한 명)에 의해 운영되었다. 이들 필사본 제작자 및 판매업자들은 15세

을 잡도록 하는(principle of setting a thief to catch a thief),"[22] 이를테면 이
이제이(以夷制夷)의 원리에 입각해 결성된 출판업자 조합은 국왕으로
부터 출판 규제 정책의 운영과 시행을 상당 부분 위임받았다. 이제
조합원이 아닌 자 또는 여왕으로부터 특별한 허가를 받지 않은 자는
인쇄를 할 수 없었다. 특허장은 각종 법령을 위배한 인쇄물의 색출을
위해, 조합의 장인 인쇄업자(master printers)와 임원들(wardens)에게 의심
스러운 인쇄업자의 점포를 수색·압류할 수 있는 권한을 부여했다. 수
색을 방해하는 자는 조합에 의해 3개월간 구금되거나 100실링의 벌
금형에 처해졌다.[23]

엘리자베스 여왕(1558-1603)이 즉위 이듬해에 공포한 1559년의
왕명(royal injunction)은 인쇄업자들을 세 방향으로부터 규제했다. 첫째

기를 거치면서 출판업자(stationer)라는 이름을 얻게 되었다. 16세기초에는 (인
쇄술의 도입과 더불어) 인쇄업자들이 종래의 필사자들의 지위를 잠식하기 시
작하면서 길드에 참여했다. 그 결과 헨리 8세 시대 말기에는 인쇄업자와 서적
판매업자의 대부분이 출판업자 길드(Stationer's Guild)에 소속되었다. 출판업
자 조합(Stationer's Company) 설립의 주도권이 국왕에게 있었는지 길드 측에
있었는지는 확실히 밝혀지지 않고 있다. 인쇄업자와 출판업자들은 업무 수행
통제 및 자신들의 위상 강화를 위해 결성을 추진한 것으로 보인다. 반면에 국
왕은 특허장 전문(前文)에 보이듯이 "중상적이고 악의적이며 분열적이고 이단
적인" 인쇄물을 통제하기 위한 의도에서 조합 결성을 허용한 것으로 보인다.
Ibid., pp. 64-6.

22 Donald Thomas, *A Long Time Burning : The History of Literary Censorship in
England* (London, 1969), p. 9 ; Siebert, *op. cit.*, p. 82.

23 Siebert, *op cit.*, pp. 82-3.

는 추밀원과 국왕 직속 관리들이었고, 둘째는 주교들과 종무 판사들 (ecclesiastical judges)이었으며, 셋째는 출판업자 조합이었다. 여왕은 즉위 초기에 로마 가톨릭으로부터 국교회로의 종교적 변화를 완성시키는 데 심혈을 기울였다. 출판 규제 정책은 주로 로마 가톨릭을 겨냥하고 있었다. 그러나 엘리자베스 정부는 이러한 규제를 시행하는 과정에서 청교도 팸플릿 저자들로부터 측면 공격을 받게 된다. 1566년 종교개혁에 대한 국교회의 미온적인 태도를 비판하는 일련의 팸플릿이 유포되는 사건이 있었다. 정부는 1566년 6월 29일의 추밀원 법령 (Council Order)으로 즉각 이에 대응했다. 그러나 이러한 규제 조치에도 불구하고 청교도 저자들은 팸플릿들을 인쇄·유포할 수 있는 수단을 쉽사리 찾을 수 있었다.

정부 관리들과 성직자 검열관들의 노력, 그리고 출판업자 조합의 수색 활동에도 불구하고 정부 및 국교회에 대한 비판적 인쇄물을 막아내지 못하자, 엘리자베스는 1586년 6월 23일 성실청 포고령(Star Chamber Decree)을 공포했다. 그것은 튜더 왕조 시대의 출판 규제 정책 중에서 가장 포괄적인 것이었다. 불법 출판물의 유통을 차단하려는 총체적인 시도로서, 통제가 비교적 용이한 런던·옥스퍼드·케임브리지 이외의 지역에서는 인쇄가 금지되었다. 모든 서적은 캔터베리 대주교와 런던 주교의 허가를 받아야만 출간할 수 있었다. 엘리자베스 시대는 비록 치세 말기에 출판 규제를 회피하려는 청교도들의 진지한 시도가 있기는 했지만, 그럼에도 불구하고 근대 초기(16-17세기)의 전

기간을 통해 출판물에 대한 규제가 최고조에 달한 시기였다.[24] 그 후 17세기가 열리면서 정부의 통제는 약화되기 시작했다.

스튜어트 왕조 초기의 검열제는 1586년 성실청 포고령의 기조를 그대로 유지했다. 엘리자베스의 검열제가 성공적으로 실행된 것은 국왕·교회·출판업자 조합의 삼자 사이에 절묘한 균형이 이루어졌기 때문이다. 왕권의 바탕 위에서 대주교에 의해 관리되고 출판업자 조합에 의해 시행된 출판 규제 정책은 초기 스튜어트 시대에도 계속되었다. 제임스 1세와 찰스 1세 시대에 출판 규제가 성공을 거두지 못한 것은, 튜더 시대와 다른 새로운 조치가 취해졌기 때문이 아니라, 그 정책이 사회·경제·종교적 변화를 따라가지 못한 때문이었다. 시버트(Frederick Seaton Siebert)의 설명에 따르면, 엘리자베스 시대의 국왕은 국민의 정치적 이상을 대표했고, 성직자는 국민 일반의 종교적 여론과 일치하고 있었으며, 출판업자 조합은 장인 인쇄업자·직인·도제 간에 긴밀한 결속을 이루고 있었다. 그러나 스튜어트 시대에는 모든 것이 변했다. 국왕은 국민의 정치적 견해에 대한 대표성을 갖지 못했고, 성직자들은 대중의 종교적 정서에서 동떨어져 있었으며, 출판업자 조합은 이익 추구에 골몰한 조합 임원들에 의해 지배되는 과두 체제로 변질되어 있었다.[25] 그러므로 스튜어트 시대에 검열제가 종전

---

24 *Ibid.*, pp. 2, 56, 58, 60, 61-2 ; Donald Thomas, *op. cit.*, p. 11.
25 Siebert, *op. cit.*, pp. 141-2.

보다 한층 엄격하게 운영되었음에도 불구하고 시일이 지날수록 그 효과가 줄어든 것은 놀라운 일이 아니다.

찰스 1세가 공포한 1637년 7월 11일의 성실청 포고령은 이러한 검열제 시행상의 문제점을 시정하기 위한 의도에서 제정되었다. 한 세기에 걸친 출판 통제 경험의 결실이라고도 할 이 포고령은 잉글랜드 역사상 출판물의 규제를 위해 등장한 가장 정교한 장치였다. 이 포고령은 "선동적이고, 분열적이며, 모욕적인 서적이나 팸플릿들"을 인쇄하거나 반입하거나 판매하는 모든 행위를 범법 행위로 규정하는 것으로 시작한다. 모든 서적과 팸플릿은 "제목(Titles), 서한(Epistles), 서문(Prefaces), 전문(Preambles), 서론(Introductions), 목차(Tables), 헌사(Dedications)"를 포함하여 반드시 검열을 받아야만 했다.

출판업자 조합의 허가를 받지 않는 한 어떤 서적도 출간될 수 없었고, "비록 허가를 받고 출간된 적이 있다 하더라도" 재판 발행을 위해서는 다시 허가를 받아야만 했다. 모든 서적에는 저자 및 인쇄인의 이름과 아울러, 서명된 출판 허가증(imprimatur)이 인쇄되어야만 했다. 장인 인쇄업자의 수는 20명으로 제한되었으며, 그들 각자가 거느릴 수 있는 인쇄기·직인·도제의 수가 정해졌고, 허가 받지 않은 출판물을 소지·인쇄하거나 또는 이를 위해 장소를 제공한 자는 범법 행위를 한 것으로 간주되었다. 출판업자 조합은 "면허 없는 인쇄업자를 색출하기 위해 필요하다면 가택과 상점을 수색할 수 있는" 권한을 부여받았다. 국왕은 무인가(無認可) 인쇄인들을 경쟁에서 배제함으로

　　　　　　　　　　　　　　　　아레오파기티카

써 조합 소속 출판업자들에게 경제적 이익을 보장해 주었기 때문에, 불법 서적 출간을 방지하기 위한 매우 효과적인 경찰력을 확보한 셈이었다. 포고령은 아울러 무인가 출판물의 반입이나 판매도 금지했다.[26]

1641년 7월 5일에 성실청이 해체되자 출판물에 대한 규제는 사실상 사라지게 되었다. 새롭게 발견된 언론의 자유 안에서 모든 검열제의 굴레는 벗겨졌고, 온갖 종류의 서적들, 특히 현안 문제에 관한 각종 팸플릿들이 자유롭게 출간되었다. 지정된 검열관에게 법적 절

---

26 "Decree of Star-Chamber, Concerning Printing (July 11, 1637)," appendix A in *CPW* II, pp. 793-6. 초기 스튜어트 시대의 검열제는 그 시행이 불규칙적이고 비(非)일관적이었다. 검열관과 국민 사이의 정치적·종교적 견해 차이가 커지면서 검열을 회피하는 경우가 늘어났고, 이에 대처하기 의해 1637년의 성실청 포고령과 같은 한층 엄격한 규제가 시행되기 마련이었다. 검열을 회피하는 방법에는 여러 가지가 있었다. ① 금지된 내용의 글을 책이 아닌 종이 한 장에 인쇄해 출간하는 것이다. 1632년까지는 그러한 사소한 인쇄물에 대해서는 검열을 요구하지 않았던 것이다. ② 검열을 통과한 후 책의 머리말이나 헌사에 문제의 소지가 있는 내용을 삽입하는 것이다. 이런 수법은 1637년의 성실청 포고령에 의해 시정되었다. ③ 기왕에 검열을 통과한 서적의 재판(再版)을 간행하면서 문제의 소지가 있는 글을 슬쩍 끼워 넣었다. 이 방법 역시 1637년의 성실청 포고령에 의해 금지되었다. ④ 출판 허가 획득의 책임을 저자로부터 인쇄업자로, 다시 출판업자에게로 전가하는 방법이 흔히 사용되었다. 저자는 그것이 인쇄업자의 의무라고 주장할 수 있다. 인쇄업자는 저자로부터 그 책이 검열을 통과한 것으로 통지를 받았노라고 변명할 수 있었다. 그리고 출판업자는 저자나 인쇄업자 중 누가 허가를 얻어 왔는지 몰랐다고 항변할 수 있었다. Siebert, *op. cit.*, pp. 143-4.

차를 제대로 밟고 출판업자 조합에 등록을 마친 출판물은, 이곳저곳에서 제멋대로 출간·유포된 출판물에 비해 수적으로 미미했다. 밀턴이 일련의 팸플릿 출간을 통해 논객으로서 활동하기 시작한 것은 바로 이 무렵이다.

밀턴은 매우 대담했다. 그가 1641년에서 1642년 사이에 출간한 다섯 편의 반주교제적 팸플릿 가운데 검열을 받거나 등록을 마친 것은 한 편도 없었고, 그의 이름이 명시된 것도 없었다. (물론 이 팸플릿들에는 인쇄업자나 출판업자의 이름, 점포의 주소는 기재되어 있었다.) 이것은 내전 초기에 밀턴과 더불어 주교제를 반대했던 스멕팀누스(Smectymnuus)[27]가 꼼꼼하게 법적 절차를 제대로 밟아 가면서 출판 활동을 한 것과 대조적이다. 그러나 당시로서는 밀턴처럼 팸플릿을 펴내는 것이 훨씬 일반적이었던 것으로 보인다. 사실 당시의 저자들은 더 이상 비밀 인쇄업자와 서적 판매업자—출판업자 조합의 조합원이 아니며, 따라서 적발될 경우 기소를 당해야 했던—의 도움을 받을 필요가 없었다. 규제가 유명무실해진 틈을 타 출판업자 조합에 속한 정규 서적 판매업자와 인쇄업자들마저 상습적으로 검열이나 등록을 생략한 채 출판을 하곤 했고, 밀턴의 반주교제적 팸플릿들도 모두 그러한 정규

---

27 주교제와 로드(Laud)의 정책을 반대했던 장로파 목사 5명의 이름 첫 글자를 따서 만들어진 이름이다. 그들의 이름은 Stephen Marshall, Edmund Calamy, Thomas Young, Matthew Newcomen, William(U가 둘이다) Spurstow이다.

아레오파기티카

서적 판매업자와 인쇄업자에 의해 출간된 것으로 보인다.[28]

출판 규제 정책이 사실상 소멸해 버렸다는 사실은 그 당시 출판업자 조합에 등록된 출판물의 수를 헤아려 보면 쉽사리 확인할 수 있다.[29] 즉 1641년 1월부터 12월까지 240건에 달했던 출판 등록 건수는 이듬해 들어 격감했다. 저명한 도서 수집가 타머슨(George Thomason)이 1642년 한 해 동안 수집한 출판물은 700점을 상회하고 있지만, 그럼에도 불구하고 이 해의 등록 건수는 76건에 불과했다.[30] 그리고 이 76건 가운데 내전이 발발했던 1642년 하반기에 등록된

---

28 David Masson, *The Life of John Milton: Narrated in Connection with the Political, Ecclesiastical, and Literary History of His Time*, 7 vols. (1859-96; Gloucester, Mass., 1965), vol. Ⅲ, pp. 266-7.

29 1641-43년의 출판물 등록 상황을 정리하면 다음과 같다. Don M. Wolfe, *Milton in the Puritan Revolution* (1941; New York, 1963), pp. 121-2; David Masson, *op. cit.*, p. 268 참조.

	출판 등록 건수	전체 출판 건수(타머슨)	비 고
1641년	240		
1642년	76	700 이상	내전 발발
1643년 상반기	35	700에 근접	
1643년 하반기	333	400	6월 14일 출판 허가법

30 Don M. Wolfe, *op. cit.*, pp. 121-2. 타머슨(George Thomason, 1602?-1666)은 서적 판매상이자 도서 수집가로, 1640년에서 1660년 사이에 발간된 서적 및 팸플릿을 거의 22,000점이나 수집한 것으로 유명하다. 그의 수집 장서는 현재 영국 도서관(British Library)에 소장되어 있다. William B. Hunter, Jr. gen. ed., *A Milton Encyclopedia*, 9 vols. (Bucknell Univ. Press, 1978-83), s. v. "Thomason, George" by Willis Monie 참조.

건수는 전체 건수의 절반에 훨씬 미치지 못했다.[31] 내전이 발발했던 1642년 하반기에 검열과 출판 등록은 실로 조롱거리밖에 되지 않았던 것이다. 이듬해인 1643년에도 상황은 별로 나아지지 않았다. 1643년 1월부터 7월 4일까지 등록된 건수는 불과 35건에 그쳤던 것이다. 1643년 상반기에 발간된 출판물이 모두 700점 가까이 되었음을 고려할 때, 여전히 터무니없이 적은 수가 등록되고 있었음을 알 수 있다.[32]

그러나 1643년 6월이 지나면서 사태는 극적 반전을 맞는다. 대단히 효율적인 검열제가 시행된 것이다. 그 결과 상반기에 35건에 불과했던 출판 등록 건수가 하반기에는 갑자기 10배 가까이 늘어났다. 무려 333건이 등록된 것이다.[33] 타머슨의 1643년도 하반기 수집 장서가 모두 약 400점에 달한다는 점을 고려할 때, 이 기간에 등록 비율이 얼마나 현격하게 치솟았는지를 확인할 수 있다.[34] 이러한 급격한 변화가 나타난 것은, 새롭고 엄격하고 또 치밀하게 짜여진 1643년 6월 14일의 출판 허가법(Licensing Order) 때문이었다.

31　1642년에 잉글랜드에서 출간된 모든 서적들은 1월부터 12월까지 한 해 동안 평균 닷새에 한 권 꼴로 등록이 되었는데, 같은 해 하반기 동안에는 일주일에 한 권 꼴도 등록이 되지 않았다(David Masson, *op. cit.*, p. 268). 어림잡아 계산해 보면 1-6월에는 약 50권, 그리고 7-12월에는 약 26권이 등록된 셈이다.

32　Don M. Wolfe, *op. cit.*, p. 122.

33　David Masson, *op. cit.*, p. 268.

34　Don M. Wolfe, *op. cit.*, p. 122.

2. 출판 허가법과 『이혼론』

1642년 1월 29일에 하원은 "서적 출간 시 저자의 이름과 동의가 없이는 인쇄(print) 또는 재판 인쇄(reprint)를 할 수 없도록" 하는, 이른바 서명법(Signature Order)을 공포했다. 이것은 의회가 저자의 권리를 인정한 최초의 사례에 속한다.[35] 마구잡이로 남의 책을 복제 출간한 인쇄업자들에 대한 저자들의 불만이 하원에서 받아들여진 것이다. 밀턴은 1643년의 출판 허가법을 공격하면서, 이 서명법이야말로 의회의 본래의 정책이며, 출판 허가법은 서명법의 취지를 배신하고 찰스 1세의 전제적 정책으로 후퇴한 것이라고 주장했다. 그는 이렇게 지적한다.

출판의 규제로 말하자면, 이 법령(출판 허가법) 직전에 발표된 법령, 즉 "인쇄인과 저자의 이름이 없는 한, 그리고 적어도 인쇄인이 등록되어 있지 않은 한, 어떤 책도 출간할 수 없다"고 한 법령(서명법)보다 여러분에게 권고하기에 더 훌륭한 것은 없습니다. ······ 이 완전한 에스파냐식 서적 검열 정책은 얼마 지나지 않으면 가장 불법적인 책 그 자체로 판명이 될 것입니다. ······ 그리고 출판 허가법이 과거 그토록 훌륭하게 제정된 법령을 압

---

35 Siebert, *op. cit.*, p. 171.

도하게 된 까닭은, …… 그 과정에 서적 판매업에 종사하는 일부 오래된 출판특허권 보유자들과 서적판매 독점업자들의 기만이 개재되어 있었음을 의심할 수 있습니다.[36]

요컨대 밀턴은 출판 허가법을 서명법의 배신으로 간주하고 있는 것이다. 만일 밀턴이 생각한 대로 표지에 "인쇄인과 저자의 이름"을 명기하는 것이 서명법의 내용의 전부였다면, 출판 허가법을 서명법의 배신이라고 간주한 그의 입장은 타당성을 인정받을 수 있을 것이다. 그러나 유의할 것은, 서명법이 그 자체로서 완성된 조치가 아니라, 출판물의 전반적 통제를 위한 법안이 제출·확정될 때까지 저작권 침해를 방지하기 위해 마련된, 일종의 잠정적 조치였다는 사실이다.[37]

이 점은 서명법과 출판 허가법 사이에 공포된 "1642년 8월 26일의 법령"과 "1643년 3월 9일의 법령"을 보면 분명히 드러난다.[38]

---

36 *Areopagitica*, *CPW* II, pp. 569-70. 밀턴은 출판 허가법 "직전에" 서명법이 발표된 것으로 알고 있지만, 후술하는 바와 같이 두 법령의 공표 중간에는 출판에 관한 두 개의 법령이 공포된 바 있었다.

37 Ernest Sirluck, *op. cit.*, pp. 160-1 ; *A Milton Encyclopedia*, s. v. "Licensing," by John T. Shawcross.

38 서명법 전후에 공포된 출판 규제 법령들을 정리하면 다음과 같다.

1637년 7월 11일	성실청 포고령
1642년 1월 29일	서명법
1642년 8월 26일	1642년 8월 26일의 법령
1643년 3월 9일	1643년 3월 9일의 법령
1643년 6월 14일	출판 허가법

1642년 8월 26일의 법령은, "불법적인 출판물로 인한 혼란"을 시정하기 위해 "한 가지 법안을 마련 중(a Bill is in preparation)"에 있으나 "당시의 혼란스러운 정국(present distraction)"으로 말미암아 신속히 처리되지 못하고 있음을 밝혔다. 그것은 "어느 누구도 상하 양원의 의사록(議事錄)에 관해 거짓되거나 중상적인 책 또는 팸플릿을 인쇄하거나 출간하거나 언명하지 말 것"을 명령하고, 출판업자 조합의 장인 인쇄업자 및 임원, 그리고 궁내관(Black Rod)과 하원 경호원(Serjeant of Commons)에게, 의회의 활동을 거짓으로 또는 중상적으로 논급하는 서적과 팸플릿을 수색·압수할 수 있는 권한을 부여했다.[39] 의회가 공포한 최초의 출판 규제 법령인 1642년 8월 26일의 법령은 종래 국왕이 시행했던 전통적 방식을 그대로 답습했다. 그리고 출판업자 조합과의 제휴도 복원되었다. 아직 본격적인 검열제는 갖추어지지 않았는데, 그것은 아마도 의회의 출판 위원회(printing committee)가 그 세부 지침을 준비하던 중이었기 때문일 것이다.

한편 1643년 3월 9일의 법령은, 앞서 공포된 1642년 8월 26일의 법령의 적용 범위를 확대하여, 모든 "중상적이고 거짓된 팸플릿"을 그 대상으로 하고, 앞서 열거한 집행관들에게 체포·구금의 권한을 추가로 부여했다. 그리고 집행관들을 관리하는 업무는 출판 위원회가 맡

---

39 Quoted in Siebert, *op. cit.*, p. 182.

도록 했다.[40]

그러므로 1642년 1월 29일의 서명법은 전반적 통제를 위한 법안이 마련될 때까지 일시적으로 저작권을 보호하기 위해 제정된 일종의 예비 조치였고, 1642년 8월 26일의 법령은 좀 더 전반적인 법안이 완성될 때까지 임시방편으로 마련된 잠정적 조치였던 셈이다. 한편 1643년 3월 9일의 법령은, 잠정적 조치임을 분명히 했던 1642년 8월 26일 법령의 조항 일부를 확대했을 뿐이다. 그리고 이상의 세 법령이 지향했던 본격적인 출판 규제 법령은, 1643년 6월 14일의 출판 허가법(Licensing Order)으로 구체화되었음이 분명하다.

또한 1642년 8월 26일의 법령에, "불법적인 출판물로 인한 혼란"을 시정하기 위해 "한 가지 법안을 마련 중"이라고 언급되어 있는 점으로 보아,[41] 의회는 성실청이 해체된 이후 출판물에 대한 통제의 필요성을 느끼고 꾸준히 방안을 강구해 왔던 것으로 판단된다.[42] 그럼에도 불구하고 의회가 이렇듯 출판 허가법의 확정을 늦추게 된 것은,

---

40 Ernest Sirluck, *op. cit.*, p. 161.
41 Quoted in Siebert, *op. cit.*, p. 182.
42 의회의 이러한 입장은 앞에서 언급한 출판 위원회의 구성 취지를 통해서도 분명히 볼 수 있다. 성실청이 해체되면서 출판업계는 사실상 무질서 상태에 빠졌고, 의회는 출판물을 규제할 필요성에 직면하게 되었다. 의회가 해결해야 했던 당면 과제는 출판업계의 혼란과 저작권 침해의 방지, 선동 행위의 억제, 종교의 보호, 의회 활동에 관한 뉴스의 통제, 그리고 의회의 입장을 옹호하기 위한 적극적인 선전 활동 등이었다. 바로 이러한 목적을 위해 하원은 1641년 5월 17일에 출판 위원회를 구성했던 것이다. Siebert, *op. cit.*, pp. 179 – 80.

의회 소수파의 반대, 그리고 1642년 8월 26일의 법령에도 언급되어 있는 "당시(내전 초기)의 혼란스러운 정국"에 기인했던 것으로 보인다.

법안 확정의 지체를 초조하게 여긴 것은 의회만이 아니었다. 출판업에 대한 규제가 성실청의 해체와 더불어 사라진 뒤, 새로운 소식과 논쟁거리 등에 대한 대중의 수요에 부응하여 출판업자의 수는 점점 늘어났고, 1643년 4월 출판업자 조합은 종래의 규제를 복원할 것을 요청하는 청원서를 의회에 제출했다. 밀턴은 『아레오파기티카』에서, 이 청원을 "서적 판매업에 종사하는 일부 오래된 출판특허권 보유자들과 서적판매 독점업자들의 기만"이라고 규정하면서 그들의 청원이 출판 허가법의 제정에 상당한 영향력을 준 것으로 간주했다.[43]

의회는 마침내 1643년 6월 14일에 출판 허가법을 통과시켰다. 이 법의 규정들은 밀턴이 『아레오파기티카』에서 규탄한대로, 1637년의 성실청 포고령을 충실히 모방한 것이었다. 출판 허가법은, 최근 들어 출판계에 초래된 "커다란 악폐와 빈번한 혼란"을 지적했다. 그리고 의회에서 "이를 제지하기 위해 작금 훌륭한 법령들이 입안"된 바 있으나 거의 성과를 거두지 못했다고 불만을 토로하면서, "혼란을 시정하기 위해 마련 중에 있던 법안은 작금의 혼란으로 말미암아 여태껏 지체되었다"고 설명했다. 그런 다음, 출판 허가법은 검열·등록·서명·수색·압수·체포·구금 등 본질적으로 1637년의 포고령과 같은

---

43 *Areopagitica*, *CPW* Ⅱ, p. 570.

취지의 제재를 가했다. 그리고 이 법의 집행은 의회 출판 위원회의 명령에 의해 출판업자 조합이 맡게 되었다.[44]

밀턴이 출판 허가법과 직접 부딪히게 된 계기는 『이혼론』(*Doctrine and Discipline of Divorce*)의 출간이었다.[45] 그는 1643년 8월부터 1645년 3월 사이에 이혼을 옹호하는 4편의 팸플릿을 잇달아 출간했다.[46] 그가 제시한 이혼의 조건은 정신과 기질의 불일치였다. 밀턴에 의하면 신이 정한 결혼의 일차적 목적은 육체적 결합이 아니라 상호간의 우의를 도모하고 고독을 위무하는 데 있었다. 결혼을 이처럼 고매한 관

---

44 "The Licensing Order of 1643," Appendix B in *CPW* II, pp. 797–9. 출판 허가법에 언급된 "혼란을 제지하기 위해 입안된 작금의 훌륭한 법령들"은 1642년 8월 26일의 법령과 1643년 3월 9일의 법령을 가리키는 것이다.

45 출판 허가법 이후 밀턴이 관련된 주요 사건들을 정리하면 다음과 같다.

1643년 6월 14일	출판 허가법
1643년 7월 1일	웨스트민스터 종교회의 개회
1643년 8월 1일	『이혼론』 초판 출간
1644년 2월 2일	『이혼론』 재판 출간
1644년 7월 15일	『마틴 부처의 이혼관』 검열·등록
1644년 8월 6일	『마틴 부처의 이혼관』 출간
1644년 7월 23~8월 7일	웨스트민스터 종교회의 휴회(2주간)
1644년 8월 13일	허버트 파머의 의회 설교
1644년 8월 24일	출판업자 조합의 청원
1644년 8월 26일	청원서 의회에서 낭독
1644년 11월 23일	『아레오파기티카』 출간

46 네 편의 이혼 관련 팸플릿은 다음과 같다. ① *Doctrine and Discipline of Divorce* (August, 1643), ② *The Judgement of Martin Bucer Concerning Divorce* (July, 1644), ③ *Tetrachordon*: *Expositions upon the four chief places in Scripture which treat of Marriage, or nullities in Marriage* (March, 1645), ④ *Colasterion*: *A Reply to a nameless Answer against the Doctrine and Discipline of Divorce* (March, 1645).

점에서 파악한 밀턴의 견해는, 이혼 문제에 있어서 오직 육체적·성적 측면만을 고려한 잉글랜드 법(그것은 가톨릭 교회법에서 발전된 것이다) 및 대륙 종교개혁자들 대다수의 결혼관과 크게 대조되는 것이었다.[47]

웨스트민스터 종교회의(Westminster Assembly)[48]가 1643년 7월 1일에 열리자, 밀턴은 장기의회에 걸었던 것만큼이나 큰 기대를 걸고 있었다. 밀턴의 『이혼론』은 1643년 8월 1일 경에 출간되었다. 공교롭게도 『이혼론』의 출간 시점은 웨스트민스터 종교회의의 첫 회기와 일치했다. 1641년 5월부터 1642년 4월까지 간행된 다섯 편의 반주교제적 팸플릿들과 마찬가지로, 『이혼론』 역시 검열도 받지 않았고 등록도 하지 않았다. 출판 허가법이 공포된 지 한 달 반이 지난 후였다.

『이혼론』은 초판이 1,200부 이상 판매되었고, 초판이 출간된 지 불과 6개월 만에 증보 재판이 간행될 정도로 성공을 거두었다. 이렇듯 성공적이었음에도 불구하고 밀턴의 마음은 결코 즐겁지 못했다. 대부분의 독자들은 그 팸플릿의 표지와 처음 몇 쪽만을 읽고 말

---

47 *A Milton Encyclopedia*, s. v. "Divorce, Milton's Views on," by Arthur Axel-rad.

48 장기의회가 잉글랜드 교회의 개혁(공동 기도문과 39개 조항의 수정)을 위해 소집했다. 이 모임은 30명의 평신도(20명은 하원 의원, 10명은 상원 의원)와 121명의 잉글랜드 성직자로 이루어졌다. 나중에 스코틀랜드 장로교 성직자 대표 6명이 추가되었다. 첫 모임은 1643년 7월 1일에 웨스트민스터 대성당(Westminster Abbey)에서 있었다. *A Milton Encyclopedia*, s. v. "Westminster Assembly," by William B Hunter.

았고, 그 누구도 밀턴의 논지에 대해 진지한 비판을 가하거나 답변을 시도하지 않았다. 그들은 『이혼론』의 내용을 가십 거리로만 삼았을 뿐 누구도 그의 논점에 대한 진지한 토론은 하지 않았던 것이다. 그 결과 최근까지 같은 편에 섰던 장로파마저도 그를 "자의적 이혼(divorce at pleasure)"을 주장한 인물로 바라보기에 이르렀다.[49]

난감해진 밀턴은 『이혼론』의 논점을 보다 정교하게 하여 1644년 2월 2일경에 증보 재판을 간행했다. 1644년 중반에 이르러 『이혼론』은 모두 두 차례 간행되었고 초판과 재판이 모두 매진되었다. 그러나 이 기간 동안 내내 비방자들은 멀리서만 수군거렸을 뿐 단 한 번도 저자에게 우호적으로 의견을 개진해 오지 않았다.[50]

이러한 국면을 타개하기 위해 밀턴은 16세기의 종교개혁자 마틴 부처(Martin Bucer)의 저서 『그리스도의 나라』(De Regno Christi)의 일부를 영어로 옮겨, 『마틴 부처의 이혼관』(The Judgement of Martin Bucer Concerning Divorce)이라는 제목으로 출간했다. 밀턴의 설명에 의하면, 그는 『이혼론』의 재판이 간행된 지 3개월가량 지난 후(1644년 4월 또는 5월)에

---

49 William Riley Parker, *Milton : A Biography*, 2nd ed., 2 Vols. (Oxford, 1996), pp. 241–4. 밀턴이 잉글랜드에서 널리 이름을 얻게 된 첫 번째 계기는 바로 『이혼론』의 출간을 통해서였다. 그는 이 일로 인해 "이혼자"(divorcer)라는 난처한 별명을 얻었다. Isabel Rivers, "Milton's Life and Times : Aids to Study," in John Broadbent, ed., *John Milton : Introductions* (Cambridge Univ. Press, 1973), p. 62.

50 William Riley Parker, *op. cit.*, p. 260.

자신의 이혼관이 부처의 이혼관과 같다는 것을 처음 알게 되었다.[51] 부처는 루터와 츠빙글리의 성찬 논쟁을 중재한 것으로 널리 알려진 제1세대 종교개혁자로서, 에드워드 6세에 의해 케임브리지 대학의 흠정 신학 교수(1549-51)로 임명되기도 했던 인물이다. 밀턴은 부처의 결혼관 및 이혼관이 자신의 견해와 동일하다는 것을 알리기만 하면, 설령 비방자들을 침묵시킬 수는 없을지라도, 적어도 이 문제에 관한 논쟁을 촉발시킬 수는 있으리라고 보았다. 장로파 성직자들이 제아무리 종교적 획일주의로 경직되었기로서니 감히 부처의 의견을 무시할 수는 없을 것이기 때문이었다.

『마틴 부처의 이혼관』은 밀턴이 이제까지 출간한 팸플릿들 중 처음으로 공식적인 검열을 받았고, 1644년 7월 15일에 출판 등록을 마쳤다. 그것이 팸플릿으로 출간된 것은 3주 후인 8월 6일, 즉 웨스트민스터 종교회의가 2주 동안의 휴회(1644년 7월 23일-8월 7일)를 끝내고 회기를 막 시작하려 하기 직전이었다.[52] 『이혼론』(재판)[53]이 의회와 웨스트민스터 종교회의 양자에게 헌정(To the Parliament with the Assembly)된 것과는 달리, 『마틴 부처의 이혼관』은 의회에만 헌정(To the Parlia-

---

51 *The Judgement of Martin Bucer Concerning Divorce*, CPW Ⅱ, p. 435.
52 『마틴 부처의 이혼관』의 정확한 출간 일자에 관한 설명은 다음을 참조할 것. Arnold Williams, "Preface and Notes," to *The Judgement of Martin Bucer*, CPW Ⅱ, p. 416.
53 『이혼론』 초판은 익명으로 출간되었으므로 아무에게도 헌정되지 않았다.

ment)되었다. 밀턴은 이 시점에 이르러 웨스트민스터 종교회의에 대한 모든 기대와 희망을 포기한 것이다.

밀턴이 『이혼론』 재판(1644년 2월 2일)을 웨스트민스터 종교회의에 헌정한 것은, 조합교회파(Congregationalists)가 웨스트민스터 종교회의에 대한 기대를 일찌감치 포기하고 의회만을 대화상대로 여겼던 사실과 대조된다. 조합교회파는 1643년 "여름의 위기(crisis of the summer)"에 의회군이 수세에 몰린 상황에서, 그들 특유의 조합교회(gathered church)[54]에 대한 입장을 구태여 드러내려 하지 않았다. 프로테스탄트 진영의 결속을 위해 장로파와 자신들 사이의 견해 차이를 애써 감춘 채 조정(accommodation)을 이루고자 한 것이다. 그러나 그들은 1644년 초에 이르러 더 이상 장로파에 대한 기대를 품지 않게 된다. 그 결과 웨스트민스터 종교회의의 조합교회파 성직자 5명[55]이 출간한 『의회에 바치는 변명』(An Apologetical Narration, Humbly Submitted to the

---

54 국가 교회를 배격하는 가운데, 같은 신앙을 가진 신자들로 구성된 자율적인 교회 또는 집회를 말한다. Peter Newman, *Companion to the English Civil Wars* (New York, 1990), pp. 33, 59, 78.

55 토머스 굿윈(Thomas Goodwin)이 주도한 "다섯 명의 반대파 형제들(five dissenting brethren)"은 주교제 하에서는 목회 활동을 지속한다는 것이 불가능하다고 판단하고, 네덜란드로 망명하여 같은 신앙을 가진 잉글랜드인 망명자들로 구성된 조합교회들에서 제각기 시무했다. 그들은 망명 생활을 통해 순교자에 버금가는 자부심을 갖게 되었고, 잉글랜드에 귀국해서는 망명 생활에서와 같은 조합교회 활동을 보장받고자 했다. William Haller, "Before *Areopagitica*," *PMLA*, LXII (1927), p. 878.

Honourable Houses of Parliament, 1644년 1월)은 오직 의회에만 헌정되었다.[56] 이에 비해, 밀턴은 『이혼론』 재판 간행 무렵까지 순진하게도 웨스트민스터 종교회의에 대해 기대를 걸고 있다가, 『마틴 부처의 이혼관』이 출간되던 1644년 7, 8월경에 이르러서야 비로소 이를 포기한 것이다.

『마틴 부처의 이혼관』은 4절판 40쪽 분량이었는데, 그 중 24쪽은 부처의 글을 「번역」하는 데 할애되었다. 팸플릿의 처음 4쪽은 부처의 성경 해석상의 탁월함에 대한 밀턴의 「증언」(Testimonies of the High Approbation)이었고, 다음 8쪽은 의회를 향한 일종의 「서문」(To the Parliament)이었다. 이어 부처의 글의 번역문이 수록되었고, 맨 마지막에는 2쪽 분량으로 번역자의 「후기」(A Postscript)가 첨부되었다.

「후기」에서 밀턴은 "종교개혁의 시대에 그리고 자유롭게 말하고 쓸 수 있는 시대에" 자신의 저작이 "출판 허가를 얻지 못할 것"을 우려하면서, "가장 현명한 사람들은 우리 사이에 진리가 진리로, 자유가 자유로 허용되고, 또 다시 새로운 족쇄와 속박의 위험에 빠지지

---

56 Ernest Sirluck, *op. cit.*, pp. 66-72, 139 참조. 의회 지지자들은 처음에는 대주교 로드(Laud)에 대항하기 위해, 그리고 나중에는 왕당파에 대항하기 위해 동맹에 들어갔다. 그들의 피상적인 제휴 관계는 1640년대 초 위기의 시기에도 불안정하게 유지되었지만, 그들의 근본적인 견해차는 찰스 1세의 위협이 사라지자마자 즉각 표면화되었다. R. J. Acheson, *Radical Puritans in England : 1550–1660* (London, 1990), p. 46.

않도록" 유념할 것을 호소했다. 밀턴의 이 말은 그의 다음 팸플릿인 『아레오파기티카』의 내용을 예견케 하는 것이었다. 또한 밀턴은 「후기」의 마지막 문장에서 "새로운 모습과 가면 아래 우리를 점차 옥죄기 시작하는 교회의 속박"에 대해 경고하고 있는데, 그것은 잉글랜드 국민에게 배타적인 교회 질서를 강요하고 반대파를 억압하려 한 장로파의 기도를 암시하는 것이었다.[57]

그러면 여기에서 밀턴은 자신의 어떤 팸플릿이 "출판 허가를 얻지 못할 것"이라고 말하는 것인가? 『마틴 부처의 이혼관』은 정식으로 검열을 받고 등록을 필한 다음 출간되었으므로 아무런 문제도 되지 않았던 것이다. 여기에서 한 가지 주목할 것은, 『마틴 부처의 이혼관』이 출간되기 전에 『이혼론』의 재판은 매진되었는데, 3판(또는 재판의 2쇄)은 재판이 매진된 지 5개월이 넘도록 출간되지 않았다는 사실이다. 그 이유는 무엇이었는가?

명백한 독자의 수요가 있음을 알면서도, 밀턴이나 출판업자가 그에 부응하지 않는다는 것은 생각할 수 없는 일이다. 그러므로 우리는 파커(William Riley Parker)와 더불어, 웨스트민스터 종교회의의 장로파가 『이혼론』 3판(또는 재판의 2쇄)을 검열하여 출간을 저지하는 데 성공한 것이라고 추정할 수 있다.[58] 자유로운 출판 활동에 대해 불쾌한

---

57 *The Judgement of Martin Bucer Concerning Divorce*, CPW Ⅱ, p. 479.
58 William Riley Parker, *op. cit.*, p. 263. 검열관의 일부는 웨스트민스터 종교회

간섭이 행해지고 있다는 소식은 분명 밀턴에게도 전해졌을 것이고, 밀턴은 「서문」의 조판이 이미 완료된 상태에서, 애당초 계획에 없었던 「후기」를 덧붙여 이 문제를 언급하고자 했던 것이다. 『마틴 부처의 이혼관』이 1644년 7월 15일에 등록을 마쳤으면서도 그보다 20일이 지난 8월 6일까지 출간되지 못한 것도 이런 전후 맥락에서 이해가 가능할 것이다.

밀턴은 『마틴 부처의 이혼관』에 큰 기대를 걸고 있었다. 그는 존경할 만한 종교개혁자의 견해에 의해 자신의 입장을 강화함으로써, 자신을 비난한 성직자들을 부끄럽게 하고, 나아가 이성과 학문에 바탕을 둔 토론을 불러일으킬 수 있으리라고 믿었다. 그러나 그것은 밀턴의 오산이었다. 『마틴 부처의 이혼관』이 출간된 지 1주일이 지난 1644년 8월 13일, 즉 울프(Don M. Wolfe)가 "지독한 굴욕의 그 날(Extraordinary Day of Humiliation)"이라고 부른 그 날,[59] 웨스트민스터 종교회의의 저명한 성직자인 허버트 파머(Herbert Palmer)는, 상하 양원을 상대로 한 설교에서 양심의 자유를 빙자하여 불경스럽게도 관용을 허용한 입법자들을 대담하게 꾸짖었다.

만일 어느 누가 양심을 빌미로 …… 그리스도와 사도들이

의에서 선정되었다(Don M. Wolfe, *op. cit.*, p. 126).
59 Don M. Wolfe, *op. cit.*, p. 123.

언급한 것 이외의 사유로 말미암아 이혼을 주장한다면 (그에 관한 사악한 책이 널리 유포되어 있는데, 그 책은 불에 태워 버리는 것이 마땅하며, 그 책의 저자는 뻔뻔스럽게도 자신의 이름을 명시하여 바로 여러분에게 헌정하고 있습니다), …… 그렇다면 여러분은 이런 모든 자들에게 관용을 허락하시겠습니까?[60]

멀리서 수군거리던 험담은 사라지고, 바야흐로 밀턴은 공공연한 비난의 대상이 되었다. 상하 양원 의원들 앞에서, 그것도 엄숙한 금식일(Fast Day)에, 웨스트민스터 종교회의의 저명한 성직자의 설교를 통해 비난을 받는다는 것은, 밀턴처럼 자부심 강한 인물로서는 감당키 힘든 모욕이었을 것이다.[61]

밀턴은 격분했다. 파머에 대한 밀턴의 감정은 이듬해(1645년) 3월에 출간된 세 번째 이혼 팸플릿 『사현금』(Tetrachordon)[62]에 잘 나타나

---

60 J. Milton French, ed., *The Life Records of John Milton*, 5 vols. (New York, 1966), vol. Ⅱ(1639–1651), p. 106 ; David Masson, *op. cit.*, p. 263 ; William Riley Parker, *op. cit.*, p. 263 ; Sirluck, *op. cit.*, p. 103.

61 매슨(David Masson)은 이 때 밀턴이 놓인 처지를 일컬어, "어느 날 아침잠에서 깨어나 자신이 주요 일간지에 대서특필되어 가차 없이 매도당한 것을 읽고 받았을 충격보다 열 배는 더 큰 충격을 받았을 것"이라고 표현했다. David Masson, *op. cit.*, p. 264.

62 사현금(四絃琴)이란 고대 그리스의 악기 이름으로, 밀턴이 자신의 저술에 이 제목을 붙인 것은 결혼과 이혼에 관한 성경의 네 주요 구절(「창세기」 1:27, 28 과 2:18, 23, 24, 「신명기」 24:1, 2, 「마태복음」 5:31, 32와 19:3–11, 그리고 「고

아레오파기티카

있다. 이 무분별한 청교도 파머는 "그 책을 거의 읽어보지도 않고 저자가 누군지 알아보지도 않은 채, 목자다운 또는 형제다운 설득력에 의해 의논하거나 권고하거나 처리하지도 않으면서, 공공연한 독설로 그리고 가장 악랄한 기회를 포착해, 저자를 모욕하기를 서슴지" 않았다. 파머는 밀턴뿐만 아니라 사실상 부처마저도 "사악하다"고 비난한 셈이었다. 밀턴은 『마틴 부처의 이혼관』이 "이 중상적인 잡담(calumnious digression)이 설교되기 일주일 전에" 출간된 것은 "천우신조"였다고 털어놓았다.[63]

밀턴이 과연 파머의 말처럼 이단적이거나 위험한 견해를 제시했는지 여부는 일대 논란이 벌어질 수 있는 사안이었고, 그런 논란에 휩쓸리는 것은 대부분의 의원들에게 썩 내키지 않는 일이었다. 사실 밀턴에 대한 공격이 파머의 설교만으로 끝났다면 이 사건은 유야무야 끝나고 말 가능성이 높았다. 그러나 며칠 후 밀턴은 출판 허가법이라고 하는 현행법을 위반한 혐의로 고발당하게 된다. 파머의 설교가 있은 지 11일 후인 8월 24일(토요일)에 출판업자 조합이 의회에 청원서를 제출한 것이다. 그들은 웨스트민스터 종교회의의 성직자들을

린도 전서」 7:10-16)이 서로 모순되는 것이 아니라 조화를 이루고 있음을 보여주기 위한 것이다. *A Milton Encyclopedia*, s. v. "Tetrachordon," by Arthur Axelrad.

63 *Tetrachordon, CPW* II, pp. 579-80.

대신하여 명목상의 고발인으로 나선 것이 분명해 보인다.[64] 청원서에
는 밀턴이 출판 허가법을 어기고 출간한 두 편의 팸플릿이 언급되었
다. 이 청원서는 8월 26일(월요일)에 하원에서 낭독되었고, 출판 위원
회에 회부될 것이 명령되었다. 출판 위원회는 "영혼의 불멸성을 부인
하는 팸플릿들과 이혼에 관련된 팸플릿들의 저자, 인쇄업자, 출판업
자들을 철저히 수색할 것"을 명령받았다.[65]

밀턴에게 어떤 조치를 취하는가 하는 미묘한 임무는 전적으로
출판 위원회에 맡겨졌다. 그들은 밀턴을 괴롭힐 수도 있었고, 그냥 둘
수도 있었다. 결과부터 미리 밝혀 두자면, 그들은 밀턴에게 아무런
조치도 취하지 않았다. 출판 위원회가 하원에 보고한 문서가 오늘날
전혀 남아 있지 않기 때문에, 그들이 밀턴을 내버려 둔 이유는 알 길

64　David Masson, *op. cit.*, p. 273. 출판업자 조합의 직원은 1년에 한 차례씩 선
　　출되었다. 1644년 중반에는 Robert Mead가 장인(master)으로, 그리고 John
　　Parker와 Richard Whittaker가 임원(warden)으로 선출되었는데, 매슨은 바로
　　이들이 밀턴의 고발인으로 나선 것으로 추정한다. 그들은 밀턴의 비정통적인
　　주장으로 인해 초래된 혼란을 우려했을 수도 있고, 순수한 직책상의 의무감
　　을 느꼈을 수도 있다. 어쨌든 그들은 밀턴이 출판 허가법을 위반하고 두 건의
　　팸플릿(『이혼론』의 초판 및 재판)을 출간했음을 지적함으로써 파머와 웨스트민
　　스터 종교회의의 그의 동료들의 뜻에 복종했다. 매슨에 의하면, 웨스트민스터
　　종교회의의 성직자들이 이 고발 사건의 배후에 있었다는 것은 거의 의심의
　　여지가 없다. 그러나 그들로서는 출판업자 조합을 고발인으로 내세우는 것이
　　편리했을 것이다.
65　J. Milton French, ed., *op. cit.*, p. 106 ; David Masson, *op. cit.*, pp. 164-5 ;
　　William Riley Parker, *op. cit.*, p. 264.

이 없다. 다만 파커(Parker)의 설명에 의지하여 정황을 헤아릴 수 있을 따름이다. 파커에 의하면, 의회의 일부 고위직 인사들은 혁명 초기부터 밀턴의 활동을 눈여겨보고, 그의 학식을 높이 평가하고 있었다. 그들은 이를테면 밀턴을 탁월한 문장력을 지닌 "무서운 아이(enfant terrible)"로 인정하고 특별히 취급한 것이며, 이런 배려 덕분에 밀턴은 여느 평범한 저술가와 똑같은 취급을 당하지 않을 수 있었던 것이다.[66] 실제로 밀턴은 그 후 『사현금』의 「서문」에서 의회의 조치에 다음과 같이 감사를 표명했다.

> "여러분은 커다란 힘과 권위를 지니고 현명하고도 공정하게 대해 주셨습니다. …… 앞서 발간된 책 『이혼론』에 대한 지나친 비난이 어떻게 그리고 누구에 의해 여러분께 제기되었는지에 대해서는 대체로 알려져 있음에도 불구하고 …… 나는 여러분의 명령에 의해 저자나 책에 훼방이나 악평이 가해진 것을 발견하지 못했습니다. …… 상원 및 하원 의원 여러분, 여러분의 정직하고 청렴한 거부(물론 그것은 정의를 위해서 한 것이지 결코 나를 위해 한 일은 아니며, 그것은 여러분의 업무 처리 방식이 무분별한 속류들과 얼마나 다른가 하는 것을 각별히 잘 드러내 주고 있습니다)로 말하자면,

---

66 William Riley Parker, *op. cit.*, p. 265 ; William Riley Parker, *Milton's Contemporary Reputation* (1940 ; New York, 1971), pp. 26-7.

······ 나는 아직도 다할 수 없는 감사의 마음을 가득 쌓아 두고 있으며, 그러한 감사는 다음 세대에 속삭임 이상으로 오래 남을 것입니다."[67]

그러나 사정이야 어쨌든, 밀턴은 1644년 8월과 9월 그리고 10월을 지내면서 잉글랜드의 자유 언론의 장래에 대해 깊이 우려할 만한 충분한 이유를 갖고 있었다. 밀턴은 한 나라의 저술 작업에 관한 모든 통제권을 편견에 사로잡힌 일부 검열관들에게 맡겨 그들로 하여금 어떤 책을 출간할지 결정토록 하고, 그 하수인인 출판업자 조합으로 하여금 행여 검열되지 않은 책이 출간되는지 여부를 감시하도록 하는 검열제의 실태를 참을 수 없었다. 그러므로 밀턴은 출판의 자유를 옹호하는 작업에 착수했다.

밀턴은 1644년 11월 23일 『아레오파기티카』를 출간했다. 그는 『아레오파기티카』 표지 하단에 에우리피데스(Euripides)의 『탄원자』(*Hicetid*)의 일부분을 영역하여 게재했는데, 그 내용은 다음과 같다.

국가에 대해서 건전한 조언을 할 수 있는 사람이 자유롭게 말할 수 있고,

그렇게 할 수 있고 할 의지가 있는 사람이 칭송을 받을 때,

---

67 *Tetrachordon*, *CPW* II, pp. 578-9.

그리고 그렇게 할 수도 없고 할 의지도 없는 사람이 침묵을
지킬 수 있을 때,

　이것이 진정한 자유이다.

　한 나라에 이보다 더 큰 정의가 있을 수 있겠는가?[68]

　이 팸플릿에는 인쇄업자의 이름도, 판매업자의 이름도 기재하지
않았으며, 검열도 받지 않았고, 등록 절차도 거치지 않았다. 그것은
출판업자 조합, 웨스트민스터 종교회의, 그리고 의회 제정 현행법에
대한 공공연한 도전이었다. 『아레오파기티카』를 펴낸 인쇄업자로서
는 이 팸플릿을 맡아 인쇄하는 것 이상의 위험 부담—인쇄업자의 이
름을 공개하는 일—을 감수할 이유가 없었다. 반면에 밀턴은 표지에
『아레오파기티카: 검열 없는 출판의 자유를 위해 잉글랜드 의회를 상
대로 작성한 존 밀턴의 연설문』이란 제목을 올리면서, 자신의 이름을
대문자(Mr. JOHN MILTON)로 명기함으로써 모든 책임을 자신이 지겠
다는 태도를 분명히 밝혔다. 만일 무슨 일이 일어난다면 그것은 밀턴
본인에게 닥칠 것이었다.[69]

68　*Areopagitica*, *CPW* II, p. 485.
69　이번에도 밀턴은 무사하였다. 출판업자 조합은 상원에 불만을 제기했지만 상
　　원은 아무런 조치도 취하지 않았다. William Riley Parker, *Milton: A Biography*, p. 273.

3. 의회의 종교 개혁적 사명

밀턴이 검열제 없는 잉글랜드의 자유로운 전통을 강조한 목적은, 장로파가 주교들과 마찬가지로 잉글랜드의 전통에서 동떨어진 부류임을 드러내려는 데 있었다. 밀턴은 먼저 검열제의 기원이 로마 가톨릭에 있다고 강조함으로써 잉글랜드의 자유의 전통과 가톨릭의 전제의 전통을 극명하게 대비시켰다. 밀턴에게 잉글랜드는 종교개혁의 발상지였으나, 유감스럽게도 "원숭이처럼 로마를 닮은" 주교들은 검열제를 무기로 사용하여 종교개혁을 방해했다.[70]

반주교제적 팸플릿들을 작성할 무렵, 밀턴은 청교도주의의 주류에 속해 있었고, 사실상 그 주류의 적극적 지지자였다. 그러나 자고린(Perez Zagorin)이 지적했듯이, 이혼 관련 팸플릿들은 밀턴을 급진주의자로 변화시키는 결정적인 계기가 되었다.[71] 그는 자신이 오류라고 여긴 관행에 맞서 "정통"에서 벗어난 주장을 함으로써 청교도주의의 주류를 형성하고 있었던, 그리고 한때 그의 동지였던 장로파와 결별하게 되었다. 『아레오파기티카』에서 밀턴은 그들을 이렇게 비판했다.

---

70 *Areopagitica*, *CPW* Ⅱ, p. 504.
71 Perez Zagorin, *Milton∶ Aristocrat And Rebel−The Poet and His Politics* (New York, 1992), p. 40.

만일 최근 들어 설교 대신 차라리 침묵을 지키는 것이 나은 몇몇 사람들이 자기들 마음에 들지 않는 책을 제외하고는 우리에게 읽기를 허용하지 않으려 한다면, 그들이 의도하는 것은 학문에 대한 제2의 폭정이라고 밖에 생각할 수 없습니다. 그리고 우리에게 주교(bishop)와 장로(presbyter)가 그 이름과 실체에 있어서 동일한 존재라고 하는 것은 논란의 여지가 없습니다.[72]

그는 이들 획일적인 장로파를 얼마 전 사제들에 대해서 했던 것처럼 다룰 필요가 있다고 생각하기 시작했다. 장로파는 "얼마 전 어려운 시절의 경험을 겪으면서 현명해졌지만, 지금은 조건이 변화하자 우쭐대고" 있었다. 그들은 "종교재판소의 도미니쿠스 수도사가 한 일을 우리에게 하려하고 있으며, 이런 억압을 향한 적극적인 한걸음을 내딛고" 있었다. 밀턴은 "사태가 이 지경인 바에야, 억압하는 자들을 먼저 억압하는 것이 당연한 일"이라고 주장했다.[73] 요컨대 밀턴은 가톨릭의 종교재판소 및 대주교 로드의 주교제와 마찬가지로, 장로파가 잉글랜드의 자유로운 전통의 반대편에 선 적대 세력임을 분명히 하고자 했던 것이다.

---

72 *Areopagitica*, *CPW* Ⅱ, p. 539.

73 *Areopagitica*, *CPW* Ⅱ, pp. 568-9.

웨스트민스터 종교회의의 장로파를 출판 허가법의 배후 세력으로 본 밀턴의 시각에는 다소 석연치 못해 보이는 점이 있다. 웨스트민스터 종교회의의 첫 모임이 열린 것은 출판 허가법이 공포(1643년 6월 14일)된 지 보름가량 지난 후인 1643년 7월 1일이었고, 따라서 웨스트민스터 종교회의가 출판 허가법의 제정에 직접 간여한다는 것은 물리적으로 불가능했기 때문이다. 그러나 적어도『이혼론』출간을 계기로 촉발된 일련의 사건들을 통해 볼 때, 밀턴으로서는 당시 출판 허가법의 실질적인 운용 주체를 장로파라고 믿을 만한 충분한 근거가 있었다. 첫째로, 앞에서 언급한 것처럼 밀턴의 책을 불태워 버릴 것을 의회에 요구한 허버트 파머가 웨스트민스터 종교회의의 장로파 성직자였다. 둘째로, 출판 허가법 아래에서 검열관의 일부는 웨스트민스터 종교회의에서 선정되었다.[74] 끝으로, 출판 허가법 위반 혐의로 밀턴을 의회에 고발한 당사자인 출판업자 조합은 장로파의 사주를 받은 것이 분명해 보인다는 점이다.[75]

밀턴이 서명법을 의회 본래의 취지라고 주장한 이유도 장로파에 대한 그의 적의와 연관되어 있었다. 설럭(Ernest Sirluck)은, 1644년의 상황을 미루어 볼 때, 밀턴이『아레오파기티카』에서 설득 대상으로서 각별히 의회의 에라스투스파(Erastians)를 염두에 두고 있었다고 주장

---

74 Don M. Wolfe, *op. cit.*, p. 126.
75 David Masson, *op. cit.*, p. 273.

아레오파기티카

한다.[76]

　설럭의 설명은 다음과 같다. 1644년에 의회 내의 독립파는 이미 관용을 주장하고 있었고, 따라서 검열제에 대해서도 반대 입장을 취하고 있었다. 그러나 그들은 의회 내에서 소수파에 불과했다. 『아레오파기티카』가 출간되기 약 5개월 전인 1644년 6월에 이르러 웨스트민스터 종교회의의 장로파 성직자들은 노골적으로 신정주의적 성향을 드러냈고, 바야흐로 그들과 에라스투스주의 장로제를 지지했던 의회의 장로파 평신도들 사이에는 대립과 투쟁이 시작되고 있었다. 설럭에 의하면, 웨스트민스터 종교회의 장로파의 획일주의에 대한 적대감이 고조되어 있었던 밀턴으로서는 출판 허가법의 철회를 위해 장로파의 분열에 주목하지 않을 수 없었다. 에라스투스파는 국가 권력에 의한 교회 지배를 주장했다. 그러므로 만일 웨스트민스터 종교

---

76 Ernest Sirluck, *op. cit.*, p. 176. 에라스투스주의라는 말은 국가가 교회보다 우월하다고 주장하는 사람들을 비방하기 위해 장로파 신자들이 1643년에 처음 사용한 용어이다. 이것은 16세기 스위스의 의사이자 츠빙글리파 신학자인 토마스 에라스투스의 이름을 땄지만, 에라스투스 자신은 이런 신조를 가진 적이 없었다. 에라스투스는 "파문"이란 논제에 관심을 기울였을 뿐 국가와 교회의 관계에 대해서는 관심을 기울이지 않았다. 에라스투스는 기독교인들의 죄는 교회가 성사를 주지 않음으로써 처벌하는 것이 아니라, 세속 국가가 처벌해야 한다고 주장했을 뿐이다. 그러나 에라스투스는 에라스투스주의 덕분에 역사에 이름을 남겼다. 에라스투스주의는 종교보다 세속의 우위를 주장했다는 점에서 1555년 아우크스부르크 종교회의에서 결정된 "Cuius regio, eius religio(그의 지방에, 그의 종교)"와 맥을 같이한다고 볼 수 있다. 김응종 지음, 『서양사 개념어사전』(살림, 2008), p. 248 참조.

회의의 성직자들이 교회에 대한 지배권을 강화하려 한다는 것을 알게 된다면, 에라스투스파로서는 이를 좌시할 수 없는 입장이었다. 밀턴은 바로 이런 점에 착안하여, 의회가 웨스트민스터 종교회의의 기만적 술책에 넘어가 본연의 정책을 역전시킨 것으로 설명했다는 것이다.[77]

실제로 검열제와 관련하여 밀턴은 당시 에라스투스파와 비슷한 입장을 취하고 있었다. 예를 들면, 웨스트민스터 종교회의에 참여한 몇 안 되는 에라스투스파의 한 사람이었던 토머스 콜먼(Thomas Coleman)은 하원에서 행한 설교를 통해, 교회 개혁 과정에서 "중요치 않은 일(things indifferent)"에 대해서는 개인과 집회들에 기독교적 자유를 더 많이 허용할 것을 조언했다. 그의 설교는 의원들로부터 열광적인 호응을 받았다. 콜먼의 설교는 웨스트민스터 종교회의의 다른 어떤 성직자들의 설교보다도 밀턴의 입장에 가까웠다. 그의 견해는 각별히 종교적 관용 문제에서 의회의 온건한 태도를 지지했다는 점에서, 그리고 진리를 특정 집단에 의한 절대적 교조로 규정하려는 시도

---

77 *Ibid.*, pp. 104, 175, 176. 의회가 웨스트민스터 종교회의를 소집한 것은 교리와 교회 정부에 관한 "조언"을 해 달라는 것이었지 이들 문제를 "결정"해 달라는 것은 아니었다. 그러나 그 대부분이 국교회 성직자 출신으로 구성된 종교회의는 종전에 주교들에게 속했던 권한을 재빨리 성직자들의 손에 넘겨주었다. William Haller, *op. cit.*, p. 877.

아레오파기티카

에 대해 의혹의 눈길을 보냈다는 점에서 밀턴의 견해와 흡사했다.[78]

밀턴이 에라스투스파를 염두에 두고 있었다는 사실은 『아레오파기티카』 본문에서도 확인된다. 밀턴은 에라스투스파의 지도자요 법학자이자 의회 의원이었던 존 셀던(John Selden)을 "이 나라에서 으뜸가는 학자"로 찬양하면서 이렇게 주장했다.

> 나는 여러분에게, 한층 더 훌륭한 증인으로서, 지금 의회 의석에 여러분과 자리를 함께 하신, 이 나라에서 으뜸가는 학자로서 명성을 얻고 계신 셀던 씨(Mr Selden)를 소개하고자 합니다. 이분의 자연법 및 국가법에 관한 책은, 권위 있는 전거의 취합에 의해서 뿐만 아니라 거의 수학적으로 논증된 정교한 추론과 정리에 의해 다음과 같은 사실을 입증해주고 있습니다. 즉 모든 의견, 심지어 오류마저도 알고, 읽고, 비교하는 것이 최고의 진리를 신속히 얻는데 중대한 도움을 준다는 것입니다.[79]

많은 연구자들은 밀턴이 에라스투스파를 겨냥하고 있었다는 설력의 주장에 동의하고 있다. 밀턴은 과거 주교들에 대항하여 국민을

---

78 Michael Fixler, *Milton and the Kingdom of God* (London, 1964), pp. 118-9 참조.

79 *Areopagitica*, CPW Ⅱ, p. 513.

통합하려 했던 것처럼, 이번에는 웨스트민스터 종교회의와 검열제에 맞서 프로테스탄트 국민을 규합하려 했으며,[80] 그의 직접적인 목표는 웨스트민스터 종교회의의 장로파를 물리치고 의회 내 에라스투스파의 지지를 얻으려는 데 있었다는 것이다.[81]

그러나 밀턴이 에라스투스파의 지지를 호소했다고 해서 그가 에라스투스주의를 신봉했다고 단정해서는 곤란하다. 그의 입장은 어디까지나 교회와 국가를 완전히 분리하자는 것이었고, 따라서 에라스투스파와는 근본적인 차이가 있었다.[82] 그럼에도 불구하고 밀턴은 『아레오파기티카』에서 장로파를 분열시켜 에라스투스파 의원들을 설득할 필요가 있었고, 이런 이유 때문에 그는 『아레오파기티카』에서 교회와 국가의 분리에 대해서는 일체 언급을 하지 않는 기민성을 보였다.

헌터(William B. Hunter, Jr.)는 밀턴과 에라스투스파의 관계를 두고, "『아레오파기티카』의 모든 주장은 반(反)에라스투스적인 관점을 담고

---

80 Christopher Hill, *Milton and the English Revolution* (Penguin Books, 1977), p. 151.

81 Nigel Smith, *"Areopagitica*: Vocing Context, 1643–5," in David Lowenstein and James Grantham Turner, eds., *Politics, Poetics, and Hermeneutics in Milton's Prose* (Cambridge Univ. Press, 1990), pp. 104, 106; Christopher Kendrick, *Milton*: *A Study in Ideology and Form* (London, 1986), p. 20; Cedric C. Brown, *John Milton*: *A Literary Life* (London, 1995), p. 97.

82 Ernest Sirluck, *op. cit.*, p. 169.

있다"고 지적했는데,[83] 밀턴이 에라스투스파를 설득하는 데 지장을 초래하지 않고자 『아레오파기티카』에서 교회와 국가의 분리에 대한 자신의 입장을 전혀 드러내지 않았다는 점을 고려할 때, 그의 견해는 지나치게 단정적인 것으로 보인다. 물론 밀턴은 당시 장로파에 맞서 독립파와 공동보조를 취하고 있었던 것이 사실이다. 그러나 적어도 『아레오파기티카』에서 그는 반에라스투스적인 입장을 드러내지는 않았다. 그러므로 "『아레오파기티카』 작성 당시 밀턴이 반에라스투스적 관점을 견지했다"고 말할 수는 있어도, "『아레오파기티카』 자체가 반에라스투스적 관점을 담고 있다"고 말하기는 곤란하다.

1641년과 1642년의 반주교제적 팸플릿들이 주교들을 주적(主敵)으로 삼아 의회와의 연대 투쟁을 벌인 것이라면, 『아레오파기티카』는 웨스트민스터 종교회의의 장로파를 주적으로 간주하는 가운데, 각별히 에라스투스파의 지지를 얻을 목적으로 작성된 것이었다. 동시대의 역사를 선과 악의 양극화된 전망 가운데 바라본 밀턴의 천년왕국적 패러다임에서, 1641년과 1642년에는 주교들이 악의 대리자로 등장했다면, 『아레오파기티카』가 작성되던 1644년 하반기에는 웨스트민스터 종교회의의 장로파가 새롭게 악의 대리자로 떠오른 것이다.

밀턴이 잉글랜드의 자유로운 전통을 강조하면서 검열제의 역사를 열거한 이유는, 잉글랜드인, 특히 의회 의원들로 하여금 역사적

---

83 *A Milton Encyclopedia*, s. v. "Erastianism," by William B. Hunter.

과정에서 그들이 맡은 종교 개혁적인 역할을 이해하도록 고무하려는 의도 때문이었다. 밀턴은 투철한 역사의식을 통해서만 혁신이 창조적으로 이루어질 수 있다고 보았다. "논쟁하는 두 개의 얼굴을 지닌 야누스(Janus)"[84]의 모습처럼, 그의 혁명 동지인 의원들은 과거와 미래 두 방향을 동시에 바라보아야만 했다. 그들은 "진리의 발견에서 더 많은 것"을 얻고 "새로운 빛의 계단을 계속해서 오르기" 위해서 "여태까지 배운 것을 되돌아보고 수정"해야만 했다. "진리의 발견"을 고무·격려하여 저지된 종교개혁을 완성시키기 위해서는 과거의 사건에 대한 인식이 필요했다.[85] 밀턴은 각별히 의원들로 하여금 웨스트민스터 종교회의 장로파가 검열제의 역사적 맥락 속에서 어느 편에 서 있는지를 분명히 인식하도록 촉구했다. 의회의 진정한 적이 누구인지를 역사적 사례를 통해 알리고자 한 것이다.

또한 밀턴이 1642년 1월 29일의 서명법 이래 의회가 줄곧 포괄적인 출판 규제 정책을 준비해 왔음을 잘 알고 있으면서도 그것을 의회의 본래 의도가 아니었다고 주장한 것은, 의회에 대한 밀턴의 신뢰와 기대를 다른 방식으로 표현한 것이라고 보면 이해하기가 어렵지 않을 것이다. 밀턴은 조국 잉글랜드의 운명이 걸린 종교개혁 작업의 미더운 동지인 의원들을 향해, 여러분은 결코 그럴 사람들이 아니라

---

84 *Areopagitica*, *CPW* Ⅱ, p. 561.
85 *Areopagitica*, *CPW* Ⅱ, p. 566.

고 타이르고 있는 것이다.

밀턴에게 출판 허가법은 의회가 스스로의 원칙을 저버린 것으로 비쳐졌다. 밀턴에게 있어서, 의회가 "공의회"와 "종교재판소"에 기원을 둔 전제적인 제도인 검열제를 시행한다는 것은 있을 수 없는 일이었다. 밀턴은 『아레오파기티카』에서, 잉글랜드 의회를 "용감하고 적절한 권고"로써 "전제와 미신"으로부터 잉글랜드인을 해방시켜 준 "온건하고 자유롭고 인도적인 정부"라고 표현했다.[86]

그러므로 밀턴이 볼 때 1643년의 출판 허가법은 자유의 선봉장인 잉글랜드의 상원 및 하원 의원들에게 전혀 어울리지 않는 조치였다. 출판 허가법과 같은 "무지하고, 야만스럽고, 형식적이고, 노예 같은" 조치가 취해지자면, "여러분(의원들) 자신이 먼저 억압적이고, 독단적이고, 전제적인 사람들이 되어야" 하는데 의원들은 결코 그렇게 될 수 없었다. "그러한 상태로부터 우리를 해방시켜 준 것이 바로 여러분(의원들)이기 때문"이다.[87] 그러므로 『아레오파기티카』에서 밀턴은 먼저 연설문의 독자인 상원 및 하원 의원들의 업적에 대해 깊은 감사를 표명하는 것으로 첫머리를 장식했다.

내가 지금 분명히 밝혀두거니와, 지금부터 하려는 연설 그

---

86 *Areopagitica, CPW* Ⅱ, pp. 487, 559.
87 *Areopagitica, CPW* Ⅱ, p. 559.

자체만으로도 우리는 이미 상당한 시민적 자유에 도달했습니다. 우리는 우리의 원리 속으로 파고든 전제(專制)와 미신(迷信)의 엄청난 해악으로부터 빠져나와 여기에 도달했습니다. 그 해악은 고대 로마인의 미덕으로도 감당할 수 없었던 것입니다. 우리가 이렇게 해악으로부터 빠져나올 수 있었던 것은, 첫째로 우리의 구원자이신 하나님의 강력한 도움, 그리고 둘째로 잉글랜드 상원 및 하원 의원 여러분의 신실한 인도와 담대한 지혜 덕분입니다.[88]

의회의 역사적 임무와 사명에 대한 밀턴의 찬사는 『아레오파기티카』에만 국한된 것은 아니었다. 의회를 상대로 한 각종 팸플릿들에서, 밀턴은 동시대인들로 하여금 역사의 전환점, 즉 "교회와 국가의 영광스런 변화와 혁신의 시대"에 서 있다는 인식을 갖도록 했다.[89] 의회는 역사적 과정을 뒤바꿀 강력한 힘을 가진 혁명 정부로 등장했다.

1642년 1월 또는 2월에 출간한 『교회 정부의 이성』(*The Reason of Church of Government*) 말미에서 밀턴은 의회가 역사 속에서 가공할 묵시적인 "응징 세력(punishing force)"으로서 활동하는 모습을 그렸다.[90]

---

88 *Areopagitica, CPW* II, p. 487.
89 *Tetrachordon, CPW* II, p. 585.
90 *The Reason of Church of Government* (January or February, 1642), *CPW* I, p. 861.

의회는 경건한 인민을 억압하는 주교들을 분쇄하는 의로운 세력이었다.

그보다 2, 3개월 후(1642년 4월)에 출간된 『스멕팀누스를 위한 변론』(An Apology for Smectymnuus)에서 밀턴은 의회의 역할을 『아레오파기티카』와 흡사한 분위기로 보여주었다. 장기의회 의원들은 역사적 과정을 적극적으로 혁신할 수 있는 현명하고 열정적이며 영웅적인 인물들로 묘사되었다. 그들에게는 역사의 뒷걸음질을 바로잡을 수 있는 비범한 능력이 있었으며, 그들은 "쇠락한 종교와 국가를 회생"시킬 수 있었다.[91] 역사의 변혁은 절대자와 의원들 사이의 역동적 협력을 필요로 한다. "주관"하는 것이 신이라면, "의지와 노력"은 의회의 몫이었다. 의회는 신의 "징표"의 "중재자"로서의 임무를 띠고 있기 때문이다. 밀턴은 그들의 개혁 능력으로 말미암아 자신이 언젠가 "이 왕국이 오랫동안 겪고 있는 불치의 고통"이 끝나는 것을 보게 될 날이 있으리라고 진지하게 믿었다.[92]

종교개혁이 아직 불완전하고 오히려 뒷걸음질을 치고 있다고 여겨지던 시기에 밀턴은 역사를 혁신할 의회의 중대한 역할을 거듭 강조했다. 그는 『이혼론』에서 이렇게 말한다.

---

91 An Apology for Smectymnuus (April, 1642), CPW I, p. 922. 이 팸플릿의 원제목은 An Apology against a Pamphlet Call'd A Modest Confutation of the Animadversions upon the Remonstrant against Smectymnuus 이다.

92 An Apology for Smectymnuus, CPW I, pp. 927-8.

여러분은 이제 의심할 나위 없이 하나님의 은혜와 약속으로 위대하고 인구 많은 국민을 개혁할 임무를 갖고 있습니다. 그들이 어떤 부패와 어떤 종교적 맹목 상태에 빠져 있는지 여러분은 잘 알고 있습니다.[93]

의회의 역사적 역할에 대한 밀턴의 관점이 가장 잘 나타난 팸플릿은 『아레오파기티카』였다. 『아레오파기티카』는 천년왕국적 비전을 제시하고 있는데, 여기에서 국민적 쇄신은 "주(그리스도)의 재림"과 더불어 가까운 장래에 완성되는 것으로 그려져 있다.[94] 밀턴은 의회가 "세상 마지막 날의 어떤 대변혁으로도 결코 잊히지 않을 구원"으로 이끌어 주었다고 표현했다.[95] 밀턴이 의회를 상대로 작성한 다른 팸플릿들과 견줄 때, 『아레오파기티카』는 선민인 잉글랜드인이 역사적 과업을 어떻게 수행해야 할 것인지를 한층 더 일관되고 철저하게 제시하고 있다. 역사를 후퇴시키려는 움직임은 아직도 밀턴의 조국을 위협하고 있었다. 그러나 밀턴에 의하면 의회는 장로파의 책동을 물리치고 역동적인 개혁을 수행할 수 있었다.

---

93 *The Doctrine and Discipline of Divorce*, *CPW* Ⅱ, pp. 226 –7.
94 *Areopagitica*, *CPW* Ⅱ, p. 549.
95 *Areopagitica*, *CPW* Ⅱ, p. 539.

『아레오파기티카』에서 밀턴은 의원들에게 혁명 시대를 특징짓는 이념적 갈등과 긴장을 가르치고자 했다. 『아레오파기티카』에서 밀턴이 설명한 검열제의 역사는, 의회로 하여금 저술 활동이야말로 역사를 혁신하고 그 역동성을 유지시키는 데 결정적인 수단으로 작용해 왔다는 사실, 그리고 앞으로도 계속 그렇게 되어야 한다는 사실을 상기시켜 주었다. 밀턴은 그들로 하여금 역사의 진보가 좌절되지 않도록 유의하라고 촉구했다. 밀턴은 "종교개혁 작업"이 "우리가 노력은 하지만 도무지 굼뜨게 진행"되고 있다고 우려했다.[96] "이제 주교제가 폐지되고 주교들이 교회에서 추방된 마당에, 마치 우리의 종교개혁의 목적이 그들의 자리에 이름만 달리한 채 다른 사람들을 채우는 것이라도 되는 것처럼 (장로파에 의해) 주교제적인 술책이 다시 싹트고" 있었기 때문이다.[97]

그 결과 밀턴은 검열제의 역사를 저지당한 종교개혁사의 또 다른 국면으로 해석했다. 밀턴은 잉글랜드의 종교개혁이 과거에도 실패한 적이 있으며 앞으로도 또 실패할 가능성이 있다고 보았다. 선택된 국민인 잉글랜드인은 밀턴이 『종교개혁론』의 말미에서 그토록 열렬히 그렸던 천년왕국적인 "행복에 찬 비전(beatific vision)"[98]을 성취할

---

96 *Areopagitica*, *CPW* Ⅱ, p. 565.
97 *Areopagitica*, *CPW* Ⅱ, p. 541.
98 *Of Reformation*, *CPW* Ⅰ, p. 616.

잠재력을 가지고 있었다. 그러나 종교개혁의 과정은 아직도 먼 길을 앞에 두고 있었다. 그 명백한 이상주의에도 불구하고, 밀턴은 자기 시대에 종교개혁을 달성한다는 것이 결코 쉽지 않다는 것을 잘 알고 있었다.

그러나 우리가 이 정도에서 천막을 치고 머물러야 한다고 생각하는 사람, 그리고 종교개혁이 이미 최고 수준에 이르렀으므로 우리가 응시하는 이 세상의 거울(the mortal glass)이 지복직관(至福直觀, beatific vision)을 우리에게 보여줄 수 있다고 생각하는 사람은, 그 자신 아직 진리에 이르기에 많이 부족하다는 것을 스스로 선언하는 것입니다.[99]

밀턴은 반주교제적 논쟁에 참여한 초기의 격앙된 시기를 겪고 난 후 영국 혁명이 "말의 혁명"(a revolution of words)[100]임을 깨닫게 되

---

99 *Areopagitica*, *CPW* II, p. 549. 밀턴의 이 말은 「고린도 전서」 13 : 12를 인용한 것이다. "지금은 우리가 거울 속에서 영상을 보듯이 희미하게 보지마는, 그 때에는 우리가 얼굴과 얼굴을 마주 볼 것입니다. 지금은 내가 부분밖에 알지 못하지마는, 그 때에는 하나님께서 나를 아신 것과 같이, 내가 온전하게 알게 될 것입니다."

100 Lawrence Stone, *The Causes of the English Revolution, 1529–1642* (New York, 1972), pp. 49, 97 참조. 여기에서 "말(words)"이란 "말씀(the Word)"을 동시에 가리키는 것이다.

었다. 그것은 책을 통해 치러지는 "조용한 말의 전쟁"(the silent war of words)[101]이었다. 밀턴에 의하면 "책이란 결단코 죽은 물건이 아니며, 그 속에 생명력을 지니고 있어, 그 책의 저자의 영혼만큼이나 활동적"인 존재였다.[102]

검열 없이 자유롭게 출간된 저작은 "한 나라의 개혁자" 녹스 (John Knox) 같은 위대한 예언자로 하여금 "고양된 열정 가운데 표현 된" 또는 "성령의 감동을 받은" 말씀(the Word)을 전달토록 한다. 그 러나 밀턴 시대에 녹스와 같은 급진적 개혁자들—그들은 마치 밀턴 이 반주교제적 팸플릿과 이혼 관련 팸플릿들을 출간한 것과 마찬가 지로, 저술을 통해 말씀의 혁명적 의미를 대담하게 해석하고 선포한 다—이 다시 나타나 그의 저작이 검열관의 손을 거치게 된다면, 그 저작은 "기계적인 검열관들의 무모하고도 뻔뻔스러운 경솔함으로 인 해" 생명력을 잃고 후대에 영원히 잊히고 말 것이었다.[103]

그러므로 의회는 웨스트민스터 종교회의의 집단적인 이념적 편 협성에 의해 얽매어서는 아니 되었다. 밀턴에 의하면, 역동적인 역사 의 비범한 징표를 이해할 수 없는 자들, 특히 웨스트민스터 종교회의

---

101 Elizabeth L. Eisenstein, *The Printing Press as an Agent of Change : Communica-tions and Cultural Transformations in Early-Modern Europe* (1979 ; Cambridge Univ. Press, 1993), p. 424.

102 *Areopagitica*, *CPW* Ⅱ, p. 492.

103 *Areopagitica*, *CPW* Ⅱ, p. 534.

처럼 "황혼의 어스름을 좋아하는 겁 많고 떼 지어 몰려다니는 새들"은 역사적 과정을 잘못 해석하여 끔찍한 "분파와 분열"의 미래만을 상상하면서, 정신적 일치 없는 투쟁과 갈등을 내다본다.[104] 그러므로 혁신적인 의회 의원들이라면 마땅히 "이성의 목소리를 인정하고 복종"하여 역사를 개조하는 길을 선택해야 한다.[105] "이성이란 곧 선택을 의미"하기 때문이다.[106]

그러나 의회가 올바른 선택을 하지 못할 경우 그것은 불가피하게 역사의 퇴보를 가져올 수밖에 없었다. 밀턴은 잉글랜드인이 "또다시 무지하고, 야만스럽고, 형식적이고, 노예처럼 될 수 있다"고 보았다.[107] "학문이 몰락하고 반론 능력이 완전히 몰락"[108]할 경우 역사를 후퇴시키고, 다음 세대 국민들을 피폐케 하며, "전 국민을 무가치하고 열등하게" 만들고 만다.[109]

앞에서도 언급했듯이, 밀턴은 『아레오파기티카』를 검열도 등록도 거치지 않은 채 출간함으로써 출판 허가법을 대담하게 거부했다. 책은 그 속에 "생명력"이 있다고 믿었으므로, 저술의 생명력을 소진시

---

104 *Areopagitica*, *CPW* II, p. 558.
105 *Areopagitica*, *CPW* II, p. 490.
106 *Areopagitica*, *CPW* II, p. 527.
107 *Areopagitica*, *CPW* II, p. 559.
108 *Areopagitica*, *CPW* II, p. 520.
109 *Areopagitica*, *CPW* II, p. 535.

아레오파기티카

키는 검열제를 용인할 경우 역사의 혁신에 참여할 자신의 유력한 수단마저 잃어버리는 셈이었고, 따라서 밀턴은 이를 인정할 수 없었던 것이다.

제4장 밀턴의 자유 개념

밀턴의 사상에는 기독교적인 교리와 가정, 그리고 관심이 속속들이 배어들어 있으며, 그의 표현 자유 개념에서도 종교는 핵심적인 중요성을 갖는다. 밀턴의 사고방식은 근본적으로 종교적이다. 이러한 그의 사고방식은 그의 사상을 이해하는 데 커다란 장애가 되고 있을 정도이다.[1] 제1장에서 언급된 레키(William E. H. Lecky), 울프(Don M. Wolfe) 등의 자유주의적 관점에 입각한 밀턴 해석이 그를 제대로 파악하지 못한 이유도 바로 여기에 있다. 그러므로 우리는 밀턴의 사상 체계를 이해하기 위한 열쇠를 마땅히 그의 신학에서 찾아야 할 것이다.[2]

---

1   A. S. P. Woodhouse, *The Heavenly Muse : A Preface to Milton*, ed. Hugh MacCallum (University of Toronto Press, 1972). p. 102 ; L. A. Cormican, "Milton's Religious Verse," in *The New Pelican Guide to English Literature : 3. From Donne to Marvell*, ed. Boris Ford (1956 ; Penguin Books, 1984), p. 220 참조.

2   Charles R. Geisst, *The Political Thought of John Milton* (London, 1984), p. 19 참조. Geisst 역시 밀턴 사상에서 신학의 중요성을 강조한다.

밀턴이 『아레오파기티카』에서 언론과 출판의 자유를 주장한 이유는, 막중한 프로테스탄트 종교개혁의 임무를 완성하기 위해 잉글랜드의 모든 기독교인들로 하여금 각자 발견한 진리를 자유롭게 발표할 수 있는 기회를 갖게 하자는 것이었다. 다시 말해 밀턴이 주장한 자유는 프로테스탄트 기독교의 진리를 발견하는 데 그 목적이 있었다. 이런 의미에서 밀턴이 로마 가톨릭교도에게 표현의 자유를 용납하지 않은 것은 수긍할 수 있는 일이다. 밀턴은 천년왕국 사상의 패러다임 속에서 교황과 가톨릭을 적그리스도의 하수인으로 파악했거니와, 긴박한 전쟁 상황에서 적대 세력으로 하여금 자유로운 선전 활동을 하도록 허용한다는 것은 기대할 수 없는 일이기 때문이다.

허버트 버터필드(Herbert Butterfield)는 과학 혁명이 "기독교 등장이래의 모든 것들을 능가하는 중요성"을 갖고 있으며, "종교개혁과 르네상스를 기독교 체계 내부에서 일어난 에피소드 내지 내적인 교체 정도로 격하시켜 버렸다"고 주장한 바 있다.[3] 그의 말은 과학 혁명의 역사적 중요성을 강조한 것이지만, 동시에 근대 초기 유럽의 지적 성격과 한계를 잘 드러낸 말이라 여겨진다. 17세기인의 사고방식이 종교적이었으며 이점 근본적으로 중세적인 것이었다고 지적한 페리 밀러(Perry Miller)의 말은 이런 의미에서 음미할 만한 가치를 갖는

---

3   Herbert Butterfield, *The Origin of Modern Science*: *1300–1800* (New York, 1951), p. viii.

다.[4] 역사상 모든 인물이 그러했듯이 밀턴 또한 시대의 아들이었다.

그러나 우리는 그와 동시에 밀턴의 사상에 내재한 근대적인 성격에 주목하지 않으면 안 된다. 모리스 돕(Maurice H. Dobb)이 지적하듯이, 역사의 어떤 시대에도 "전후 두 시대의 특징적 요소"는 복잡하게 뒤섞여 있기 마련이다. 비록 "낡은 사회의 잔존물은 오랫동안 새로운 사회 내에 존속"하지만, "새로운 사회의 중요한 요소들은, 반드시 완전한 맹아의 형태는 아니라 해도, 낡은 사회의 태내에 포함"되는 법이다.[5] 근대 초기는 그러한 "전후 두 시대의 특징적 요소"가 공존한 가장 대표적인 시대 중 하나라고 할 수 있으며, 밀턴의 자유 개념에서도 그와 같은 두 시대의 특징을 찾아볼 수 있다.

1. 선과 악의 지식

밀턴이 『아레오파기티카』에서 검열제를 반대한 이론적 근거는 양서(良書)든 악서(惡書)든 가리지 않고 읽는 것이 유익하다는 데 있다. 도덕적 선택을 위해서는 선에 대한 지식뿐만 아니라 악에 대한 지식

---

4 Perry Miller, *Errand into the Wilderness* (1956 ; New York, 1964), p. 218.

5 Maurice H. Dobb, *Studies in the Development of Capitalism* (1946 ; London, 1963), 이선근 역 『자본주의 발전 연구』 (광민사, 1980), p. 18.

도 필요하다는 것이 밀턴의 주장이다. 기독교적 관점에 깊이 물들어 있던 밀턴의 사고에서 선과 악에 대한 지식은 기독교적 지식과 비(非) 기독교적 지식을 의미한다.

그는 자신의 주장을 뒷받침하기 위해 먼저 "모세, 다니엘, 바울"의 경우를 예로 들었다. 그들은 각기 "이집트인, 칼데아인(신바빌로니아인), 그리스인의 모든 학문에 정통"해 있었다.[6] 로마 황제로서 기독교인들에게 이교 학문 연구를 금하는 법령을 내리며, "기독교인들은 우리(이교도)의 무기로써 우리에게 상처를 입히며, 우리 자신의 예술과 학문으로써 우리를 정복한다"고 한 배교자 율리아누스(Julianus the Apostate)의 말을 『아레오파기티카』에 직접 인용한 것도,[7] 이교 서적을 기독교인들이 못 읽을 이유가 없다는 점을 설득하기 위해서였다.

밀턴은 율리아누스를 언급한 직후, 교회사가인 소크라테스 스콜라스티쿠스(Socrates Scholasticus)를 인용했다. 밀턴에 의하면, 그는 율리아누스의 이교 학문 연구 금지 법령이 "데키우스(Decius)나 디오클레티아누스(Diocletianus)의 공공연한 잔인성보다 더욱 악랄한 박해이며

---

6 *Areopagitica*, *CPW* Ⅱ, p. 507.
7 *Areopagitica*, *CPW* Ⅱ, p. 508. 율리아누스(Julianus the Apostate)는 콘스탄티누스 대제의 조카. 로마 황제(361-363 A.D.). 엄격한 기독교적·금욕적 교육을 받았으나, 그리스 철학을 배우게 되면서 기독교에서 이반했다. 기독교의 적으로서 공공연히 이교도임을 선포했으므로 배교자(the Apostate)라는 별명을 얻었다(361).

교회를 은밀히 훼손시킬 것이라고 생각"했다는 것이다.[8]

지금까지 열거된 모세, 다니엘, 바울, 율리아누스, 소크라테스 스콜라스티쿠스 등의 경우는 양서든 악서든 가리지 않고 읽는 것이 좋다고 하는 밀턴의 입장을 지지하는 근거가 된다고 볼 수 있다. 그러나 뒤이어 인용된 성 히에로니무스(St. Jerome, Eusebius Hieronymus)의 경우는 사정이 다소 달라진다. 밀턴은, 키케로를 읽었다는 이유로 사순절 꿈속에서 천사에게 채찍질을 당했다고 하는 성 히에로니무스의 서한을 인용하면서, 서한 원문의 "천사"를 "천사를 가장한 악마"로 바꿔 인용하는가 하면,[9] 만일 "진지한 철학자"인 키케로를 읽었다는

---

8 *Areopagitica*, CPW Ⅱ, p. 509.
9 히에로니무스(340경-420)은 성경의 라틴어 번역자이다. 그의 로마 문학에 대한 애호는 지극했으나 기독교 교리에 대한 헌신으로 인해 한동안 중단되기도 했다. 그리고 세속 문학의 포기는 그에게 많은 고통을 주었다. 그의 18번째 서한인 "To Eustochium on Virginity"에는 다음과 같은 이야기가 나온다. 그는 사순절 동안에 심한 열병에 걸려, 영(靈)으로 들리어 하나님 앞에 나아간 다음, 자신의 영혼의 상태에 관한 질문을 받게 되었다. 그는 자신이 기독교인이라고 대답했지만 그의 대답은 받아들여지지 않았다. 그의 마음이 키케로의 저작에 사로잡혀 있었기 때문이다. 그리고 천사는 그의 개심을 촉구하고자 채찍질을 했다. 히에로니무스는 이 일을 단순한 꿈으로 돌리려 하지 않았다. 그는 그것이 일종의 신적 계시라고 생각한 것이다. 그는 자신이 잠들었던 것이 아니며, 환상에서 깨어났을 때 자신의 몸에서 채찍 자국을 발견했다고 주장했다. 그러나 밀턴은 이에 대해 정반대의 주장을 펼친다. 즉 채찍 자국이 있었다는 것은 분명한 일이지만, 채찍질을 한 것은 "천사의 모습을 한 악마"였다는 것이다. 비기독교적인 고전 저작 연구에 적극적인 입장을 견지했던 밀턴의 면모를 엿볼 수 있는 대목이다. *Areopagitica*, CPW Ⅱ, p. 510. n. 81 참조.

이유만으로 "천사"가 성 히에로니무스를 징계했다면 그것은 "분명 공정치 못한 일"이라고 항변했다.[10] 이교 고전을 읽었다는 이유로 성 히에로니무스를 채찍질했다면 그것은 천사가 아니라 천사의 모습을 가장한 악마라고 간주해 버림으로써, 밀턴은 히에로니무스와 다른 시각을 갖고 있음을 드러낸다. 밀턴이 자신의 논거를 보강하는 근거로서 히에로니무스를 인용한 것이 적절했는지, 의문이 드는 대목이다.

밀턴이 인용한 또 한 가지 사례도 그의 입장을 지지하는 근거로 보기에는 문제가 있다. 밀턴에 의하면, 사도 바울은 "거룩한 성경"에 "세 명의 그리스 시인의 문장을 삽입하는 것"을 전혀 모독이라고 생각하지 않았다.[11] 그러나 밀턴도 곧이어 지적했듯이, 바울의 이교 시인 인용으로 말미암아 "이로 인해 모든 종류의 책을 읽는 것이 유익한가 아니면 해로운가 하는 문제가 초대 교부들 사이에서 한때 논쟁거리가 되곤" 했다.[12] 이교적인 고전 저작을 성경에 수록하는 것이 온당한지 여부의 문제를 놓고 사도와 교부들 사이에, 그리고 교부들 상호간에 분란이 있었음을 말해주는 대목이다. 간단히 말해서, 밀턴이 인용한 다양한 예언자, 사도, 교부들의 권위는, 기독교적인 책이건 이

---

10 *Areopagitica*, *CPW* II, pp. 509–10.
11 *Areopagitica*, *CPW* II, p. 508.
12 *Areopagitica*, *CPW* II, p. 508. 물론 이 논쟁에서 바울의 정당성을 주장한 쪽이 압도적인 승리를 거두었다. 그러나 논란의 여지가 있었던 것만은 분명한 사실이다.

교적인 책이건 닥치는 대로 읽는 것이 바람직하다고 하는 그의 입장을 강화하기 위한 전거로 이용되기에는 그다지 만족스러운 것이 아니었다.

이런 문제점은 밀턴의 성경 인용에서도 나타난다. 밀턴은 "깨끗한 사람에게는 모든 것이 깨끗하다"는 구절(「디도서」 1:15)을 인용하면서 책을 음식에 견주어 설명했다.

먹을 것, 마실 것 뿐만 아니라, 선에 관한 것이건 악에 관한 것이건 온갖 지식도 마찬가지입니다. 지식은 더럽혀질 수 없으며, 따라서 의지와 양심이 더럽혀지지 않았다면 책도 더럽혀질 수 없습니다. 책도 음식과 같아서 어떤 것은 내용이 선하고 어떤 것은 악합니다. 그러나 하나님께서는 전거가 분명한 환상 가운데 "베드로야 일어나서 잡아먹어라"고 예외 없이 말씀하심으로써 선택을 각자의 판단에 맡기셨습니다.

병든 위(胃)에는 좋은 음식이나 나쁜 음식이나 다를 것이 없습니다. 그리고 사악한 정신에는 최선의 책이라도 사악한 책과 다를 바가 없습니다. 소화력이 왕성하다 하더라도 나쁜 음식은 좋은 영양을 제공하지 못합니다. 그러나 나쁜 책은 나쁜 음식과는 경우가 다릅니다. 즉 아무리 나쁜 책이라 할지라도 사려 깊고 분별 있는 독자가 읽는다면, 그것은 악을 분별하고, 논박하고, 미리 경계하게 해주며, 악의 존재를 명료하게 설명해줍니다.[13]

그러나 성경을 근거로 하여 개진된 밀턴의 이러한 관점은 반대 파로부터 반박당할 여지가 있다는 점에서 역시 불안한 것이다. 실제로 『아레오파기티카』가 간행되기 8개월 전에 출간된 한 저술에서 장로파의 리처드 바인스(Richard Vines)는 런던 시민 대상 설교에서, 성경에 근거한 주장이라 해서 그 교리가 건전하다는 보증은 될 수 없다고 주장하며, 관용에 대한 반대 입장을 천명했다. 그는 "사악한 정신"을 "(독)거미"에, 그리고 성경을 "장미"에 비유하면서 이렇게 말한다. [13]

거미(the Spider)는 장미(the Rose)에서 독을 빨아 마신다. 그렇다고 해서 말씀(the Word) 자체에 그와 같은 독성이 있다는 뜻이 아니다. 다만 부패한 위장은 좋은 음식으로도 질병을 초래한다는 것이다.[14]

언뜻 보면 손상된 위장에는 좋은 음식도 나쁜 영향을 미친다는 밀턴의 주장과 같은 의미로 해석될 수도 있을 것이다. 그러나 바인스의 이 말은 사악한 정신(거미)이 말씀(장미)을 이용해 독을 만들어 낼 수도 있다는 의미를 함축하고 있다. 간단히 말해서, 바인스의 설교는

---

[13] *Areopagitica*, *CPW* Ⅱ, pp. 512-3.

[14] *The Impostures of Seducing Teachers* (April 23, 1644), E48(2), p. 13. quoted in *Areopagitica*, *CPW* Ⅱ, p. 512. n. 93.

성경에 바탕을 둔 주장이라고 해서 그 신뢰성을 전적으로 보장받을 수 없다고 하는 강력한 메시지를 담고 있었고, 따라서 밀턴의 입장에 심각한 손상을 가할 수도 있었다.

그러나 굳이 바인스의 설교가 아니더라도, 밀턴은 성경에 기반을 둔 자신의 주장에 반박당할 개연성이 있다는 사실을 익히 알고 있었음에 틀림이 없다.[15] 능란한 논객이라면, 밀턴과 반대되는 주장을 펼때에도 성경을 유력한 전거로 사용할 수 있었기 때문에, 밀턴은 성경을 자신의 주장에 유리한 분위기를 조성할 의도로 인용하기는 했지만, 그렇다고 해서 자기 입장을 지지해 줄 유일한 절대적 근거로서 성경을 원용할 수는 없었다. 후술하겠지만, 밀턴은 성경과 양심을 기독교 신앙의 양대 원천으로 간주했지만, 그는 양심이야말로 어떤 권위 이상으로, 심지어 성경의 권위 이상으로 참다운 신앙의 근거라고 생각했다.

이상과 같이 자유로운 지식 획득에 대해 고대의 예언자, 사도, 교부들의 입장에 서로 대립되는 점이 있고, 이 문제와 관련된 성경 구

---

15 사탄이 예수를 유혹하기 위해 성경을 인용한 사실을 밀턴이 모를 리 없었을 것이다. 악마는 예수를 예루살렘으로 이끌고 가서, 성전 꼭대기에 세우고, 그에게 말하였다. "네가 하나님의 아들이거든, 여기에서 뛰어내려 보아라. 성경에 기록하기를 '하나님이 너를 위하여 자기 천사들에게 명해서, 너를 지키게 하실 것이다. 그들이 너를 떠받쳐서, 너의 발이 돌에 부딪히지 않게 할 것이다' 하셨다"(「누가복음」 4 : 911). 여기에서 사탄이 인용한 성경 구절은 「시편」 91 : 11, 12이다.

절의 해석에 대해서도 이론(異論)의 여지가 있음이 분명해진 이상, 밀
턴으로서는 독자적인 이론적 기반을 확보하지 않을 수 없었다. 시릴
로(Albert R. Cirillo)의 표현을 빌면, 밀턴은 "타락한 세계의 현실에 대
한 인식(the recognition of the fact of a fallen world)"을 기본 전제로 삼아
논지를 개진했다.[16]

밀턴이 주목한 것은 인간의 도덕적 현실이었다. 그리고 밀턴이 이
렇듯 도덕 문제에 각별한 관심을 보인 데는, 우드하우스(A. S. P. Wood-
house)의 지적처럼, 그가 기독교의 제도적인 측면에 대해 아무런 애정
도 보이지 않은 채 경멸적으로 거부했다는 점, 그리고 나아가 종교의
의의가 도덕적 결과에 있다는 입장을 견지함으로써, 종교와 도덕을
동일시하는 경향을 보였다는 점이 중요한 요인으로 작용했으리라고
판단된다.[17]

밀턴은 인간의 삶의 구체적인 조건에서 선(good)과 악(evil)은 분
리되어 있지 않은 상태라고 설명했다.

우리가 이 세상에서 알고 있는 선과 악은 거의 나눌 수 없

---

16 William Hunter, Jr., gen. ed., *A Milton Encyclopedia*, 9 vols. (Bucknell Univ.
   Press, 1978-1983), s. v. "Humanism, Milton and Christian," by Albert R.
   Cirillo.

17 A. S. P. Woodhouse, *The Heavenly Muse: A Preface to Milton*, ed. Hugh
   MacCallum (University of Toronto Press, 1972), p. 102 참조.

을 만큼 함께 자라고 있습니다. 선의 지식은 악의 지식과 너무나도 뒤얽혀 있고, 구별할 수 없을 만큼 비슷비슷해서, 프시케(Psyche)가 부단한 수고로써 고르고 분류하지 않으면 안 되었던 저 뒤섞인 씨앗들도 이보다 더 혼란스럽게 섞이지는 않았을 것입니다. 선과 악의 지식이 쌍둥이처럼 꼭 붙어서 이 세상에 튀어나온 것은, 사과 한 알을 맛본 결과입니다. 그리고 아마도 이것이야말로 아담이 맞이한 운명이었으니, 아담의 운명이란 선과 악을 아는 운명이며, 다시 말해 악으로 선을 아는 운명입니다.[18]

밀턴이 볼 때, 환경이란 항상 도덕과는 무관한 것이다. 같은 환경일지라도 경우에 따라 선하게도 악하게도 활용될 수 있는 것이며, 따라서 "도덕적 행위"가 아닌 "사물의 본질" 그 자체에서, 악과 선을 분리하거나 떼어내는 것은 불가능하다.

결국 선과 악의 문제는 인간에게 주어진 선택의 문제였다. 그러므로 신은 인간에게 스스로 선택할 수 있는 능력을 베풀었다. "하나님은 인간을 어린아이 같은 규율 속에 묶어두지 않으시고, 스스로 선택할 수 있도록 이성의 은사를 부여"했다는 것이다.[19] 인간은 이 이성을 사용하여 당면한 조건들 가운데서 그가 사용할 것과 배척할 것

---

18 *Areopagitica*, *CPW* Ⅱ, p. 514.
19 *Areopagitica*, *CPW* Ⅱ, p. 514.

아레오파기티카

을, 그리고 선한 목적과 악한 목적 중에서 무엇을 위해 사용할 것인
지 선택해야만 했다.

　　많은 사람들이 아담으로 하여금 율법을 범하게 한 하나님의
섭리를 불평합니다. 이 얼마나 어리석은 말입니까! 하나님이 그
에게 이성을 주셨을 때, 하나님은 그에게 선택의 자유를 주신 것
입니다. 이성이란 곧 선택을 의미하는 것이기 때문입니다. 그렇지
않다면 그는 단순히 인공적으로 만들어진 아담일 뿐이며, 그러
한 아담은 인형극 속의 인형에 불과합니다. 우리는 강제에 의한
복종이나 사랑이나 선물을 존중하지 않습니다. 그러므로 하나님
은 그를 자유롭게 하셨고, 유혹적인 물체들을 그의 눈앞에 놓아
두셨습니다. 여기에 그의 공로가 있는 것입니다. 여기에 그의 보
상받을 자격이 있고, 그의 절제에 대한 칭송이 있는 것입니다.[20]

　밀턴에 의하면, 미덕이란 악의 존재를 전제함으로써, 악에 대한

---

20 *Areopagitica, CPW* Ⅱ, p. 527. 밀턴은 칼뱅의 예정설을 거부하고 아르미니우
　스주의(Arminianism)를 신봉했으므로 인간이 선과 악 중 어느 한 쪽을 선
　택할 자유가 있다고 보았다. 이런 이유로 해서 그는 때로 펠라기우스주의자
　(Pelagian)로 분류되기도 한다. 그러나 밀턴은 인간이 신의 은혜 없이 혼자만
　의 능력으로 그와 같은 선택을 할 수 있다고는 결코 주장하지 않았다. 실제로
　그는 펠라기우스주의자들을 이단으로 간주하고 공격했다. *A Milton Encyclope-*
　dia, s. v. "Pelagianism," by William B. Hunter, Jr. 참조.

지식을 조건으로 하여, 그리고 미덕을 선택할 수 있는 자유를 바탕으로 하여 가능한 것이었다. 아담의 타락 이후 인간은 무구(無垢, innocence)의 상태를 바랄 수 없었다. 무구란 엄밀히 말해 타락 이전의 상태(prelapsarian state)일컫는 것인 바, 모든 인간은 이미 태어날 때부터 도덕적으로 불결(impurity)한 상태라는 것이다.

그러므로 유일한 대안은 미덕(virtue)과 악덕(vice) 둘 가운데 하나를 선택하는 일 뿐이었다. 이러한 선택을 회피하려 한다거나, 사람들 주위에 인위적으로 울타리를 두름으로써 악이 틈입할 기회를 차단하려 한다는 것은, 악이 이미 인간의 내면 가운데 존재한다는 엄연한 사실을 망각한 처사가 아닐 수 없었다. 악(evil)으로부터의 회피는 불가능하다. 그러나 악덕(vice)으로부터의 회피는 가능한 일이다.

밀턴은, "우리를 정화하는 것은 시련이며, 무릇 시련은 반대되는 것에 의해 이루어"진다고 말했는데,[21] 그의 이러한 설명은 헤겔(Hegel)이 근대 철학에 도입한 변증법적 진보 개념을 예감케 하는 것이다. 그러므로 인간은 미덕을 추구하기 위해 마땅히 악을 알아야 하며 악이 제공하는 모든 것을 알아야 했다. 그러고 나서 악을 거부하고 선을 택해야만 했다.

그러므로 인간의 현재 상태가 이런 바에야, 악에 대한 지식

---

21 *Areopagitica*, *CPW* Ⅱ, p. 515.

아레오파기티카

이 없다면, 선택함에 무슨 지혜가 있을 것이며, 참고 견디는 데 무슨 절제가 있겠습니까? 악의 온갖 유혹과 그것이 잠시 쾌락을 준다는 것을 잘 알고 있으면서도 이를 멀리하고 분별하며, 마침 내 진정 더 좋은 쪽을 택하는 사람이야말로 참된 전투적 기독교 인(true warfaring Christian)입니다.[22]

만일 악에 대한 지식이 미덕의 전제 조건이라면 "온갖 책들을 읽고 온갖 논거를 귀담아 듣는 것 이상으로 안전하게 그리고 위험이 적게 죄악과 거짓의 나라를 탐색할 수 있는 방법"은 달리 찾을 길이 없다. 이것이 "책을 닥치는 대로 읽는 데서 얻는 유익"이며, 나쁜 책이라도 읽을 가치가 있는 이유는 바로 여기에 있었다.[23]

밀턴은 인간이 악에 노출되어 있다는 사실을 긍정적으로 생각한 것으로 보인다. 장편 서사시 『실낙원』(*Paradise Lost*, 1667) 제12편에서, 아담은 자신이 저지른 원죄가 오히려 궁극적으로 축복의 원천이 되는 것이 아닌가 하는 심각한 의문을 제기한다.

---

22 *Areopagitica*, *CPW* Ⅱ, pp. 514-5.
23 *Areopagitica*, *CPW* Ⅱ, pp. 516-7. 유의할 것은, 밀턴은 악서가 나쁜 영향을 확산시킨다고 하는 사실을 충분히 인식하고 있었다는 점이다. 밀턴이 말하고자 하는 의미는, 검열은 결국 검열이라고 하는 또 하나의 새로운 악을 도입할 뿐, 악을 방지하지는 못한다는 것이었다.

...... 이제 나는 어찌할까, 내가 범하고
내가 초래한 죄를 회개할 것인가, 혹은 거기서
더욱 많은 선이 솟아나올 것을 더 기뻐할 것인가.
하나님께는 더 많은 영광이, 인간에게는
하나님의 더 많은 은혜가, 그리고 노여움 위엔
자비가 충만하리라.(473~478).

아담은 이성적 존재임에도 불구하고 신의 목적을 좌절시켰으므로 그 죄악은 무한한 것이다. 그 죄로 말미암아 전 인류가 타락하게 되고 신으로부터 멀어지게 되었다. 그러나 만일 그 죄가 없었더라면 그리스도의 성육(成肉)과 속죄(贖罪)는 결코 일어날 수 없었을 것이다. 그 장엄한 신비는 드러날 기회도, 아무런 의미도 갖지 못했을 것이다. 타락은 아무리 정죄하고 슬퍼해도 지나치지 않다. 그러나 그 결과를 고려해 볼 때, 그것은 아무리 기뻐해도 지나치지 않다는 것이다.

러브조이(Arthur O. Lovejoy)는 이렇듯 원죄로 말미암아 위대한 인간 구원의 드라마가 전개되었다는 점에 착안하여, 밀턴이 이 부분에서 "복된 원죄(felix culpa)의 패러독스"를 표현한 것이라고 설명한다.[24]

---

24 Arthur O. Lovejoy, "Milton and the Paradox of the Fortunate Fall," *A Jour-*

밀턴에 의하면, 마치 죄를 통해 더 큰 은혜가 내리는 것처럼, 악에 대한 지식은 미덕의 전제 조건이었다. 미덕은 오직 악의 존재가 전제되어 있을 때에만 시험되고 강화되어 세상의 시련에 견딜 수 있는 것이다. 밀턴은 『아레오파기티카』에서 "회피적이고 은둔적인 미덕(a fugitive and cloistered virtue)"[25]은 참다운 미덕이 아니라고 주장한다. 수도원에 은거하여 세속과 단절된 가운데 함양된 미덕, "실행하지 않고 숨차게 시도하지도 않으며 적을 향해 돌진하는 일도 없이, 먼지와 땀을 무릅쓰고 저 불멸의 꽃다발을 구하기 위해 달리는 경주에서 슬그머니 빠지는 미덕"은 진정한 미덕일 수 없다는 것이다.[26] 검열제라는 인위적인 차단벽에 의지해 악의 유포를 막으려 하는 것은, 인간의 도덕적 현실과 실존에 대한 인식이 결여되었음을 보여주는 방증이었다.

---

nal of English Literary History, vol. Ⅳ (1937), pp. 161-2. 이 논문은 Arthur O. Lovejoy, *Essays in the History of Ideas* (1948 ; Westport, Connecticut, 1978), pp. 277-95에 재수록 되었다. 러브조이에 의하면, 밀턴은 이 패러독스에 내포된 신학적 함정을 눈치 채고, 아담이 "큰 의문에 휩싸여" 질문을 하는 것으로 처리했다. 한편 가이스트(Charles R. Geisst)는 러브조이의 주장을 반박하면서, 밀턴에게 타락의 긍정적 결과가 무엇이든 간에 그것은 타락 이전의 복된 상태와 도저히 견줄 수 없는 것이라고 주장했다. 가이스트에 의하면, 아담은 자신의 행동을 즐거워한다기보다는 정당화하려 했다는 것이다 (Charles R. Geisst, *op. cit.*, pp. 102-3). 그러나 원죄 이전의 상황으로 돌이킬 수 없는 인간의 도덕적 현실에서, 악에 관한 지식의 유용성에 대한 밀턴의 실존적 인식을 잘 드러냈다는 점에서 러브조이의 설명은 일리가 있다고 판단된다.

25 *Areopagitica*, *CPW* Ⅱ, p. 515.
26 *Areopagitica*, *CPW* Ⅱ, p. 515.

2. 검열제 반대의 논거

(1) 검열제의 비효율성

밀턴이 검열제를 반대한 또 다른 이유는 매우 실질적인 것이었다. 밀턴에 의하면, 설령 신앙과 풍속의 오염을 막는다는 명분이 용인될 수 있을지라도, 출판물의 검열은 효과적인 수단이 못된다. 밀턴은 그 이유를 다음과 같이 넷으로 나누어 설명하고 있다.

첫째, 검열제의 목적은 선을 보호하고 악을 누르는 데 있지만, 책 안에 있는 선과 악은 인간의 삶 속에 있는 선과 악처럼 서로 떼려야 뗄 수 없이 뒤섞여 있다는 것이다. 모든 악을 억누르기 위해서는 먼저 성경을 덮어야 할 것이다. 사실 성경의 어떤 부분은 사악한 인간의 욕정과 육욕을 우아하게 표현하고 있으며, 율법학자가 차마 큰 소리로 읽을 수 없는 음란한 구절도 포함하고 있다. 많은 진지한 의문들에 대해 성경은 "일반 독자들에게 모호하고 흐릿한 답변"을 주곤 한다. 실제로 바로 이런 이유 때문에 "성경 그 자체가 교황파들에 의해 금서 목록 첫 번째에 올랐다는 것을 우리는 모두 알고 있다"고 밀턴은 지적한다.[27]

고대의 교부들도 금해야 한다. 이레나에우스(Irenaeus), 에피파니

---

27 *Areopagitica*, *CPW* Ⅱ, p. 517.

우스(Epiphanius), 히에로니무스(Jerome) 등은 "이교를 논박한 것 못지않게 수많은 이단을 소개"했는가 하면, 심지어 "그들의 진지한 의견을 흔히 이단적으로 표현"하곤 했다. 클레멘스(Clemens of Alexandria)와 에우세비오스(Eusebius)의 "이교적 음란성"에 대한 묘사도 읽지 못하도록 금지해야 한다. 밀턴은 사람들이 지혜의 보고라고 인정하는 그리스·로마의 고전들도 금해야 한다고 주장한다. 고전들 중에는 점잖은 사회에서 거부될 만한 내용이 수록되어 있는 경우가 많기 때문이다.[28] 밀턴이 주장하고자 하는 바는 지극히 간단하다. 책이란 "학문이 몰락하고 반론 능력이 완전히 몰락하지 않는 한" 결코 억압될 수 없다는 것이다.[29]

둘째로, 만일 악을 억누르는 것이 목적이라면 서적에 대한 검열만으로는 부족하며, 각 사람의 자유재량에 맡겨져 있는 다른 많은 부문들도 마땅히 단속해야만 한다. 밀턴은 "나쁜 풍속은 비단 책이 아니더라도, 막을 수 없는 수천 가지의 다른 경로를 통해 완벽하게 습득"된다고 말한다. "사악한 교리는 책이나 교사의 안내 없이도 얼마든지 전파되므로, 교사는 굳이 책을 쓰지 않더라도 그것을 퍼뜨릴 수 있으며, 따라서 이를 막을 길도 없다"는 것이다.[30] 그러므로 나쁜

---

28 *Areopagitica*, *CPW* Ⅱ, pp. 517-8.

29 *Areopagitica*, *CPW* Ⅱ, p. 520.

30 *Areopagitica*, *CPW* Ⅱ, p. 520.

풍속을 바로잡으려면, 오락과 여흥, 음악과 그 악기들도 검열되어야 한다. 발코니에서의 연인들의 속삭임과 노래, 춤과 몸짓, 바이올리니스트의 레퍼토리, 의상, 교제, 식사, 음주, 이 모든 것들을 낱낱이 검열해야 한다. 완벽한 검열을 하려면, 악으로부터 선을 철저히 가려 뽑아 내야하며, 두 가지가 서로 접촉마저 못하도록 해야만 한다는 것이다.[31]

사람이 보고 듣고 행하는 모든 것이 그의 책이라고 할 수 있다. 이런 의미에서 모든 도덕과 풍습, 삶 그 자체를 검열하려 한다는 것은 실로 터무니없는 일이다. 그러므로 "법률로써 규제와 처벌을 명해야 할 것과 설득에 의해서만 실효를 거둘 수 있는 일을 분별하는 능력"이 긴요했다.[32] 만일 하나님이 사람으로 하여금 자신의 음식을 선택할 수 있도록 하고, 자신의 운명을 만들 수많은 활동들을 스스로 하도록 했다면, 그가 책을 선택하는 것도 금해서는 안 된다. 이런 의미에서 책을 선택할 자유는 허용하지 않으면서, 다른 한편으로 악이 침투해 들어올 수 있는 수천의 다른 문을 닫지 않은 채 방치해 두는 사람은, "공원 문을 닫음으로써 까마귀를 가둬 둘 수 있다고 생각하는 무모한 사람"과 다를 바 없다.[33] 밀턴이 볼 때, 그 당시 잉글랜드

---

31 *Areopagitica*, *CPW* Ⅱ, pp. 523-6.

32 *Areopagitica*, *CPW* Ⅱ, p. 527.

33 *Areopagitica*, *CPW* Ⅱ, p. 520. 밀턴은 뒤에서 같은 취지의 말을 반복하고 있다. "만일 그들이 정신을 오염시키기 쉬운 모든 다른 것들을 똑같이 규제하지

아레오파기티카

의회의 능력으로는 출판물의 검열마저도 제대로 실행하기 힘겨운 상황이었고, 따라서 그 밖의 수많은 분야를 의회가 일일이 나서서 규제한다는 것은 물리적으로 전혀 불가능한 일이었다.

셋째로, 밀턴은 검열관에게 지워진 임무가 얼마나 무거우며, 검열관에게 얼마나 높은 학식과 자질이 요구되는지를 지적했다. "서적의 탄생과 죽음을 판별하여, 세상에 내보낼 것인지 말 것인지를 결정하는 사람은, 근면과 학식과 지혜에서 보통 이상의 인물이어야" 했다.[34] 의회가 제정한 출판 허가법이 제대로 시행되려면 "이미 인쇄되어 배포된 모든 중상적이고 검열을 거치지 않은 책들을 거부하고 배척해야" 한다. 그리고 "모든 외국 서적들도 일단 검열을 거치기 전에는 배포할 수 없도록 명령해야" 한다.[35]

이런 업무는 "상당한 교양을 갖춘 적지 않은 수의 감독관이 엄청난 시간을 할애해야만 수행할 수" 있다. 서적 중에는 "부분적으로는 유용하고 뛰어나지만 부분적으로는 비난받을 만하고 해로운 점이 있는 책들"도 있는 법이다. 따라서 "학문의 공화국을 손상시키지 않으면서 삭제 및 말소 작업을 하자면, 그만큼 더 많은 관리들이 필요"

않고 한 종류만을 엄격하게 단속한다면, 그 노력은 헛수고로 끝나고 말 것입니다. 타락을 방지하기 위해 문 하나만을 닫아걸고 다른 문들은 활짝 열어 둔 꼴이기 때문입니다." *Areopagitica*, *CPW* Ⅱ, p. 523.

34 *Areopagitica*, *CPW* Ⅱ, p. 530.
35 *Areopagitica*, *CPW* Ⅱ, p. 528.

하다.[36]

"만일 검열관이 그 직분에 합당한 자격을 갖춘 사람이라면, 수많은 책들과 팸플릿들을, 때로는 방대한 분량을 쉬지 않고 읽어야만 한다는 것보다 더 지루하고 불쾌하며, 두뇌에 엄청난 시간적 손실을 가져다주는 일"은 없을 것이다. "선명한 인쇄물로 읽는다 해도 세 쪽도 머리에 들어오지 않을 책을, 온종일, 그것도 일일이 손으로 쓴, 거의 해독 불가능한 악필 원고를 읽을 것을 명령받는 부담"을 견디어 낼 사람은 없다.[37] 밀턴은 여기에 덧붙인다. "현재 검열관직에 있는 사람들"은 지친 나머지 "그 직책에서 물러나기를 원하고 있으며," 만일 그들이 물러난다면 그들보다 더 못한 사람들, 즉 "무식하고 오만하고 무책임한 사람" 또는 "천박하게 돈이나 밝히는 사람들"이 검열관으로 임명되리라는 것이다.[38]

넷째로, 밀턴은 당시 철저한 검열제를 시행하고 있던 유럽의 가톨릭 국가들에서 과연 소기의 목적을 달성하고 있는지 의문을 제기했다. "여러분의 법(출판 허가법)이 정밀하고 착오 없는 것이 되기 위해서" 잉글랜드 국민은 "트리엔트와 세비야의 모범에 따라서 그 법을 철저하게 개정해야만" 한다. 그런데 밀턴의 판단에 따르면, 정작 잉글

---

36 *Areopagitica*, *CPW* Ⅱ, p. 529.
37 *Areopagitica*, *CPW* Ⅱ, p. 530.
38 *Areopagitica*, *CPW* Ⅱ, p. 530.

랜드 의회 의원들은 가톨릭 국가의 뒤를 따르는 것을 "끔찍이 혐오" 하고 있었다.[39] 그 결과 잉글랜드의 "에스파냐 식 검열제가 잉글랜드 출판을 혹독하게 억압하는 동안"에도 "외래의 서적들이 확산시킬 수 있는 모든 악영향"은 "쉽게 통로를 찾아내 사람들에게" 다가간다.[40]

밀턴이 볼 때, 장기의회는 스스로 유럽 가톨릭 국가들의 제도를 극도로 혐오하고 있으면서도 그 제도 중 하나인 검열제를 잉글랜드에 도입한 셈이었고, 그렇다고 해서 대륙 국가들처럼 주도면밀하게 이를 실행하지도 못하는, 미적지근한 태도를 보이고 있었다. 밀턴에 의하면 검열제는 그 기원이 가톨릭 국가들에 있었고, 그들 나라들에서 가장 완벽하고 철저하게 시행되고 있었다. 그러므로 밀턴은 검열제의 비효율성을 좀 더 구체적으로 드러내기 위해, 종교재판소를 통해 엄격한 검열제가 시행되는 가톨릭 국가들에서 과연 풍속이 개선되고 있는지 의문을 제기했다.

만일 풍속을 교정하는 것이 목적이라면, 이탈리아와 에스파냐를 주목하십시오. 종교재판으로 책을 엄격하게 규제하는 이 나라들에서 그 때문에 사람들이 조금이라도 더 선량해지고, 정직해지고, 현명해지고, 정결해졌단 말입니까?[41]

---

39 *Areopagitica*, *CPW* II, p. 529.
40 *Areopagitica*, *CPW* II, pp. 518-9.

이상에서 제기된 밀턴의 네 가지 주장은 다소 어색하게 보일 수도 있다. 마치 검열제가 채택한 수단의 비효율성을, 그리고 그와 같은 수단의 철저한 시행이 불가능하다는 점만을 입증하려는 것 아닌가 하는 인상을 줄지도 모른다. 그러나 밀턴의 입장은 결코 그런 것이 아니다. 다음에서 보듯이, 밀턴의 기본 입장은 어디까지나 검열의 목적 그 자체가 타당하지 않다는 것이었다.

(2) 검열제의 해악

앞에서 밀턴이 개진한 주장은 출판 허가법이 "그 목적을 달성할 수 없다"는 것이지만, 이제 밀턴은 출판 허가법의 실행이 "지극히 해로운 결과를 초래한다"고 주장한다. 먼저, 검열제는 모든 저술가들에 대해 나쁜 의도를 가졌다는 혐의를 둠으로써 학문을 크게 위축시키며, 또한 모든 국민을 검열이 없이는 독서를 할 수 없을 정도로 우매하고 허약한 부류로 규정지음으로써, 잉글랜드 내의 지도급 인사들과 성직자들의 가치를 경멸하는 결과를 초래하고 만다는 것이다. 『아레오파기티카』 본문에는, 검열제가 밀턴의 학자로서의 자존심을 심각하게 손상시켰음을 보여주는 증거가 여러 군데 보인다. 하지만 밀턴은 개인 차원에서 문제를 제기한 것이 아니다. 그는 잉글랜드 학계

---

41 *Areopagitica*, *CPW* Ⅱ, pp. 529-30.

를 대변하는 입장에서 불만을 토로한다. 밀턴은 검열제로 말미암은 피해자의 유형을 다음과 같이 네 가지로 구분하여 설명한다.

첫째, 밀턴은 검열이 "학문 전반 및 학자들에 대해 심대한 좌절과 모욕을 줄 수 있다"고 지적한다. 한 사람의 독립한 학자로서 "출판 허가증(imprimatur)의 지휘봉 아래 놓인다면, 다 자란 어른임에도 불구하고 학동보다 나을 것이 없다"는 것이다. "한 인간이 세상을 향해 글을 쓸 때 그는 자신의 이성과 사려를 총동원"한다. 이렇게 "자신의 성실하고 원숙한 기량을 최고도로 쏟아 부었음에도 불구하고, 그리고 숱한 세월과 그 많은 노력, 그의 능력을 입증해 줄 과거의 모든 증거에도 불구하고" 신뢰를 얻지 못하고 "성숙한 인격으로 인정을 받지 못하고" 만다면, 그것은 "실로 저자와 책에 대한, 그리고 학문의 위엄에 대한 치욕이요 망신이 아닐 수 없다"는 것이다.[42]

검열관과 인쇄소를 수시로 방문해야만 하는 저술가의 딱한 처지에 대한 다음의 설명은, 설혹 밀턴과 같은 시대에 살지 않는다 하더라도 저술 경험이 있는 사람이라면 누구라도 수긍하지 않을 수 없을 것이다.

만일 저자가 상상력이 풍부한 사람이어서 검열이 끝난 후 책이 아직 인쇄중인 상황에서 새롭게 덧붙여야 할 글이 떠올랐

---

42 *Areopagitica*, CPW II, pp. 530-2.

다면 어떻게 해야 합니까? 그런 일은 최고 수준의 근면한 저자들에게서 흔히 일어나는 일입니다. 책 한 권을 저술하다 보면 그런 일은 열두 번도 더 일어나는 일입니다. 이 경우 인쇄업자는 검열된 원고 이외의 것을 감히 활자화하려 하지 않을 것입니다. 그러면 저자는 그때마다 검열관을 터덜터덜 찾아가 새로운 보완 부분을 보여줘야 합니다. 같은 검열관에게 추가 허가를 받아야 하므로 담당 검열관을 만난다 해도 그가 시간이 있어야 합니다. 그렇게 하는 동안 인쇄기는 멈추어 서 있어야 하거나—그것은 결코 작은 손실이 아닙니다—저자가 정확한 뜻을 잊어버려 처음보다 더 나쁜 상태의 책을 내놓게 됩니다. 그것은 정성을 다하는 저자에게는 더할 나위 없는 슬픔이요 속상한 일입니다.[43]

"가르치는 일에서 권위는 생명과 같은 것"이다. 저술가는 그의 책에 관해 "마땅히 선생이어야" 한다. 그러나 "그의 모든 가르침이 감독 아래 놓이고 가부장적(patriarchal) 검열관의 교정지시를 받으며, 검열관의 편협한 기질에 맞추어 개조된다면" 저자가 어떻게 선생이 될 수 있겠는가. "차라리 침묵하는 편이 더 나을 것"이다. "예리한 안목을 지닌 독자라면 현학적인 글로 쓰인 허가증을 발견하자마자" 이렇

---

43 *Areopagitica*, *CPW* II, p. 532.

게 소리 지르며 책을 저만치 집어던질 것이다.[44]

"나는 생도 같은 선생은 싫습니다. 나는 감독관의 주먹으로
보호를 받는 선생에게서는 가르침을 받을 수 없습니다."[45]

둘째로, 검열은 살아 있는 저술가들에 대해서 뿐만 아니라, 고인
이 된 저술가들에 대해서도 나쁜 영향을 미칠 수 있다. "이미 고인이
된 저자의 저술이 출판 또는 재판 간행을 위해 검열관의 손"에 넘겨
졌을 경우, 만일 그의 책에서 "고양된 열정 가운데 표현된 위험스러
운 문장"이 하나 발견되었다고 하자. 그 문장은 실로 "성령의 감동을
받은 것"일 수도 있다. 그런데 그것이 "검열관의 진부하고 낡아빠진
취향"에 맞지 않는다면, 그는 그 책의 저자가 "한 나라의 개혁자 녹
스(Knox)라 할지라도 그 문장을 가차 없이 수정해 버릴 것"이다. "기
계적인 검열관들의 무모하고도 뻔뻔스러운 경솔함"으로 인해, 그 "위
대한 인물의 예리한 감각은 후대에 영원히 잊혀 버리고 말 것"이다.
그러므로 검열은 "모든 살아있는 지식인에게 특별한 경멸이며, 이미
고인이 된 사람이 저작에 쏟아 부은 노고와 업적을 손상시키는 것"

---

44 *Areopagitica*, *CPW* II, p. 533.
45 *Areopagitica*, *CPW* II, p. 533.

이다.[46]

셋째로, 밀턴은 검열이 "전 국민을 무가치하고 열등하게" 만든다고 주장한다. "잉글랜드인의 모든 창의력과 기예와 지혜, 그리고 엄숙있고 확고한 판단력"을 "불과 20명" 검열관의 능력으로는 이해할 수 없다는 것이다.[47]

> 우리가 우리 자신의 도끼 날과 보습 날을 날카롭게 만들지 못하고, 검열을 맡은 20명의 대장장이에게 모든 것을 맡겨 수리를 해야 한다면, 우리는 블레셋 사람들에 의해 강요당하는 노예가 아니고 무엇이겠습니까?[48]

"전 국민을, 그것도 범법 행위라고는 저지른 적이 없는 국민을 그토록 의심과 경계의 대상으로 삼아 금지 규정에 옭아매는 것"은 얼마나 치욕적인가. 밀턴은 "평신도들을 가장 증오하고 경멸하는 로마 교황청에서 바로 그런 엄격한 규제를 적용"했다고 지적함으로써 다시 한 번 검열제를 로마 가톨릭과 결부시켰다.[49]

넷째로, 검열제는 결과적으로 성직자들의 위신을 실추시키는 일

---

46 *Areopagitica*, *CPW* Ⅱ, pp. 534-5.
47 *Areopagitica*, *CPW* Ⅱ, pp. 535-6.
48 *Areopagitica*, *CPW* Ⅱ, p. 536.
49 *Areopagitica*, *CPW* Ⅱ, pp. 536-7.

이다. "마치 평신도들에게 새로이 발간된 (즉 검열 받지 않은) 팸플릿이 휙 날아가기만 해도 교리문답과 기독교도다운 걸음걸이에서 벗어나 휘청거릴 것처럼" 간주해 버린다면, 그리고 "성직자들의 모든 권면과 그로 인한 회중의 정신적 계발에도 불구하고, 검열관을 거치지 않은 석 장의 인쇄물조차도 마음 놓고 읽게 할 수 없을 만큼 평신도들을 낮게 평가한다면, 이는 성직자들을 낙담케 하는 충분한 원인"이 된 다. 복음의 빛과 성직자들의 부단한 설교에도 불구하고 평신도들은 여전히 "부도덕하고 신앙 없고 저속한 오합지졸"로 남아있다는 뜻이 기 때문이다.[50]

밀턴은 검열제로 말미암아 피해를 입게 될 사람들을 이상과 같 이 네 가지 유형으로 구분하여 설명한 다음, 프로테스탄트 국가인 잉 글랜드와 유럽 가톨릭 국가들 사이의 차이점에 주의를 환기시켰다. 그는 영국 혁명 직전(1638-9년) 15개월 동안 유럽을 여행했던 경험담 을 소개하면서, 유럽인들이 잉글랜드를 어떻게 평가하고 있는지 소개 했다. 밀턴에 의하면, "종교재판으로 폭정을 행하고 있는 유럽 다른 나라(이탈리아)"에서 학식 있는 친구들과 자리를 함께 했을 때, 그들은 "철학적 자유가 보장되어 있는 잉글랜드에서 태어난" 밀턴을 "행복한 사람"이라고 인정하면서, "자신들의 학문이 노예 상태에 떨어져있음

---

50 *Areopagitica, CPW* II, p. 537.

을 비통해" 했다고 털어놓았다.[51] 밀턴의 이탈리아 친구들이 보기에 잉글랜드는 자유가 보장된 행복한 나라였다.

이탈리아 여행은 밀턴으로 하여금 조국 잉글랜드의 기원과 역사와 운명에 대한 각별한 자부심을 갖게 했던 것으로 보인다.[52] 그의 자부심은 혁명 기간 중 발표된 그의 다양한 팸플릿들에 반영되었으며, 『아레오파기티카』 본문 중 마이클 픽슬러(Michael Fixler)가 "애국적 일탈(patriotic digression)"이라고 이름 붙인 대목(『아레오파기티카』 6장 "잉글랜드인의 위대성"이 여기에 해당)에서 각별히 잘 표현되었다.[53] 유럽 여행이 밀턴의 프로테스탄트 잉글랜드에 대한 긍지와 자부심을 드높이고, 이탈리아의 학문을 노예 상태에 빠뜨린 가톨릭교회에 대한 증오심을 깊게 만들었으리라는 것은 충분히 이해할 수 있는 일이다.

밀턴은 "이탈리아인의 위대한 재능"을 질식시킨 것이 다름 아닌 종교재판소의 폭정이었다고 주장한다.[54] 천문학자이자 물리학자인 갈릴레오 갈릴레이(Galileo Galilei, 1564-1642)[55]와 만났던 경험을 털어

---

51 *Areopagitica*, *CPW* Ⅱ, p. 537.

52 French Fogle, "Introduction," to *CPW* V, p. xxvi.

53 Michael Fixler, *Milton and the Kingdoms of God* (London, 1964), p. 124. *Areopagitica*, *CPW* Ⅱ, pp. 551-7이 여기에 해당된다.

54 *Areopagitica*, *CPW* Ⅱ, pp. 537-8.

55 갈릴레오(1564-1642)는 밀턴이 1638-1639년에 유럽 여행길에 있을 때 피렌체 근방의 Villa Martinelli에서 가택 연금 상태에 있었다. 그는 코페르니쿠스의 이론을 입증한 자신의 논저를 출간한 1632년으로부터 죽는 날까지 명목상 종교재판소의 죄수로 있었지만, 방문객의 내방은 받을 수 있었다.

놓으면서, 밀턴은 조국 잉글랜드에 탐구의 자유가 보장될 경우 진리의 발견에서 진정한 진보를 기대할 수 있다고 말한다.

> 최근 수년간 그곳에서는 아첨과 과장된 표현 이외에는 아무 것도 쓰이지 않았습니다. 바로 그곳에서 나는 저 유명한 갈릴레오를 방문했습니다. 노년에 이른 갈릴레오는 프란체스코 및 도미니쿠스 검열관들과 천문학에서 생각을 달리한다는 이유로 종교재판소의 죄수가 되어 있었습니다. 비록 잉글랜드가 그 당시 고위성직자들의 멍에 아래 울부짖고 있었음을 익히 알고 있었지만, 그럼에도 불구하고 나는 잉글랜드의 자유에 대한 다른 나라 사람들의 확신을 잉글랜드의 행복한 장래에 대한 담보로 받아들였던 것입니다.[56]

밀턴은 검열제가 미치는 가장 심각한 해악으로서, 검열제가 국민의 진리 이해를 그르칠 우려가 크다는 사실을 지적했다. 그러면 검열제는 왜 국민의 진리 이해를 그르치는가? 그것은 밀턴이 생각한 "진리의 본질" 때문이었다. 밀턴에 의하면 진리란 그 믿는 방식이 잘못되었을 경우, 이단으로 귀착되고 만다. 그는 중세 교회에서 통용되던 두 가지 방식의 믿음을 들어 이점을 설명했다. 중세 교회에서는 신앙

---

56 *Areopagitica*, *CPW* II, p. 538.

을 "교리를 충분히 이해하고 믿는 신앙(explicit faith)"과 "권위에 입각한 맹목적 신앙(implicit faith)"의 둘로 구분했는데, 고위 성직자에게는 전자가, 그리고 하급 성직자와 평신도들에게는 후자가 요구되었던 것이다.[57]

밀턴은 후자의 예로서 이탈리아 안코나(Ancona) 부근의 성소인 로레토(Loreto)의 가톨릭 평신도를 거론했다. 로레토의 성당 안에는 마리아가 예수를 잉태한 것으로 알려진 집이 있었다. 평신도들은 이 집이 서기 1291년에 천사에 의해 이스라엘 북부의 나사렛(Nazareth)으로부터 기적적으로 옮겨진 것으로 믿고 있었고, 이러한 믿음은 역대 교황들에 의해 공인되었다. 그것은 오랫동안 잉글랜드의 프로테스탄트 신도들 사이에서 조롱거리로 회자되곤 했다. 밀턴이 볼 때 로레토의 가톨릭 평신도들은 아무리 그들의 믿음이 진지했다고 해도 결국 이단에 빠져든 셈이었다. 문제는 가톨릭 평신도들뿐만 아니라 프로테스탄트 신도들 중에도 그와 같은 신앙을 가진 사람이 있다는 사실이었다.

사람은 진리에 있어서 이단적일 수 있습니다. 만일 그가 다른 근거 없이, 목사(pastor)가 그렇게 말했다는 이유로, 또는 웨스

---

57 *Areopagitica, CPW* Ⅱ, p. 543. n. 199. 밀턴의 이 문제에 대한 관심은 『참된 종교』에서도 언급되고 있다. *Of True Religion* (1673), *CPW* Ⅷ, p. 420.

트민스터 종교회의(the Assembly)가 그렇게 결정했다는 이유로 어떤 사실을 믿는다면, 비록 그의 믿음이 진실한 것이라 할지라도 그가 믿는 진리는 이단이 되는 것입니다. 사람들은 다른 문제에서와는 달리 유독 종교에서는 너무 쉽게 자신들의 책임과 의무를 다른 사람에게 맡겨 버리곤 합니다. 프로테스탄트와 청교도들 중에 로레토(Loreto)의 가톨릭 평신도(lay Papist)만큼이나 형편없는 맹목적 신앙(implicit faith)으로 살다가 죽는 이들이 있다는 것을 우리 모두는 알고 있습니다.[58]

밀턴은 장로파와의 견해 차이가 점점 벌어지면서, 기독교인 개개인이 자신의 독자적인 종교적 견해를 가져야 한다고 믿게 되었다. 이러한 목적을 위해 사용할 수 있는 수단은 성경과 양심이었다.[59] 여기에서 밀턴이 말하는 양심이란 "올바른 이성(recta ratio, right reason)"을 의미하는 것이었다.[60]

---

58 *Areopagitica, CPW* Ⅱ, pp. 543-4.

59 Isabel Rivers, "Milton's Life and Times : Aids to Study," in John Broadbent, ed., *John Milton : Introductions* (Cambridge Univ. Press, 1973), p. 60. 이런 의미에서 밀턴의 기독교는 전통적인 프로테스탄티즘보다 한층 민주적인 것이었으며, 그것은 퀘이커교 또는 무교회주의와 흡사했다. 무교회주의에 관해서는 박상익, 「김교신의 생애와 사상에 대한 시론」『성서 연구』276호(1977년 11월) ; 노평구, 『노평구 전집』1-5권(시골문화사, 1997) 참조.

60 *A Milton Encyclopedia,* s. v. "Reason," by Willis Monie. 밀턴은 이성을 둘로 나누어, 원인에서 결과로, 전제에서 결론으로 나아가는 추론적 이성(discursive

밀턴에 의하면, 신학자처럼 성경을 남에게 해석해 주는 위치에 있는 사람은 성경의 원어인 히브리어와 그리스어에 대한 "어학적 능력"을 갖추어야 하고, "전체적인 문맥을 고려"하여 "문자 그대로의 표현과 비유적 표현의 차이를 구분"할 줄 알며, "말씀 그 자체를 따르지 않는" 해석을 "단호히 거부"해야만 한다.[61] 그런데 성경 텍스트에는 사람의 손으로 필사되어 후대에 전해지는 과정에서 여러 군데 오류가 나타났다. 따라서 양심이야말로 가장 중요한 시금석이고, 성경을 자신의 양심에 따라 해석한다는 것은 결코 이단이 아니다. 밀턴은 "모든 평신도가 성경을 스스로 해석해야 한다"고 주장한다. 밀턴에 의하면 어떤 신학자도 평신도를 위해 일방적으로 성경을 해석해 줄 수는 없다. 오직 신학자의 해석이 "신자 개개인의 양심에 입각한 해석"과 일치할 때만 그 해석은 신자에게 유용한 것이 될 수 있다.[62] 이런 의미에서 밀턴은 자신의 양심이 승인하지 않는 성경 구절들을 거

---

reason), 그리고 추론적 이성의 작용을 필요로 하지 않은 채 진리를 직접적으로 인식하는 직관적 이성(intuitive reason)으로 구분했다. 직관적 이성은 또는 "올바른 이성" 또는 "양심"과 동일시되었다. 이 개념은 플라톤에서 비롯되어 스토아 철학, 중세 기독교, 르네상스 휴머니즘 등을 거쳐 17세기에 유입되었다. 이 개념에 의하면, 올바른 이성은 인간으로 하여금 진리로 나아가게 하는 행동 지침의 기능을 수행하기 위해 신이 모든 인간의 내면에 심어 놓은 것이었다.

61 *Christian Doctrine*, *CPW* Ⅵ, pp. 582-3.
62 *Christian Doctrine*, *CPW* Ⅵ, pp. 583-4.

아레오파기티카

부하거나 새롭게 해석할 태세를 항상 갖추고 있었다.[63]

밀턴이 말하고자 하는 요지는, 비록 진리의 발견으로 나아가는 과정은 성경에 기록된 말씀이라고 하는 외형적 요인에서 출발하지만, 그 진리를 궁극적으로 발견하는 것은 인간 내면의 양심이라는 것이다. 오직 신자가 내면적으로 받아들일 경우에만 외형적 성경의 진리가 확증되기 때문이다. 밀턴에 의하면, 모든 신자는 "성령(the Spirit of God)의 지배" 아래에 있다. 그러므로 "신자 개개인의 의지에 반하여 특정 교리를 강요"한다면, 그것은 "그 사람을 속박하는 것일 뿐만 아니라 성령 그 자체(the Holy Spirit itself)를 속박하는 일"이었다.[64]

밀턴은 만년의 저서인 『참된 종교』(Of True Religion, 1673)에서 양심의 중요성을 강조하면서, 이단이란 양심의 시험을 거치지 않은 채 교회의 전승과 의식에만 의존하려는 것이라고 설명했다.

나는 무엇이 거짓 종교 또는 이단인지에 대해 간단히 설명하고자 한다. …… 이단이란 인간의 전승을 통해, 그리고 하나님

---

63 Andrew Milner, *John Milton and the English Revolution: A Study in the Sociology of Literature* (London, 1981), pp. 100, 204. 밀턴은 기독교 자체를 이성의 빛으로 조명하고자 했다.

64 *Christian Doctrine, CPW* Ⅵ, p. 590. 밀턴에게 성령은 사실상 "개인 양심의 이성적 부분(rational part of the individual conscience)"을 가리키는 것이었다. Andrew Milner, *op. cit.*, p. 118.

의 말씀 외에 덧붙여진 것들을 통해 종교를 받아들이고 믿는 것을 말한다. 그러므로 다음의 사실이 명백해진다. 즉 오늘날 기독교 국가에 알려진 모든 분파들 또는 허울만 그럴듯한 종교들 중에서 가톨릭이야말로 유일한 또는 가장 큰 이단이다.[65]

그러므로 밀턴이 무엇을 올바르게 믿는 방식이라고 생각했는지도 자명해진다. 밀턴은 기독교 신앙에서 올바르게 믿는 방식이란 그 내용을 이해하는 것이라고 말한다. 그러나 검열제 하에서는 종교 문제에 대한 이해력이 점점 저하된다. 일반적으로 승인되고 있는 사실에 대한 의문의 제기가 전혀 허용되지 않기 때문이다. 의문이 제기되지 않는 것은 시험되지 않은 것이다. 그리고 시험되지 않은 것은 결코 이해되지 않으며, 따라서 아무리 만장일치로 그것이 선포된다 할지라도 진실하게 믿어질 수 없다. 그와 반대로, 검열 없는 출판을 통해 기존의 이론에 도전하는 서적이 수시로 등장할 수 있도록 허용된다면, 그와 동시에 기존의 이론을 옹호하는 사람들이 등장하여 그들의 이론을 검토하고, 그 의미를 설명하며 근거를 밝히게 된다. 간단히 말해서 이론을 이해시키게 된다. 오직 그렇게 함으로써만 국민의 진리 이해가 가능하다는 것이다.

---

65 *Of True Religion*, *CPW* Ⅷ, p. 421.

아레오파기티카

3. 자유의 가치와 한계

1640년대 전반기에 밀턴이 출간한 팸플릿들은, 다시 1641-2년의 "전기 팸플릿"과 1643-5년의 "후기 팸플릿"의 두 그룹으로 나눌 수 있다. 다섯 편의 반주교제적 팸플릿[66]은 전자에, 그리고 네 편의 이혼 관련 팸플릿[67]과 『아레오파기티카』는 후자에 해당된다. 그런데 전기와 후기 두 팸플릿 그룹은 그 강조점에서 중요한 차이를 보이고 있다.

전기 팸플릿 그룹은 주교제의 해체를 촉구하는 가운데, 신속하고도 단호한 종교개혁을 촉구하는 것이 그 중심 내용이었다. 밀턴은 장로파와 공동전선을 펼치면서 바빌론(주교제)의 멸망을 주요 목표로 삼았다. 그 후 시일이 경과하면서 장로파는 반동적 입장으로 선회했다. 자신들의 종교개혁을 보호한다는 명분 아래 검열제를 고안해 낸 것이다. 검열제는 한편으로는 패퇴한 주교들로부터의 반동을 물리치

---

66 다섯 편의 팸플릿은 다음과 같다. ① *Of Reformation* (May, 1641), ② *Of Prelatical Episcopacy* (June or July, 1641), ③ *Animadversions* (July, 1641), ④ *Reason of Church Government* (January or February, 1642), ⑤ *An Apology for Smectymnuus* (April, 1642).

67 네 편의 팸플릿은 다음과 같다. ① *Doctrine and Discipline of Divorce* (August, 1643), ② *The Judgement of Martin Bucer Concerning Divorce* (July, 1644), ③ *Tetrachordon : Expositions upon the four chief places in Scripture which treat of Marriage, or nullities in Marriage* (March, 1645), ④ *Colasterion : A Reply to a nameless Answer against the Doctrine and Discipline of Divorce* (March, 1645).

고, 다른 한편으로는 장로파가 옳다고 믿는 획일적인 규율에 반발하는 급진 과격파를 막아내는 제도적 장치 역할을 했다.[68] 웨스트민스터 종교회의의 장로파는, 칼뱅에 의해 성경의 모든 진리가 단번에 드러났으며, 따라서 더 이상의 부연이 필요치 않다는 인식을 갖고 있었기 때문이다.[69] 밀턴은 적어도 이 시기(1641~2년)에는 장로파와의 입장 차이를 드러내지 않고 있었다.

그러나 후기 팸플릿 그룹에 접어들어, 밀턴은 종교개혁을 이론(異論)의 여지없이 신에 의해 명백히 계시된 명령에 따라 종교를 재건하는 것으로 간주하지 않았다. 이제 그는 종교개혁을 진리의 전진과 진보를 위한 끊임없는 탐색 과정으로 파악하면서, 이성적인 사고와 자유를 강조하게 되었다.[70] 밀턴은 이 시점에 이르러 바빌론 즉 주교제가 멸망했다고 해서 즉각적으로 종교개혁이 달성될 수 없다는 사실을 분명히 깨닫게 되었다. 그러므로 밀턴은 인간이 신의 진리를 잘못 이해했을 경우의 위험성을 설명하면서, 종교 문제에서 의문이 제기된 사안에 대한 무제한적인 토론의 필요성을 강조했다.

1641년의 성실청 해체로부터 1643년의 출판 허가법 공포에 이르기까지 약 3년 동안 출판의 자유를 마음껏 경험하면서, 밀턴은 새로

---

68 Arthur E. Barker, *Milton and the Puritan Dilemma* : *1641-1660* (1942 ; Univ. of Toronto Press, 1971), p. 74.

69 A. L. Rowse, *Milton the Puritan* : *Portrait of a Mind* (London, 1977), p. 93.

70 Arthur E. Barker, *op. cit.*, pp. 74-5.

운 진리의 발견을 위해서는 사상과 표현의 자유가 반드시 필요하다는 입장에 도달했다. 앞서 잉글랜드 검열제의 역사를 다룬 제3장에서도 설명했지만, 이 기간에는 실로 지극히 다양한 종교적·정치적 견해를 담은 수많은 팸플릿들이 출간되었으며, 대부분의 정치·사회 문제가 종교적 용어로 표현되었던 당시의 지적 풍토 속에서 다양한 방식의 성경 해석이 행해진 것은 당연한 일이었다.[71] 제임스 바르(James Barr)는 이런 의미에서 성경 비판(biblical criticism)을 독일인의 고안물로 간주하는 일반의 통념이 수정되어야 할 것이라고 지적한다. 그에 의하면, 독일이 성경 비판의 중심이 된 것은 18세기 말 이후의 일이었으며, 그 이전, 즉 종교개혁으로부터 계몽주의 시대에 이르기까지의 기간에는 잉글랜드야말로 성경의 본질과 권위, 그리고 해석에 대한 새로운 개념이 생성된 중심지였다는 것이다.[72]

---

71 R. C. Richardson and G. M. Ridden, "Introduction" to *Freedom and the English Revolution : Essays in History and Literature* (Manchester Univ. Press, 1986), pp. 3-4 참조.

72 James Barr, "Foreword," to Henning Graf Reventlow, *The Authority of the Bible and the Rise of the Modern World*, tr. John Bowden (Philadelphia, 1985), p. xii. 필사에 의한 서적 제작으로부터 인쇄술에 의한 서적 제작으로 커뮤니케이션의 양상이 변화하면서, 서유럽인에게 자연은 전보다 더욱 통일적인 것으로 비쳐졌지만, 성경에 나오는 하나님의 말씀은 한층 다의적인 것으로 여겨졌다. 밀턴 역시 성경의 모호성을 충분히 인식하고 있었다. Elizabeth L. Eisenstein, *The Printing Press as an Agent of Change : Communications and Cultural Transformations in Early-Modern Europe* (1979 ; Cambridge Univ. Press, 1993), pp. 700-4 ; Dayton Haskin, *Milton's Burden of Interpretation*

밀턴은 혁명 초기의 이러한 다양한 저술 활동이 자유로운 지적 활동을 상징하는 건전한 징표일 뿐만 아니라, 진보와 개혁을 보장하는 것이라고 보았다. 밀턴이 볼 때, 잉글랜드는 자유로운 사상의 표현과 토론이 보장되기만 하면 그로부터 새로운 진리가 산출될 전망이 있지만, 그와 반대로 검열제로 인해 자유로운 발표와 토론이 억제될 경우에는 새로운 진리도 산출될 수 없었고, 진정한 의미의 종교개혁도 불가능했던 것이다.

『아레오파기티카』는 밀턴의 사상에서의 강조점의 변화를 특히 잘 보여주는 팸플릿이다. 예나 지금이나 밀턴에게 성경은 신의 섭리의 계시로서 중요한 의미를 갖고 있었다. 그러나 1644년에 이르러 그의 역사인식은 현저한 변화를 겪었다. 밀턴은 1641년경에는 역사가 교회의 점진적 타락의 기록이며, 주교제의 붕괴는 신의 갑작스런 간섭의 결과로서 그리스도의 재림을 예고하는 서막에 해당한다고 생각했다. 그러나 『아레오파기티카』 작성 시점에 이르러 그는 역사가 진리를 향한 진보의 과정이라고 간주했다. 그와 같은 진리의 진보는 그리스도의 재림과 더불어 마침내 신의 섭리가 인간에게 완전히 알려질 때 비로소 끝나게 될 것이었다.[73] 진리의 진보를 위해서는—물론 궁극적으로 신의 도움을 받아야만 되는 것이지만—개개인의 자유로운

(Univ. of Pennsylvania Press, 1994), p. 217 참조.

73 Arthur E. Barker, *op. cit.*, p. 76.

아레오파기티카

이성적 활동이 필수 불가결했다. 밀턴이 이 시점에 제기한 종교개혁의 진보 및 진리 탐색의 개념은, 그 전제 조건으로서 표현 자유의 문제를 제기한다는 점에서 관용 논쟁에서 지극히 중요한 비중을 갖는 것이다.

밀턴은 『아레오파기티카』에서 검열제가 알려지지 않은 진리의 발견에 장애가 된다는 주장과 더불어, 관용 문제를 둘러싼 논쟁에 접어들게 된다. 밀턴에 의하면 잉글랜드는 "많은 진리를 향유"하고 있으며, 특히 "교황 및 그에 종속된 주교들"에 비해 많은 진리를 향유하고 있었다.[74] 그러나 잉글랜드의 종교개혁은 아직 완전함과는 거리가 멀었다. 그러므로 이제 신은 "종교개혁 그 자체의 개혁마저도 명령"하시고, "늘 하시던 방식대로 먼저 당신의 잉글랜드인(his Englishmen)에게 계시"를 허락했다. 당시 런던에서 분출된 거대한 종교적 논쟁의 의미는 바로 여기에 있었다. 사람들은 "지식과 이해를 향한 간절하고도 열렬한 갈망"으로써, "(고위 성직자들에게) 잘못 위임되었던 종교의 관리를 내 손으로 되찾으려" 했다.[75]

이처럼 "하나님이 전반적인 종교개혁을 위해, 강력하고 강건한 폭풍을 일으켜 왕국을 뒤흔드는 시기"에는, "많은 분파들과 거짓 교사들이 선동하느라 바쁘기 이를 데" 없다. 하지만 하나님은 그런 와

---

74 *Areopagitica*, *CPW* Ⅱ, p. 549.
75 *Areopagitica*, *CPW* Ⅱ, pp. 553-4.

중에서도 "당신의 일을 위해 희귀한 재능과 비범한 근면성을 가진 사람들"을 일으켜, "진리의 발견에서 더욱 많은 것을 얻게 하시고, 새로운 빛의 계단을 계속해서 오르도록" 한다. "분열의 우두머리로 여겨지는 사람들이 오류를 범할 경우," 그들을 강제로 억누를 것이 아니라, "자유롭게 빈번히 모이는 청중과 함께 그 문제를 철저하게 토의하고 검토"해야 한다. "설령 그들이 우리 발에 묻은 먼지나 재와 같은 존재에 불과하다 해도, 그들은 진리의 무기를 닦아 내어 반짝이게 할 수 있으며, 바로 이 점 때문에라도 결코 그들을 내쳐서는 안 된다."[76]

그러나 만일 분열의 우두머리로 간주되어 배척된 이 사람들 중에, "하나님께서 이 시대에 특별히 쓰시기 위해 탁월하고 큰 능력을 부여한 인물이 있다면, …… 그리고 …… 우리가 경솔한 열정으로 그들이 제시한 새롭고 위험한 의견들을 두려워한 나머지 그들의 입을 막기로 결정한다면, …… 우리에게 화가 있을지니, 우리는 복음을 수호한다고 하면서 오히려 박해자가 되고 마는 것"이다.[77] 그러므로 우리는 "모든 분파와 분열에 대해 더욱 희망적이어야" 한다.[78] 만일 자유가 없다면, 오류에 대한 효과적인 교정도 할 수 없고, 진리의 옹

---

76 *Areopagitica*, *CPW* II, pp. 566–7.

77 *Areopagitica*, *CPW* II, pp. 567–8.

78 *Areopagitica*, *CPW* II, p. 556.

아레오파기티카

호와 확대를 위한 열정도 기대할 수 없으며, 따라서 진보도 바랄 수 없는 것이다.

밀턴은 새로운 지식과 다양한 의견의 필요성을 강조했다. "이 도시(런던) 안에서 날마다 싹트고 있는 모든 지식의 꽃봉오리와 날마다 솟아나는 새로운 빛을 억압"할 것을 조언하는 사람들은 "분파와 분열에 대한 …… 까닭 없는 공포"를 빙자하여 우리를 위협하려 한다. "배우려는 욕구가 많은 곳에서는 필연적으로 많은 주장과 저술, 그리고 의견이 있게 마련"이다.[79] 그러므로 "교리나 규율에 관한 몇몇 문제들에서의 사소한 차이점이나 대수롭지 않은 차이점들" 그리고 "회중이 분리되는 것"을 당혹스러워하거나 싫어할 필요가 없다. 그것은 "근본적인 문제"가 아니기 때문이다.[80] 진리란 "한 가지 이상의 모습"을 취할 수 있기 때문이다.

진리란 그 본연의 모습을 유지하면서도, 다른 모든 사소한 문제에 관하여 이쪽 또는 저쪽 편을 들 수 있는 것 아닙니까. 그밖의 다른 헛된 그림자는 "십자가에 못 박혀 폐지된 율법 문서"가 아닙니까. 바울이 그토록 자주 자랑한 기독교인의 자유는 얼마나 귀한 것입니까. 그의 가르침은, 먹는 자나 먹지 않는 자나,

---

79 *Areopagitica, CPW* Ⅱ, pp. 554, 558.
80 *Areopagitica, CPW* Ⅱ, pp. 564-5.

또는 날을 중히 여기는 자나 중히 여기지 않는 자나, 모두 주님을 위하여 그렇게 한다는 것입니다. 다른 많은 것들은 평화 속에 관용되고 양심에 맡겨져, 우리는 다만 사랑만을 가져야 하는 것 아닙니까. 항상 서로를 판단하는 우리의 태도야말로 우리의 위선이 똬리를 트는 주요 본거지 아닙니까. 나는 이 외적인 일치를 강요하는 쇠로 만든 멍에가 우리의 목에 노예의 낙인을 남기지나 않을까 하여 두렵습니다.[81]

검열은 거부되어야 했다. 진리는 "전능한 하나님 다음으로 강한 것"이다. 그러므로 "진리가 승리하기 위해서는 정책도 필요 없고 전략도 필요 없으며 검열 또한 필요 없다."[82] 바야흐로 "진리는 수비를 맡아 싸우고" 있다. "우리가 검열과 금지를 한다면 그것은 진리의 힘을 의심하여 해로운 결과를 초래"한다. 그러므로 밀턴은 "진리와 거짓으로 하여금 서로 맞붙어 싸우게 하라"고 주장한다. "자유롭고 공개적인 경쟁에서 진리가 패하는" 일은 결단코 없으며, "진리의 논박이야말로 거짓에 대한 최선의, 가장 확실한 억압"이라는 것이다.[83]

그렇다고 해서 밀턴이 "모든 가벼운 분열을 좋게 생각"하거나,

---

81 *Areopagitica*, *CPW* II, p. 563.
82 *Areopagitica*, *CPW* II, pp. 562-3.
83 *Areopagitica*, *CPW* II, p. 561.

"교회 안에 있는 모든 것을 '금이나 은이나 보석'(「고린도 전서」 3:10-13)
으로 기대"한 것은 아니다. "밀과 가라지를 구분하거나 좋은 고기와
다른 잡고기를 구별하는 것"(「마태복음」 13:24-30, 36-43)은 사람으로
서는 불가능한 일이다. "그것은 현세의 일이 끝날 때 천사들이 맡아
야 할 일"이다. 그러나 "모두가 한마음이 될 수 없다면—누가 그것을
기대하겠습니까?—모두(all)를 강제하는 것보다는 많은 사람들을 관
용하는 것이, 의심할 여지없이 더 건전하고 더 현명하며 더 기독교적"
이다.[84]

우리는 밀턴의 이 말에서 "많은"이란 말에 주의할 필요가 있다.
밀턴은 관용의 범위에서 분명한 선을 긋고 있었다. 그는 "많은" 사람
들에게 관용이 허용되어야 하지만 결코 "모든" 사람에게 그것이 허락
되어서는 안 된다고 보았던 것이다. 그리고 밀턴이 "많은" 사람들 중
에 포함시키지 않은 집단은 바로 가톨릭교도들이었다.

그렇다고 해서 가톨릭(Popery)과 공공연한 미신(open supersti-
tion)을 관용하라는 것은 아닙니다. 그것은 모든 종교와 시민적
권리를 뿌리째 뽑아 버립니다. 그러므로 약한 자와 오도된 자들
을 돌이켜 회복하기 위한 모든 자비롭고 동정적인 수단이 먼저
사용된다는 것을 전제로, 그것은 근절(extirpate)되어야 합니다. 신

---

84 *Areopagitica*, *CPW* Ⅱ, pp. 564-5.

앙이나 풍속을 해치는 독신(瀆神)이나 절대적 악 또한, 법 자체가 불법적인 것이 되지 않으려면, 허용해서는 안 됩니다.[85]

『아레오파기티카』가 출간되던 1644년경 사실상 모든 관용론자들은 가톨릭교도를 관용의 대상에서 배제하고 있었다. 새로운 정책에 대한 열정 속에서 한때 관용 범위에 가톨릭을 포함시켰던 독립파의 일부 인사들도 전술상 후퇴하는 것이 필요하다고 판단했다. 그러나 밀턴의 반가톨릭적 태도는 단순한 전술적 차원을 넘어, 로마 가톨릭을 "근절"해야 한다는 말까지 서슴지 않을 정도로 확고부동한 것이었다. 그가 이토록 철저한 반대 의지를 표명한 이유는 무엇인가? 우리는 위 인용문에 등장한, "모든 종교와 시민적 권리를 뿌리째 뽑아 버린다"에서 그 실마리를 찾아볼 수 있다. 이 말에는 밀턴이 가톨릭을 거부하게 된 두 가지 원인이 포함되어 있다.

첫째, 로마 가톨릭은 모든 "시민적 권리"를 뿌리째 뽑아 버리기 때문에 관용을 누릴 수 없었다. 17세기의 가톨릭교회는 신도들의 행동에 대해, 심지어 시민적 활동에 대해서도 관행적 권력을 행사할 수 있다고 주장했고, 그러한 주장은 잉글랜드의 주권에 대한 심각한 위협으로 간주되곤 했다.[86] 만년에 쓴 『참된 종교』(*Of True Religion*, 1673)

---

85 *Areopagitica*, CPW Ⅱ, p. 565.
86 중국 정부가 자국 내 가톨릭교회의 고위성직자 인사권이 교황청에 있음을 인

에서 밀턴은 가톨릭교회의 주권 침해를 경계하면서 다음과 같이 말했다.

> 교황은 왕국과 국가들, 특히 잉글랜드에 대한 권리를 사칭하고, 군주를 왕위에 앉히기도 하고 폐위시키기도 하며, 인민을 군주에 대한 충성으로부터 풀어놓는다.[87]

대부분의 관용론자들은 1644년에 이르러 바로 이러한 근거에서 로마 가톨릭을 배제했고, 따라서 그것은 밀턴만이 갖고 있던 특유한 관점은 아니었다. 실제로 『아레오파기티카』가 출간된 지 45년 후에 로크(Locke) 역시 밀턴과 같은 입장을 천명했다. 즉 로크는 『관용론』(*A Letter Concerning Toleration*, 1689)에서 "통치권(dominion)은 은혜(grace)에 기반하고 있다"는 교리와 "파문당한 왕은 왕권과 왕국을 잃는다"고 하는 교리를 "공동체의 시민적 권리에 반하는 것"이라고 비난하면서 이렇게 단정했다.

> 교회에 들어간다는 사실만으로 (자국 군주 아닌) 다른 군주의 보호를 받고 그를 위해 복무하도록 하는 교회는 행정관의 용납

정하지 않는 것도 같은 맥락으로 생각할 수 있다.

87 *Of True Religion* (1673), *CPW* Ⅷ, p. 429.

을 받을 수 없다. 왜냐하면 이러한 수단에 의해 행정관은 외국인이 자국에서 통치권을 확립하는 것을 양해하게 되기 때문이다.[88]

그러나 밀턴이 결정적으로 로마 가톨릭을 거부하게 된 이유는 두 번째, 즉 가톨릭이 "모든 종교"를 뿌리째 뽑아 버리는 "공공연한 미신"이라는 점이었다. 그가 이런 말을 한 것은 로마 가톨릭이 가톨릭 교리 이외의 신조들을 거짓으로 선언한다는 이유에서만은 아니었다. 어떤 의미에서 그러한 선언은 모든 교회들이 할 수 있는 것이었고, 따라서 그런 선언만을 이유로 해서 로마 가톨릭을 배척하고 나머지 교회들을 용인할 수는 없는 일이었다. 밀턴이 말하고자 하는 바가 정확히 무엇인지를 파악하기 위해서는, 그의 진리 개념으로 돌아가야만 한다. 실로 밀턴의 진리 개념이야말로 『아레오파기티카』에 개진된 모든 논의의 궁극적 근원이기 때문이다.

밀턴은 "원천으로 돌아가라(ad fontes)"는 기독교적 휴머니즘의 슬로건을 바탕 삼아 논지를 전개했다.[89] 밀턴에 의하면, 진리는 한때 그

---

88 *A Letter Concerning Toleration* (1689), in *John Locke: A Letter Concerning Toleration in Focus*, eds. John Horton and Susan Mendus (London, 1991), p. 46.
89 Alister E. McGrath, *Reformation Thought: An Introduction* (Oxford, 1988), pp. 32-4 참조. 기독교적 휴머니스트들에게 『신약성서』는 믿는 자와 부활한 그리스도와의 만남을 표현한 것이었다. 휴머니스트들은 부활한 그리스도를 만날 수 있다는 기대를 가지고 성경 텍스트에 접근했던 것이다.

리스도로 말미암아 이 세상에 기적적으로 알려진 바 있었다. 그러나 그 때 이후로 진리는 사악한 사기꾼들에 의해 그 상당 부분이 모호해지고 왜곡되었다.

진리는 한때 거룩한 주님과 함께 이 세상에 왔으며, 가장 영광스럽고 완전한 모습을 하고 있었습니다. 그러나 주님이 승천하고 그를 따르던 사도들이 잠든 틈을 타, 사악한 사기꾼들이 곧바로 등장했습니다. 이집트의 티폰(Typhon)과 그의 공모자들이 선량한 오시리스(Osiris)를 다룬 이야기에서 알 수 있듯이, 그들은 순결한 진리의 사랑스런 모습을 수천 조각으로 갈가리 찢어 사방으로 흩뿌렸습니다. 그 때 이래로 진리의 가련한 친구들은, 마치 이시스(Isis)가 오시리스의 조각난 몸을 조심스럽게 찾아 헤매듯이, 진리의 토막 난 사지를 모으기 위해 여기저기를 헤매고 있습니다. 상원 및 하원 의원 여러분, 우리는 아직 그것들을 다 발견하지 못했으며, 진리의 주님께서 재림하실 때까지 앞으로도 결코 다 발견하지 못할 것입니다. 주님은 진리의 모든 관절과 사지를 한데 합쳐서, 마침내 사랑스러운 불멸의 완성체로 만드실 것입니다. 기회만 주어지면 어느 곳에서든 끼어들어 자행되는 검열의 억압으로, 끊임없는 진리 탐구—우리는 순교 성인의 찢겨진 몸에 대한 경배를 계속합니다—를 금지하고 방해해서는 안 됩니다.[90]

밀턴이 강조하고자 한 것은, 비록 수천 조각으로 갈라진 진리 가운데 현재 일부분만이 알려져 있기는 하지만, 적어도 그 일부분에 관한 한 진리는 완벽하게 알려져 있다는 것이다. 그렇다면 그 일부분의 진리란 무엇을 말하는 것인가? 밀턴은 『참된 종교』에서 다음과 같이 설명한다.

참된 종교란 하나님에 대한 참다운 예배와 섬김이며, 하나님의 말씀에 의해서만 배울 수 있고 믿을 수 있다. …… 당신께서는 그것을 성경을 통해 계시로 가르쳐 주셨고 …… 모든 다른 전승과 그 밖의 부가물들을 거부하라고 엄중히 명령하셨다."[91]

밀턴은 참된 종교를 식별하는 시금석으로서 프로테스탄트 종교개혁의 핵심 원리 중 하나인 "성경 지상주의(sola scriptura)"의 원리를 제시한 것이다.[92] 종교적 진리에서 성경은 절대적이고도 유일한 권위

---

90 *Areopagitica*, CPW Ⅱ, p. 549.
91 *Of True Religion*, CPW Ⅷ, p. 419.
92 밀턴은 궁극적으로 양심을 성경보다 우위에 놓았지만, 그것은 "성경 지상주의(sola scriptura)"의 원리와 모순되는 것이 아니다. "성경 지상주의"의 원리는 가톨릭이 기독교 교리의 근거로서 성경과 전승 두 가지를 주장한 데 비해 프로테스탄트 측이 성경 하나만을 교리의 근거로 제시한 것을 의미한다. 그러나 "성경 지상주의"를 앞세운 종교개혁자들 사이에서도, 성경의 해석 방법을 두고 상당한 이견이 노정되었다. 이런 의미에서 프로테스탄티즘은 "개인적 판단(private judgement)"이라는 "판도라의 상자"를 열어놓은 셈이다. 이 문제에 대

였다. 그러나 로마 가톨릭의 본질은 이러한 절대적이고 유일한 권위 위에 또 하나의 권위, 즉 교회의 전승(傳承)을 수립하려 했다. 밀턴이 볼 때, 이것은 모든 참된 종교의 기반을 사람의 고안물에 종속시키는 것이었고, "모든 종교를 뿌리째 뽑아 버리는" 일이 아닐 수 없었다.

밀턴의 로마 가톨릭에 대한 배척이 지나친 것이라고 생각할 수도 있을 것이다. 그러나 유의할 것은, 그의 이러한 태도가 적어도 그의 관용론을 지탱해 주는 원칙과는 모순되지 않는다는 점이다. 그러면 밀턴의 관용론의 핵심 원칙은 과연 무엇이었는가? 우리가 분명히 알아야 할 것은, 종교적 다양성에 대한 밀턴의 긍정적 태도가, 다원주의적인 우리 시대의 통념처럼 진리를 상대적인 것으로 생각한 때문이 아니라는 사실이다.

그가 종교적 다양성을 주장한 이유는 진리가 불완전(incomplete)하며, 오직 관용만이 그 나머지 조각들의 회복을 가져올 수 있다고 판단했기 때문이다. 밀턴은 "신학의 황금율"이라고 지칭한 자신의 독특한 논리 체계를 다음과 같이 설명했다.

우리가 이미 알고 있는 것에 의해 아직 알지 못하는 것을 탐색하면서, 우리가 발견한 진리와 진리를 서로 짝 맞춰 보는 것 (왜냐하면 진리의 모든 부분은 동질적(homogeneal)이며 비례하는(propor-

---

한 상세한 설명은 Alister E. McGrath, *op. cit.*, pp. 95-116.

tional] 것이기 때문입니다), 이것이야말로 수학에서뿐만 아니라 신학에서도 황금률(golden rule)이며, 교회에 최고의 조화를 가져다 줍니다.[93]

진리는 오시리스의 몸처럼 비록 수천 조각으로 나누어지기는 했지만 그 조각들은 원래 같은 신체를 구성했던 부분들이었다. 그러므로 머리와 몸통과 사지를 이루는 모든 조각들은 비례의 법칙을 따르게 되어 있었다. 밀턴이 볼 때 로마 가톨릭은 "우리가 이미 알고 있는 것"—비록 일부분일지라도 그것은 명백한 진리이다—을 거부하고 있었다. 그 단적인 예로서 가톨릭은 성경이 아닌 "모든 다른 전승과 그 밖의 부가물들"을 우위에 놓고 있었다. 밀턴의 비유를 빌어 설명하자면, 로마 가톨릭의 교리는 오시리스의 몸에서 떨어져 나간 조각이 아니었던 셈이다. 이런 의미에서 로마 가톨릭은 관용의 범위에 포함되기는커녕, 진리를 보호하기 위해서라도 당연히 배척되어야 했다.

93 *Areopagitica, CPW* II, p. 551.

4. 밀턴과 열린 사회

(1) 지식의 자유 시장

밀턴의 자유 개념과 관련하여 주목할 점은, 그가 검열제를 진리에 대한 독점 행위로 간주하면서 출판 허가법을 찰스 1세의 다양한 절대주의 정책들에 비유했다는 사실이다. 그는 찰스 1세의 통치 방식, 각별히 그의 독점권 행사에 대한 잉글랜드인의 광범한 혐오감을 이용하여 자신의 출판 허가법 반대 논지에 설득력을 더하려 했다. 『아레오파기티카』에서 밀턴이 출판 허가법에 빗대어 거론한 찰스 1세의 실정은 세 가지로 나누어 설명할 수 있다.

첫째, 밀턴은 출판 허가법을 수출입품에 부과했던 탄세(tunnage)와 파운드세(poundage)에 비유했다. 탄세란 모든 수입된 포도주에 대해 1탄(tun, 배럴)마다 3실링씩의 세금을 거두는 것이며, 파운드세란 그 밖의 모든 다른 수출입 상품들에 대해 1파운드의 값(무게가 아님)에 해당하는 상품마다 1실링씩의 비율로 세금을 거두는 것을 말한다.[94] 그것은 14세기말 이후 새로운 왕이 즉위할 때마다 의회가 왕의

---

94 "탄세(tunnage)"는 흔히 철자가 바뀌어 "톤세(tonnage)"로 사용되곤 하는데 그것은 탄(부피) 단위로 부과되는 이 관세의 개념을 톤(무게) 단위로 부과되는 것으로 오해한 데서 비롯된 것이다.

재위 기간 징수할 수 있도록 관행적으로 승인해 주던 세금이었다. 그러나 찰스 1세가 즉위했을 때 의회는 이 세금의 징수를 거부했고, 찰스는 의회의 승인 없이 이를 왕권으로 징수하려 했다. 이 때문에 찰스 1세의 행동은 장기의회가 소집되기 전까지 전국적으로 불평불만의 요인이 되어 있었다.[95] 밀턴은 검열제를 진리에 부과되는 탄세와 파운드세로 설명했다.

또 다른 종류의 사람들도 있습니다. 모든 것이 명령되고 규제되고 정해져야 하며, 모든 진리는 탄세와 파운드세(tunaging and poundaging)를 징수하는 세리의 세관을 통과하지 않고는 아무 것도 기록될 수 없다는 말을 듣게 되면, 곧바로 그들 스스로를 여러분의 손에 맡기고 여러분의 마음에 드는 종교로 고치고 잘라내는 사람들입니다. 그곳에는 즐거움이 있고 기쁨과 유쾌한 오락이 있어, 해가 뜨고 질 때까지 하루하루를 느긋하게 지내게 하고, 지겨운 한 해를 환희의 꿈처럼 만들어줍니다. 다른 사람들이 그토록 엄격히 그리고 확실하게 자신들에게 납품을 해주는 바에야 무엇 때문에 구태여 머리를 고통스럽게 만들겠습니까? 우리가 바보같이 안이하게 지식 탐구를 중지하면 국민 사이에

---

95 *Areopagitica*, *CPW* Ⅱ, p. 545. n. 205 ; Peter R. Newman, *Companion to the English Civil Wars* (New York, 1990), p. 150.

이러한 결과를 초래하고야 맙니다.[96]

둘째, 밀턴은 의회가 찰스 1세에게 항거한 직접적인 계기가 "군복 및 군사 활동세(coat and conduct)," 그리고 "데인세(Danegeld)"였음을 밝히고, 비록 그것이 도화선이 되어 의회 지지 세력이 형성되기는 했지만, 그들의 근본적인 관심사는 세금이라기보다는 찰스 1세가 취한 조치 속에 내재된 "자유에 대한 위협"이라고 지적했다.[97] 군복 및 군사 활동세란 찰스 1세가 잉글랜드 각 주에서 모집된 신병의 의복과 교통비를 해당 주에서 징수한 것을 말한다. 한편 데인세란 선박세로서 원래는 덴마크인의 침입을 물리치거나 뇌물로 회유하기 위해 징수했던 것으로, 찰스는 의회의 동의 없이 이러한 세금을 거둠으로써 국민적 불만을 증폭시킨 바 있었다. 밀턴은 『아레오파기티카』에서 국민으로부터 나쁜 평판을 받았던 찰스의 정책들이 본질적으로 자유를 위협하는 것임을 지적함으로써, 절대주의의 규제에 대한 국민의 반감을 출판 허가법에 대한 반대로 연결시킨 것이다.

셋째로, 밀턴은 독점권에 대한 잉글랜드인의 광범한 반감을 이용함으로써 사상의 자유로운 교류와 지식의 자유 시장을 옹호했다. 상

---

96 *Areopagitica*, *CPW* Ⅱ, p. 545.
97 *Areopagitica*, *CPW* Ⅱ, p. 559. 밀턴이 이 부분에서 말하고자 하는 바가 모호하게 표현되어 해독이 곤란하므로 설럭(Ernest Sirluck)의 주를 참조했다. *Ibid.*, n. 259.

품에 대한 개인의 독점권은 일찍이 제임스 1세 치세 말기인 1624년에 의회가 독점 금지 법안을 통과시킴으로써 폐지된 바 있었다. 물론 새로운 발명품에 대해서는 독점권이 허용되었으나, 그 기간은 14년으로 제한되었다. 그러나 이 법안은 특허 조합의 독점권에 대해서는 아무런 조치도 취하지 않았다. 찰스 1세는 이 법안의 허점을 교묘하게 이용했다. 이제 국왕은 더 이상 개인에게 독점권을 허용함으로써 수입을 얻을 수는 없게 되었지만, 그럼에도 불구하고 국왕은 그 개인들로 하여금 조합을 결성하도록 할 수 있는 법적 권한을 갖고 있었기 때문이다.

그러므로 찰스 1세는 1632년 초에 비누 제조공 조합의 설립을 허가했고, 조합측은 1톤의 비누를 판매할 때마다 재무성(Exchequer)에 4파운드를 납부하게 되었다. 조합은 비누 제조 독점권을 갖지는 못했지만, 경쟁 제조업자들을 감시하고 통제할 권한을 부여받았던 까닭에 실질적으로는 독점권을 갖고 있었던 셈이다. "웨스트민스터 비누 제조업자(Westminster Soapers)"라는 별명을 얻게 된 이 조합의 발기인들은, 독점에서 배제된 제조업자들뿐만 아니라 일반 대중, 특히 런던 시민들로부터 심한 반감을 샀다. 그들 중 상당수가 가톨릭교도였기 때문이다.[98] 장기의회가 1641년에 제출한 『대간주』(Grand Remonstrance)

---

98 Roger Lockyer, *The Early Stuarts: A Political History of England 1603–1642* (London, 1989), pp. 195 – 6 ; Barry Coward, *The Stuart Age: A History of*

에서 독점권의 폐해를 언급하여, "비누, 소금, 포도주, 가죽, 석탄에 대한 독점, 그리고 어떤 의미에서 모든 일상 용품에 대한 독점"이 이루어지고 있다고 불평을 털어놓은 것은 당연한 일이었다.[99]

찰스 1세의 독점권 허용이 얼마나 큰 불평 거리가 되었는지를 모를 리 없었을 밀턴은, 검열제의 행동 대원 내지 하수인 역할을 맡았던 출판업자 조합의 행태를 일컬어 "서적 판매업에 종사하는 일부 오래된 특허권 보유자들과 서적판매 독점업자들의 기만"이라고 질타했다.[100]

나는 잉글랜드인의 모든 창의력과 기예와 지혜, 그리고 엄숙 있고 확고한 판단력을, 불과 20명의 능력으로—그 능력이 아무리 뛰어나다 하더라도—이해할 수 있다고 섣불리 단정할 수 없습니다. 하물며 그들의 감독이 없거나 여과 장치에 의한 선별과 걸러내기를 거치지 않고서는 유통될 수 없다고 생각하지도 않습니다. 또한 그들의 손도장이 찍히지 않고서는 일체 유포가 금지되어야 한다고 생각하지도 않습니다.

진리와 이해는 티켓(tickets)과 법령과 규격에 의해 독점되거

England 1603–1714 (London, 1980), pp. 136, 144.

99 S. R. Gardiner, ed., _The Constitutional Documents of the Puritan Revolution 1625–1660_ (Oxford, 1906), p. 212.

100 _Areopagitica_, CPW Ⅱ, p. 570.

나 거래되는 그런 것이 아닙니다. 이 땅의 모든 지식을 어용 상품(a staple commodity)으로 만들고, 브로드 천이나 양모처럼 거기에 허가 표시를 하려고 생각해서는 안 됩니다. 우리가 우리 자신의 도끼 날과 보습 날을 날카롭게 만들지 못하고, 검열을 맡은 20명의 대장장이에게 모든 것을 맡겨 수리를 해야 한다면, 우리는 블레셋 사람들에 의해 강요당하는 노예가 아니고 무엇이겠습니까?[101]

서적은 결코 검열을 받아서는 안 되었다. 시장의 건전한 흐름을 중단시키기 때문이다. 분명한 것은 여기에서 밀턴이 **검열**을 **독점**에, 그리고 **지식**을 **상품**에 비유하고 있다는 사실이다. 실제로 밀턴은 검열제가 초래하는 나쁜 결과를 다음과 같이 자유 무역에 빗대어 설명했다.

나는 이 검열 계획은 우리에게 엄청난 손실과 피해를 가져다준다는 것을 드러내보였습니다. 그러나 아직 할 말이 남았습니다. 더 나쁜 일이 있습니다. 해상의 적이 우리의 모든 항만과 항구와 만(灣)을 봉쇄한다면 그것은 우리의 가장 값진 제품인 진

---

101 *Areopagitica*, *CPW* II, pp. 535-6.

리의 수입을 방해하고 지체시킬 것입니다.[102]

이와 같은 설명 방식에서 우리는 밀턴의 자유 개념과 관련된 두 가지 사실—물론 둘은 서로 밀접하게 연관되어 있다—을 이끌어낼 수 있다.

첫째로, 밀턴이 검열제를 반대하면서 잉글랜드인의 반독점 감정을 원용한 것은, 초기 팸플릿들에서 그가 개진한 반주교제적 입장의 논리적 연장으로 볼 수 있다. 밀턴에게 독점의 국가에 대한 관계는 주교제의 교회에 대한 관계와 같은 것이었고, 그는 반독점 감정을 프로테스탄트 종교개혁의 특징 중 하나인 우상 파괴적 경향과 연결시킨 것이다.

둘째로, 밀턴의 설명 방식은 17세기 잉글랜드에서 발전하고 있었던 초기 자유시장 이데올로기를 드러내고 있다. 『아레오파기티카』의 핵심 논지는 지식의 자유로운 유통이었다. 절대주의의 각종 우상들에 대한 밀턴의 프로테스탄트적인 공격은 자유시장 개념을 강력히 시사하고 있다. 밀턴은 대중의 반독점 감정을 원용하여 지식의 자유 교역에 대한 자신의 주장을 확증하고 그 불가피성을 전달하려 했으

---

102 *Areopagitica*, *CPW* Ⅱ, p. 548. "진리" 운운의 표현은 「마태복음」 13 : 45-46 을 바탕에 깔고 있는 것으로 보인다. "또 하늘나라는 좋은 진주를 구하는 상 인과 같다. 그가 값진 진주 하나를 발견하면, 가서, 가진 것을 다 팔아서 그것 을 산다."

며, 그의 이러한 설명 방식은 17세기 잉글랜드에 발전하고 있었던 자본주의 시장 경제의 양상을 단적으로 보여주는 것이다.[103]

밀턴이 이렇듯 시장경제 개념에 낯설지 않았던 것은 그의 집안 및 성장 배경으로 보아 어렵지 않게 짐작할 수 있는 일이다. 힐(Christopher Hill)도 지적했듯이, 밀턴은 "프로테스탄트이자, 교양 있는 부르주아" 집안 출신이었다.[104] 그의 자본주의적 경제 개념 형성의 배경이 되었으리라고 여겨지는 사례를 둘로 나누어 고찰할 수 있다.

첫째로, 그의 부친 존(John Milton senior, 1562-1647)이 런던에서 공증인(scrivener)으로서 자수성가한 인물이었다는 점을 들 수 있다. 공증인이란 대략 오늘날의 투자 상담역에 해당하는 직분을 맡아보았는데, 공증인이 가장 중요시 한, 그리고 가장 많은 이익을 가져다 준 업무는 대금업(貸金業)이었다. 밀턴의 부친은 1583년경에 런던에 진출하여 견습 공증인(apprentice scrivener)이 되었고, 1590년경에는 독립하여 공증인 사무소를 직접 운영했다. 그는 1601년에 이르러 브레드 가(Bread Street)에 주택·사무실 겸용의 점포를 임차했는데, 이곳은 당시 부유한 상인들이 밀집해 있었던 칩사이드(Cheapside) 부근이다.

공증인 밀턴이 활동하던 무렵에는 각종 물가가 가파르게 상승하

---

103 Christopher Kendrick, *Milton : A Study in Ideology and Form* (New York, 1986), pp. 56-7 참조.

104 Christopher Hill, *op. cit*, p. 22.

고 있었고, 경제 현실에 제대로 적응하지 못한 귀족들은 과시 소비에 빠져들고 있었다. 그리고 상인들은 마치 오늘날의 기업인들이 은행의 도움을 필요로 하듯이 대금업자들을 필요로 하고 있었다. 공증인들은 투자 대리인으로서 대주(貸主)와 차용인을 연결시켜 주는 역할을 하거나, 또는 직접 대금업자로 나서서 자신의 돈을 빌려 주기도 했다. 이자는 매우 높은 편이어서 업무만 제대로 처리하면 상당한 수익을 올릴 수 있었다. 성공적인 공증인이었던 밀턴은 차남인 크리스토퍼(Christopher) ─ 시인(詩人) 존 밀턴의 동생 ─를 법률가로 키웠고, 많은 지참금을 들여 딸을 혼인시켰으며, 그렇게 하고서도 장남인 존에게 많은 경비가 소요되는 유럽 여행을 15개월간이나 하도록 지원할 정도로 경제적으로 여유가 있었다.[105]

둘째로, 밀턴이 아내인 메리(Mary)를 처음 만나 부부의 인연을 맺

---

105 Christopher Hill, *op. cit*, p. 22 ; Don Wolfe, "Limits of Miltonic Toleration," *Journal of English and Germanic Philology*, LX (1961), p. 842 ; Tony Davies, "Introduction" to *John Milton : Selected Longer Poems and Prose* (London, 1992), p. 24 ; David Masson, *The Life of John Milton : Narrated in Connection with the Political, Ecclesiastical, and Literary History of His Time*, 6 vols (1881 ; Gloucester, Mass., 1965), vol. I, pp. 28−30 ; William Riley Parker, *Milton : A Biography*, 2nd ed.(Oxford, 1996), pp. 5, 687. 영국 혁명이 계급 투쟁이 아니었음을 설명할 때, 공증인 밀턴의 아들인 존(John)과 크리스토퍼 (Christopher) 두 형제가 제각기 의회파와 왕당파를 선택함으로써 정치적으로 반대편에 섰던 사실을 그 증거로 제시하기도 한다. Ernest Sirluck, "Introduction," to *CPW* II, p. 10.

는 데 부친의 대금업이 중요한 계기가 되었다는 사실이다. 메리의 부친인 리처드 파월(Richard Powell)은 옥스퍼드셔(Oxfordshire)에 거주하는 젠틀맨으로서 1627년에 밀턴의 부친으로부터 3백 파운드의 돈을 빌려 쓴 적이 있었다. 밀턴의 부친은 그 후 채권을 아들인 밀턴에게 양여했고, 밀턴은 대출금의 이자 문제로 1642년 6월에 옥스퍼드셔의 파월 가(家)를 방문했을 때 메리를 처음 만나 곧장 결혼에 이르게 되었다.[106]

메리와의 만남이 이루어진 과정을 통해, 우리는, 밀턴이 부친의 사업에 어떤 형식으로든 관여하고 있었으며, 따라서 자본주의 실물경제에 대해 상당한 정도의 인식에 도달해 있었음을 짐작할 수 있다.

(2) 윌모어 켄덜에 대한 답변

밀턴의 사상적 입장은 과연 앞서 제1장에서 언급한 윌모어 켄덜(Willmoore Kendall)의 주장처럼 열린 사회를 거부하고 닫힌 사회를 지향하는 것이었는가? 우리는 켄덜의 관점에 얼마만큼의 타당성이 있는가를 점검함으로써, 밀턴의 자유 개념이 갖는 의의와 한계를 짚어볼 수 있을 것이다.

---

[106] Perez Zagorin, *Milton : Aristocrat and Rebel—The Poet and His Politics* (New York, 1992), p. 38 참조.

켄덜에 의하면 밀턴은 종교개혁이라는 특정의 정통 사상(ortho-doxy)을 지향했고, 가톨릭을 배제한 다음에야 비로소 지적 자유에 대한 제약을 삼가자는 입장을 취했으며, 따라서 밀턴은 **열린 사회**가 아닌 **닫힌 사회**를 추구했다고 주장했다. 그의 밀턴에 대한 평가는 대단히 신랄한 것이어서, 매도라고 말해도 지나치지 않을 정도이다. 켄덜의 표현을 빌자면, 『아레오파기티카』는 자유 **옹호**(pro) 문헌이 아니라 **반대**(anti) 문헌이라는 것이다.[107] 대단히 과격한 표현이 아닐 수 없다.

긍정적으로 보자면, 켄덜의 주장은 오랜 세월 유지되어 왔던 자유주의적 밀턴 해석을 반박함으로써, 왜곡된 밀턴 상을 바로잡자는 취지로 이해할 수 있다. 그러나 기존의 자유주의적 해석이 한 극단으로 치우친 것이었다면, 그에 대한 반론으로서 제기된 켄덜의 주장은 그 반대편의 극단으로 지나치게 쏠린 것으로 보인다. 켄덜의 주장이 안고 있는 문제점은 다음과 같이 넷으로 나누어 지적할 수 있다.

첫째, 켄덜은 "사상과 언론의 자유를 옹호한 것으로 알려진 대표적 문헌"으로서, "플라톤의 『변명』(*Apology*)과 『크리토』(*Crito*), 로크의 『관용론』(*A Letter Concerning Toleration*), 스피노자(Spinoza)의 『신학 정치론』(*Tractatus Theologico-Politicus*), 밀턴의 『아레오파기티카』, 그리고 밀의 『자유론』(*Essay on Liberty*)" 등을 꼽으면서 "적어도(at least) 이들 가운

---

107 Willmoore Kendall, "How to Read Milton's *Areopagitica*," *The Journal of Politics*, vol. 22 (1960), p. 440.

데 『아레오파기티카』는 사람들이 그것을 주의 깊게 읽지 않은 탓으로 자유를 옹호한 문헌의 반열에 오르게 되었다"고 지적했다.[108] "적어도"라는 말을 사용함으로써 단정적인 표현을 피하려 했지만, 전후 문맥으로 미루어 켄덜이 로크의 『관용론』을 자유의 경전 가운데 포함시키고 있다는 점만은 확실시된다.

그러나 앞서 제2장에서도 밝혔듯이 가톨릭을 관용의 대상에 포함시키지 않았다는 점에서는 밀턴과 로크가 다를 바 없었다. 더욱이 『관용론』이 『아레오파기티카』보다 거의 반세기 뒤인 1689년에 출간된 점을 고려한다면, 로크는 자유의 허용 범위라는 점에서 밀턴에 비해 결코 나은 평가를 기대할 수 없는 입장이다. 이점은 17세기 잉글랜드의 종교적 패러다임에 대한 켄덜의 인식 수준을 시사해 주는 것으로 여겨진다. 켄덜은 『아레오파기티카』의 본문(text) 분석에 몰두한 나머지, 근대 초기의 역사적 맥락(context)에 대해서는 너무 소홀하지 않은가 하는 의문을 불러일으킨다.

둘째로, 켄덜은 "밀턴이 말한 진리는 주로 종교적 진리"였으며, "밀턴은 계시를 그와 같은 진리의 가장 중요한 근원으로 간주했다"고 주장했다.[109] 앞에서도 누누이 설명했듯이, 밀턴은 종교개혁에 대한 열망을 갖고 종교개혁의 가치를 실현할 자유를 얻고자 자유 문제

---

108 *Ibid.*, pp. 439-40.
109 *Ibid.*, p. 453.

를 제기한 것이 사실이다. 그러나 밀턴은 양심, 즉 올바른 이성이 승인하지 않는 성경 구절들을 거부할 용의가 있을 정도로 이성주의적 성향을 강하게 지니고 있었다. 물론 밀턴은 신의 존재를 결코 의심하지 않았다. 그러나 밀턴의 이성주의를 면밀히 검토해 보면, 밀턴의 신은 사실상 독립적 존재를 갖지 못한 채 오직 우주를 구성하고 있는 개개인을 매개로 해서만 현세에 임재하는 존재임을 읽을 수 있다. 실제로 밀턴에게 성령(God the Holy Spirit)은 사실상 인간 양심의 이성적 부분(rational part)을 지칭하는 것이었다.[110] 요컨대 밀턴의 신은 개개인의 내면에 존재하는 신이었고, 이런 의미에서 밀턴이 생각한 진리의 근원은 궁극적으로 계시라기보다는 인간의 **이성**이라고 말할 수 있다.[111]

셋째로, 켄덜은 "밀턴이 생각한 지적 자유는 각별히 종교개혁이라는 사회적 목적을 충족시키기 위한 것"이라고 주장했다. 켄덜에 의하면, 밀턴은 종교개혁을 "자유로운 사회가 마땅히 섬겨야 할 공공의 진리이자 **정통 사상**(orthodoxy)"이라고 생각했으며, "정통 사상을 거부

---

110 Andrew Milner, *op. cit.*, pp. 53, 118. 바커(Arthur E. Barker)의 지적에 의하면, 밀턴에게는 신비한 거듭남의 느낌이나 기적적인 빛의 체험과 같은 심각한 종교적 체험이 결여되어 있었다. Arthur E. Barker, *op. cit.*, p. 81 참조.

111 밀너(Andrew Milner)는 밀턴의 이러한 관점을 극단으로 밀고 가면 "논리적 무신론(*logical* atheism)"으로 귀결된다고 지적한다. "순수하게 내면적인(*purely internal*)" 신은 더 이상 신이 아니기 때문이다. Andrew Milner, *op. cit.*, pp. 115–6.

하는 자는 사회 내에서 아무런 지위도 누릴 수 없다"고 간주했다는 것이다.[112] 밀턴이 가톨릭교도에 대해 "근절"해야 한다는 표현도 서슴지 않았다는 점에서 켄덜의 말은 타당하다. 실로 『아레오파기티카』는 "프로테스탄트적인 목표를 바라보고 프로테스탄트를 위해 쓰인 프로테스탄트적 팸플릿"이었던 것이다.[113]

그러나 종교개혁에 대한 밀턴의 관점은 켄덜이 주장한 것과는 상당한 거리가 있다. 종교개혁을 하나의 **정통 사상**으로 여긴 것은 밀턴이 『아레오파기티카』에서 그토록 집요하게 공격한 장로파였지 결코 밀턴이 아니었다. 앞에서도 언급했듯이, 장로파는 칼뱅에 의해 성경의 모든 진리가 단번에 드러났으며, 종교개혁도 더 이상 진전될 필요가 없다고 보았다. 그들은 자신들이 옳다고 믿는 특정한 종교개혁 원리를 정통 사상으로 간주했으며, 그것을 옹호하기 위해 검열제를 시행했다. 반면에 밀턴은 장로파의 종교적 획일주의를 거부하고, 종교개혁을 진리의 진보를 위한 계속적인 탐색 과정으로 파악했다. 그는 진리의 진보를 위해 개인의 자유를 주장한 것이다.

끝으로, 켄덜은 밀턴의 청교도적 민족주의의 배타성을 지적하면서, "잉글랜드인이 모든 비우호적인 이견을 가진 자들을 제거할 권리를 가진 것처럼, 에스파냐의 가톨릭교도들도 중요한 점에서 의견을

---

112 Willmoore Kendall, *op. cit.*, 472.

113 A. L. Rowse, *op. cit.*, p. 93.

달리하는 자들에 대해 근절시킬 권리를 갖는가"라는 질문을 던지고, 이와 관련하여 밀턴에게서 "현대 사회의 보편적 처방이 될 수 있는 가르침"을 전혀 찾아볼 수 없다고 하면서 『아레오파기티카』의 가치를 전면적으로 부정했다. 켄덜에 의하면, 밀턴은 자신의 동료 잉글랜드 인만을 자유의 범주에 포함시켰다는 것이다.[114]

사실 밀턴의 자유 개념이 보편성을 결여했으며, 그의 청교도적 민족주의가 배타적 성격을 갖고 있었음을 지적한 켄덜의 관점은 옳은 것이다. 뿐만 아니라 밀턴은 귀족주의적 성향을 지니고 있었고, 켄덜도 지적했듯이, 이런 의미에서 밀턴에게서 민주적 주장이나 평등 주의적 주장을 기대한다는 것은 헛된 일일 수밖에 없다. 이른바 "절대적(absolute)인 사상의 자유, 절대적인 언론의 자유"를 밀턴에게서는 찾을 수가 없는 것이다.[115]

그러나 그와 같은 한계가 밀턴의 자유 개념의 의의를 전면적으로 부정할 수 있는 근거로 작용할 수 있겠는가 하는 점에는 의문이 남는다. 제1장에서도 밝혔듯이, 밀턴의 시대는 오늘날 전제되지 않는 가정에 기초하고 있었고, 17세기의 잉글랜드 사회는 오늘날처럼 다원적인 사회가 결코 아니었다. 힐(Christopher Hill)은 남녀평등을 주장하지 않았다는 이유로 밀턴을 비난하는 일부 연구자들의 시각에 대

---

114 Willmoore Kendall, *op. cit.*, pp. 454, 472-3.
115 *Ibid.*, pp. 456-7, 469, 443.

해, 밀턴을 남성 우월론자라고 비난한다는 것은 밀턴이 여성의 평등한 선거권을 인정하지 않았다고 비난하는 것과 마찬가지라고 반박했다.[116]

물론 밀턴의 청교도적 민족주의가 배타적이었다는 점, 그리고 그의 자유 개념이 오늘날 널리 주장되는 보편적인 자유를 의미하지 않았다는 것은 결코 긍정적인 평가를 받을 만한 일이 못된다. 그러나 종교적 패러다임이 지배한 근대 초기를 살았던 밀턴에 대해, 우리 시대에 추구되는 것과 같은 **절대적** 자유 개념을 주장하지 않았다는 이유로 그 가치를 전면적으로 부정한다면, 그것은 결코 균형감 있는 평가로 인정받을 수 없을 것이다.

켄덜의 주장처럼 밀턴은 분명 시대적 한계를 안고 있었다. 그러나 이성적 설득의 능력과 진리의 진보에 대한 낙관적 확신, 검열제의 해악에 대한 예리한 분석, 그리고 지식의 자유로운 유통에 대한 그의 옹호는 근대로 이어지는 지적 통로를 열어 두고 있었다. 밀턴의 자유 개념은 이미 17세기말에 휘그파 논객들에 의해 검열제 폐지를 위한 유력한 논거로서 활용되었고, 켄덜도 지적했듯이 존 스튜어트 밀도 『자유론』에서 『아레오파기티카』의 구절로부터 힌트를 얻어 논지를 전

---

116 Christopher Hill, *op. cit.*, p. 118. 영국에서 여성이 남성과 평등한 선거권을 갖게 된 것은 1927년의 제5차 선거법 개정에 의해서였다.

개한 바 있었다.[117] 이처럼 수세기 동안 긍정적 영향력을 미쳤던 지적 거인의 관점에서 배울 점을 **전혀** 발견할 수 없다고 한다면, 잘못은 거인에게 있다기보다는 평자(評者)에게 있다고 보아야 할 것이다.

117 Willmoore Kendall, *op. cit.*, p. 451.

제5장 자유주의의 철학적 기반

밀턴의 반가톨릭적 태도는 1640년대의 일련의 사건을 겪으면서 두 차례에 걸쳐 그 외연이 확장되었다. 그는 1641년과 1642년의 반주교제적 팸플릿들에서 잉글랜드 국교회의 고위 성직자들을 "트로이의 목마"[1]로 간주하고 가톨릭의 범주에 포함시켰다. 밀턴이 볼 때 주교 및 대주교들은 프로테스탄티즘을 표방했지만 실제로는 잉글랜드에 검열제 — 그것은 1637년의 성실청 포고령(Star Chamber Decree)에 의해 완성되었다 — 를 도입함으로써 종교개혁의 진전을 가로막는 역할을 했다. 그 후 『아레오파기티카』를 작성한 1644년 하반기에 이르러, 밀턴은 주교제를 대신할 또 하나의 국가 교회를 수립할 의도 하에 출판 허가법(Licensing Order)을 제정한 장로파 역시 가톨릭의 아류에 불과하다고 단정했다. 그의 반가톨릭적 태도는 가톨릭을 적대시

---

1   J. P. Sommerville, *Politics and Ideology in England, 1603–1640* (London, 1986), p. 197 ; Anthony Fletcher, "The First Century of English Protestantism and the Growth of National Identity," *Studies in Church History*, 18 (1982), p. 315.

하는 것으로 그치지 않고, 국교회와 장로파 등 양심의 자유와 표현의 자유를 가로막는다고 판단되는 모든 형태의 종교 체제에 대한 반대로 확산·표출되었던 것이다.

밀턴은 『아레오파기티카』에서 잉글랜드에 검열제가 도입된 것은 전적으로 가톨릭의 영향에 의한 것이며, 잉글랜드의 역사에는 그러한 전통이 없다고 주장했다. 그의 주장은 물론 역사적 사실과 일치하지 않는다. 그렇다면 밀턴은 왜 검열제의 역사에 대해 사실과 부합하지 않는 자의적인 설명을 했는가? 그것은 검열제의 원조인 가톨릭의 **전제적 전통**과 종교개혁의 선도자인 잉글랜드의 **자유의 전통**을 양극적으로 대비시킴으로써, 장로파가 어느 편에 서 있는가를 분명히 드러내기 위한 수사적 전략 때문이었다. 천년왕국 사상의 양극화된 패러다임은, 밀턴의 『아레오파기티카』에서, 검열제를 악으로, 그리고 표현의 자유를 선으로 간주하는 이원적 대립 관계로 구체화되었던 것이다.

밀턴이 볼 때, 웨스트민스터 종교회의(Westminster Assembly)의 장로파는 "우리를 예수회에 종속시켜, 그토록 가치 있는 일을 하는 사람에게 검열을 요구하여 그를 괴롭히게 하고," 정작 "우리가 금지하는 것이 다름 아닌 진리 그 자체라는 것을 깨닫지 못하게" 만들고 있었다. 밀턴은 장로파의 행동에서 "우리의 원리 속으로 파고든 전제(專制)와 미신(迷信)의 엄청난 해악"을 보았다.[2]

밀턴은 종교개혁을 진리의 진보를 위한 탐색의 과정으로 파악했으며, 무엇보다도 진리의 진보를 위해 표현의 자유를 주장했다. 그것은 칼뱅에 의해 성경의 모든 진리가 단번에 드러났으며 따라서 더 이상의 부연이 필요치 않다고 본 웨스트민스터 종교회의의 장로파의 관점과는 정면으로 배치되는 입장이었다. 그러므로 밀턴은 『아레오파기티카』에서 의원들에게 종교개혁 완성의 사명감을 고취시키는 한편, 의회 의원들과 웨스트민스터 종교회의의 장로파 성직자 사이를 분열시키기 위한 수사적 전략을 구사했다.

밀턴은 의원들에게 출판 허가법의 철회를 촉구하면서, 검열제가 잉글랜드의 전통과는 아무런 상관도 없으며, 신의 선민인 잉글랜드인이 하늘로부터 부여받은 사명을 완수하기 위해서는 종교개혁의 과정을 결코 중단시켜서는 안 된다고 역설했다. 밀턴은 진리의 진보를 위해서는 종교 문제와 성경 해석에 관한 자유로운 의견 개진이 반드시 필요하다고 거듭하여 강조했다.

그러므로 밀턴이 『아레오파기티카』에서 말한 "양심에 따라, 자유롭게 알고 말하고 주장할 수 있는 자유"란, 자신이 옳다고 믿는 종교 교리를 선택할 수 있는 양심의 자유, 자신의 신앙에 관해 자유롭게 주장할 수 있는 언론의 자유, 그리고 그것을 인쇄 매체를 통해 발표할 수 있는 출판의 자유를 의미했다. 이런 시각에서 본다면, 장로파는 출판 허가법의 제정을 통해 자신들이 진리의 진보를 가로막는 세

---

2   *Areopagitica*, *CPW* Ⅱ, pp. 487, 565.

력임을, 나아가 그리스도의 재림을 방해하는 집단임을 스스로 드러
낸 셈이었다. 밀턴은 이런 의미에서 "새로운 장로는 옛 사제보다 한술
더 뜨는 자들(New Presbyter is but Old Priest writ large)"이라고 신랄한 야
유를 보냈다.[3]

우리는 밀턴의 반가톨릭적 태도의 외연이 확장하는 것에 비례하
여 그가 추구한 종교개혁과 천년왕국, 그리고 청교도적 민족주의의
성격과 본질이 한층 선명하게 드러나는 것을 볼 수 있다. 밀턴의 반
가톨릭적 태도와 그의 종교개혁 완성에 대한 열망은, 이를테면 동전
의 양면과도 같은 것이었기 때문이다.

밀턴은 이른바 "권위에 근거한 맹목적 신앙(implicit faith)"을 단호
히 배격했다. 교리에 대한 충분한 이해가 결여된 상태에서 성직자의
권위에 의존하는 신앙은 결국 이단으로 귀착된다고 보았기 때문이다.
밀턴은 각자의 양심—올바른 이성—에 입각하여 성경 해석에 대한
개인적 판단(private judgement)을 내릴 수 있는 성숙한 프로테스탄트 신
도들이 있을 때, 그리고 자유로운 토론과 비판이 전제될 때 비로소
진리의 진보와 종교개혁의 완성을 기할 수 있으며, 궁극적으로 그리
스도의 재림을 예비할 수 있다고 보았다. 밀턴이 추구한 천년왕국과

---

3   "On the New Forcers of Conscience Under the Long Parliament" (1646?),
    20, *John Milton, Complete Poems and Major Prose*, ed. Merritt Y. Hughes (In-
    dianapolis, 1980), p. 145.

민속주의는 프로테스탄트 종교개혁의 원리—특히 성경 지상주의(sola scriptura)와 만인 사제주의(priesthood of all believers)의 원리—를 바탕으로 하는 가운데, 무엇보다도 구성원 개개인의 표현의 자유를 그 필수적인 전제 조건으로 요청하고 있었다.

표현 자유의 기치를 내건 최초의 저술인 『아레오파기티카』의 직접적 목표는, 출판 허가법을 철회하고 밀턴이 적합하다고 생각한 서명법의 취지로 돌아감으로써, 검열 없는 출판의 자유를 획득하는 데 있었다. 그러므로 밀턴의 주장을 출판물에 대한 모든 형태의 제약을 철폐하자는 의미로 받아들여서는 곤란하다. 밀턴은 이렇게 말한다.

> 나는, 교회와 국가의 최대 업무가, 서적들이 인간과 서적 그 자체의 품위를 손상시키는지 주의 깊게 지켜보는 일이라는 것을, 그리고 그런 일이 있을 경우 저자들을 투옥하여 범죄 사실을 날카롭게 판단하는 일이라는 것을 부인하지 않습니다.[4]

밀턴은 사전 검열을 반대했다. 그러나 그는 저자와 인쇄인의 이름을 기재하는 일, 그리고 다른 사람의 명예를 훼손하는 저자와 책을 처벌하는 것은 반대하지 않았다. 책은 마땅히 자유롭게 출간되어야 했다. 그러나 일단 출간된 서적에 대해서는 저자와 인쇄인이 응분

---

4 *Areopagitica*, CPW Ⅱ, p. 492.

의 책임을 지는 것이 마땅하다는 것이다.

밀턴의 『아레오파기티카』는 가능한 한 널리 유포할 의도로 작성되었고, 출판 정책의 개혁에 자극을 줄 의도로 작성되었다. 그러나 『아레오파기티카』는 초판이 간행된 지 거의 한 세기가 지난 1738년에 이르러서야 재판이 간행되었을 정도로 동시대에는 거의 주목을 받지 못했다(1693년에 축약판이 간행된 적은 있었다).[5] 또한 출판 허가법에 대한 밀턴의 공격은 장기의회의 정책에 아무런 영향도 미치지 못했다.[6]

그러나 『아레오파기티카』가 철저히 무시되었다거나 밀턴의 당대의 평판에 아무런 기여도 하지 못했다고 속단할 필요는 없다. 실질적

5　Frederick Seaton Siebert, *Freedom of the Press in England 1476–1776*： *The Rise and Decline of Government Control* (Univ. of Illinois Press, 1965), p. 196.

6　오히려 그것은 1647년 9월 30일의 법령과 1648년 3월 13일의 법령을 통해 재천명되었다. 찰스 1세의 처형(1649년 1월 30일) 후 몇 개월의 공백 기간을 거친 후, 공화국 의회는 전례를 따라 1649년 9월 20일의 법령을 공포했다. 이 법령은 종래의 법령들과 마찬가지로 세부적이고 엄격한 것이었다. 그것이 기존의 법령들과 다른 점이 있다면, 항구적인 조치가 아니라 2년 기한의 비상 조치였다는 사실이다. 그러나 이 법령의 효력이 소멸된 지 약 15개월이 지난 후 잔부 의회는 이 법령을 되살릴 필요를 느끼게 되었고, 그 결과 1653년 1월 7일의 법령을 공포했다. 크롬웰이 공포한 1655년 8월 28일의 법령도 엄격하기는 마찬가지였다. 이상의 법령들은 제정의 취지와 성공의 정도에서 상당한 차이가 있었다. 그러나 분명한 것은, 국왕의 권력을 의회가 장악한 직후, 그리고 공화국 정부가 검열 없는 출판 정책을 시행했던 짧은 기간을 제외하면, 혁명 기간 중 잉글랜드에서 검열제가 꾸준히 유지되고 있었다는 사실이다. Ernest Sirluck, "Introduction," to *CPW* Ⅱ, p. 163.

영향력은 미미했으나, 밀턴은 『아레오파기티카』로 인해 잉글랜드에서 널리 주목받는 인물이 되었다. 가장 유력한 증거로 들 수 있는 것은, 밀턴이 여러 차례의 법령 위반에도 불구하고 전혀 처벌을 받지 않았다는 점이다. 밀턴이 1649년에 국무 회의(Council of State)의 외국어 비서관으로 임명된 것도 이러한 배경에서 이해할 수 있을 것이다.[7]

밀턴과 『아레오파기티카』가 본격적으로 비중 있게 다루어진 것은 17세기말에 이르러 휘그적 원리가 정치적 승리를 거두면서부터였다. 1660년의 왕정복고가 있은 후 1662년에는 새로운 검열법(Licensing Act)이 시행되었다. 이 검열법은 잉글랜드 국교회의 교리와 규율을 위배하거나, 교회 및 정부를 비방하는 서적의 출판을 금지했다. 1662년의 검열법은 2년 동안 시행되다가 다시 1679년까지 연장 시행되었다. 이 법은 그 후 1685년에 부활되었으나, 의회가 법령의 효력 경신을 거부함으로써 1695년에 이르러 모든 공식적인 기능을 상실하고 영구

---

7 밀턴은 언제나 고의적으로 법령을 위반하곤 했다. 1643년에서 1645년까지 그는 『마틴 부처의 이혼관』과 『교육론』(On Education)을 성실하게 등록을 거친 후 출간했다. 그러나 밀턴은 다른 세 편의 이혼 관련 팸플릿들과 『아레오파기티카』를, 다분히 의도적으로 검열을 무시하고 출간함으로써 출판 허가법을 위반했다. 밀턴은 자신의 여러 글들에서 자신이 박해를 당하지 않았으며, 그가 요구한 언론의 자유를 의회가 자신에게 허용했다고 자랑스럽게 말했다. 파커(William Riley Parker)의 설명처럼, 이러한 상황은 정부의 몇몇 고위 인사들이 밀턴을 탁월한 능력을 인정하고 특별히 배려한 것이라고 가정하지 않으면 납득하기가 힘들다. William Riley Parker, *Milton's Contemporary Reputation* (1940 ; New York, 1971), pp. 26 -7.

소멸되기에 이르렀다.

『아레오파기티카』는 바로 이 시기에 휘그파 논객들에 의해 검열제의 반대를 위한 논거로 적극 활용되었다. 찰스 블런트(Charles Blount)의 『학문의 정당한 옹호』(*A Just Vindication of Learning*, 1679)와 윌리엄 덴튼(William Denton)의 『출판 자유를 위한 변명』(*An Apology for the Liberty of the Press*, 1681) 등은 검열제를 반대하기 위해 『아레오파기티카』의 문구를 이리저리 각색하여 작성한 팸플릿들이었다. 18세기에 휘그파에 의해 정치적 지혜의 신탁으로 추앙되기 오래 전에 밀턴은 이미 "위대한 휘그파(that grand Whig)"로 간주되고 있었던 것이다.[8] 밀턴이 추구했던 사전 검열제의 폐지는 이렇듯 그의 휘그파 추종자들에 의해 1695년에 이르러 비로소 결실을 거둔 셈이다.

『아레오파기티카』에 나타난 밀턴의 자유 개념이 갖는 역사적 의의는 셋으로 나누어 생각할 수 있다.

첫째, 밀턴은 교파 신학의 색안경을 쓰지 않고 개인적인 관점에서 종교와 정치의 제반 문제를 바라볼 수 있는 독창적 사상가의 자질을 가지고 있었다. 『이혼론』에서 단적으로 드러나듯이 밀턴은 인습적인 기독교적 통념에 반발하여 독자적이고도 새로운 성경 해석을

---

8   George F. Sensabaugh, *That Grand Whig Milton* (Stanford Univ. Press, 1952), pp. 3, 4, 55–62, 155–62.

시도했다. 진리란 계속해서 흐르지 않으면 "순응과 전통의 진흙탕 속에서" 썩어문드러진다.[9] 요컨대 밀턴은 성경 해석에서 인식론적 개인주의(epistemological individualism)의 입장을 취한 것이다.

밀턴은 『아레오파기티카』에서, "자신의 종교 문제를 전적으로 맡아 관리해 줄 대리인"—즉 성직자—을 찾아, 그에게 자신의 "종교의 창고"를 모조리 위탁하고 "자물쇠도 열쇠도 모두 성직자의 관리에" 맡긴다는 것은 그 성직자를 "자신의 종교"로 삼는 행위와 다를바 없다고 주장한다. 밀턴은 종교를 타인에게서 납품 받는 안이한 획일주의를 경계하면서, 그와 같은 "복종적인 만장일치"란 "정월 한파에 꽁꽁 얼어붙은 것 같은 견고하고 단단한 얼음덩어리"가 아니겠느냐고 한껏 조롱했다.[10] 밀턴의 교회론(ecclesiology)은 외적·제도적인 종교적 권위의 명령을 거부했으며, 궁극적으로 신자 개개인이 제각기 하나의 교회를 이루는 일인 일교회(a church of one man)를 추구했다.[11] 이런 의미에서 우리는 밀턴을 자유주의자라고 규정할 수는 없으되, 자유주의의 철학적 기반인 개인주의를 확립하는 데 중요한 기여를 한 인물로 충분히 평가할 수 있다.[12]

---

9   *Areopagotica*, *CPW* Ⅱ, p. 543.

10 *Areopagotica*, *CPW* Ⅱ, pp. 544–5.

11 William Hunter, Jr., gen. ed., *A Milton Encyclopedia*, 9 vols. (Bucknell Univ. Press, 1978–1983), s. v. "Ecclesiology," by Michael Fixler.

12 자유주의의 철학적 기반에 관해서는 노명식, 『자유주의의 원리와 역사: 그

둘째로, 밀턴의 민족주의는 배타적으로 자민족의 우월성을 강조했다는 점에서 한계를 갖고 있었지만, 그럼에도 불구하고 인식론적 개인주의를 기반으로 한 그의 교회론을 논리적으로 확장한 것이라는 점에서 그 적극적인 의의를 찾을 수 있다. 요컨대 밀턴은 "개인적 판단(private judgement)"[13]을 행사할 수 있는 자각적이며 지적으로 성숙한 프로테스탄트 개인들을 바탕으로 한 잉글랜드의 국민적 통합을 추구했다. 종교적 권위에 주눅 들지 않은 개성적이고 다양한 의견과 표현의 자유가 전제되지 않는 한, 종교개혁의 완성도 잉글랜드인에게 부여된 신적 사명도 이룰 수 없다고 본 것이다. 밀턴의 개인주의는 도구적 지성과 기능적 관료주의가 문제시되는 오늘날에도 여전히 의미를 잃지 않는다. 또한 밀턴이 제시한 국민적 통합의 원리는, 전근대적 지방주의를 기반으로 각 지역이 가부장적 권위 아래 볼모가 되어버린 우리의 정치 현실에 대해서도 강력한 메시지를 전하고 있다.

끝으로, 밀턴은 『아레오파기티카』에서 이성의 중요성을 깊이 인

비판적 연구』(민음사, 1992), pp. 27-51을 참조할 것.

13 19세기의 문인이자 역사가인 토머스 칼라일(Thomas Carlyle)은 그의 『영웅의 역사』(On Heroes, Hero-Worship and the Heroic in History, 1841)에서 프로테스탄티즘에서의 "개인적 판단"의 중요성을 잘 설명해 주고 있다. 그는 참다운 자각적인 개인들이 존재할 때 비로소 사회의 진정한 통합이 달성될 수 있다고 주장했다. 우리는 칼라일과 밀턴의 사상에서 프로테스탄티즘의 중요한 특징인 종교적 개인주의를 확인할 수 있다. 박상익, 「칼라일의 "영웅 사관"」『역사 학보』129집 (1991. 3), pp. 120-1 참조.

식하고 있었다. 밀턴은 책을 생명 없는 사물로 보지 않았다. 왜냐하면 책 속에는 "그 책을 길러 낸 생생한 지성의 정수와 가장 순수한 효능이 뽑혀져 약병 속에 담기듯 간직"되어 있기 때문이다. 밀턴에 의하면, "사람을 죽이는 자는 하나님의 형상인 이성적 창조물을 죽이는 것"이지만, "좋은 책(a good Book)을 파괴하는 자는 이성 그 자체(reason itself)를 죽이는 것"이며, "눈에 보이는 하나님의 형상을 죽이는 것"이었다. 좋은 책이란 "이성 그 자체"이며, "그 책의 저자의 영혼만큼이나 활동적인 존재"였다.[14]

앞서 언급한 종교적 개인주의와도 관련되는 것이지만, 밀턴은 강요에 의한 의견 주입을 단호히 거부했다. 그는 이성적 설득의 능력에 대해 놀라우리만큼 낙관적 태도를 견지했으며, 이성적 설득의 가장 탁월한 수단으로서 자유로운 언론·출판 활동을 촉구했다. 밀턴의 이성에 대한 강조는 그가 지닌 신학적 한계를 넘어서서 18세기의 계몽주의적 합리주의로 이어지는 지적 통로를 열어두고 있다는 점에서 중요한 의의를 갖는다.

이런 의미에서 『아레오파기티카』를 사상과 표현의 자유에서의 "마그나 카르타"라고 한 평가[15]는 매우 적절하다. 마그나 카르타는 그

---

14 *Areopagitica, CPW* Ⅱ, p. 492. 밀턴이 "좋은 책"에 국한하여 "이성 그 자체"와 동일시하고 있다는 점에 유의할 필요가 있다. 모든 서적을 무조건 용납하지 않으려는 밀턴의 입장을 읽을 수 있는 것이다.

15 Gertrude Himmelfarb, "Introduction" to *On Liberty*, by J. S. Mill (1859:

내용으로 볼 때 작성 당시 잉글랜드 인구의 상당 부분을 차지했던 농노의 권리를 제외했다는 한계를 안고 있지만, 그럼에도 불구하고 시대가 흐름에 따라 "인민의 권리와 자유"의 이념이 추출되는 자유의 성전(聖典)으로서의 기능을 다했다. 『아레오파기티카』 역시 근본적으로 종교적이었던 근대 초기의 시대적 한계[16]를 안고 있지만, 17세기말을 거쳐 19세기에 이르기까지 그 자유 개념의 적극적이고 긍정적인 측면이 증폭·부각되었다. 그 결과 "나의 양심에 따라, 자유롭게 알고 말하고 주장할 수 있는 자유를, 다른 어떤 자유보다도 그러한 자유를 나에게 달라"는 말로 대표되는 『아레오파기티카』는 언론 자유의 경전이자 표현 자유의 "마그나 카르타"로서의 역할을 수행했다.

Penguin Books, 1980), p. 8. 제2장 첫머리에서 인용된 바 있다.

16 Perry Miller, *Errand into the Wilderness* (1956 ; New York, 1964), p. 218.

참고문헌

I. 1차 자료

Davies, Tony, ed., *John Milton: Selected Longer Poems and Prose* (London, 1992).

French, J. Milton, ed., *The Life Records of John Milton*, 5 vols. (New York, 1966).

Hales, John W., ed., *Milton: Areopagitica* (1875; Oxford at the Clarendon Press, 1939).

Hughes, Merritt Y., ed., *John Milton, Complete Poems and Major Prose* (Indianapolis, 1957, 1980).

Jebb, Richard C., ed., *Milton: Areopagitica* (Cambridge at the Univ. Press, 1918).

Shawcross, John T., ed., *The Complete Poetry of John Milton*, revised ed. (New York, 1990).

Stephen Orgel and Jonathan Goldberg, eds., *John Milton, Oxford Authors* (Oxford Univ. Press, 1992).

Wolfe, Don M., gen. ed., *Complete Prose Works of John Milton*, 8 vols. (Yale Univ. Press, 1953–1982).

Wright, B. A., ed., *John Milton, The Complete Poems* (London, 1956, 1980).

존 밀턴 지음, 박상익 역주, 『언론자유의 경전 아레오파기티카』(서울: 소나무, 1999)

존 밀턴 지음, 임상원 역주, 『아레오파기티카: 존 밀턴의 언론 출판 자유에 대한 선언』(서울: 나남출판, 1998)

존 밀턴 지음, 조신권 옮김, 『실낙원』 1·2 (파주: 문학동네, 2010).

II. 2차 자료

Acheson, R. J., *Radical Puritans in England, 1550–1660* (London and New York, 1990).

Altschull, J. Herbert, *From Milton to McLuhan*: *The Ideas behind American Journalism* (New York and London, 1990).

Anderson, Benedict, *Imagined Communities*: *Reflections on the Origins and Spread of Nationalism* (London, 1983).

Ball, Bryan W., *A Great Expectation*: *Eschatological Thought in English Protestantism to 1660* (Leiden, 1975).

Barker, Arthur E., *Milton and the Puritan Dilemma*: *1641–1660* (1942: Univ. of Toronto Press, 1971).

Barker, Francis, *The Tremulous Private Body*: *Essays on Subjection* (London, 1984).

_____, ed., *Literature, Politics and Theory* (London, 1986).

Barr, James, "Foreword," to Henning Graf Reventlow, *The Authority of the Bible and the Rise of the Modern World*, tr. John Bowden (Philadelphia, 1985).

Baxandall, Lee, ed., *Radical Perspectives in the Arts* (Penguin Books, 1972).

Beier, A. L., and Finlay, Roger, "Introduction: The Significance of the Metropolis," in *The Making of the Metropolis London, 1500–1700* (London, 1986).

Bennett, H. S., *English Books and Readers 1475–1557*: *Being a Study in* the *History of the Book Trade from Caxton to the Incorporation of the Stationers' Company* (Cambridge at the Univ. Press, 1952).

Berns, Walter, "John Milton," in Leo Strauss and J. Cropsey, ed. *A History of Political Philosophy*, 2nd ed. (The Univ of Chicago Press, 1963).

Blum, Abbe, "The Author's Authority: Areopagitica and the Labour of Licensing," in Mary Nyquist & Margaret W. Ferguson, eds., *Re-membering Milton: Essays on the Texts and Traditions* (London, 1987).

Breslow, Marvin Arthur, *A Mirror of England: English Puritan View of Foreign Nations, 1618–1640* (Harvard Univ. Press, 1970).

Broadbent, John, ed., *John Milton: Introductions* (Cambridge Univ. Press, 1973).

Brown, Cedric C., *John Milton: A Literary Life* (London, 1995).

Bull, Malcolm, ed., *Apocalypse Theory and the Ends of the World* (Oxford, UK, 1995).

Butterfield, Herbert, "Toleration in Early Modern Times," *Journal of the History of Ideas*, vol. 38, no. 4 (1977).

_____, *The Origin of Modern Science: 1300–1800* (New York, 1951).

_____, *The Whig Interpretation of History* (1931; New York, 1965).

Buttrick, George Arthur, ed., *The Interpreter's Dictionary of the Bible*, 5 vols. (New York, 1962).

Carlyle, Thomas, *On Heroes, Hero-Worship and the Heroic in History*, Carl Niemeyer, ed. (1841; Univ. of Nebraska Press, 1966). 박상익 역 『영웅의 역사』 (소나무, 1997).

Christianson, Paul, *Reformers and Babylon: English Apocalyptic Vision from the Reformation to the Civil War* (Toronto, 1978).

Christopher, Georgia, "Milton and the Reforming Spirit," in Dennis

Danielson, ed., *The Cambridge Companion to Milton* (Cambridge Univ. Press, 1989).

Cohn, Norman, *The Pursuit of the Millenium: Revolutionary Millenarians and Mystical Anarchists of the Middle Ages*, revised and enlarged ed. (New York, 1977).

Collinson, Patrick, *The Birthpangs of Protestant England: Religious and Cultural Change in the Sixteenth and Seventeenth Centuries* (New York, 1988).

Cormican, L. A., "Milton's Religious Verse," in *The New Pelican Guide to English Literature: 3. From Donne to Marvell*, ed. Boris Ford (1956; Penguin Books, 1984).

Coward, Barry, *The Stuart Age: A History of England, 1603–1714* (New York and London, 1989).

Cust, Richard and Hughes, Ann, eds., *Conflict in Early Stuart England: Studies in Religion and Politics, 1603–1642* (London, 1989).

Danielson, Dennis, ed., *The Cambridge Companion to Milton* (Cambridge Univ. Press, 1989).

Davies, Tony, "Introduction" to *John Milton: Selected Longer Poems and Prose* (London, 1992)

Dobb, Maurice H., *Studies in the Development of Capitalism* (1946; London, 1963), 이선근 역 『자본주의 발전연구』 (광민사, 1980).

Eisenstein, Elizabeth L., *The Printing Press as an Agent of Change: Communications and Cultural Transformations in Early-Modern Europe* (1979; Cambridge Univ. Press, 1993).

Erickson, Kai T., *Wayward Puritans: A Study in the Sociology of Deviance* (1966; New York, 1986).

Febvre, Lucian and Martin, Henri-Jean, *The Coming of the Book: The Impact of Printing, 1450–1800* (London, 1976).

Firth, K. R., *The Apocalyptic Tradition in Reformation Britain, 1530–1645* (Oxford Univ. Press, 1979).

Fixler, Michael, *Milton and the Kingdoms of God* (London, 1964).

Fletcher, Anthony, "The First Century of English Protestantism and the Growth of National Identity," *Studies in Church History*, 18 (1982).

Fletcher, Anthony, The Outbreak of the English Civil War (London, 1981).

Ford, Boris, ed., *From Donne to Marvell, The New Pelican Guide to English Literature*, Vol. 3 (Penguin Books, 1984).

Foster, Robert and Greene, Jack P., ed., *Preconditions of Revolution in Early Modern Europe* (Baltimore : Johns Hopkins Press, 1970).

Geisst, Charles R., *The Political Thought of John Milton* (London, 1984).

Haller, William, *Foxe's Book of Martyr and the Elect Nation* (London, 1963).

Haller, William, "Before Areopagitica," *PMLA*, LXII (1927).

_____, ed., *Tracts on Liberty in the Puritan Revolution, 1638–1647*, vol. III (New York, 1934).

_____, *The Rise of Puritanism* (Columbia Univ. Pr., 1938).

Hanford, James Holly, *A Milton Handbook*, 4th ed. (New York, 1961).

Haskin, Dayton, *Milton's Burden of Interpretation* (Univ. of Pennsylvania Press, 1994).

Hibbard, Caroline M., *Charles I and the Popish Plot* (The Univ. of North Carolina Press, 1983).

Hill, Christopher, *Antichrist in Seventeenth Century England*, revised ed. (London, 1990).

_____, *Change and Continuity in Seventeenth-Century England*, revised ed. (Yale Univ. Press, 1991).

아레오파기티카

_____, *God's Englishman: Oliver Cromwell and the English Revolution* (New York, 1972).

_____, *Intellectual Origins of the English Revolution* (Oxford Univ. Press, 1965).

_____, *Milton and the English Revolution* (Penguin Books, 1979).

_____, *Puritanism and Revolution: Studies in Interpretation of the English Revolution of the 17th Century* (London, 1958).

_____, Some Intellectual Consequences of the English Revolution (Univ. of Wisconsin Press, 1980).

_____, *The Century of Revolution: 1603–1714* (New York, 1966).

Himmelfarb, Gertrude, "Introduction" to *On Liberty*, by J. S. Mill (1859; Penguin Books, 1980).

Horton, John and Mendus, Susan, eds., *John Locke: A Letter Concerning Toleration in Focus* (London, 1991).

Hughes, Merritt Y., "Three Final Issues of Principle," in *Complete Prose Works of John Milton*, vol. III (Yale Univ. Press, 1962).

Hunter, William, Jr., "Milton and the Waldensians," *Studies in English Literature*, XI (1971).

Hunter, William B. Jr., gen. ed., *A Milton Encyclopedia*, 9 vols (Bucknell Univ. Press, 1978–83).

Hutchinson, F. E., *Milton and the English Mind* (New York, 1962).

Ives, E. W., ed., *The English Revolution: 1600–1660* (Whistable, Kent, 1968, 1978).

Jameson, Fredric, "Religion and Ideology: a Political Reading of Paradise Lost," in Francis Barker, ed., *Literature, Politics and Theory* (London, 1986).

Jebb, Sir Richard C., "Introduction," to *Areopagitica* (Cambridge at the Univ. Press, 1918).

Jones, C., Newitt, M. and Roberts, S. eds., *Politics and People in Revolutionary England* (Oxford, 1986).

Kendall, Willmoore, "How to Read Milton's Areopagitica," *Journal of Politics*, XXII (1960).

Kendrick, Christopher, *Milton: A Study in Ideology and Form* (London: Methuen, 1986).

Kenyon, J. P., ed., *The Stuart Constitution: 1603–1688, Documents and Commentary* (Cambridge at the Univ. Press, 1969).

Kohn, Hans, "The Genesis and Character of English Nationalism," *Journal of the History of Ideas*, I (1940).

_____, *Nationalism: It's Meaning and History* (1955), 차기벽 역 『민족주의』 (삼성문화문고, 1974).

Lake, Peter, "Anti-popery: the Structure of a Prejudice," *Conflict in Early Stuart England: Studies in Religious and Politics, 1603–1742*, eds. Richard Cust and Ann Hughes (London, 1989).

_____, "The Significance of the Elizabethan Identification of the Pope as Antichrist," *JEH*, 31 (1980).

Laski, Harold J., "The Areopagitica of Milton after 300 Years," in Hermon Ould, ed., *Freedom of Expression: A Symposium* (1944; London, 1970).

Lindsay, Thomas M., *A History of the Reformation*, 2nd ed., vol. II (Edinburgh, 1964).

Loades, David, "The Origins of English Protestant Nationalism," *Studies in Church History*, 18 (1982).

Lockyer, Roger, *The Early Stuarts: A Political History of England, 1603–1642* (London, 1989).

Lovejoy, Arthur O., "Milton and the Paradox of the Fortunate Fall," *A Journal of English Literary History*, IV (1937).

_____, *Essays in the History of Ideas* (1948 ; Westport, Connecticut, 1978).

Lowenstein, David, *Milton and the Drama of History : Historical Vision, Iconoclasm, and the Literary Imagination* (Cambridge Univ. Press, 1990).

Lowenstein, David and Turner, James Grantham, eds., *Politics, Poetics and Hermeneutics in Milton's Prose* (Cambridge Univ. Press, 1990).

Macaulay, Rose, *Milton* (New York, 1962).

Maltzahn, Nicholas von, *Milton's History of Britain : Republican Historiography in the English Revolution* (Oxford Univ. Press, 1991).

Masson, David, *The Life of John Milton : Narrated in Connection with the Political, Ecclesiastical, and Literary History of His Time*, 7 vols (1881 ; Gloucester, Mass., 1965).

McGrath, Alister E., *Reformation Thought : An Introduction* (Oxford, 1988).

Mendus, Susan and Edwards, David, eds., *On Toleration* (Oxford Univ. Press, 1987)

Miller, John, *Popery and Politics in England, 1660–1688* (Cambridge at the Univ. Press, 1973).

Miller, Perry, *Errand into the Wilderness* (New York, 1956).

Milner, Andrew, *John Milton and the English Revolution : A Study in the Sociology of Literature* (London, 1981).

Newman, Peter R., *Companion to the English Civil Wars* (New York, 1990).

Nicholls, Mark, *Investigating Gunpowder Plot* (Manchester Univ. Press, 1991).

Nyquist, Mary and Ferguson, Margaret W., eds., *Re-membering Milton : Essays on the Texts and Traditions* (London, 1987).

Ould, Hermon, ed., *Freedom of Expression : A Simposium* (Port Washington, N.Y., 1944).

Parker, William Riley, *Milton: A Biography*, 2nd ed., 2 Vols. (Oxford, 1996).

_____, *Milton's Contemporary Reputation* (1940; New York, 1971).

Parry, Graham, *The Seventeenth Century: The Intellectual and Cultural Context of English Literature, 1603–1700* (London, 1989).

Parry, R. H., ed., *The English Civil War and After: 1642–1658* (Univ. of California Press, 1970).

Patrides, C. A. and Waddington, Raymond B., eds., *The Age of Milton: Backgrounds to Seventeenth Century Literature* (Manchester Univ. Press, 1980).

Patterson, Annabel, *Censorship and Interpretation: The Condition of Writing and Reading in Early Modern England* (Madison, Wis., 1984).

_____, ed., *John Milton* (London, 1992).

Plamenatz, John, *Man and Society: A Critical Examination of Some Important Social and Political Theories from Machiavelli to Marx*, vol. I (Harlow, Essex, UK, 1963).

Popkin, Richard, "Seventeenth-Century Millenarianism," in Malcolm Bull, ed., *Apocalypse Theory and the Ends of the World* (Oxford, UK, 1995).

Ranum, Orest, *National Consciousness, History, and Political Culture in Early-Modern Europe* (The Johns Hopkins Univ. Press, 1975).

Read, Herbert, "On Milton's Areopagitica," in Hermon Ould, ed., *Freedom of Expression: A Symposium* (1944; London, 1973).

Reventlow, Henning Graf, *The Authority of The Bible and the Rise of the Modern World*, tr. John Bowden (Philadelphia, 1985).

Rice, Warner G., "A Note on Areopagitica," *Journal of English and Germanic Philology*, XL (1941).

아레오파기티카

Richardson, R. C. and Ridden, G. M. eds., *Freedom and the English Revolution: Essays in History and Literature* (Manchester, 1986).

Richmond, Hugh M., *The Christian Revolutionary: John Milton* (Univ. of California Press, 1974).

Rivers, Isabel, "Milton's Life and Times: Aids to Study," in John. Broadbent, ed., *John Milton: Introductions* (Cambridge Univ. Press, 1973).

Rostenberg, Leona, *The Minority Press and the English Crown: A Study in Repression, 1558–1625* (Nieuwkoop, 1971).

Rowse, A. L., *Milton the Puritan: Portrait of a Mind* (London, 1977).

Russell, Conrad, *The Origins of the English Civil War* (London, 1973, 1981).

Saurat, Denis, *Milton: Man and Thinker* (London, 1946).

Sensabaugh, George F., *That Grand Whig Milton* (Stanford Univ. Press, 1952).

Sharpe, J. A., *Early Modern England: A Social History, 1550–1760* (London, 1987).

Sharpe, Kevin and Lake, Peter, eds., *Culture and Politics in Early Stuart England* (Stanford Univ. Press, 1993).

Siebert, Frederick, *Freedom of Press in England, 1476–1776* (Univ. of Illinois Press, 1952, 1965).

Sirluck, E., "Introduction," to *Complete Prose Works of John Milton*, vol. II (Yale Univ. Press, 1959).

Skinner, Quentin, *The Foundations of Modern Political Thought*, vol. II, *The Age of Reformation* (Cambridge Univ. Press, 1978).

Smith, Nigel, "Areopagitica: Vocing Context, 1643–5," in David Lowenstein and James Grantham Turner, eds., *Politics, Poetics, and Hermeneutics in Milton's Prose* (Cambridge Univ. Press, 1990).

Solt, Leo F., *Church and State in Early Modern England, 1509–1640* (Oxford Univ. Press, 1990).

Sommerville, C. John, *The Secularization of Early Modern England* : *From Religious Culture to Religious Faith* (Oxford Univ. Press, 1992).

Sommerville, J. P., *Politics and Ideology in England* : *1603–1640* (New York, 1986).

Stone, Lawrence, *The Causes of the English Revolution* : *1529–1642* (New York, 1972).

Thomas, Donald, *A Long Time Burning* : *The History of Literary Censorship in England* (London, 1969).

Todd, Margo, ed., *Reformation to Revolution* : *Politics and Religion in Early Modern England* (London, 1995).

Trevelyan, G. M., *A Shortened History of England* (1942 ; Penguin Books, 1979).

Trevor-Roper, Hugh, *Catholics, Anglicans and Puritans* : *Seventeenth Century Essays* (The Univ. of Chicago Press, 1988).

Troeltsch, Ernst, *The Social Teaching of the Christian Churches*, tr. Olive Wyon, 2 vols. (1931 ; Louisville, Kentucky, 1992).

Wiener, Philip P., ed., *Dictionary of the History of Ideas*, 5 vols. (New York, 1978).

Wilson, John, *Pulpit in Parliament* (Princeton, 1969).

Wittreich, Joseph Anthony, Jr., "Milton's Areopagitica : Its Isocratic and Ironic Contexts," *Milton Studies*, 4 (1972).

Wolfe, Don M., "Limits of Miltonic Toleration," *Journal of English and Germanic Philology*, LX (1961).

_____, *Milton in the Puritan Revolution* (1941 ; New York, 1963).

Woodhouse, A. S. P., "Milton, Puritanism, and Liberty," *University of Toronto Quarterly*, IV (1935).

_____, ed., *Puritanism and Liberty* : *Being the Army Debates(1647–9) from*

아레오파기티카

the Clarke Manuscripts with Supplementary Documents, 3rd ed. (London, 1992).

_____, *The Heavenly Muse: A Preface to Milton* (Univ. of Toronto Press, 1972).

Worden, Blair, "Providence and Politics in Cromwellian England," *Past and Present*, 108 (1985).

Zagorin, Perez, *Milton, Aristocrat and Rebel: The Poet and His Politics* (New York, 1992).

김응종, 『서양사 개념어사전』(서울: 살림, 2008).

노명식, 『자유주의의 원리와 역사: 그 비판적 연구』(서울: 민음사, 1992).

노평구, 『노평구 전집』 1-5권 (서울: 시골문화사, 1997).

박상익, 「김교신의 생애와 사상에 대한 시론」, 『성서연구』 제276호 (1977. 11).

_____, 「칼라일의 "영웅사관"」, 『역사학보』 제129집 (1991. 3).

_____, 「『아레오파기티카』와 밀턴의 민족주의」, 『역사학보』 제148집 (1995. 12).

_____, 「밀턴과 잉글랜드의 검열제」, 『영국연구』 창간호 (1997. 12).

_____, 「밀턴의 자유개념」, 『밀턴연구』 제8집 (1998. 6).

앤서니 D. 스미스 지음, 강철구 옮김, 『민족주의란 무엇인가』(서울: 용의 숲, 2012).

부록: 1643년의 출판 허가법

("The Licensing Order of 1643," Appendix B to *CPW* II, pp. 797-9를 우리 말로 옮긴 것이다.)

종교와 정부의 명예를 크게 훼손하는 날조된, 비방적이고, 선동적이며, 중상적인, 그리고 인가되지 않은 수많은 신문, 팸플릿, 서적들이 유포되면서, 최근 들어 출판계에 커다란 악폐와 빈번한 무질서가 초래되었다. 이를 제지하기 위해, 의회 양원에 의해 작금 훌륭한 다양한 법령들이 입안된 바 있다. 그 법령들은 (출판업자 조합이 법령의 철저한 시행을 위해 부단한 노력을 기울였음에도 불구하고) 거의 효과를 거두지 못했다. 이러한 혼란을 시정하기 위해 마련 중에 있던 법안은 작금의 혼란으로 말미암아 여태껏 지체되었다. 그리고 출판업자 조합의 규제 하에 있는 출판업자와 인쇄업자 및 수많은 다른 동업자들은 은밀한 장소에 갖가지 사설 인쇄소를 차려놓고 서적과 팸플릿과 신문들을 인쇄·판매·출판·유포하고 있는 바, 그 수가 어찌나 많은지 아무리 철저한 수색을 해도 그 많은 불법 행위를 색출하여 징계할 수 없었다. 그리고 출판업자 조합의 여러 조합원들과 다른 범법자들은 (기존 법령들 및 출판업자 조합에서 부단히 시행된 관행과 어긋나게), 출판업자 조합 또는 다른 출판업자들이 소유한, 특히 앞서 언급한 법령들을 시행하기 위해 고용된 조사관들이 소유한, 수익성 높은 서적들의 복제본을 임의로 인쇄·판매·출판했다. 그리고 보복을 위해 그들이 인쇄상의 불법을 저질렀다는 불리한 정보를 양원에 제공함으로써 출판업자 조합 측에 커다란 불이익을 입히는가 하면 그들의 공공 활동을 저지했다.

그러므로 의회의 상원 및 하원은 다음과 같이 명령한다. 상원 또는 하원의 어떤 법령 또는 선언도 상원 또는 하원의 명령이 없이는 인쇄할 수 없다. 향후 서적, 팸플릿, 신문, 또는 그것들의 일부분이 상원 또는 하원이 임명한 검열관에 의해 사전 승인을 받고 검열되지 않을 경우, 그리고 종전의 관행에 따라 출판업자 조합의 등기부에 등재되고 인쇄업자의 이름이 명기되지 않을 경우, 누구도 그것을 인쇄하거나 제본하거나 철하거나 판매할 수 없다. 그리고 여태껏 출판업자 조합 측의 가난한 살림에 보탬을 주기 위해 인쇄가 승인되었던 서적도, 출판업자 조합의 장인·간부·조수의 허가나 동의 없이는 인쇄 또는 재판 인쇄할 수 없다. 적법하게 검열을 받고 출판업자 조합 등기부에 등재된 조합원의 책이라 할지라도 그 서적 저작권자의 허가와 동의가 없으면 인쇄하거나 제본하거나 철하거나 판매할 수 없다. 또한 종전에 국내에서 인쇄된 서적 또는 그 일부도 해외에서 수입할 수 없다. 이를 위반할 경우 해당 서적의 소유권자는 서적을 몰수당하고 적절하다고 여겨지는 징계를 받게 된다.

그리고 출판업자 조합의 장인과 간부, 상원의 의정관(Gentleman Usher), 하원의 경호원(Sergeant) 및 그들의 대리인들은 종전에 하원 조사위원회에 의해 임명된 요원들과 함께, 무인가 인쇄소가 있을 만한 모든 장소를 수시로 수색하는데 부단한 노력을 기울이며, 중상적이거나 허가 받지 않은, 신문, 팸플릿, 서적을 인쇄하는 인쇄소들, 또는 출판업자 조합이나 그 조합원에 속한 서적을 그들의 승인과 동의 없이 찍어내는 모든 인쇄소들을 수색할 권한과 의무를 갖는다. 또한 그들은 불법적인 인쇄업자의 나사·방추 등의 기계 부품 및 활자를 출판업자 조합 사무소로 압류·이송하여, 종래의 관행처럼 파손시키고 쓸모 없게 만들어야 할 권리와 의무를 갖는다. 마찬가지로 그들은, 중상적이고 허가 받지 않은 서적, 신문, 팸플릿 및 그 외의 서적들이, 인쇄업자의 이름이 기재되지 않거나 등록되지 않은 채, 출판물에 대한 적법한 관심을 갖지 않거나 이 법령을 위반하는 자들에 의해 인쇄 또는 재판 인쇄되는, 모든 수상한 인쇄소, 창고, 상점 등의 장소를 철저히 수색해야 한다. 그러한 출판물들은 출판업자 조합 사무소로 압류·이송하여 의회의 처분을 기다린다. 그리고 전기한 중상적이고, 허가 받지 않은, 부당한 신문과 서적과 팸플릿을 편집하고 인쇄하고 철하고 제본하고 출간하고 배포하는 일에 종사한 모든 저자와 인쇄업자 등은 의회 또는 조사 위원회로 체포·이송되며, 체포에 종사한 당사자들의 노고와 부담에 대한 배상을 할 때까지, 그리고 장차 같은 종류의 범법을 저지르지 않겠다는 만족할 만한 보증을 할 때까지 석방되지 않는다. 그리고 모든 치안 판사, 군 지휘자, 경찰, 그리고 관리들은 전기한 모든 정당한 임무 수행에 그리고 전기 법령을 위배한 모든 자들을 체포하는 데 도움을 주어야 한다. 저항할 경우에는 문과 자물쇠를 부수어 연다.

덧붙여 명령할 것은, 이 법령에 대한 주의를 환기하기 위해 이것은 즉시 인쇄되어 공포되어야 한다. 이를 무시하는 자는 용서를 받지 못할 것이다.

이상

찾아보기

아레오파기티카

아레오파기티카

언론자유의 경전
아레오파기티카
[전면개정판]

발행일 1쇄 2016년 12월 30일

     2쇄 2020년 1월 30일

지은이 존 밀턴

옮김·주석·연구 박상익

펴낸이 여국동

펴낸곳 도서출판 인간사랑

출판등록 1983. 1. 26. 제일 – 3호

주소 경기도 고양시 일산동구 백석로 108번길 60–5 2층

물류센타 경기도 고양시 일산동구 문원길 13–34(문봉동)

전화 031)901–8144(대표) | 031)907–2003(영업부)

팩스 031)905–5815

전자우편 igsr@naver.com

페이스북 http://www.facebook.com/igsrpub

블로그 http://blog.naver.com/igsr

인쇄 인성인쇄 **출력** 현대미디어 **종이** 세원지업사

ISBN 978–89–7418–587–9 93920

이 도서의 국립중앙도서관 출판시도서목록(CIP)은 서지정보유통지원시스템 홈페이지(http://seoji.nl.go.kr)와
국가자료공동목록시스템(http://www.nl.go.kr/kolisnet)에서 이용하실 수 있습니다.(CIP제어번호: CIP2016031006)